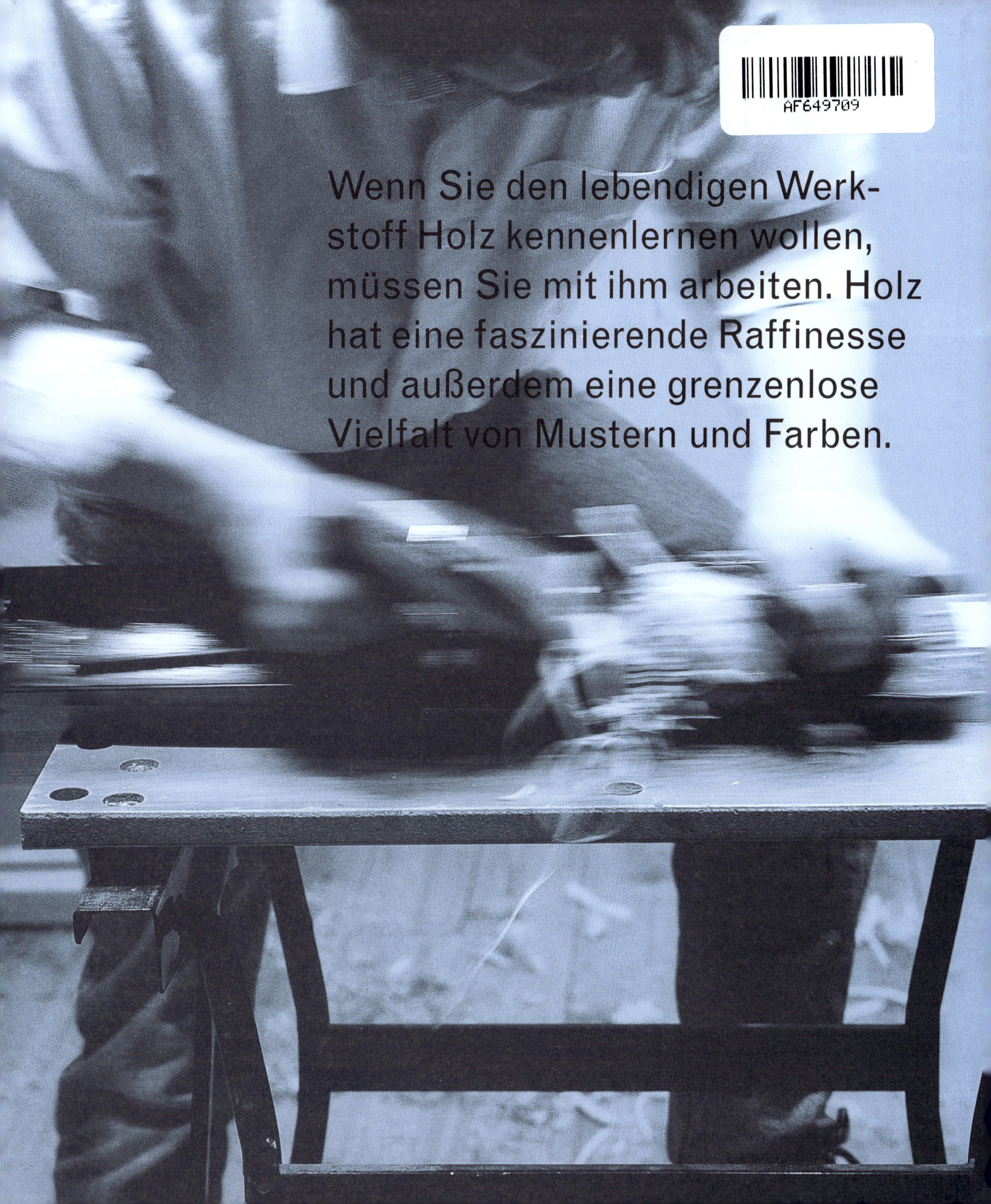

Wenn Sie den lebendigen Werkstoff Holz kennenlernen wollen, müssen Sie mit ihm arbeiten. Holz hat eine faszinierende Raffinesse und außerdem eine grenzenlose Vielfalt von Mustern und Farben.

Verläßliche und genaue Arbeit – das ist eine der Quellen für die Freude beim Arbeiten mit Holz.

In dem Maße, wie Ihre Fertigkeiten wachsen, verwandeln Sie diese in praktische Resultate. Bauen Sie eine Hobelbank oder einen Tisch, oder versuchen Sie sich an einem gedrechselten Stück.

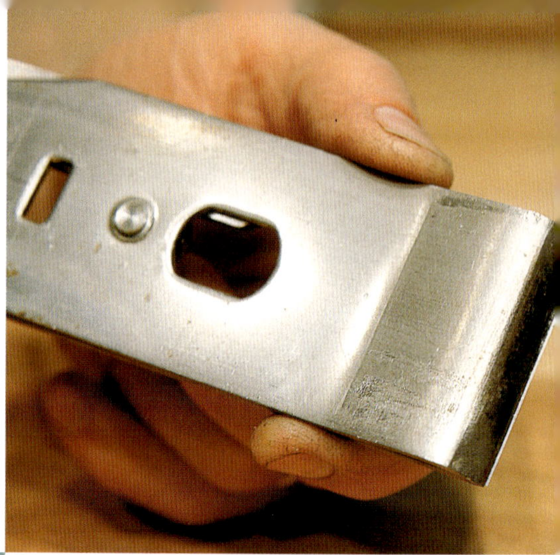

1 DIE HEIMWERK-STATT 9

2 HANDWERKZEUGE 17

5 BESCHLÄGE 81

3 ELEKTROWERKZEUGE 33

4 GRUNDTECHNIKEN 49

6 OBERFLÄCHEN-BEHANDLUNG 89

7 VERBINDUNGEN 97

8 ENTWERFEN UND SKIZZIEREN 161

9 FURNIEREN 169

Werkbuch Holz

Unter Leitung von Declan O'Donoghue
Aus dem Englischen von Dr. Gunter Neubert
Fotos von Colin Bowling und Paul Forrester

10 DRECHSELN 177

11 SCHNITZEN 185

12 HÖLZER UND ANDERE MATERIALIEN 193

13 ZEICHNUNGEN 209

Ulmer

Werkbuch Holz

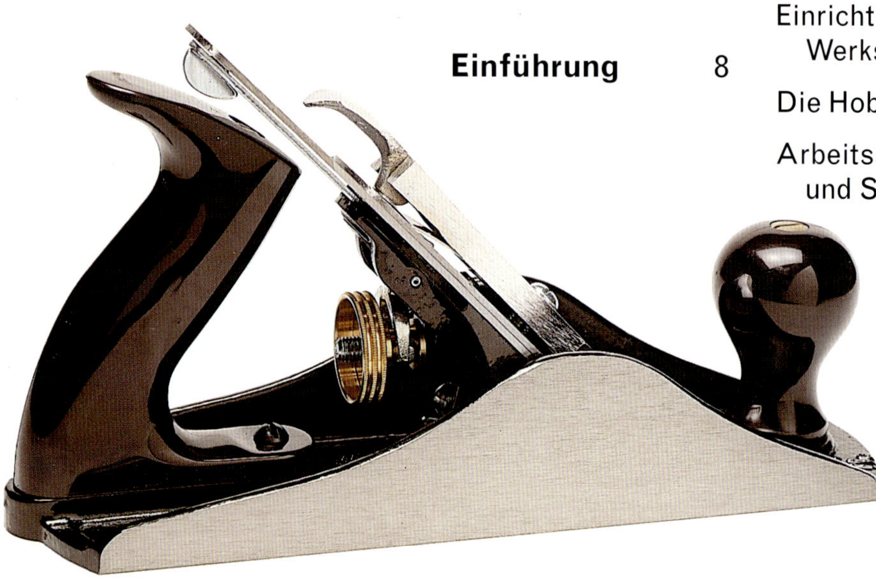

Einführung 8

1
DIE HEIMWERKSTATT 9

Lage und Größe 10
Einrichtung der Werkstatt 12
Die Hobelbank 14
Arbeitssicherheit, Lärm und Staubabsaugung 16

4
GRUNDTECHNIKEN 49

Auswählen des Holzes 50
Zurichten des Holzes 52
Bearbeiten der Schmalflächen und Schneiden auf Breite 54
Genaues Anreißen 56
Hobeln mit der Hand 58
Genaues Sägen mit der Handsäge 60
Stemmen 64
Handhobeln von Hirnholz 68
Schneiden auf Länge 70

Die Oberfräse als Bearbeitungszentrum 72
Bohren, Fräsen und Stemmen 76
Formen, Biegen und Schichten 78

5
BESCHLÄGE 81

Möbelgriffe 82
Türschließer, Schnäpper, Riegel und Scharniere 84
Einbau von Einstemmbändern 86
Einbau von Federscharnieren 88

2 HANDWERKZEUGE 17

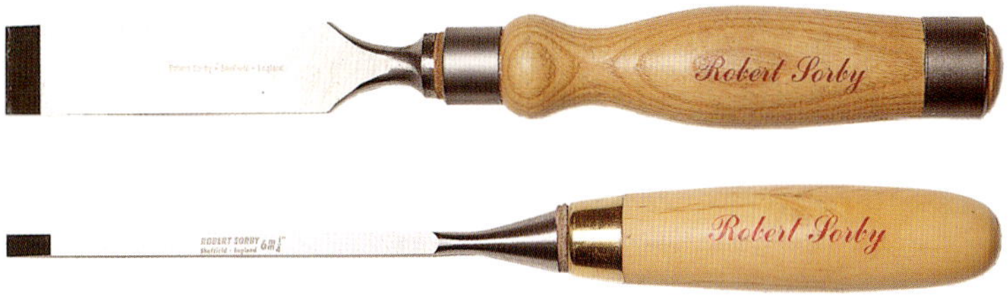

Meß- und Anreißwerkzeuge 18
Stechbeitel 20
Hobel 22
Herrichten von Werkzeugen mit Schneide 24
Schärfen von Werkzeugen mit Schneide 26
Handsägen 28
Montagewerkzeuge: Zwingen und Spanner 30
Montagewerkzeuge: Hämmer und Schraubendreher 32

3 ELEKTROWERKZEUGE 33

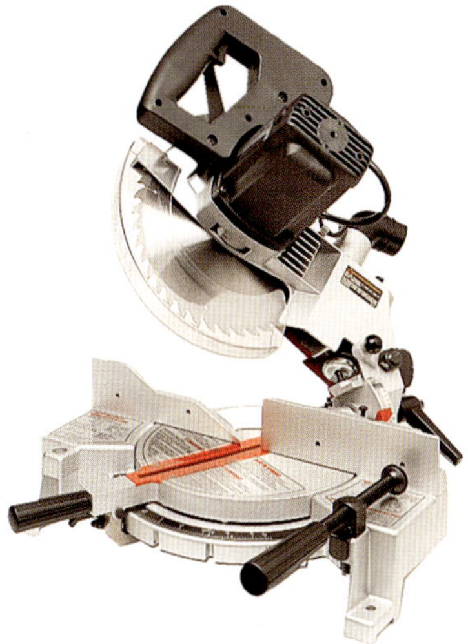

Bandsägen 34
Tischsägen 36
Abricht- und Dickenhobelmaschinen 38
Oberfräsen 40
Tragbare Elektrosägen 42
Bohr- und Stemmmaschinen 44
Schleifmaschinen 46
Kombimaschinen 48

6 OBERFLÄCHENBEHANDLUNG 89

Vorbereitung 90

Mittel und Verfahren der Oberflächenbehandlung 92
Sicherheit 96

7 VERBINDUNGEN 97

Blattverbindungen 98
Tisch mit Glasplatten (Bauanleitung) 102
Dübelverbindungen 108
CD-Box (Bauanleitung) 112
Zapfen-Schlitz-Verbindungen 116
Hobelbank (Bauanleitung) 122

Gehrungsverbindungen 130
Spiegelrahmen (Bauanleitung) 134
Flächenwinkelverbindungen 138
Bücherregal (Bauanleitung) 142
Zinkenverbindungen 148
Frühstückstablett (Bauanleitung) 154

8
ENTWERFEN UND SKIZZIEREN 161

Einführung in das Entwerfen 162

Skizzier- und Zeichentechniken 164

Zwei Pflichtenhefte als Beispiele 166

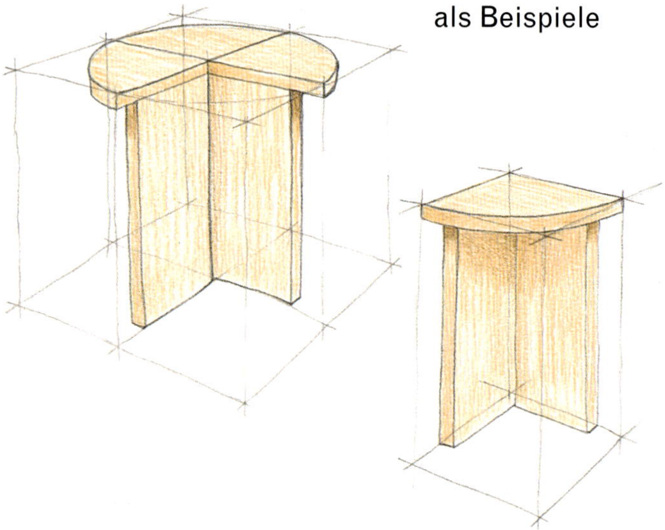

9
FURNIEREN 169

Werkzeuge und Grundausstattung 170

Zuschneiden und Aufbringen von Furnier 172

Ablage und Wandspiegel (Bauanleitung) 175

11
SCHNITZEN 185

Werkzeuge, Ausstattung und Holz 186

Allgemeine Schnitztechniken 188

Muscheldose (Bauanleitung) 190

12
HÖLZER UND ANDERE MATERIALIEN 193

Merkmale von Hart- und Weichhölzern 194

Ablagern und Einschnitt 196

Schnittverfahren und Holzauswahl 198

Holzkauf und Vermeiden von Mängeln 200

Plattenwerkstoffe 204

Furniere 206

Kleber für Holzarbeiten 207

Umweltaspekte 208

10
DRECHSELN 177

Drechselwerkzeuge und Ausrüstung 178

Plandrechseln und Langdrechseln 180

Gedrechselte Schale (Bauanleitung) 182

13
ZEICHNUNGEN 209

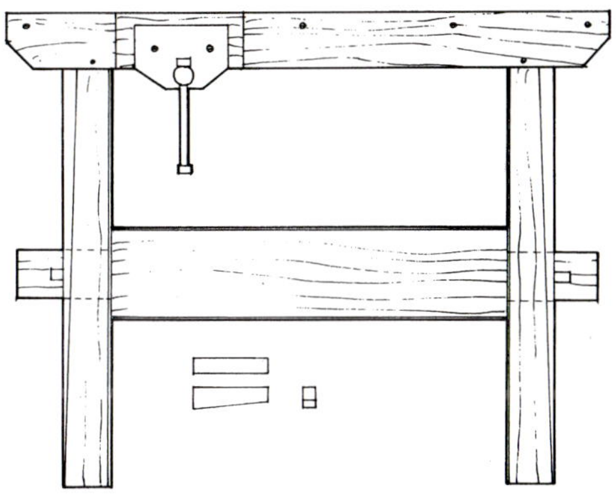

Tisch mit Glasplatten 210

CD-Box 212

Hobelbank 214

Spiegelrahmen 216

Bücherregal 217

Frühstückstablett 218

Ablage und Wandspiegel 220

Gedrechselte Schale 222

Muscheldose 223

Einige Begriffe der Holzbearbeitung 225

Register 228

Dank 232

Zuerst publiziert 1997 in Großbritannien unter dem Titel „HAMLYN BOOK OF WOODWORKING“ von Hamlyn, ein Abdruck von Octopus Publishing Group Ltd.
2–4 Heron Quays, London E14 45P

Bibliografische Information der Deutschen Bibliothek
Die Deutsche Bibliothek verzeichnet diese Publikation in der Deutschen Nationalbibliografie; detaillierte bibliografische Daten sind im Internet über http://dnb.ddb.de abrufbar.

Haftung:
Die Autoren und der Verlag haben sich um richtige und zuverlässige Angaben bemüht. Fehler können jedoch nicht vollständig ausgeschlossen werden. Eine Garantie für die Richtigkeit der Angaben kann daher nicht gegeben werden. Haftung für Schäden und Unfälle wird aus keinem Rechtsgrund übernommen.

Wollgrasweg 41, 70599 Stuttgart (Hohenheim)
E-Mail: info@ulmer.de
Internet: www.ulmer.de
Lektorat: Dr. Angelika Eckhard
Covergestaltung und Layout: Atelier Reichert, Stuttgart
Printed in China

ISBN: 3-8001-7773-8

Deutsche Ausgabe:
Bei der Beschreibung der Holzbearbeitungstechniken und in den Bauanleitungen ist mit Sorgfalt darauf geachtet worden, dass die sichersten Verfahren empfohlen werden. Bevor Sie ein Projekt in Angriff nehmen, sollten Sie sich sicher fühlen, dass Sie alle Werkzeuge, Maschinen und andere Ausstattungsteile zuverlässig beherrschen. Der Verlag kann keinerlei juristische Verantwortung für Unfälle oder ihre Folgen und für Schäden übernehmen, die aus der Verwendung irgendeines der genannten Ausrüstungsgegenstände oder aus der Ausführung eines der beschriebenen Projekte herrühren.

Verantwortlich für das Werk: Laura Bamford
Künstlerischer Verantwortlicher: Keith Martin
Leitender Lektor: Simon Tuite
Lektor: Jo Lethaby
Leitender künstlerischer Redakteur: Mark Stevens
Gestaltung: Les Needham
Mitarbeit bei der Gestaltung: Julian Keeble
Illustrationen: Jane Hughes und Mark Ripley (Arbeitszeichnungen)
Bildauswahl: Maria Gibbs
Produktionsleitung: Mark Walker

Autoren: Christian Gaze (Kapitel 6); Ben Harms (Kapitel 11); Peter Hoggard (Kapitel 9); Declan O´Donoghue (Kapitel 8); Dave Regester (Kapitel 10); Mark Ripley (Kapitel 7); David Savage (Kapitel 1 bis 5 und 7); Chris Simpson (Begriffsliste und Bildunterschriften); Andrew Varah (Kapitel 12)

Einführung

Es war Ende der 70er Jahre, als ich mir das Geld für meinen ersten neuen Werkzeugsatz verdiente, um mich mit einem der schönsten und vielseitigsten Werkstoffe vertraut zu machen – dem Holz. Meine jugendlichen Vorstellungen, die prächtigsten Möbelstücke zu fertigen, verflüchtigten sich rasch. Erst einmal hatte ich zwei Wochen damit zu tun, das gekaufte Werkzeug herzurichten, und konnte mich mit nichts anderem als Schleifpulver, Testbenzin und Tafelglas beschäftigen. An Holzbearbeitung war zunächst nicht zu denken, obwohl ich darauf brannte, Holz in seiner Vielfalt von Färbung und Struktur, von Aussehen und Geruch zu den schönsten Dingen zu verarbeiten.

Aber diese erste Erfahrung hat zu der seitdem bestehenden Erkenntnis geführt, daß ein Handwerk eine Gesamtheit von Können darstellt, daß Holzbearbeitung nicht nur die kenntnisreiche Anfertigung von Möbelstücken bedeutet, sondern genauso das Herrichten der Werkzeuge, ihr Ablegen und ihre Pflege sowie die Auswahl der Materialien.

Wenn ich mir überlege, wieviel ich in einer sehr kurzen Zeit gelernt habe, so sehe ich keinen Grund zu bezweifeln, warum Sie, lieber Leser, verehrte Leserin, sich nicht ebenso viel aneignen können, wenn auch vielleicht etwas gemächlicher.

Als man mit dem Wunsch an mich herantrat, mich an diesem Buch zu beteiligen, glaubte ich zuerst, daß ich dafür viel zuviel zu tun hätte. Doch konnte ich schwer „nein" sagen, hatte ich doch immer

die Meinung vertreten, man müsse seine Kenntnisse und Ideen anderen mitteilen.

Wir leben in einer Zeit, in der das Maß an Freizeit zunimmt und sich viele Menschen wünschen, ihre freie Zeit schaffend zu verbringen. Was wäre besser, als nützliche Dinge für einen selbst oder für andere zu erzeugen. Die Bearbeitung von Holz ist eine lohnende Beschäftigung wie viele andere, aber sie verschafft uns vielleicht dadurch besondere Befriedigung, weil sie greifbare Spuren unserer Fehler und unserer Erfolge hinterläßt.

Das Werkbuch Holz ist ein sehr umfassendes Buch. Es behandelt nicht nur die Techniken und die sichere Handhabung der Hand- und Elektrowerkzeuge sowie Maschinen, sondern bietet darüber hinaus vollständige Bauanleitungen zur Anfertigung einer Anzahl sorgfältig erdachter Dinge. Möbelstücke werden vorgestellt, an denen Sie ersehen können, was alles machbar ist, und die Sie zu eigenem Gestalten anregen sollen. Enthalten ist ferner ein Abschnitt über das Entwerfen – eine Einführung dazu, wie Sie Gelerntes variieren und zu neuen Formen vordringen können. Es gibt u.a. Kapitel über die Hölzer der Welt, die Auswahl des Holzes für ein bestimmtes Stück, über Lagerung und Vorbereitung des Holzes.

Alle Mitautoren sind professionelle Holztechniker auf verschiedenen Stufen ihrer handwerklichen Laufbahn. Sie teilen ihre Erfahrungen sehr umfassend mit, was gerade in diesem Handwerk in der Vergangenheit kaum zu geschehen pflegte.

Ich hoffe, daß dieses reich ausgestattete Buch und das immer vielseitiger werdende Angebot an Ausstattungen für die kleine Werkstatt als Katalysatoren für Ihre Erlebnisse mit dem Werkstoff Holz wirken mögen.

Declan O'Donoghue FSDC MSDI

1 DIE HEIMWERKSTATT

Eine gute handwerkliche Arbeit läßt sich durchaus in der Garage oder auf dem Küchentisch vollbringen, weitaus geeigneter aber ist ein gesonderter Ort, an dem Sie konzentriert arbeiten können. Ihre Werkstatt ist ein Zeugnis für das Niveau, das Sie zu erreichen anstreben. Sie ist ein Ort, wo Ihre Werkzeuge ständig gut geschärft und wohlgeordnet für den Einsatz bereitliegen; wo Ihre Hobelbank exakt in Waage ausgerichtet in günstigem Licht steht; wo Ihre halbfertigen Arbeitsstücke bereitliegen, damit Sie sie fertigstellen können. Eine Werkstatt ist ein Ort des Überlegens, der Planung und der Ausführung neuer Vorhaben mit jedesmal gesteigertem Anspruch.

Lage und Größe 10

Einrichtung der Werkstatt 12

Die Hobelbank 14

Arbeitssicherheit, Lärm und Staubabsaugung 16

Lage und Größe

Die Lage und Größe Ihrer Werkstatt wird zuerst durch Ihre persönlichen Verhältnisse und erst dann durch die Arbeiten bestimmt, die Sie dort verrichten wollen. Wenn Sie mit Handwerkzeugen lediglich kleine Möbelstücke anfertigen wollen, können Sie eine einigermaßen große Besenkammer als Werkstatt einrichten und dort sehr erfolgreich arbeiten. Sie brauchen viel weniger Platz, wenn Sie Ihr Holz von einem Handwerksbetrieb zuschneiden lassen und Ihr Produkt dann nur mit Hand- und einigen kleineren Elektrowerkzeugen fertigstellen. Wenn Sie andererseits mit Maschinen arbeiten und große Stücke bauen wollen, dann benötigen Sie sehr viel mehr Platz. Übliche Orte für eine Werkstatt sind das (Einzel-)Schlafzimmer, die Garage, der Schuppen im Garten oder der Dachboden.

Planung der Werkstatt

Wenn Sie Ihren Arbeitsplatz wählen, bedenken Sie zuallererst: Werden Sie eigene Maschinen haben müssen, oder können Sie das zeitaufwendige Zurichten des Holzes einem Fachbetrieb am Ort übertragen? Wenn Sie sich auf die Handhabung eines nicht gar zu umfangreichen Satzes von Handwerkzeugen beschränken – was Sie vielleicht in einem Wochenendkurs erlernen können –, dann ersparen Sie sich den Lärm, den Staub, die Aufwendungen und die allgemein recht unschönen Arbeitsbedingungen beim Umgang mit Holzbearbeitungsmaschinen und Elektrowerkzeugen.

Kümmern Sie sich dann unbedingt um die Heizung und die Raumfeuchte in Ihrer Werkstatt. Holz reagiert sehr empfindlich auf Veränderungen der Luftfeuchte, und ein unbeheizter Raum ist mit Sicherheit feucht, so daß sich nicht nur das Holz verzieht, sondern auch die Werkzeuge und Maschinen rosten. Die Garage und der Schuppen als Werkstatt müssen nicht nur an den Wänden und der Decke, sondern auch am Fußboden gut isoliert sein. Eine Werkstatt außerhalb eines festen Gebäudes muß sorgfältig mit trockener Wärme beheizt werden – Gasheizer sind oft sehr billig zu betreiben, erzeugen aber viel Feuchtigkeit. Sehr erwägenswert ist die Kombination einer auf Dauer betriebenen Grundheizung geringer Leistung gemeinsam mit einem Entfeuchter, der die Feuchte der Raumluft vermindert, ohne diese abzukühlen. Anstreben sollten Sie Feuchte und Temperatur eines üblichen zentralbeheizten Wohnraums.

Rechts: Typische Heimwerkstatt mit Hobelbänken und Ablagemöglichkeiten; die Werkzeuge befinden sich an den Wänden oder auf den Ablageflächen.

Links: Um sicher und genau arbeiten zu können, müssen die Maschinen und Arbeitsflächen gut beleuchtet sein.

Unten: Wenn Sie große Stücke anfertigen wollen, müssen Sie sorgfältig planen, wie Sie das Material herein- und die fertigen Stücke hinausbefördern können.

Beleuchtung und Versorgung mit Elektroenergie

Gute Beleuchtung in der Werkstatt ist ganz besonders wichtig, jedoch können sich bei direkter Sonneneinstrahlung halbfertige Stück leicht verziehen. Stellen Sie die Hobelbank nach Möglichkeit neben ein Fenster, und beleuchten Sie den Arbeitsplatz mit einstellbaren Punktleuchten. Sorgen Sie ganz besonders an den Maschinen für eine gute Beleuchtung.

Steckdosen sollten ringsum an den Werkstattwänden vorhanden sein, damit Sie keine Leitungen quer durch die Werkstatt auslegen müssen. Muß doch einmal eine Maschine in der Raummitte stehen, befestigen Sie flache Holzkeile beiderseits der Leitung am Fußboden.

Weitere Informationen

Einrichtung der Werkstatt 12

Die Hobelbank 14

Arbeitssicherheit, Lärm und Staubabsaugung 16

Einrichtung der Werkstatt

Eine Werkstatt wird am besten zunächst auf einem Blatt Papier entworfen. Zeichnen Sie einen maßstäblichen Grundriß, und suchen Sie eine günstige Anordnung der Maschinen, Werkbänke und Schränke, deren Grundflächen Sie im selben Maßstab zuvor aus Papier ausgeschnitten haben.

Maschinen

Wenn Sie mit Maschinen arbeiten wollen, sollten Sie auch bedenken, daß Sie vielleicht einmal die Bretter für einen 2,5 m langen Eßtisch bearbeiten wollen. Nutzen Sie die Raumdiagonalen, die Fenster- und Türöffnungen. Überlegen Sie sich, ob Sie es sich leisten können, Platz für Sperrholz- oder Spanplatten in voller Größe (etwa 2,5 m x 1,2 m) zu schaffen, oder ob Sie diese nicht besser im Fachbetrieb zuschneiden lassen. Bedenken Sie auch, daß der Materialvorrat wenig Raum einnimmt, die sechs daraus gefertigten Eßzimmerstühle aber ihren Platz beanspruchen!

Ein Maschinentisch, der für eine Auslegerkreissäge, eine Oberfräse oder eine Stichsäge eingerichtet werden kann, bietet den Vorteil geringen Platzbedarfs. Es gibt ferner kleine, auf der Hobelbank zu befestigende Maschinen, wie Stemmaschinen, Ständerbohrmaschinen und Bandschleifmaschinen, für deren Betrieb lediglich eine Arbeitsfläche benötigt wird. Alte Küchenschrankteile, die zur Versteifung gut an der Wand verankert werden, können eine Arbeitsfläche für solche Maschinen sein; sie bieten außerdem unter der Arbeitsfläche Raum zur Unterbringung von Werkzeugen und Zubehör.

Nutzen Sie die größere Tischhöhe der Bandsäge aus. Wenn Sie wenig Maschinenstellfläche zur Verfügung haben, ordnen Sie die Bandsäge so an, daß das zu schneidende Holz einfach über die benachbarten Maschinen zugeführt wird. Sie können auch Türen und Fenster, vorausgesetzt sie sind entsprechend tief angeordnet, für das Abführen größerer Hölzer von der Bandsäge oder dem Hobler verwenden. Bedenken Sie auch, daß die meisten Maschinen so leicht sind, daß sie ohne weiteres zur Seite gerückt werden können, sollte ein besonders langes Stück bearbeitet werden müssen.

Ganz oben: Eine helle, luftige Werkstatt. Tisch- und Bandsäge sind optimal aufgestellt.

Oben links: Eine Ständerbohrmaschine ist für gerade Bohrungen und zum Schneiden von Zapfen praktisch.

Oben rechts: Drechselwerkzeuge sind in einem Wandhalter ordentlich und bequem erreichbar untergebracht.

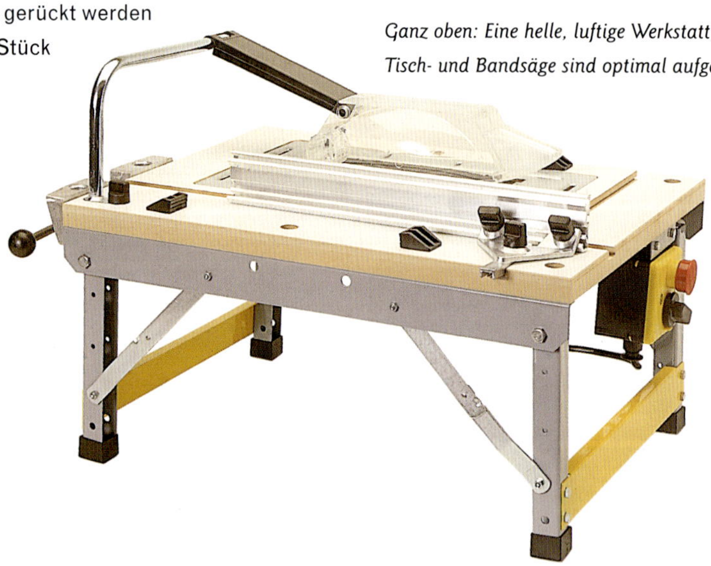

Links: Ein Maschinentisch, der verschiedene Elektrowerkzeuge aufnehmen kann, spart Platz und ist ein wirtschaftliches Bearbeitungszentrum.

Weitere Informationen

Lage und Größe	**10**
Die Hobelbank	**14**
Arbeitssicherheit, Lärm und Staubabsaugung	**16**
Lagerung von Holz in der Werkstatt	**203**

Aufbewahrung des Werkzeugs

Am besten wird das Werkzeug rings um die Hobelbank in Regalen und Schränken aufbewahrt. Hier geizt der Profi nicht, damit er die Werkzeuge so lagern und ordnen kann, daß sie jederzeit leicht zu ergreifen und ebenso rasch und einfach wieder abzulegen sind. Nichts regt mehr auf, als in einem Wust von Säge- und Hobelspänen nach einem kleinen, aber unersetzlichen Werkzeug suchen zu müssen. Fräser können gut in einem Holzblock aufbewahrt werden, der Bohrungen entsprechend den Schaftdurchmessern der Werkzeuge hat.

Zwingen können ebenso wie Sägen und Stechbeitel entweder senkrecht oder waagerecht in Regalen aufbewahrt werden. Werkzeuge, die zu einer bestimmten Maschine gehören, werden am besten in deren Nähe abgelegt. Wenn Sie Schleifmaschinen benutzen, sind selbst mit Staubabsaugung offene Schränke oder Regale wahre Staubfänger, was Sie besser vermeiden sollten – früher oder später ist alles mit braunem Staub bedeckt. Der einzige Ausweg sind abgeschlossene Schränke.

Planen Sie für Ihr Vorhaben einen bestimmten Platz. Der Raumbedarf verändert sich übrigens mit fortschreitender Arbeit an dem Stück: zuerst ein Stapel roher Bretter, dann zugeschnittene und gehobelte Teile, später zusammengefügte Baugruppen und schließlich das fertige Stück.

Beachten Sie bei der Planung Ihrer Werkstatt die Brandgefahr. Holzteile, Abschnitte, Säge- und Hobelspäne, Öle und Polituren sind sämtlich brandgefährdet und dürfen keiner offenen Flamme ausgesetzt werden. Möglicherweise müssen Sie Ihre Versicherungsgesellschaft davon informieren, daß Sie einen Teil Ihres Hauses jetzt anders nutzen.

Werkbank zum Schärfen

Sie benötigen unbedingt eine gesonderte Werkbank zum Schärfen der Werkzeuge. Hier ist eine kleine Schleifmaschine aufgestellt, und es steht eine Fläche für die Abziehsteine zur Verfügung. Die Schärfbank sollte sich in der Nähe der Arbeitshobelbank befinden, damit Sie ein stumpfes Werkzeug ohne große Umstände nachschärfen können. Die Beleuchtung muß besonders gut sein, damit Sie die Schneide zuverlässig begutachten können, und die Schärfbank muß die richtige Höhe haben, damit Sie bequem arbeiten können.

Links: Ideale Aufbewahrung von Schraubzwingen und ähnlichen Werkzeugen.

Unten: Plan einer typischen Werkstatt. Er zeigt, wo Maschinen aufgestellt werden könnten und wie sie für bestimmte Arbeiten besser eingesetzt werden können.

Oben: Schleifmaschine zum Werkzeugschärfen.

Links: Oberfräse und eine Auswahl von Fräsern.

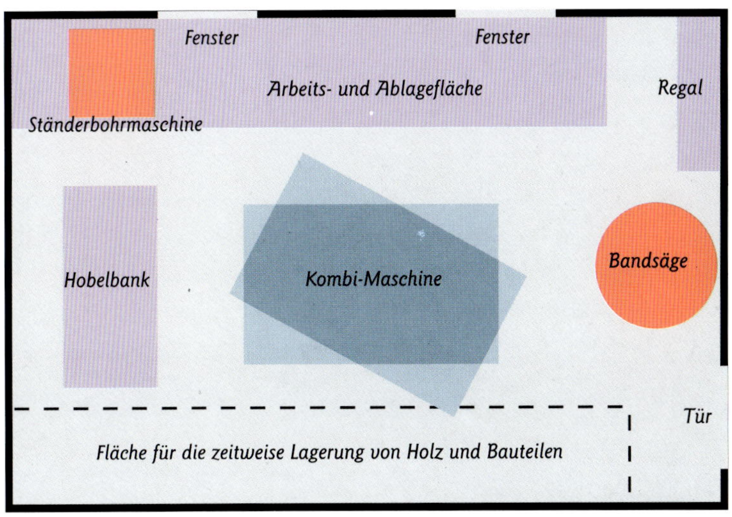

Die Hobelbank

Die Hobelbank des Tischlers ist eine Art „Altar des Handwerkers“. Obwohl auch ohne Hobelbank gute Erzeugnisse angefertigt werden können, ist das auf einer guten Hobelbank beträchtlich leichter. Eine erstklassige Hobelbank sollte zu den ersten Ausstattungsstücken gehören, die Sie sich als angehender Tischler entweder selbst bauen oder kaufen. Zeit- wie Materialaufwand sind hoch, aber Ihre Hobelbank ist der Grundstein, auf dem sozusagen alles aufbaut, und sie ist ihre Anschaffungskosten wert.

Aufgaben einer Hobelbank

Im Grunde ist eine gute Hobelbank eine übergroße Spannvorrichtung, mit der das Werkstück festgehalten wird, wenn Sie an ihm arbeiten. Da die Hobelbank das für Sie erledigt, gestattet sie Ihnen, die genau richtige Arbeitshaltung einzunehmen, anstelle einen Kompromiß zwischen dem Festhalten des Werkstücks und der Ausführung des Bearbeitungsvorgangs suchen zu müssen. Eine gute Bank sollte sehr schwer sein, und sie darf nicht in Schwingungen geraten, wenn durch die Arbeit stoßartige Belastungen entstehen. Außerdem muß sie exakt eben sein.

Ebenheit ist wichtig, weil der Tischler die Hobelbank wie der Schlosser die Tuschierplatte benutzt, nämlich als Bezugsfläche und als Fläche, auf der Werkstücke genau plan gehobelt werden können. Sie müssen deshalb die Bankfläche sorgfältig sauberhalten und jede Beschädigung vermeiden. Prüfen Sie sie hin und wieder auf Ebenheit, und nehmen Sie nach jeder größeren Arbeit die Rauhbank zur Hand, um die Bankfläche zu säubern und für das nächste Stück vorzurichten.

Die Hobelbank muß genau waagerecht aufgestellt werden, so daß Sie ein Werkstück beim Einspannen in einen der Schraubstöcke gegen die Seitenflächen oder die Rückfront ausrichten können.

Oben: Eine stabile Hobelbank ist die Grundlage für präzises Arbeiten. Das Werkstück ist zwischen Bankhaken mit dem Schraubstock festgeklemmt.

Dicke und schwere Arbeitsfläche aus Buchenvollholz, die leicht plan gehobelt werden kann

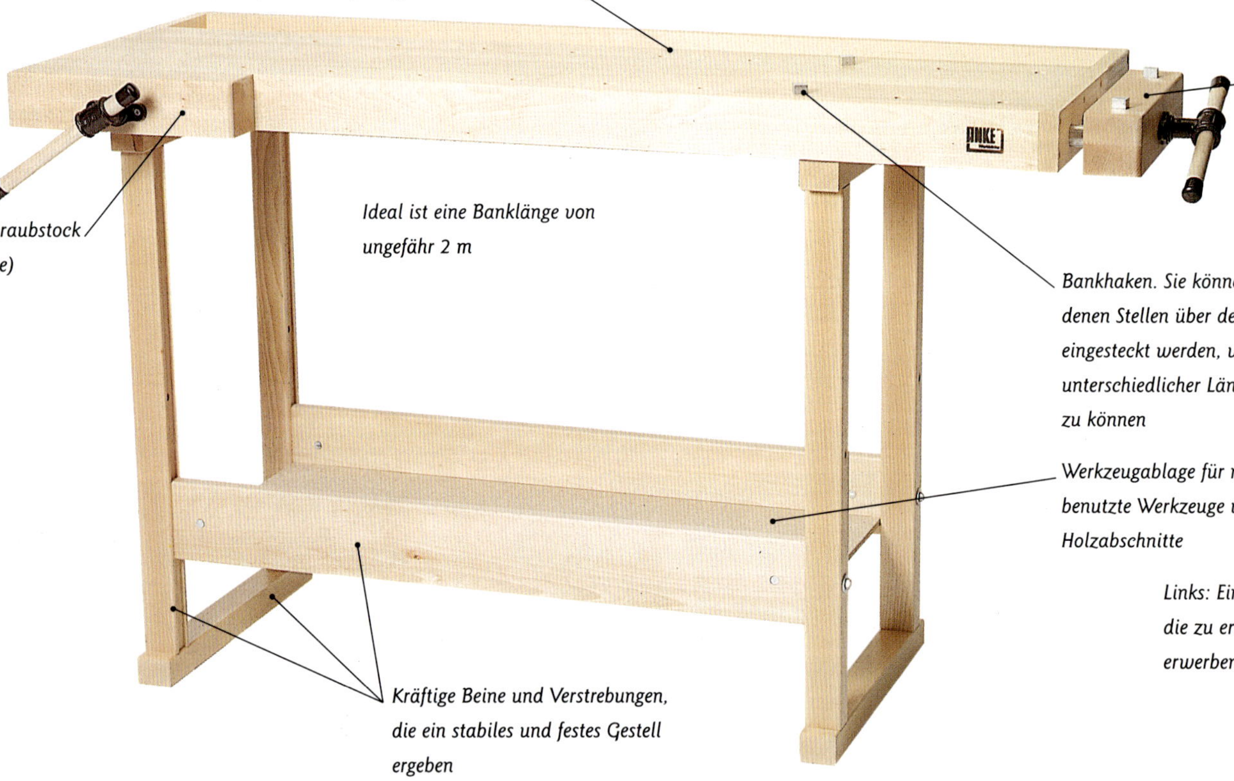

Hinterzange zum senkrechten oder waagerechten Spannen

Vorderer Schraubstock (Vorderzange)

Ideal ist eine Banklänge von ungefähr 2 m

Bankhaken. Sie können an verschiedenen Stellen über der Banklänge eingesteckt werden, um Werkstücke unterschiedlicher Länge festspannen zu können

Werkzeugablage für nicht benutzte Werkzeuge und Holzabschnitte

Links: Eine typische Hobelbank, die zu erschwinglichem Preis zu erwerben ist.

Kräftige Beine und Verstrebungen, die ein stabiles und festes Gestell ergeben

Ein gerader Sägeschnitt kann viel leichter ausgeführt werden, wenn das Stück senkrecht im Schraubstock festgeklemmt ist.

Es sind zwei Klemmverfahren möglich: mit der Vorderzange, dem Schraubstock vorn links, und mit der Hinterzange, dem Schraubstock an der rechten Bankseite. In beiden Schraubstöcken kann auf die übliche Weise festgeklemmt werden, jedoch können Sie mit der Hinterzange in Verbindung mit zwei in die Bankplatte einsteckbaren Bankhaken außerdem Stücke flach auf die Platte aufspannen, um deren Oberfläche zu bearbeiten. Die Hinterzange ermöglicht es, auch kleinste Stücke für den letzten Hobelstrich festzuhalten.

Weitere Informationen

Lage und Größe **10**

Einrichtung der Werkstatt **12**

Hobelbank (Bauanleitung) **122**

Links: Eine sehr solide Bank mit einem skandinavischen Spannsystem, das vielfältige Spannmöglichkeiten bietet.

Oben: Dieser einfache Klapptisch ist als gelegentliche Zusatzfläche nützlich.

Unten: Gut überlegte Anordnung eines Teils der Werkzeuge und Materialien, die Sie in Ihrer Werkstatt brauchen.

Ein weiteres Klemmelement, das auf der Hobelbank verwendet wird, ist das Anschlagbrett. Das ist ein sehr einfach gestaltetes Werkzeug, mit dem Sie ein Holzstück, z.B. für einen Sägeschnitt, festhalten können, ohne das Gleichgewicht zu verlieren.

Weitere Arbeitsflächen

Weitere Arbeitsflächen bzw. Arbeitsgestelle können Sie sich in Form einer transportablen und zusammenlegbaren Hobelbank, zusammenklappbarer Stützen oder eines Sägebocks verschaffen, die bei Bedarf aufgestellt und dann wieder weggeräumt werden können. Auch eine an der Wand befestigte, herabklappbare Fläche kann hilfreich sein.

Für die Endbearbeitung recht nützlich ist eine auf die Hobelbank auflegbare, mit einem Schichtpreßstoff beschichtete Platte aus MDF (mitteldichte Faserplatte, siehe S. 205). Mit dieser Platte wird einerseits die Verschmutzung der Bankfläche durch Lacke und Öle und andererseits die Beschädigung der Holzarbeit durch Späne vermieden.

Arbeitssicherheit, Lärm und Staubabsaugung

Zugunsten Ihrer eigenen Gesundheit, aber auch um Belästigungen Ihrer Nachbarn zu vermeiden, sollten Sie sich stets überlegen, wie Sie Staub und Lärm bekämpfen, die von Ihrer Werkstatt erzeugt werden.

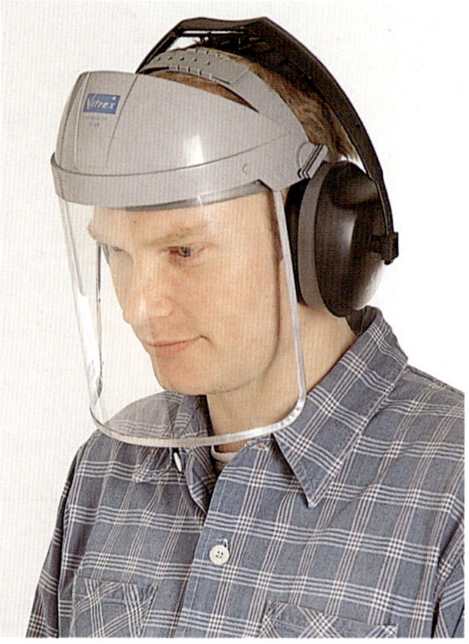

Rechts: Zur Erhaltung der Gesundheit, insbesondere des Augenlichts, sind geeignete Schutzeinrichtungen unverzichtbar.

Links: Eine fahrbare Späneabsaugung, aufgestellt an der Bandsäge.

Durch Elektrowerkzeuge und Maschinen, ganz besonders wenn Faser- und Spanplatten verarbeitet werden, können sehr lästige und potentiell gesundheitsschädliche Staubmengen erzeugt werden. Nicht nur wegen Ihrer Gesundheit, sondern auch zugunsten Ihres Arbeitsvergnügens sollten Sie eine Staubabsaugung vorsehen, wenn Sie mit Maschinen und Elektrowerkzeugen arbeiten wollen. Der übliche Haushaltsstaubsauger kann durchaus auf der Hobelbank und bei kleineren Elektrowerkzeugen eingesetzt werden. Das ist schon deshalb sinnvoll, weil der Staub am Entstehungsort aufgefangen wird und nicht in die Raumluft und in Ihre Lunge gelangen kann. Bei Fräsarbeiten ist allerdings das Tragen einer Staubmaske ratsam, um sich vor den ernsthaften Gesundheitsschäden zu schützen, die bei längerem Einatmen des sehr feinen Frässtaubes eintreten können. Für Maschinen sind leistungsfähige Staubabsaugeinrichtungen erforderlich, die stets an der Maschine angeordnet werden müssen, an der Sie gerade arbeiten.

Arbeitssicherheit in der Werkstatt

Denken Sie auch an Ihre persönliche Sicherheit, wenn Sie in Ihrer Werkstatt arbeiten. Werkzeuge mit scharfer Schneide können, wenn sie wegrutschen, sehr ernste Verletzungen herbeiführen. Holzbearbeitungsmaschinen und Elektrowerkzeuge vermögen einen Finger sehr viel schneller abzutrennen, als Sie glauben. Halten Sie den Erste-Hilfe-Schrank in Ordnung, und arbeiten Sie nur dann an Maschinen, wenn jemand in der Nähe ist, der Sie ins Krankenhaus fahren kann. (Sollten Sie sich einen Finger abtrennen, packen Sie ihn in Eis und nehmen Sie ihn mit.)

Vermeiden Sie eine Beeinträchtigung Ihres Gehörs, indem Sie bei der Arbeit mit Maschinen oder Elektrowerkzeugen einen Gehörschutz tragen, entweder in Form von Ohrmuscheln oder der angenehmeren Ohrstöpsel. Besonders bei der Arbeit an Sägemaschinen oder mit der Oberfräse sind Ihre Augen gefährdet. Klarsicht-Kunststoffmasken sind leicht anzulegen und nicht lästig.

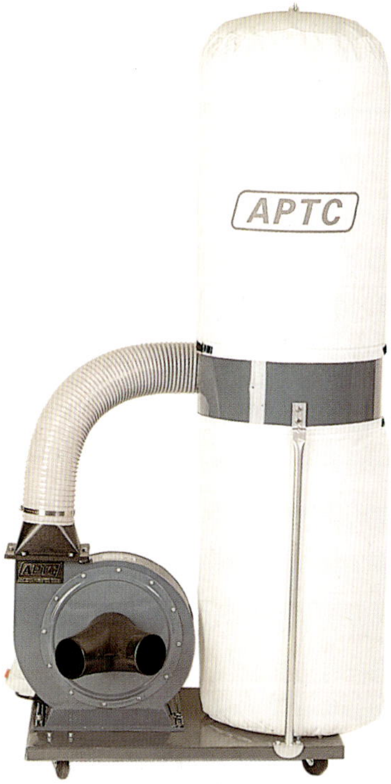

Eine solche Späneabsaugung kann an einer oder auch an mehreren kleineren Maschinen aufgestellt werden.

Weitere Informationen

Lage und Größe 10

Einrichtung der Werkstatt 12

Sicherheit 96

2 HANDWERKZEUGE

Nur allzuleicht läßt sich der Heimwerker von der schnellen und genauen Arbeit der Elektrowerkzeuge und Maschinen verführen, seine Handwerkzeuge beiseite zu legen. Damit verzichtet er allerdings auf das Vergnügen, in einer ruhigen, staubfreien Werkstatt zu wirken, lockige Hobelspäne zu erzeugen und sich an Verbindungen zu erfreuen, die er mit rasiermesserscharfen, von seiner sachkundigen Hand geführten Werkzeugen geschaffen hat. Die Fertigkeiten, Hobel, Beitel und Sägen zu schärfen und zu benutzen, sind verhältnismäßig leicht erlernbar. Ein wenig Geduld ist vonnöten, vielleicht auch ein gewisses Einfühlungsvermögen und Zeit, der Gewinn jedoch ist beträchtlich.

Meß- und Anreißwerkzeuge 18

Stechbeitel 20

Hobel 22

Herrichten von Werkzeugen mit Schneide 24

Schärfen von Werkzeugen mit Schneide 26

Handsägen 28

Montagewerkzeuge: Zwingen und Spanner 30

Montagewerkzeuge: Hämmer und Schraubendreher 32

Meß- und Anreißwerkzeuge

Genauigkeit ist im Grunde sehr leicht erreichbar. Gehen Sie mit großer Sorgfalt zu Werke, markieren Sie die Maße Ihres Werkstücks exakt, und sägen Sie sorgfältig auf der angerissenen Linie – dann passen Ihre Stücke unweigerlich zusammen. Das Verfahren steht und fällt mit exaktem, deutlichem Anreißen.

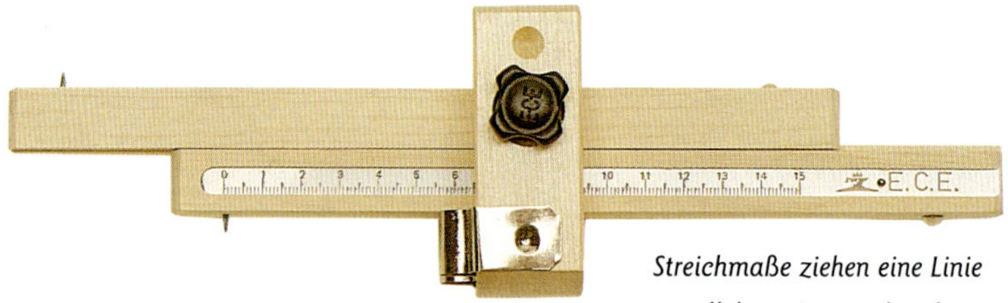

Streichmaße ziehen eine Linie parallel zu einer vorhandenen Fläche und können längs oder quer zur Faser verwendet werden.

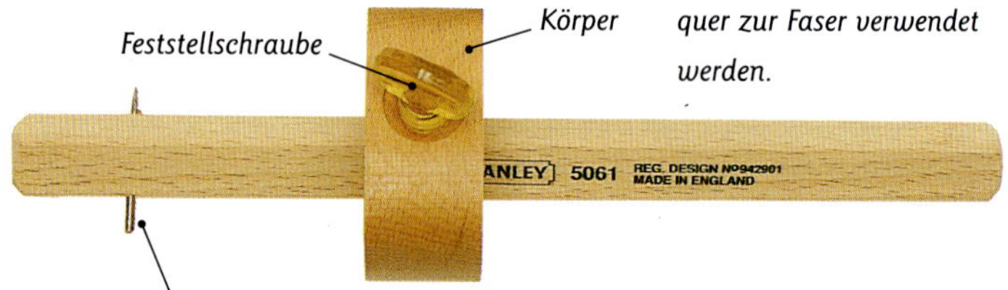

Anreißmesser

Für das Anzeichnen oder Anreißen ist das Anreißmesser dem Bleistift vorzuziehen. Der Bleistift zeichnet einen Strich mit einer unvermeidlichen Breite, während das Anreißmesser dank seiner einseitig angeschrägten Schneide eine exakte Markierung erzeugt. Schärfen Sie das Anreißmesser ebenso sorgfältig wie einen Stechbeitel und kaufen Sie das beste, das Sie bekommen können, denn der Stahl des Anreißmessers wird, weil ständig an den Kanten von Linealen oder Winkel entlanggeführt, sehr stark beansprucht.

Streichmaße

Streichmaße dienen dazu, Abstände längs oder quer zur Faser anzureißen. Das Streichmaß hat einen Sporn oder eine – wie beim Anreißmesser – einseitig angeschrägte Schneide. Sie benötigen zwei oder drei Streichmaße, denn mitunter muß eines längere Zeit auf einen bestimmten Abstand eingestellt bleiben. Sie brauchen aber nicht unbedingt beide Typen, denn ein Streichmaß mit Sporn kann so zugerichtet werden, daß es sowohl längs als auch quer zur Faser anreißen kann.

Zapfen- oder Doppelstreichmaße haben zwei Sporne, einen davon einstellbar, so daß parallele Linien für Zapfen-Schlitz-Verbindungen angerissen werden können. Sie werden bald feststellen, daß Sie ohne das Doppelstreichmaß nicht auskommen – legen Sie sich besser gleich die anspruchsvollere, leichter zu bedienende Ausführung zu, bei der der bewegliche Sporn mit einer Stellschraube verstellt werden kann.

Ein Doppelstreichmaß hat zwei Sporne, von denen einer beweglich ist. Damit kann es genau auf die Breite des Zapfenbeitels eingestellt und Zapfen und Schlitze können angerissen werden.

Ein Schneidenstreichmaß trägt ein kleines Ritzmesser, das Linien parallel zu einer Fläche einschneidet, und zwar im allgemeinen quer zur Faser.

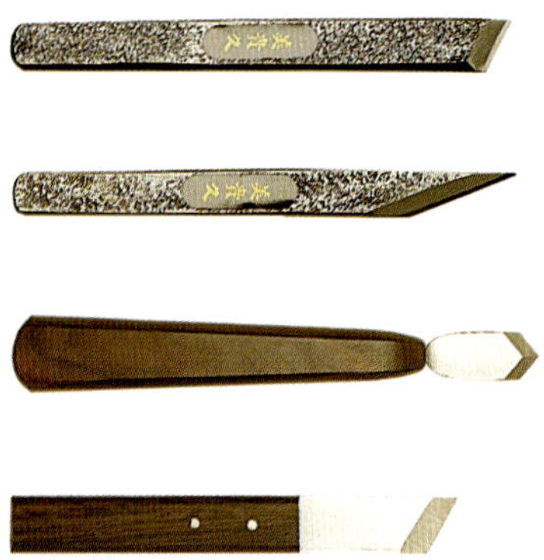

Verschiedene Ausführungen von Anreißmessern.

Weitere Informationen

Zurichten des Holzes	**52**
Genaues Anreißen	**56**
Verbindungen (Kapitel 7)	

Stahlstabmaß, 600 mm lang

Stahlbandmaß

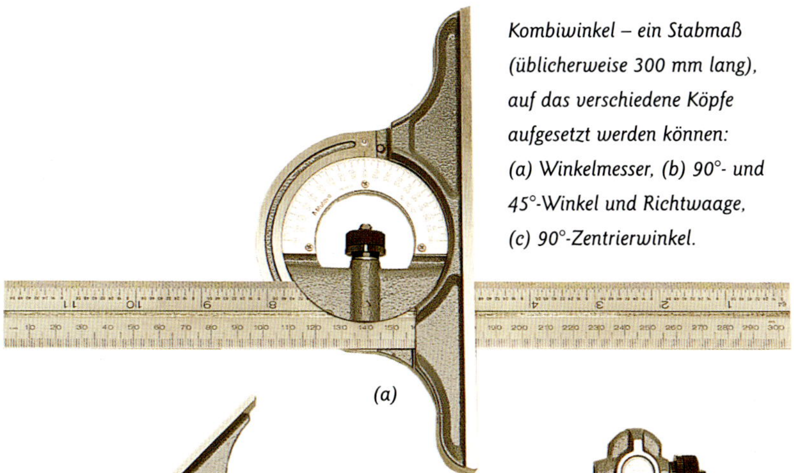

(a)

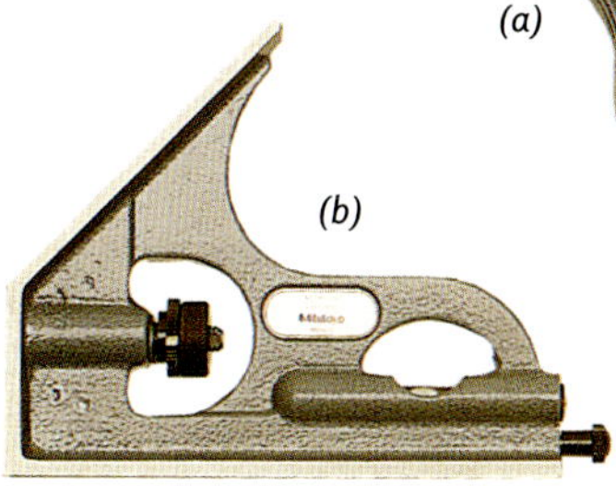

(b)

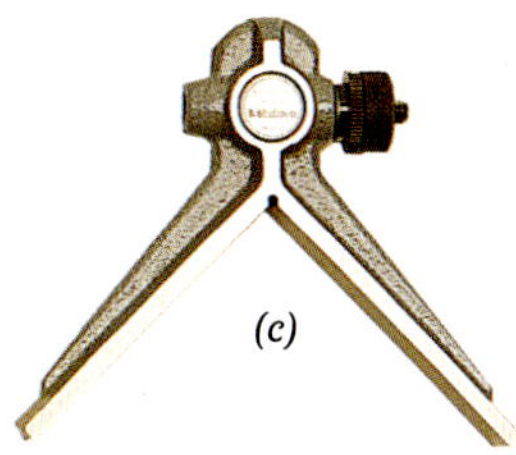

(c)

Kombiwinkel – ein Stabmaß (üblicherweise 300 mm lang), auf das verschiedene Köpfe aufgesetzt werden können: (a) Winkelmesser, (b) 90°- und 45°-Winkel und Richtwaage, (c) 90°-Zentrierwinkel.

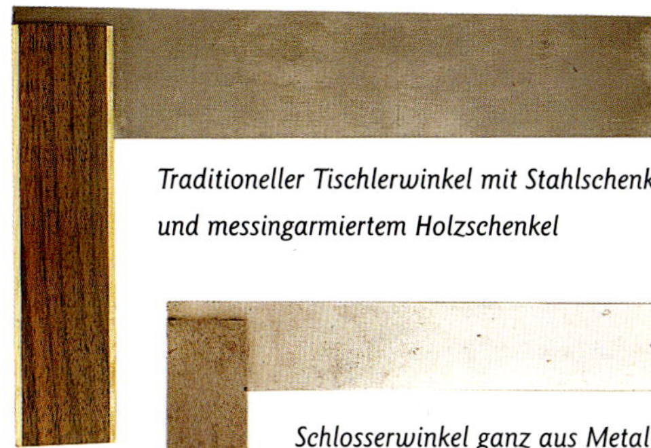

Traditioneller Tischlerwinkel mit Stahlschenkel und messingarmiertem Holzschenkel

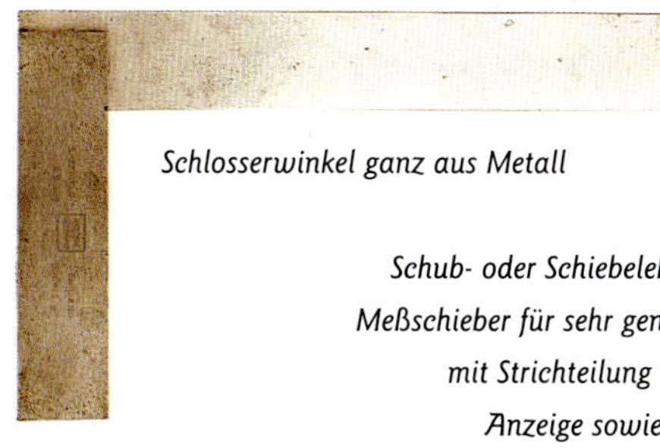

Schlosserwinkel ganz aus Metall

Schub- oder Schiebelehre oder auch Meßschieber für sehr genaues Messen, mit Strichteilung oder digitaler Anzeige sowie Tiefenmesser

Traditioneller Tischler-Verstellwinkel

Schlosser-Verstellwinkel aus Metall

Winkelmeßkopf

45°-Winkel oder Gehrungswinkel

Stabmaße und Lineale

Die Maße Ihrer Werkstücke prüfen Sie mit Stabmaßen (oder auch Maßstäben). Ein Stahlstabmaß mit 1-mm-Teilung ist leichter abzulesen als ein Stabmaß mit 0,5-mm-Teilung. Sie brauchen ein langes Stabmaß (600 mm) in der Nähe der Hobelbank und ein kurzes (150 mm), das in die Tasche Ihrer Arbeitsschürze paßt. Für größere Stücke wird gern ein Bandmaß benutzt, das aber viel weniger genau ist als ein langes Stahlstabmaß.

Ein weiteres, ganz wichtiges Meßzeug ist ein Stahllineal von etwa 1 000 mm Länge ohne Teilung, mit dem Sie Flächen an Werkstücken und Werkzeugen auf Ebenheit prüfen. Stabmaße sind dafür oft nicht genau genug.

Die Schiebelehre oder der Meßschieber ist ein häufig verwendetes Meßzeug für die Dickenbestimmung. Ein weniger teurer Meßschieber aus Kunststoff, der auf 0,25 mm messen kann, reicht für Holzarbeiten aus und hat außerdem den Vorzug, beim Herabfallen nicht allzusehr beschädigt zu werden.

Feste Winkel und verstellbare Winkel

Kombiwinkel sind recht nützlich, aber oft ziemlich schwer und sperrig. Mit Ausnahme sehr teurer Ausführungen, führen sie leicht zu ungenauer Arbeit. Verstellwinkel werden für das Anreißen von Winkeln benutzt. Nach Möglichkeit sollte der Verstellwinkel ganz aus Stahl bestehen. Für Schwalbenschwanzverbindungen können auch Schwalbenlehren benutzt werden. Messinglehren, obwohl attraktiv, sollten Sie besser vermeiden, sie werden von der stählernen Schneide des Anreißmessers sehr rasch verschlissen.

Ein Winkel, der nicht genau rechtwinklig ist, ist ein heimtückisches Instrument. Verwenden Sie Winkel guter Qualität ganz aus Stahl. Ein Winkel mit 150 mm Schenkellänge (des langen Schenkels) und ein kleiner Winkel mit 50 mm Schenkellänge reichen aus. Für grobe Arbeiten mit geringeren Genauigkeitsanforderungen sind Winkel mit einem Holz- und einem Stahlschenkel ausreichend.

Stechbeitel

Stechbeitel – oft auch Stecheisen genannt – gehören zu Ihren wichtigsten Handwerkzeugen. Etwa 80 % der Arbeiten, die Sie überhaupt mit dem Stechbeitel ausführen, werden mit Beiteln zwischen 6 und 19 mm Breite erledigt. Zweifellos gibt es auch Arbeiten, bei denen Sie einen breiteren Beitel oder einen Schabbeitel benötigen. Wenn Sie sich also die ersten Beitel kaufen, nehmen Sie einen Satz schmaler Beitel, und machen Sie sich erst einmal mit der Handhabung und dem Schärfen vertraut, bevor Sie sich größere und teurere Beitel zulegen. Sie brauchen keinen vollständigen Satz von Beiteln; die meisten Handwerker bescheiden sich mit einer allerdings ziemlich vollständigen Kollektion von Beiteln schmaler als 12 mm. Wenn Sie nicht regelmäßig an größeren Stücken tätig sind, benötigen Sie vielleicht noch drei breitere Eisen bis 30 mm Breite.

Die Werkzeugwahl

Wählen Sie eine Beitelausführung, die Ihnen gut in der Hand sitzt. Das Heft sollte das Gewicht der Klinge ausgleichen, d.h. schmale Beitel sollten kleine Hefte, breite Beitel schwerere Hefte haben. Das ist neben der Form der Klinge wichtiger als der Stahl, aus dem die Schneide besteht. Obwohl die im Handel erhältlichen japanischen Beitel, besonders in den größeren Abmessungen, beachtliche Vorteile bieten, ziehen viele Handwerker bei den schmaleren Breiten europäische Produkte vor. Europäische Eisen haben ein geringeres Gewicht und sind leichter und schneller zu schärfen als japanische. Die japanischen Beitel haben geschichtete Schneiden, d.h. die Schneidkante besteht aus hartem Stahl und „steht" daher viel länger als bei europäischen. Die breiteren japanischen Beitel profitieren außerdem von der japanischen Verfahrensweise des Hohlschleifens, was es dem Benutzer erlaubt, den Klingenrücken perfekt eben und spiegelglatt zu polieren.

Schwerere Beitel, Stemmeisen und Lochbeitel stehen ebenfalls zur Verfügung, werden aber vom heutigen Holzhandwerker nur selten verwendet.

Schabbeitel von 15 und 30 mm Breite sind für sehr feine Arbeiten von Nutzen; sie sollten niemals mit Klüpfel oder Hammer eingeschlagen werden.

Es gibt dann noch zwei, drei Beitelarten, die Sie sich zulegen könnten, falls Ihr Budget reicht. Das ist zunächst ein Paar links- bzw. rechtsabgeschrägte Beitel für das Ausputzen der Ecken bei Schwalbenschwanzverbindungen, die sich oft an den Frontseiten von Schubladen finden. Sie können diese wenigen Holzfasern zwar auch mit

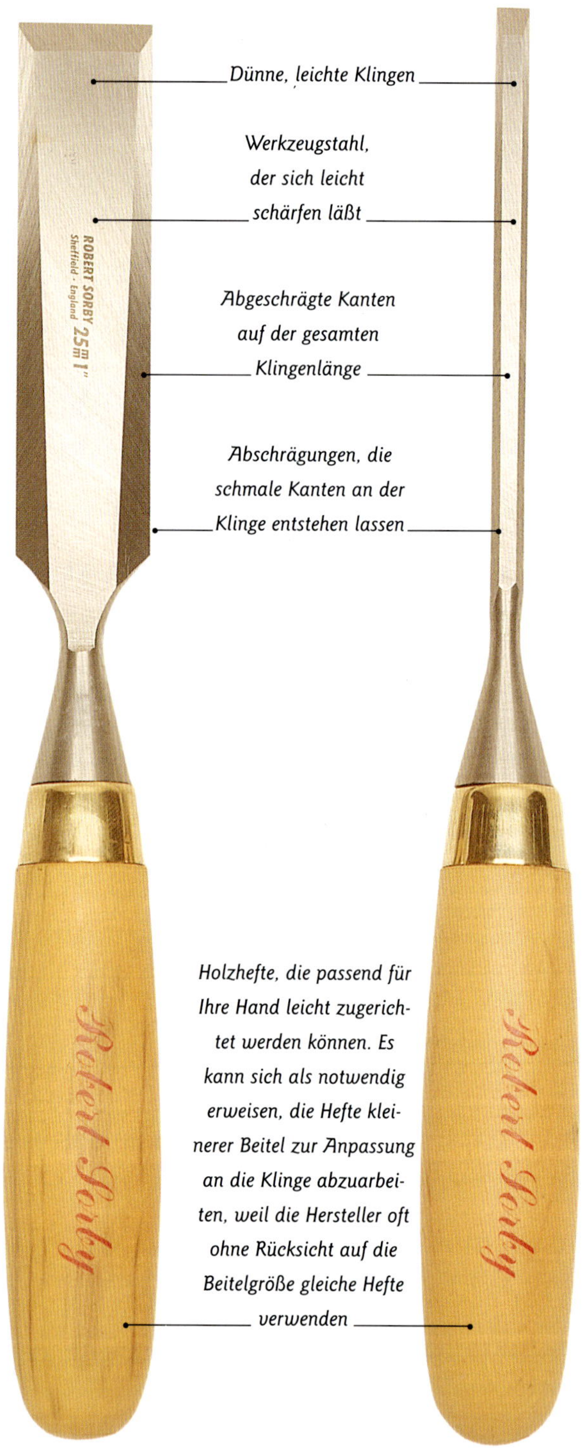

Rechts: Zwei Qualitäts-Stechbeitel mit längs abgeschrägter Klinge. Beachten Sie den Übergang zwischen Klinge und Heft.

Weitere Informationen

Herrichten von Werkzeugen mit Schneide 24

Schärfen von Werkzeugen mit Schneide 26

Stemmen 64

Schnitzen (Kapitel 11)

einem Messer beseitigen, der Schrägbeitel eignet sich aber doch besser. Abgeschrägte Beitel können Sie bei einem guten Werkzeughändler kaufen, aber auch aus gebrauchten Beiteln selbst zurechtschleifen.

Für das Putzen der Innenflächen zusammengebauter Korpusse ist ein gekröpfter Schabbeitel hilfreich. Es ist sonst fast unmöglich, die Tröpfchen halbgetrockneten Leims zu entfernen, die aus den Verbindungen herausgequollen sind.

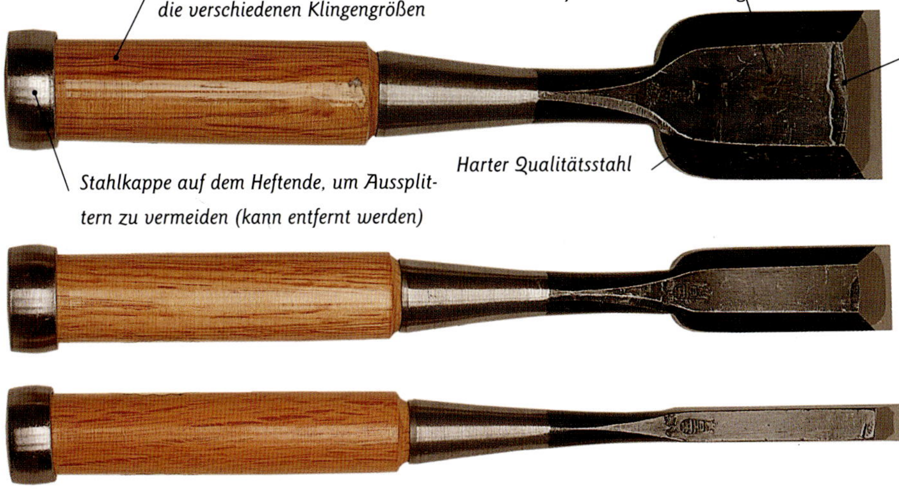

Oben: Drei verschiedene Ausführungen von japanischen Beiteln. Beachten Sie die Unterschiede zu den europäischen Varianten.

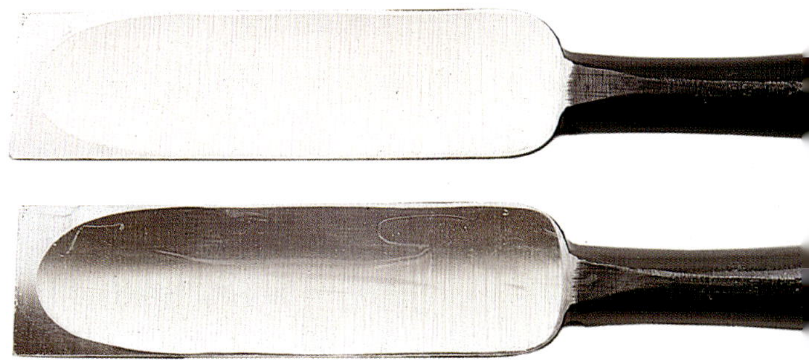

Unten: Hohlschliff auf der Unterseite der Klinge japanischer Beitel.

Stemmeisen

Zapfeneisen

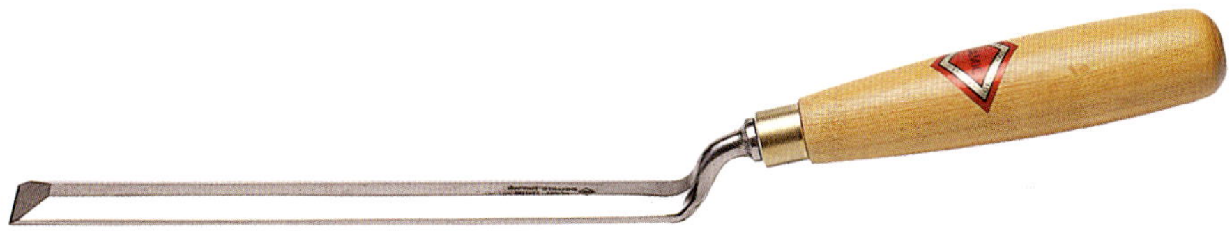

Gekröpfter Schabbeitel

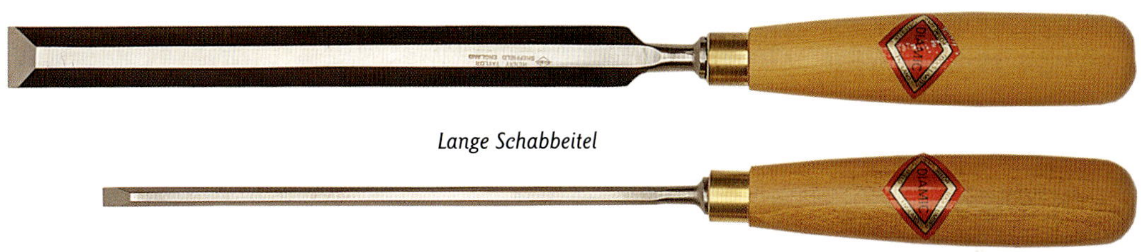

Lange Schabbeitel

Hohleisen

Rechts- und linksabgeschrägte Stechbeitel

Hobel

Einer der wichtigsten Arbeitsgänge bei der Anfertigung von Möbeln besteht darin, eine Fläche genau eben zuzurichten. Das geschieht durch Hobeln – eine der Fertigkeiten beim Arbeiten mit Holz, deren allmähliche Ausbildung und letztendliche Beherrschung viel Befriedigung verschafft.

Bankhobel

Viele Holzhandwerker nehmen nach wie vor einen der verschiedenen Bankhobel, um Flächen für die weitere Bearbeitung vorzubereiten und Verbindungen einzupassen. Es ist überaus befriedigend, mit einem gut zugerichteten Hobel die ein oder zwei Späne abzuheben, die aus einer schwergängigen eine perfekt fügbare Verbindung machen. Bei einer Reihe von Hölzern wirkt eine handgehobelte Fläche lebendig und benötigt keine weitere Behandlung außer vielleicht einer leichten Politur. Bankhobel gibt es in drei oder vier Größen, die sich den unterschiedlichen Aufgaben entsprechend herausgebildet haben: als kurzer Putzhobel, als lange Rauhbank und in den Mittelgrößen Schrupp- und Schlichthobel. Bevor die mühselige Aufgabe des Zurichtens rauher Bretter zu ebenen, maßhaltigen Holzbauteilen von Maschinen übernommen wurde, mußte der Handwerker einen vollständigen Satz von Hobeln zu seiner Verfügung haben: einen Schrupphobel für die Vorarbeit, einen Schlichthobel für das endgültige Planbearbeiten, eine Rauhbank für lange Kantenverbindungen und schließlich einen Putzhobel für die Endbearbeitung zusammengefügter Korpusse. Heute kommen die meisten Holzhandwerker mit einem Schrupphobel mittlerer Länge und einem Putzhobel aus. Hölzerne Hobel sind weit verbreitet, weil sie leichter herzurichten sind und ein geringeres Gewicht haben.

Spezialhobel

Für einige Bearbeitungsaufgaben sind die normalen Hobel nicht recht geeignet. Deshalb gibt es spezielle Ausführungen, wie den Hirnholzhobel und den schmalen Simshobel. Mit dem Hirnholzhobel – mit flacher gestelltem Eisen – kann in Faserrichtung und quer zur Faserrichtung gearbeitet werden. Er ist überhaupt sehr vielseitig einsetzbar, weil auch seine Maulweite einstellbar ist. Der Winkel, den das Eisen bildet, ist mit 10 bis 20° viel kleiner als bei den Bankhobeln, bei denen er 45° beträgt. Außerdem ist die Fase an der Schneide nach oben gerichtet, wiederum anders als bei den Bankhobeln, wo sie nach unten weist. Das führt am Ende doch zu einem Schneidwinkel von etwa 45° wie bei den Bankhobeln, weil die 15° des Eisens im Ka-

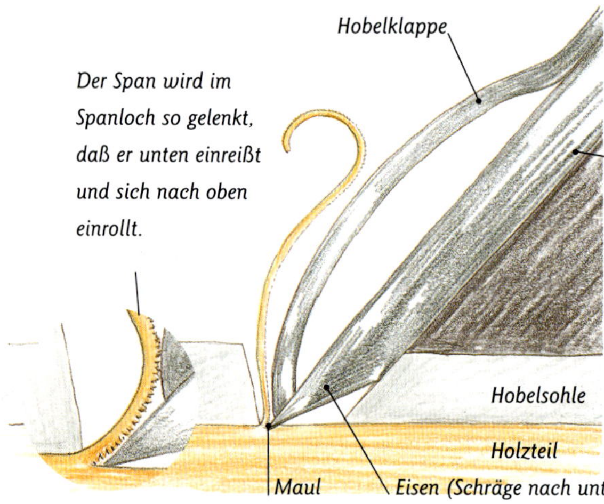

Querschnitt durch einen Handhobel.

Hölzerner Schrupphobel

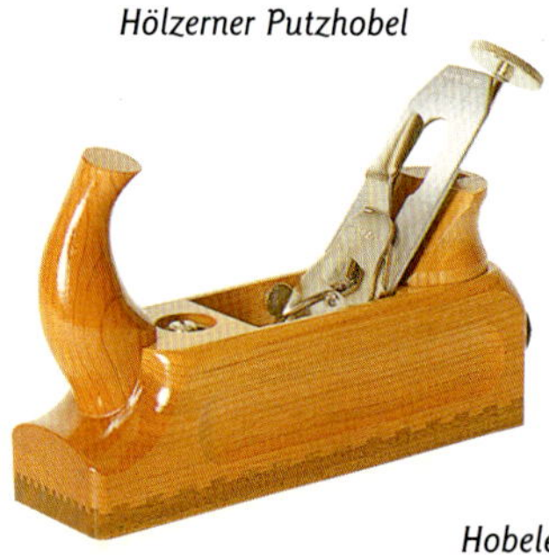

Hölzerner Putzhobel

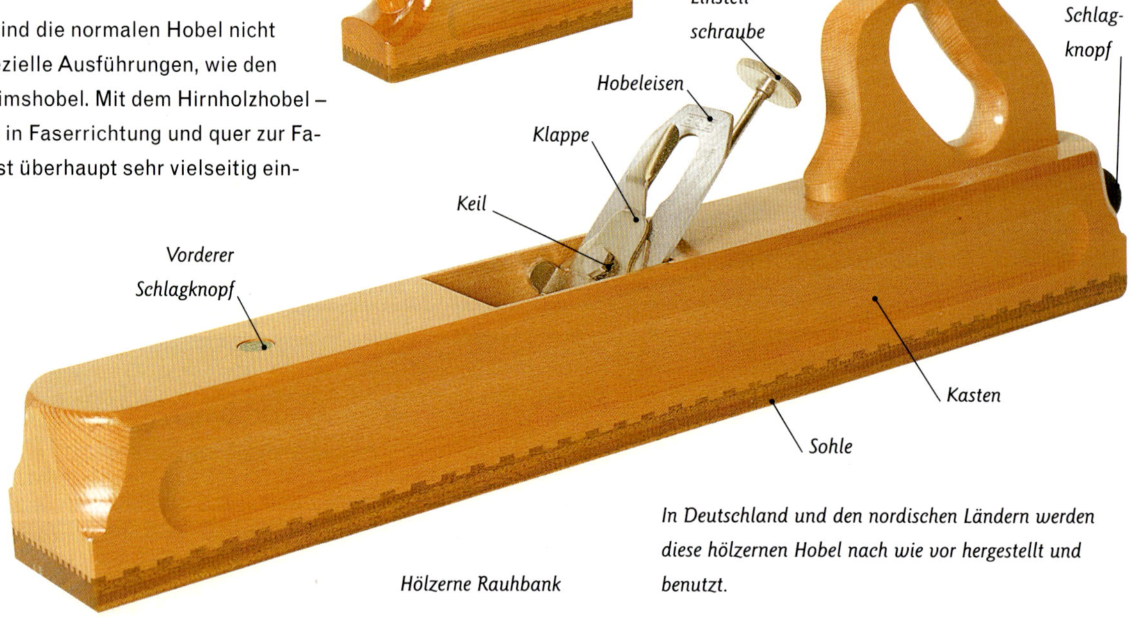

Hölzerne Rauhbank

In Deutschland und den nordischen Ländern werden diese hölzernen Hobel nach wie vor hergestellt und benutzt.

Weitere Informationen

Abricht- und Dickenhobelmaschinen 38

Zurichten des Holzes 52

Hobeln mit der Hand 58

Handhobeln von Hirnholz 68

sten zum angeschliffenen Winkel von 30° des Eisens hinzukommen. Der Vorteil eines solchen Aufbaus liegt darin, daß Sie den Gesamtschneidwinkel durch Schleifen und Abziehen des Winkels am Eisen leicht verändern können. Das ist bei Hölzern mit wilder Maserung von erheblichem Wert.

Bei den ähnlich aufgebauten Simshobeln (und Falzhobeln) reicht das Eisen über die ganze Breite des Kastens, so daß bis in die Innenkante von Verbindungen hineingehobelt werden kann. Die meisten Holzhandwerker kommen mit einem größeren und einem kleineren Simshobel aus.

Den zweiseitigen Falzhobel brauchen Sie vielleicht alle zwei Jahre einmal, beispielsweise um eine Nut ein wenig zu erweitern, damit die Seitenkante eines Bretts eingefügt werden kann. Diese Aufgabe ist allerdings tatsächlich mit keinem anderen Werkzeug zu erledigen.

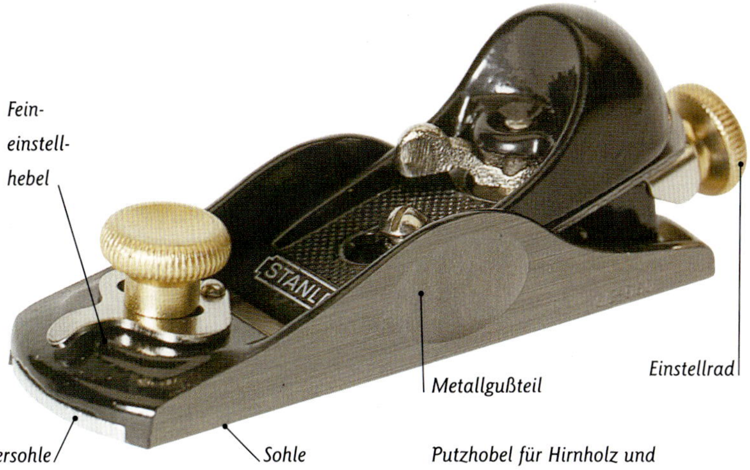

Putzhobel für Hirnholz und schwierige Maserung.

Hobeleisen

Hobeleisen gibt es in zwei Formen. Bei den Hirnholz- und Simshobeln ist das Eisen unter einem flachen Winkel eingesetzt, die Schrägung der Schneide zeigt nach oben. Bei den Bankhobeln beträgt der Winkel 45°, die Schneidenschrägung zeigt nach unten, und auf der Rückseite ist das Eisen durch die sogenannte Klappe abgestützt (deshalb Doppelhobel). Die Klappe trägt zu einem günstigen Spanablauf durch Maul- und Spanloch bei und soll das Reißen des Spans verhindern. Sie muß mit Sorgfalt an das Eisen angepaßt werden, damit sie ihre wichtige Funktion erfüllen kann.

Hölzerner Putzhobel

Kleiner Falzhobel

Metallener Putzhobel

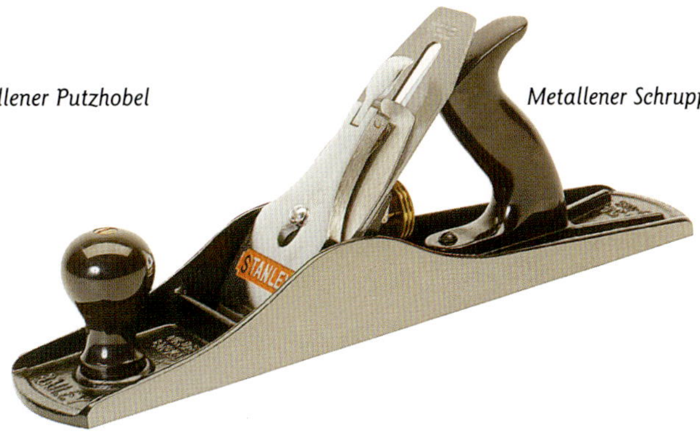

Metallener Schrupphobel

Metallhobel sind in vielen Ländern verbreitet.

Oben und unten: Zwei verschiedene Falzhobel

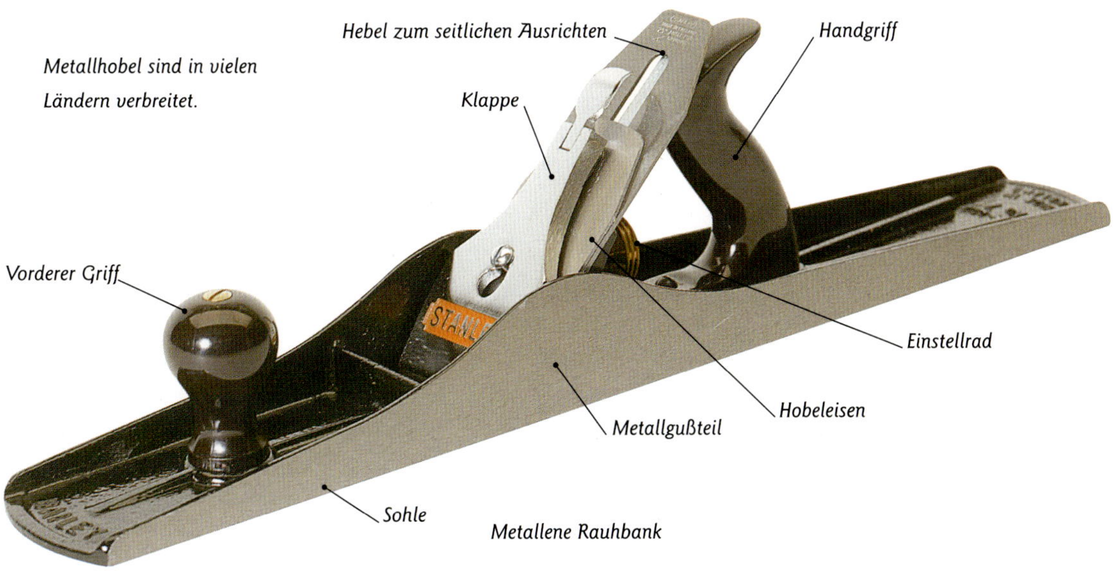

Metallene Rauhbank

Seitenfalzhobel

Herrichten von Werkzeugen mit Schneide

Vor dem Schärfen muß ein schneidendes Werkzeug hergerichtet werden. Im Leben eines Werkzeugs geschieht dies gewöhnlich nur einmal. Hergerichtet werden muß ein Werkzeug, um eine Genauigkeit zu erreichen, die der Hersteller auf wirtschaftliche Weise nicht zustande bekommt. Bei Stechbeiteln bedeutet Herrichten, den Klingenrücken genau plan und spiegelnd zu bearbeiten. Das ist mühsam, wird aber nur ein einziges Mal erledigt – danach darf der Stechbeitel höchstens mit Ihrem allerfeinsten Polierstein in Kontakt kommen.

Herrichten von Stechbeiteln

Zuerst muß die Klinge auf Planheit geprüft werden. Das ist wichtig, weil eine genau plane Klinge leichter zu schärfen ist. Planheit der Klinge wird mit Hilfe einer Läppplatte aus Stahl und Karborundpulver erreicht, geschmiert wird mit Wasser oder Öl (kostengünstiger als eine Stahlläppplatte ist eine Glasplatte mit gerundeten Kanten). Bewegen Sie die Klingenrückseite (den Spiegel) auf der mit dem Schleifmittel bedeckten Läppplatte, bis sie bis an die Kanten gleichmäßig grau gefärbt ist. Achten Sie darauf, die gesamte Schleifmittelmenge einzubeziehen, denn das Karborundpulver wird durch die Beanspruchung feiner und feiner, und ein verbliebenes grobes Korn würde den Spiegel der Klinge zerkratzen. Sobald die Fläche plan ist – das dauert bei einem 12 mm breiten Eisen etwa 15 Minuten –, können Sie das Ergebnis durch Polieren des Klingenspiegels zuerst auf einem wassergeschmierten Japanstein Körnung 1 000 und dann auf einem Polierstein Körnung 6 000 überprüfen. Wenn die Fläche nicht sehr rasch gleichmäßig poliert aussieht, dann kehren Sie zurück auf die Läppplatte. Es hat keinen Zweck, das Werkzeug mit dem Wasserstein plan bearbeiten zu wollen – die Poliersteine dienen dem Polieren und Schärfen; allein vermögen sie keine plane Fläche zu erzeugen. Lassen Sie kein Karborundpulver auf die Poliersteine gelangen. Achten Sie auch darauf, daß die Klingenrückseite bis an die Kanten und in die Ecken sorgfältig poliert ist; die Ecken leisten später die meiste Arbeit.

Der Japanbeitel hat eine hohlgeschliffene Rückseite, was das Herrichten dieser breiten und extrem harten Eisen sehr erleichtert. Ohne diesen Hohlschliff würde das Herrichten sehr viel Zeit kosten.

Herrichten von Hobeln

Auch Stahlhobel müssen hergerichtet werden, damit sie effektiv arbeiten. Die Sohle eines neuen Hobels ist bereits fast plan. Läppen Sie diese mit einem Schleifmittel Körnung 60 auf einem ebenen Maschinentisch. Das Ergebnis können Sie prüfen, indem Sie ein Stahllineal anhalten und gegen eine starke Lichtquelle blicken. Weil Gußwerkstoffe arbeiten, wird dieser Prozeß im ersten Jahr ein- oder zweimal wiederholt werden müssen; nach einiger Zeit hat sich der Guß dann auf Dauer gesetzt.

Nachdem Sie die Sohle hergerichtet haben, passen Sie das Handstück an. Das ist das Stahlstück, auf dem das Hobeleisen aufliegt. Prüfen Sie den Sitz des Handstückes im Hobelkasten, und feilen Sie es gegebenenfalls auf festen Sitz zurecht.

Dann prüfen Sie, ob auch die Baugruppe Eisen/Klappe fest auf dem Handstück aufliegt. Anschließend stellen Sie den Spalt vor der Schneide auf etwa 2 mm ein, indem Sie Handstück und Eisenbaugruppe vor und zurück bewegen. Dann fixieren Sie das Handstück und drehen die Einstellschrauben fest. Wenn Sie den Hobel in der beschriebenen Weise sorgfältig herrichten, arbeitet er effektiver, und ein Einreißen bei schwierig zu bearbeitenden, trockenen Harthölzern wird vermieden.

Weitere Informationen

Stechbeitel	**20**
Hobel	**22**
Schärfen von Werkzeugen mit Schneide	**26**

Werkzeugübersicht

Auf den folgenden Seiten finden Sie die in einer kleineren Werkstatt am häufigsten vorhandenen Hand- und Elektrowerkzeuge sowie Maschinen. Wenn Sie Werkzeug für Ihre Werkstatt kaufen, nehmen Sie immer das beste, das Sie sich leisten können – das gilt ganz besonders für Handwerkzeuge. Ein gutes Handwerkzeug überdauert ein Menschenleben, so daß gebraucht gekauftes Werkzeug häufig seinen Preis mehr als wert ist. Kaufen Sie sich Werkzeug, wenn Sie es wirklich brauchen, nicht weil Sie meinen, es besitzen zu müssen.

Raspel
Zum Feilen gekrümmter Flächen.

Elektrohobel
Hand-Elektrowerkzeug zum Hobeln kleiner Flächen.

Stechbeitel, Stemmeisen, Hohlbeitel

Stechbeitel
Mit seitlich abgeschrägter Klinge. Verbreitetes Bankwerkzeug.

Großes Stemmeisen
Schweres Eisen mit Lederscheibe und Stahlhülse am Heftende. Wird mit schwerem Holzhammer geschlagen.

Kleines Stemmeisen
Ähnlich dem Eisen darüber, aber mit leichterem Heft. Nicht für Schlagarbeit mit dem Holzhammer.

Japanische Stechbeitel
Ausgezeichnete Qualität, aber schwere Eisen mit Abschrägung.

Schabbeitel
Beitel mit langer, seitlich abgeschrägter Klinge für feine Schabarbeit.

Gekröpfter Schabbeitel
Schabbeitel mit gekröpfter Angel, mit dem Korpusinnenflächen leichter erreichbar sind.

Rechts- und linksabgeschrägte Stechbeitel
Die schneidende Wirkung dieser Beitel mit scharfer Spitze ist zur Fertigbearbeitung von Verbindungen günstig.

Hohleisen
Das Hohleisen wird im Unterschied zum Schnitzmesser, das außen geschärft wird, an der Innenseite geschärft. Zum Bestoßen geschnitzter Flächen.

Werkzeuge zum Schärfen

Schleifbock
Schleifmaschine für trockenes Arbeiten. Stahlwerkzeuge können bei Unachtsamkeit leicht ausgeglüht werden.

Abziehstein
Ein geformter Abziehstein zum Schärfen von Schnitzmessern und Werkzeugen mit gekrümmter Kante.

Ziehklingenstahl
Zum Anstreichen der Ziehklinge.

Feilenhalter
Kleine Vorrichtung zum Führen einer Feile im rechten Winkel zu einer Fläche. Zum Schärfen der Ziehklinge.

Kombinierte wassergekühlte Schleifmaschine
Zum Schleifen von Schneiden an Werkzeugen aus Kohlenstoffstahl.

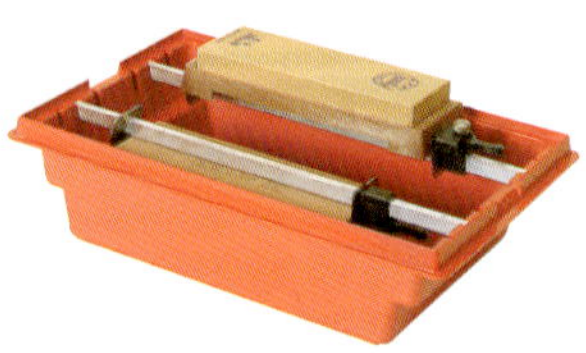

Abziehsteinschale
Zur Aufbewahrung von genäßten Abziehsteinen.

Japanischer Wasserstein
Zum Abziehen geschliffener Werkzeugschneiden.

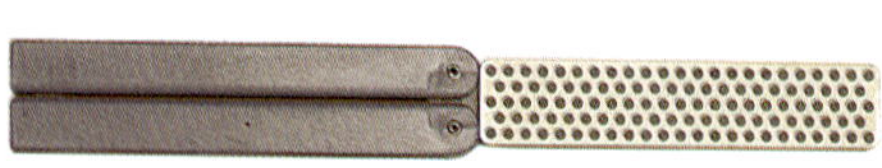

Diamantläppstein
Zum Aufarbeiten von Werkzeugen mit Hartmetalleinsätzen.

Sägefeilen
Profilfeilen entsprechend den Zahnungslücken. Zum Sägeschärfen.

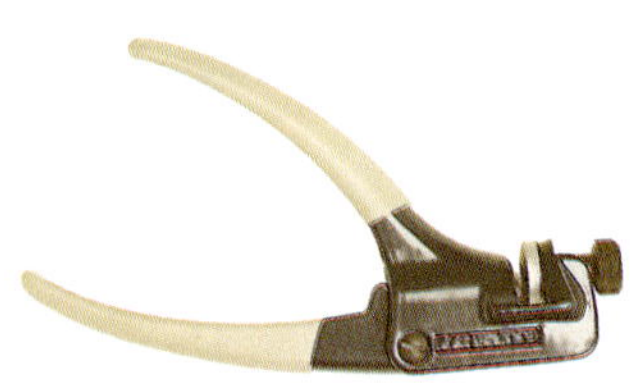

Schränkzange
Zum seitlichen Abbiegen der Zähne von Handsägen, um den sogenannten Schrank zu erzeugen.

Hobel und Formwerkzeuge

Putzhobel
Für die Endbearbeitung bereits plangearbeiteter Flächen.

Schrupphobel
Bankhobel für allgemeine Arbeiten in der Tischlerei.

Rauhbank
Hobel mit langer Sohle, gelegentlich für die Schmalflächen an Brettern verwendet.

Hirnholzhobel
Kleiner Bankhobel vorwiegend für Hirnholz.

Falzhobel
Gelegentlich zur Verbreiterung einer Nut oder eines Falzes verwendet.

Kleiner Simshobel
Für sehr feine Arbeiten.

Mittlerer Simshobel
Für Besäumarbeiten und kleinere Tischlerarbeiten.

Großer Simshobel
Mit breiterem Eisen für schwerere Arbeiten.

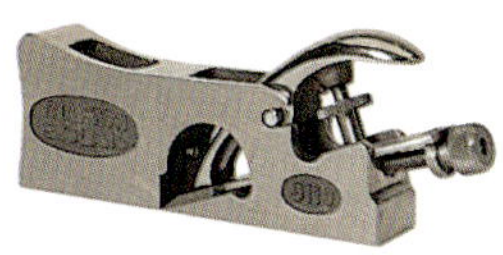

Kombinierter Falzhobel
Vielseitiges Werkzeug für Fälze, Anschläge und Nuten.

Kantenhobel
Spezialhobel für das Hobeln einer Kante im rechten Winkel zu einer vorhandenen Fläche.

Rundhobel
Zum Hobeln gekrümmter Flächen.

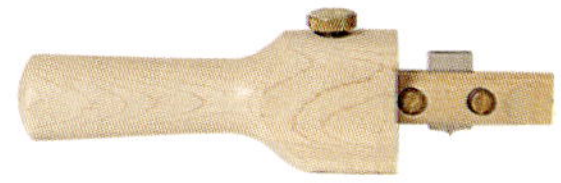

Kehlhobel
Für dekorative Arbeiten.

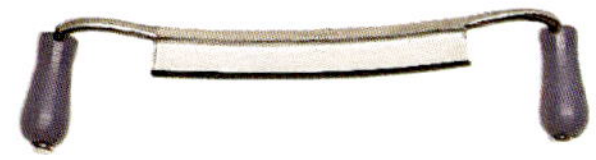

Gekrümmtes Zugmesser
Für Formarbeiten und zum Brechen von Kanten.

Zugmesser
Für Formarbeiten und zum Brechen von Kanten.

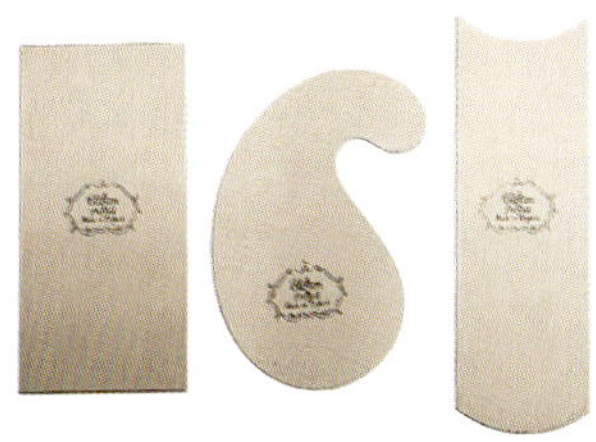

Ziehklingen
Für die Endbearbeitung von Flächen.

Abrichtmaschine
Zum Abrichten von Flächen.

Abricht-Dickenhobelmaschine
Zum Abrichten und Hobeln auf Dicke.

Konvexer Schabhobel
Zum Formen konvexer Flächen von Hand.

Konkaver Schabhobel
Zum Formen konkaver Flächen von Hand.

Schabhobel
Verbreitetes Handwerkzeug zum Schaben.

Ziehklingenhobel
Zum Schaben planer Flächen.

Dickenhobelmaschine
Zum Hobeln von Teilen auf Dicke.

Meß- und Anreißwerkzeuge

Stahlbandmaß
Zum groben Messen und Anreißen. Für genaue Arbeiten unbrauchbar.

Stahlstabmaß
Wichtigstes Werkzeug für genaue Messungen in der Werkstatt.

Aluminiumstabmaß
Zur allgemeinen Verwendung, in verschiedenen Längen verfügbar.

Lineal mit abgeschrägter Kante
Ein Lineal ist zum Prüfen der Planheit unentbehrlich.

Schlosserwinkel
Der Stahlwinkel ist sehr viel genauer als ein Winkel mit einem Holzschenkel.

Tischlerwinkel
Für Baustellen und weniger genaue Arbeiten.

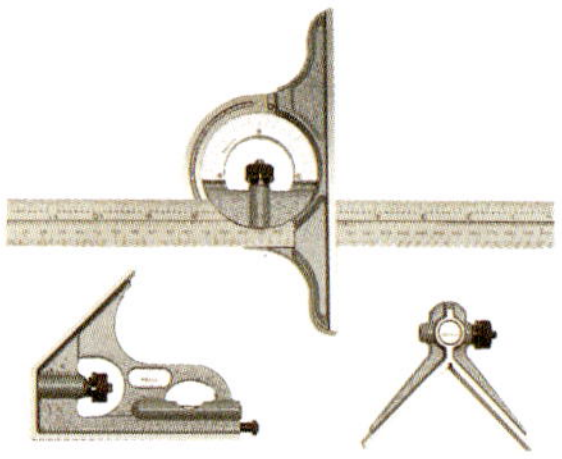

Kombiwinkel
Der hohe Preis eines Qualitäts-Meßzeugsatzes zahlt sich in exakten Winkelmessungen aus.

Verstellwinkel
Hier mit hölzernem Schenkel. Er wird mit einem Winkelmesser eingestellt.

Schlosser-Verstellwinkel
Vollständig aus Stahl. Zum Messen und Anreißen von Winkeln.

Gehrungswinkel
45°-Winkel zum Anreißen von Gehrungen.

Winkelmeßkopf
Ein sehr genaues Werkzeug aus der Metallbearbeitung. Eine Lupe erleichtert das Ablesen.

Schneidenstreichmaß
Aus Rosenholz mit gerändelter Stellschraube aus Messing.

Streichmaß
Eine ungewöhnliche Ausführung mit zwei Stöcken und einem Körper.

Streichmaß
Die übliche Ausführung mit einem Stock. Die Einstellschraube besteht aus Kunststoff.

Doppelstreichmaß aus Rosenholz
Hier mit einer sehr genauen Einstelleinrichtung aus Messing. Sehr zuverlässiges und praktisches Meßzeug.

Englisches Anreißmesser
Überall erhältlich, aber oft mit einer Klinge aus minderwertigem Stahl.

Japanisches Anreißmesser
Geschichteter Superstahl. Sehr brauchbares Meßzeug.

Europäisches Anreißmesser
Von Links- und Rechtshändern gleichermaßen verwendbar.

Stechzirkel
Mit einem Bogenfedergelenk für genaues Einstellen.

Schwalbenschwanzwinkel
Zwei Winkel zum Anreißen von Schwalbenschwänzen in Hartholz (1:8) und Weichholz (1:6).

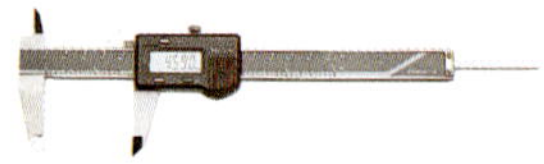

Digital-Schiebelehre
Zum Messen und Prüfen von Dicken.

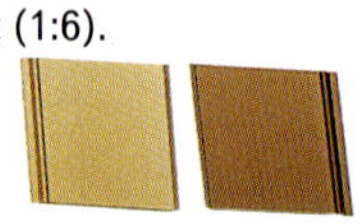

Schwalbenschwanzlehren
Zum genauen Anreißen von Schwalbenschwänzen.

Wasserwaage
Traditionelle Wasserwaage mit Teakkörper und Messingbeschlag.

Sägen

Kleiner Fuchsschwanz
Kürzeste Handsäge. Für kleine Tischlerarbeiten.

Quersäge
Etwas länger. Für Hartholz und Platten.

Längssäge
Meist für Längsschnitte in Vollholz.

Staubabsauggeräte

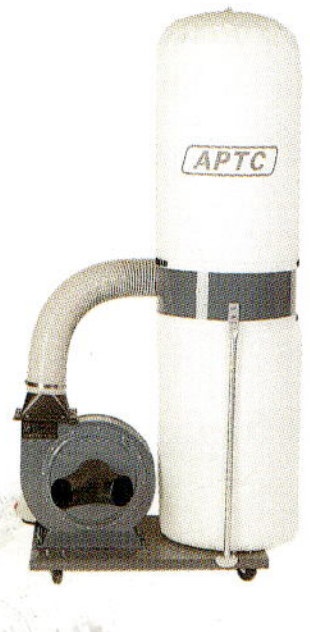

Späne-Absauganlage
Hält die Werkstatt frei von Staub und Spänen, die bei der Holzbearbeitung entstehen.

Klein-Absauganlage
Kann an Elektrowerkzeuge angeschlossen oder zum Reinigen des Umfelds der Hobelbank eingesetzt werden. Im Bild an eine Oberfräse angeschlossen.

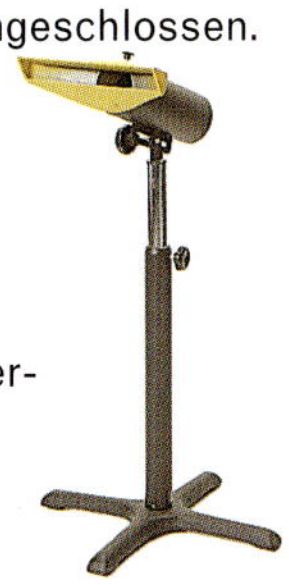

Absaughaube auf Ständer
Kann neben der Maschine aufgestellt werden, um Späne aus dem Arbeitsbereich abzusaugen.

Furnierwerkzeuge

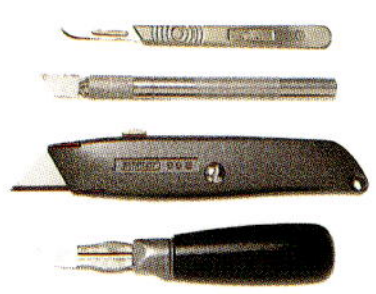

Bankmesser
Zum Schneiden von Furnier auf Maß.

Furnierhammer
Zum Anschlagen von Furnieren mit Tierleim.

Furniersäge
Korrekt geschärft, kann sie zum Schneiden von Furnier quer zur Faser dienen.

Traditioneller Leimtopf
Zum Erwärmen von Tierleim.

Furnierschneider
Handelsübliche Werkzeuge für das Schneiden von Furnier.

Leimverteiler
Zum dünnen und gleichmäßigen Verteilen von Leim über eine große Fläche.

Werkzeuge zum Biegen und Schichten

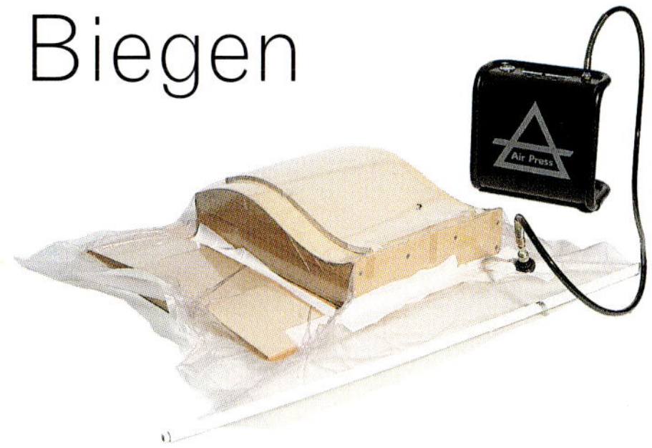

Vakuumpresse
In kleinen Werkstätten für das Furnieren und Schichtholzfertigen.

Drechselwerkzeuge

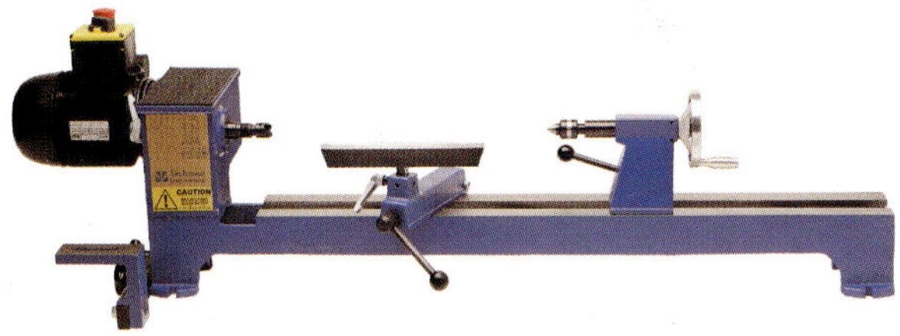

Drechselbank
Zum Drechseln von Holz zwischen Spitzen oder auf der Spindelnase zum Querholzdrehen.

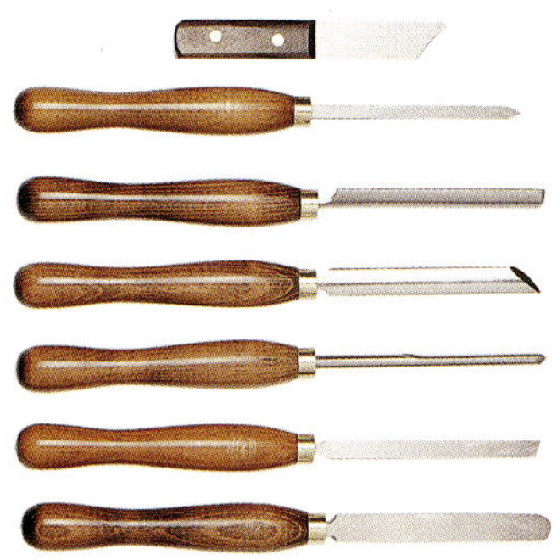

Hand-Drechselwerkzeuge
In breiter Vielfalt von Formen und Maßen erhältlich. Zum Querholz- und Langdrehen.

Schnitzwerkzeuge

Kerbschnitzmesser
Ein klassisches Werkzeug des Möbeltischlers.

Kleine Raspeln und Feilen
Beim Schnitzen für das Formen und feine Feilarbeiten verwendet.

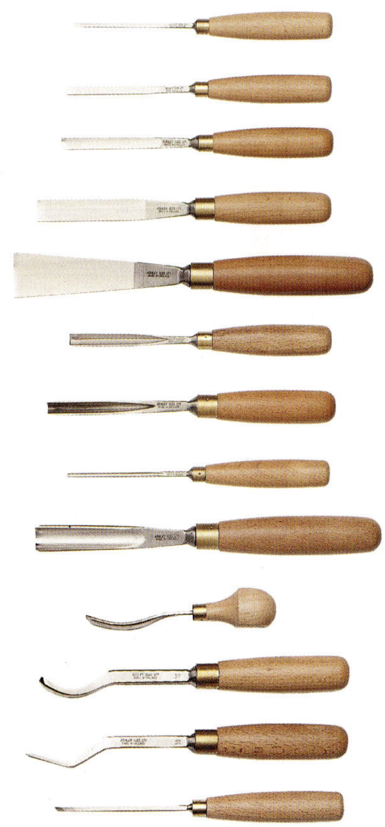

Verschiedene Schnitzwerkzeuge
Diese Werkzeuge gibt es in sehr verschiedenen Formen und Größen. Sie sind in bester Qualität auch als gebrauchte Werkzeuge für mäßige Preise zu haben.

Bohr- und Stemmwerkzeuge

Bohrwinde oder Brustleier
Zum Bohren mit Holzspiralbohrern mit Spitze.

Bohrwinde mit Kurbelgriff
Kleine Bohrwinde, für Spiralbohrer mit Zylinderschaft.

Akkubohrmaschine
Zum Bohren, Schleifen und Formen weit verbreitet.

Bohrständer
Verwandelt die Hand- in eine Bankbohrmaschine.

Standbohrmaschine für Aufbau auf Fußboden
Nimmt keinen wertvollen Platz auf der Werkbank weg.

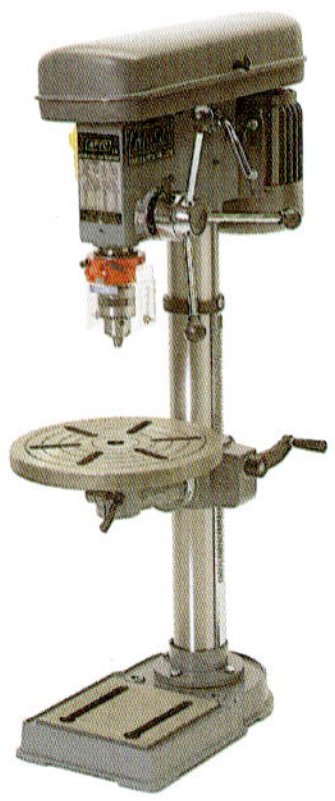

Bank-Standbohrmaschine
Zum genauen Bohren von Löchern im rechten Winkel.

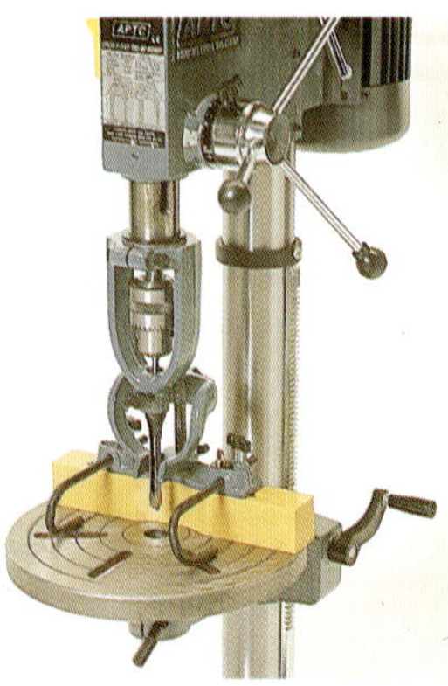

Stemmeinrichtung
Erlaubt das Stemmen auf der Standbohrmaschine.

Stemmaschine
Für Löcher mit quadratischem Querschnitt (Zapfenlöcher).

Spann- und Montagewerkzeuge

Schraubzwinge
Kann beachtliche Preßkräfte ausüben. Für Zusammenbau und Verbindung.

Zwinge mit tiefem Bügel
Wie oben, aber für breite Teile.

Schraubzwinge mit verschiebbarem Arm
Ähnlich den obigen, aber schneller einzurichten und anzusetzen.

Leichter Türspanner
Für große, flache Bauteile.

Schleif- und Endbearbeitungswerkzeuge

Rollenschleifer
Auf- und abbewegte Rolle. Zum Schleifen kleiner Teile mit gekrümmten Flächen.

Band- und Tellerschleifer
Zum allgemeinen Formen und Schleifen.

Bandschleifer
Kann eine große Stoffmenge in sehr kurzer Zeit abarbeiten.

Exzenterschleifer
Schleifwerkzeug, das keine Marken auf der fertigen Fläche hinterläßt.

Tellerschleifer
Praktische Maschine zum Bestoßen und Formen von Hirnholz sowie gebogener und geformter Teile.

Schwingschleifer
Mit Schleifblatt an der Unterseite. Durch den Exzenterschleifer weitgehend überholt.

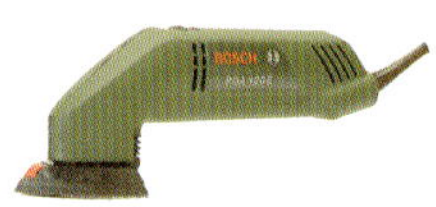

Dreieckschleifer
Zum Schleifen in Innenecken.

Bandreiniger
Schleifmittelklotz zur Verlängerung der Standzeit von Schleifbändern und -tellern durch Entfernen von Einlagerungen.

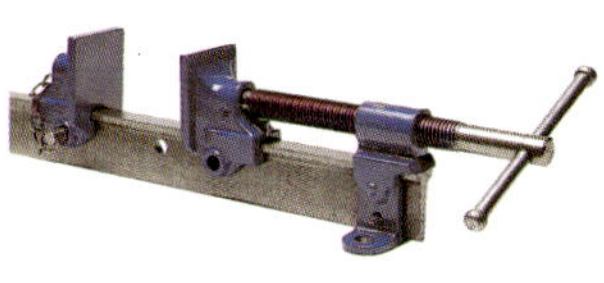

Türspanner mit T-Stange
Teuer, aber in Handwerksbetrieben zum Zusammenbau großer Teile weit verbreitet.

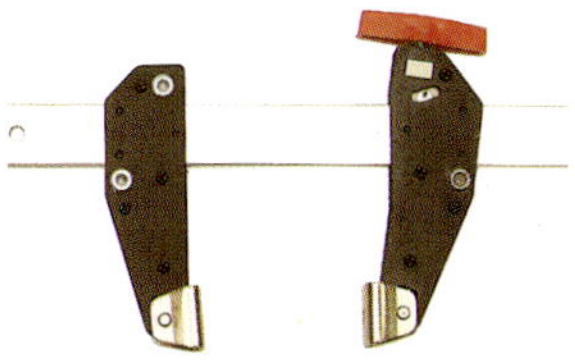

Spanner mit Rechteckstange
Vielseitig, weil je nach Stellung der Spannarme von außen oder innen wirkend.

Hölzerne Leimzwinge
Diese leichten Exzenterspanner wirken wie Schnellspanner, sind jedoch leichter.

Leimzwinge
Wie darüber, jedoch mit einer festen Backe. Kann als leichter Türspanner benutzt werden.

Plattenspanner
Für Platten. Ähnlich wie der Türspanner.

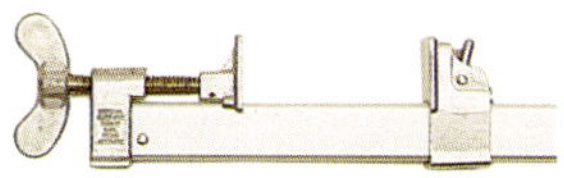

Aluminiumtürspanner
Leichter, stabiler und genauer Spanner für kleinere Arbeiten.

Bandspanner
Auch mit Schnur. Hier für einen leichten Rahmen.

Leichte Ministangenspanner
Aus Messingvollprofil. Für leichte Spannzwecke.

Hämmer und Schraubendreher

Stifthammer
Weithin üblich für leichtere Arbeiten, wie das Nageln von Stiften.

Kreuzhammer
Zum Einschlagen von Nägeln.

Klauenhammer
Der verbreitetste Hammer des Tischlers und Zimmermanns. Mit einer Klaue zum Nagelziehen.

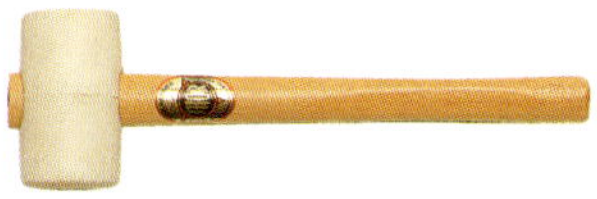

Weißgummihammer
Zur Möbelmontage.

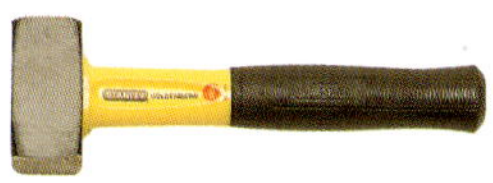

Fäustel
Ebenso für die Möbelmontage. Zum Austreiben des Leims aus der Fuge.

Klüpfel oder Holzhammer
Zum Schlagen von Stemmeisen.

Drillschraubendreher
Dreht Schrauben durch Hin- und Herbewegen der Hülse.

Tischler-Schraubendreher
Bei Möbeltischlern weit verbreitet.

Ratschenschraubendreher
Mit seinem Satz von 6 Einsätzen ein modernes Werkzeug zum Eindrehen von Schrauben.

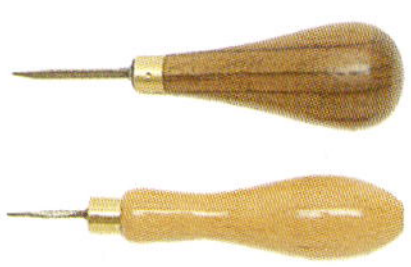

Ahlen oder Vorstecher
Oben mit kreisrundem Querschnitt (Spitzbohrer), unten mit Vierkantquerschnitt. Letztere ist günstig für das Anstechen der Schraubenlöcher beim Einstemmen von Scharnieren.

Arbeitsflächen und Stützen

Tischler-Hobelbank
Hier mit Vorder- und Hinterzange. Wichtigstes Werkzeug der Holzwerkstatt!

Maschinentisch
Zur Aufnahme von Stichsäge, Oberfräse oder Kreissäge, die dadurch zu stationären Maschinen werden.

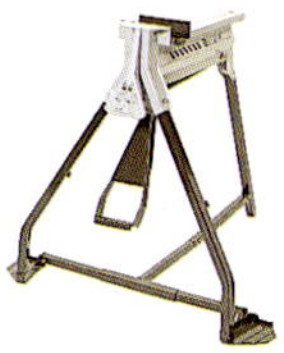

Klemmbacken
Nützliche Haltevorrichtung in der Werkstatt.

Hilfstisch
Kann zusammengeklappt werden.

Kreuztisch
Ein derartiger Tisch kann vor und zurück sowie seitwärts bewegt werden.

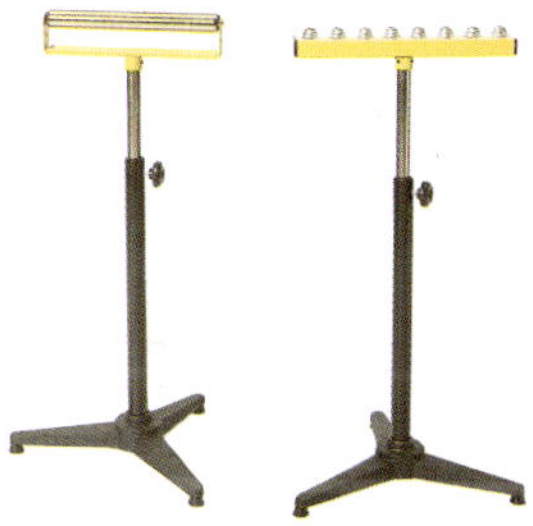

Stützen
Mit Rollen oder Rollenlagern. Zum Abstützen langer Werkstücke, die über den Maschinentisch hinausragen.

Anschlagbrett
Zum Halten kleiner Teile beim Schneiden auf Maß.

Bock
Meist selbst angefertigt. Sehr nützliche Stütze für halbfertige Stücke und Produkte.

Zinkensäge
200 oder 250 mm lang. Für feine Tischlerarbeiten.

Feinsäge
Gewöhnlich 300 mm lang. Für größere Tischlerarbeiten.

Kleine Feinsäge
Für sehr feine Tischlerarbeiten.

Japanische Dozuki-Säge
Traditionelle japanische Rücken- bzw. Feinsäge.

Japanische Ryoba-Säge
Für hochgenaue Arbeiten.

Doutsuki-me-Säge
Japanische Säge mit feiner Zahnung.

Kapp- und Gehrungssäge
Kleine Maschine, mit der genaueres Arbeiten von Gehrungsverbindungen möglich ist.

Bogensäge
Für gekrümmte Schnitte in Holz.

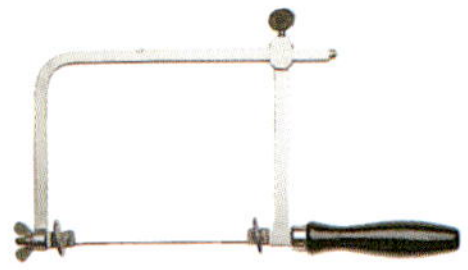

Verstellbare Laubsäge
Für besonders feine Arbeiten.

Laubsäge
Ähnlich wie die oben Abgebildete, jedoch nicht verstellbar.

Hirnholzschneider
Kleines Messer für das Bestoßen von Hirnflächen an Holzteilen.

Tischsäge
Kleine Kreissäge, die in einen Maschinentisch eingebaut ist.

Tischsäge
Hier als Bankausführung.

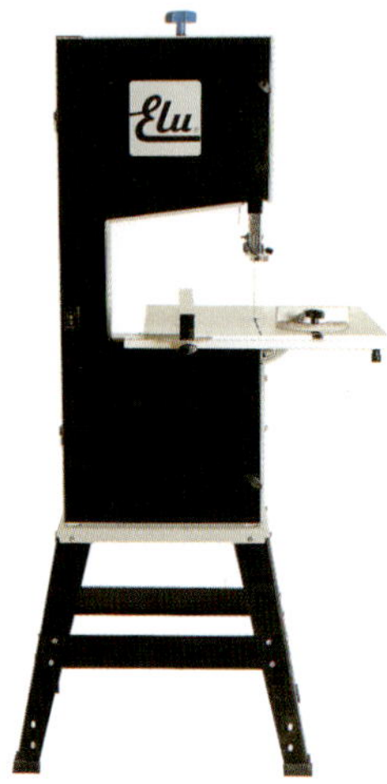

Bandsäge
Kleine und sehr nützliche Maschine. Für gerade und gekrümmte Schnitte.

Auslegerkreissäge
Besonders für das Schneiden auf Länge geeignet.

Leichte Tischkreissäge
Kostengünstigere, weniger genaue Version der Tischsäge.

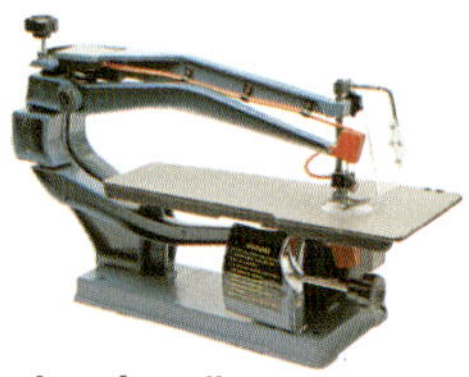

Dekupiersäge
Mit sehr fein gezahnten Blättern. Für Kurvenschnitte.

Stichsäge
Hand-Elektrowerkzeug für Kurvenschnitte.

Plattendübelsäge
Für rasch auszuführende Verbindungen.

Multisäge
Mit Hin- und Herbewegung, auch als Schleifer einsetzbar.

Gehrungssäge
Für Gehrungsverbindungen oder zum Besäumen auf Länge.

Handkreissäge
Hier als schnurlose Ausführung mit Akku.

Oberfräsen

Oberfräse
Hier mit einstellbarer Drehzahl. Schwere Hochleistungsausführung.

Frästisch
Die Oberfräse wurde umgekehrt in einen Tisch eingebaut.

Kombimaschinen

Diese mittelgroße Kombimaschine vereint in sich Tischsäge, Abrichtmaschine und Dickenhobelmaschine. Teilweise auch mit Unterfräse.

Herrichten eines Hobels

1 Heften Sie ein Stück Schleifpapier Körnung 60 mit Klebeband fest auf eine geeignete ebene Fläche.

2 Bewegen Sie die Sohle des Hobels hin und her.

3 Prüfen Sie die Planheit der Sohle mit einem Stahllineal.

4 Ob die Sohle exakt plan ist, können Sie auch erkennen, wenn Sie diese ins Licht halten.

5 Ganz wichtig ist es, die Klappe dicht auf das Eisen aufzupassen, damit keine Späne unter die Klappe geraten.

Japanischer Wasserstein für das Polieren der Rückseiten von Beitelklingen und Hobeleisen.

Damit ein Bankhobel richtig schneidet, muß das Eisen über der Breite leicht gekrümmt sein. Das Eisen hebt dadurch in der Mitte einen Span von nur etwa 25 bis 35 mm Breite ab. Die Klappe muß so zurechtgefeilt sein, daß sie fest auf dem Hobeleisen aufsitzt. Es darf kein Spalt vorhanden sein, weil sich sonst Späne zwischen den beiden Teilen verklemmen würden. Die Vorderfläche der Klappe sollte poliert sein, damit die Späne leicht ablaufen.

6 Nach dem Herrichten ist das Hobeleisen über der Breite leicht gekrümmt.

Herrichten eines Stecheisens

7 Die Klingenrückseite wird auf einem Polierstein poliert.

Schärfen von Werkzeugen mit Schneide

Nur eine scharfe Schneide kann unter Kontrolle gehalten werden. Die Schärfe der Schneide vermindert die Kraft, die aufgewendet werden muß, um die Schneide durch das Holz zu stoßen. Je mehr Kraft Sie benötigen, um den Hobel oder das Stecheisen zu bewegen, desto weniger Kontrolle haben Sie über das Werkzeug. Wenn die Schneide scharf ist, schneidet sie mit minimalem Aufwand – wenn sie stumpf ist, müssen Sie sich durch das Holz gleichsam hindurchkämpfen. Halten Sie deshalb Ihre Eisen immer scharf, und achten Sie darauf, wie sich die Schneide verhält. Wenn Sie auch nur den geringsten Anstieg des zu überwindenden Widerstands spüren, dann ziehen Sie die Schneide ab. Ein Eisen darf nie völlig stumpf werden; richten Sie es rechtzeitig vor.

Schleifen

Das Schärfen beginnt mit dem Anschleifen einer Schräge von 25° auf einer wassergekühlten Schleifmaschine. Das Nässen verhindert, daß die Schneide beim Schleifen überhitzt und verbrannt wird. Verbrennen führt zum Verlust der Härte, und ein gutes und teures Werkzeug kann auf diese Weise in kürzester Zeit ruiniert werden. Es ist wichtig, daß ohne großen Aufwand nachgeschliffen werden kann. Verwenden Sie deshalb einen angemessenen Anteil Ihres Budgets für eine gute Schleifmaschine mit Wasserkühlung. Sie können durchaus relativ kostengünstige Eisen kaufen; schärfen Sie jedoch die Eisen häufig, ziehen Sie sie immer schon ab, bevor sie die Schneidkante eingebüßt haben, und sie werden ihre Funktion ebenso gut oder besser erfüllen als die teuersten, handgefertigten, geschichteten Werkzeuge.

Abziehen von Stechbeiteln

Nach dem Schleifen wird abgezogen. Das geschieht auf synthetischen Abziehsteinen aus Japan, die mit Wasser geschmiert werden. Es gibt auch andere Möglichkeiten, doch sind die japanischen Wassersteine billiger, arbeiten rascher und erzeugen eine vorzügliche Schneide. Sie brauchen zwei Steine – einen Abziehstein mit Körnung 1 000 und einen Polierstein mit Körnung 6 000. Legen Sie zum Abziehen die Beitelklinge mit der Fase nach unten glatt auf den Stein auf. Drücken Sie so auf den Klingenrücken, daß sowohl die Schneide als

Kleine kombinierte Schleifmaschine mit Karborundscheibe und Metallschleifband.

Kombinierte Schleif- und Poliermaschine mit genäßter Schleifscheibe, die Polierscheibe besteht aus Hartgummi.

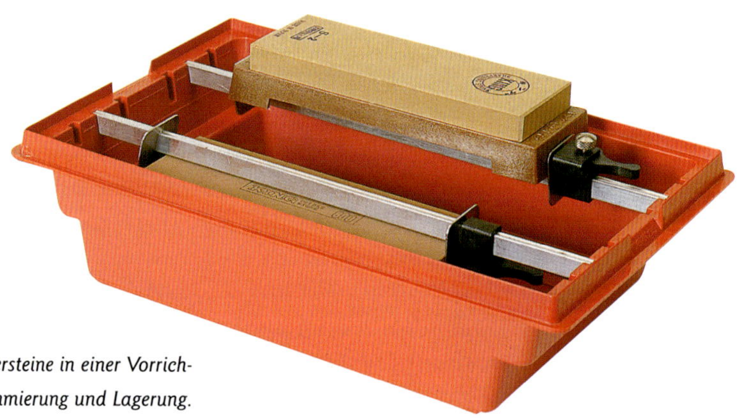

Japanische Wassersteine in einer Vorrichtung zur Schmierung und Lagerung.

Weitere Informationen

Stechbeitel	**20**
Hobel	**22**
Herrichten von Werkzeugen mit Schneide	**24**
Drechselwerkzeuge	**179**

auch die andere Kante der an der Schleifscheibe hohlgeschliffenen Fase den Stein berühren. Nun ziehen Sie den Beitel vorsichtig auf sich zu. Sie können auch eine Abziehführung verwenden, doch ist das Arbeiten ohne Führung nicht allzu schwierig zu erlernen. Die Breite der Abziehfase soll etwa 1 mm betragen.

Nach zwei, drei Strichen auf dem Abziehstein können Sie an der Schneide einen kleinen Grat fühlen. Diesen Grat entfernen Sie auf dem Polierstein, indem Sie diesmal beide Seiten der Klinge abwechselnd bearbeiten. Achten Sie darauf, daß der Grat vollständig abfällt. Entfernen Sie ihn nicht mit den Fingern, sondern durch Polieren, und Sie haben eine scharfe Schneide.

Abziehen von Hobeleisen

1 Zum Abziehen von Stech- oder Hobeleisen kann eine Abziehführung verwendet werden.

2 Die Abziehführung hält das Eisen im richtigen Winkel zum Abziehstein. Sie werden jedoch bald feststellen, daß Sie das Abziehen auch ohne Führung meistern.

3 Abziehen eines Hobeleisens auf dem Stein.

4 Hobeleisen vor (links) und nach dem Abziehen (rechts).

Stecheisen

5 Hier ist der Grat zu sehen, der sich beim Abziehen am Stecheisen gebildet hat.

6 Der Grat wurde durch Polieren entfernt; es ist eine sehr scharfe Schneidkante entstanden.

Schleifen auf der Schleifmaschine

7 Schleifen eines Drechseleisens aus Schnellstahl mit der Schleifscheibe. Das Schleifen von Schneidwerkzeugen aus Kohlenstoffstahl am Schleifbock ist nicht empfehlenswert.

Handsägen

Sägen für das Längs- und Quertrennen haben unterschiedlich gestaltete Zähne. Die Vorderkante eines Zahns für das Sägen in Längsrichtung ist senkrecht, beim Zahn für das Quersägen schwach geneigt. Außerdem ist der Quersägezahn schräg zur Seitenfläche angefeilt, der Längssägezahn 90° zur Seitenfläche. Die Zähne der Quersäge wirken wie Messer, welche die Holzfasern zerschneiden, während die Zähne der Längssäge wie kleine Stecheisen arbeiten und die Fasern beim Fortschreiten längs der Maserung voneinander trennen. Die Quersäge wird für das Trennen feuchten Weichholzes benötigt, die Längssäge für trockene Harthölzer. Viele Tischler richten ihre Handsägen als Längssägen zu. Faser- und Spanplatten machen die Handsäge sehr rasch stumpf; eine Hartmetallsäge, die nicht nachgeschärft werden kann, eignet sich besser. Eine Qualitätshandsäge hat ein konisch geschliffenes Blatt, das an den Zähnen dicker als am Rücken ist. Dadurch schneidet sich die Säge frei und verläuft nicht so leicht. Ein kleiner Fuchsschwanz mit 10 Zähnen auf 25 mm wäre dann sinnvoll, wenn Sie keine Maschinen einsetzen.

Rückensägen

Eine weitere gebräuchliche Säge ist die Rückensäge. Eine Rückensäge hat eine steife Messingleiste an der Blattoberkante. Es gibt zwei Größen: die Feinsäge und die Zinkensäge. Wie die meisten heutzutage produzierten Werkzeuge müssen Rückensägen hergerichtet werden. Zuerst muß der Lack entfernt werden, der üblicherweise auf das Blatt aufgetragen ist. Dann muß die Schränkung (der Schrank) durch sehr vorsichtiges Klopfen mit einem Abziehstein oder Hammer gegen einen kleinen Amboß verringert werden. Die Zähne werden geschränkt (abwechselnd nach den beiden Seiten abgewinkelt), damit die Säge eine Sägefuge erzeugt, die etwas weiter als die Blattdicke ist. Sehr oft ist der Schrank aber größer als notwendig. Wenn Sie den Schrank verringern, können Sie mit weniger Kraftaufwand sägen, was die Führung der Säge erleichtert. Die meisten Holzhandwerker haben zwei oder drei Rückensägen: eine Feinsäge für allgemeine Arbeiten und größere Verbindungen, eine kleine, sehr schwach geschränkte Zinkensäge (Blattlänge 200 mm) für feinere Verbindungen und eine größere Zinken- oder kleinere Feinsäge (Blattlänge 250 mm) für größere Korpusse.

Zähne der Quersäge

Zähne der Längssäge

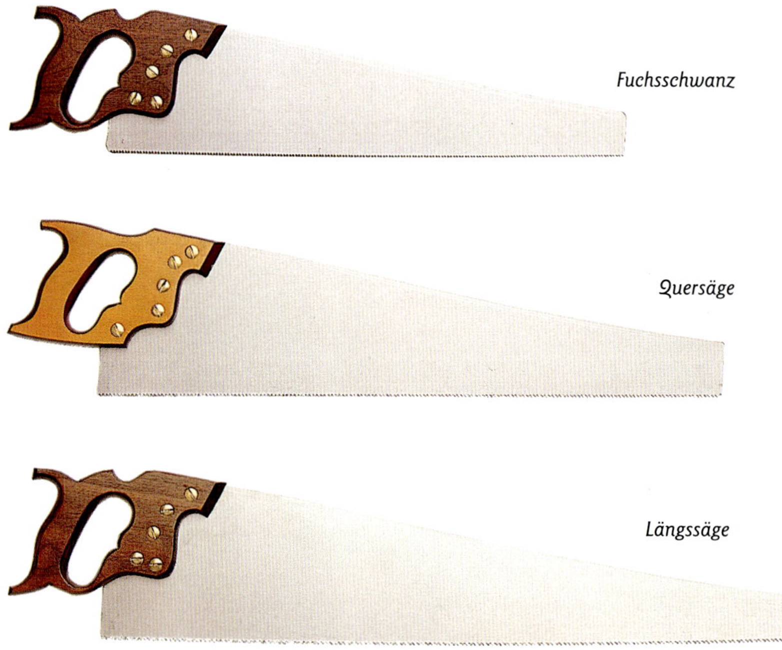

Fuchsschwanz

Quersäge

Längssäge

Oben: Ein Satz aus drei Handsägen. Die lange Säge ist als Längssäge, also zum Trennen in Faserrichtung geschärft, die mittlere als Quersäge zum Trennen quer zur Faser. Die kurze Säge ist für allgemeinen Einsatz vorgesehen.

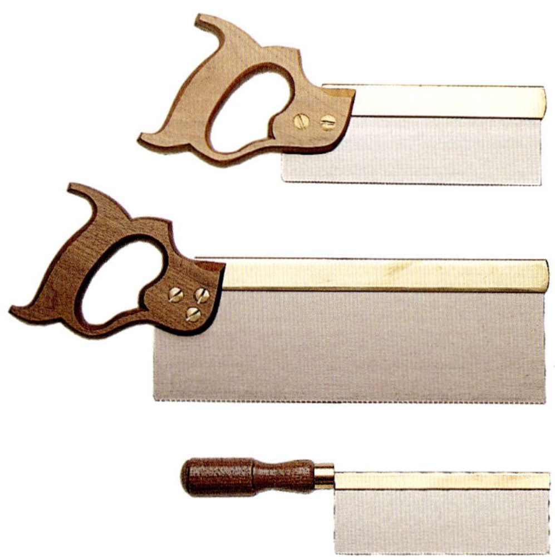

Zinkensäge

Feinsäge

Kleine Feinsäge

Oben: Ein Satz aus drei Rückensägen: eine Zinkensäge, eine Feinsäge und eine besonders fein gezahnte Feinsäge.

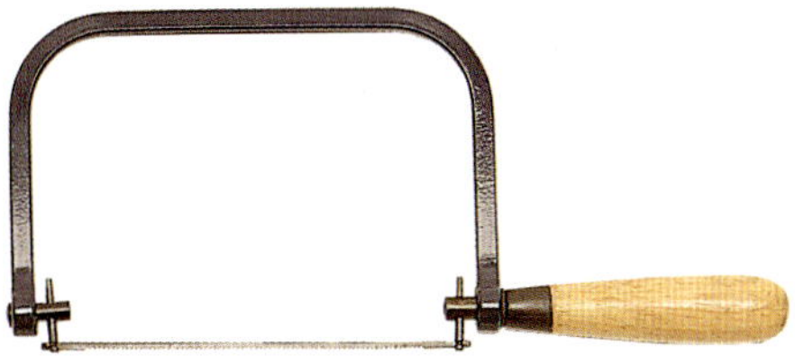

Bogensäge

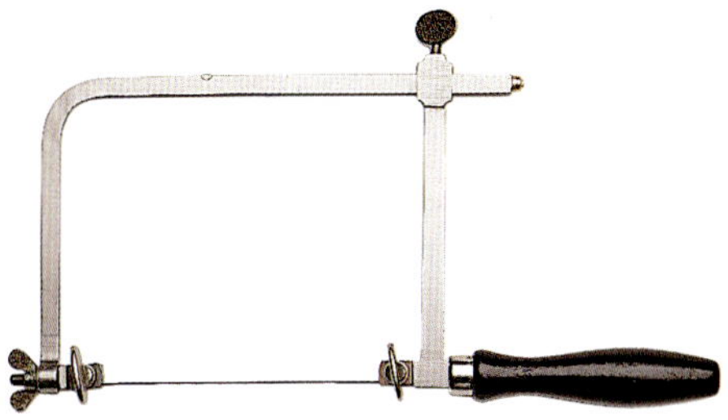

Einstellbare Bügelsäge

Nichteinstellbare Bügelsäge

Oben: Ein Satz feiner Sägen für Kurven. Die Bogensäge ist die verbreitetste, sie wird für Zinkenschlitze verwendet; die beiden Bügelsägen werden für feine Innenkonturen eingesetzt.

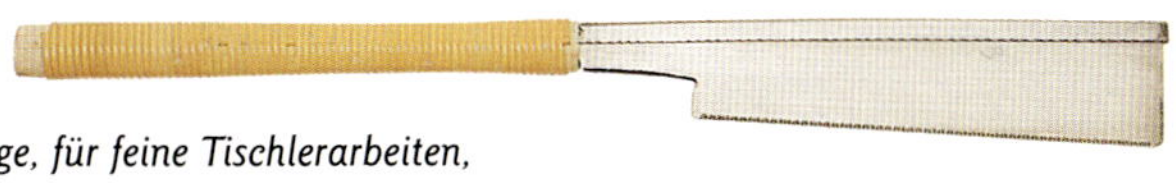

Dozuki-Säge, für feine Tischlerarbeiten, etwa wie unsere Feinsäge verwendet

Ryoba-Säge, eine kombinierte Längs- und Quersäge für allgemeine Tischlerarbeiten

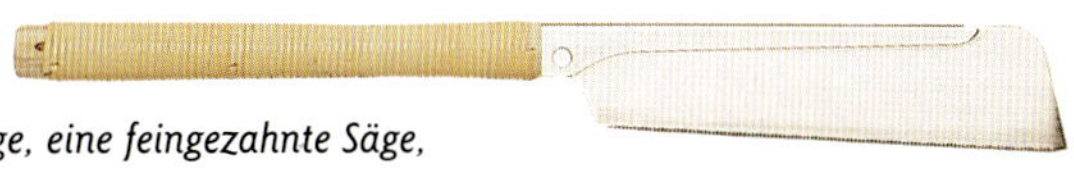

Doutsuki-me-Säge, eine feingezahnte Säge, eingesetzt etwa wie unsere Zinkensäge

Oben: Japanische Sägen haben das Werkzeuginventar des europäischen Holzhandwerkers erweitert. Sie haben sehr dünne Blätter und schneiden ziehend.

Moderne Kapp- und Gehrungssäge

Weitere Arten von Sägen

Japanische Sägen sind sehr beliebt, da sie schon im Neuzustand wundervoll scharf sind und eine sehr schmale Sägefuge erzeugen. Ein Nachteil ist allerdings, daß sie, anders als die westlichen Sägen, sämtlich ziehend schneiden.

Laub- und Bogensägen sind zur Ausführung von Kurvenschnitten sehr verbreitet. Die kleine Feinsäge kann für kleine, zarte Stücke benutzt werden. Eine gut hergerichtete Zinkensäge ersetzt sie dennoch nicht. Die Gehrungssäge ist eine moderne Bügelsäge in einer Vorrichtung, mit der unter vorgegebenen Winkeln geschnitten werden kann. Sie wird besonders in der Bilderrahmenfertigung und für rechtwinklige Schnitte bei kleinen Stücken eingesetzt.

Schärfen von Sägen

Sie können alle Ihre Sägen zwar selbst schärfen, empfehlenswert ist das allerdings nicht, denn „Sägendoktoren" haben die Einrichtung und die Erfahrung, eine Säge sehr viel genauer zu schärfen, als es der geschickteste Heimwerker vermag. Die kleinen Sägen können Sie allerdings wirklich selbst schärfen. Die Zinkensäge schärfen Sie am besten mit einer etwa 100 mm langen Schweizer Präzisions-Sägefeile im rechten Winkel zum Blatt. Setzen Sie die Feile nacheinander in jede einzelne Zahnlücke, und führen Sie jeweils genau einen Feilenstrich. Schärfen Sie Ihre Sägen auf diese Weise möglichst häufig, und warten Sie nicht erst, bis sie vollkommen stumpf sind.

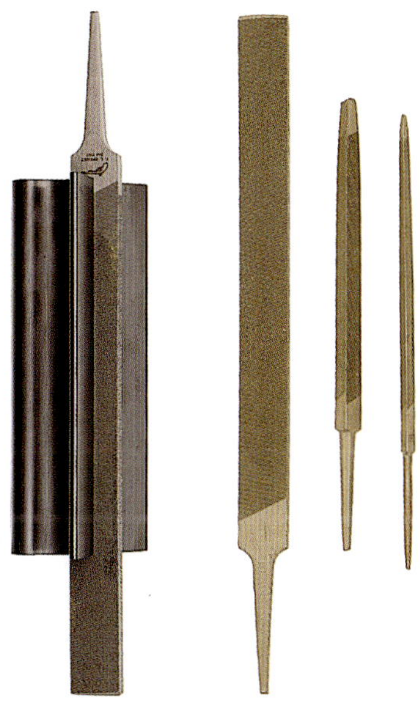

Vorrichtung zum Führen einer Feile im rechten Winkel und Feilensatz für das Schärfen von Sägen

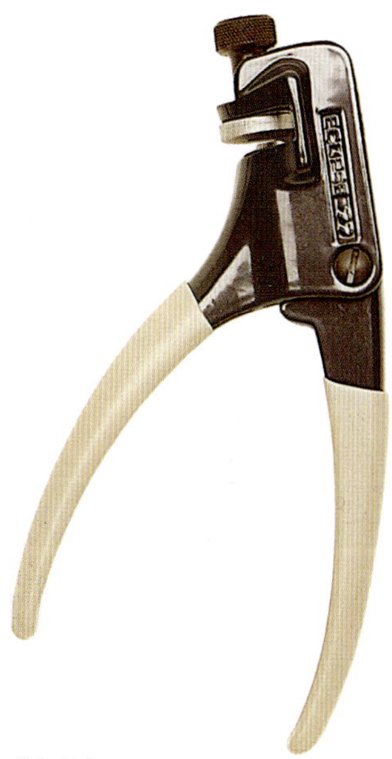

Schränkzange

Weitere Informationen

Tragbare Elektrosägen 42

Genaues Sägen mit der Handsäge 60

Formen mit der Säge 78

Gehrungsverbindungen 130

Montagewerkzeuge: Zwingen und Spanner

Eines der Geheimnisse beim Arbeiten mit Holz besteht darin, daß geleimte Verbindungen von zwei oder mehr Holzteilen erst dann ihre Festigkeit erlangen, wenn sie während des Abbindens des Leims nicht nur festgehalten, sondern auch gepreßt werden. Das geschieht bei kleineren Stücken mit Zwingen und bei großen Teilen, wie z.B. Türen und Fenstern, mit Spannern.

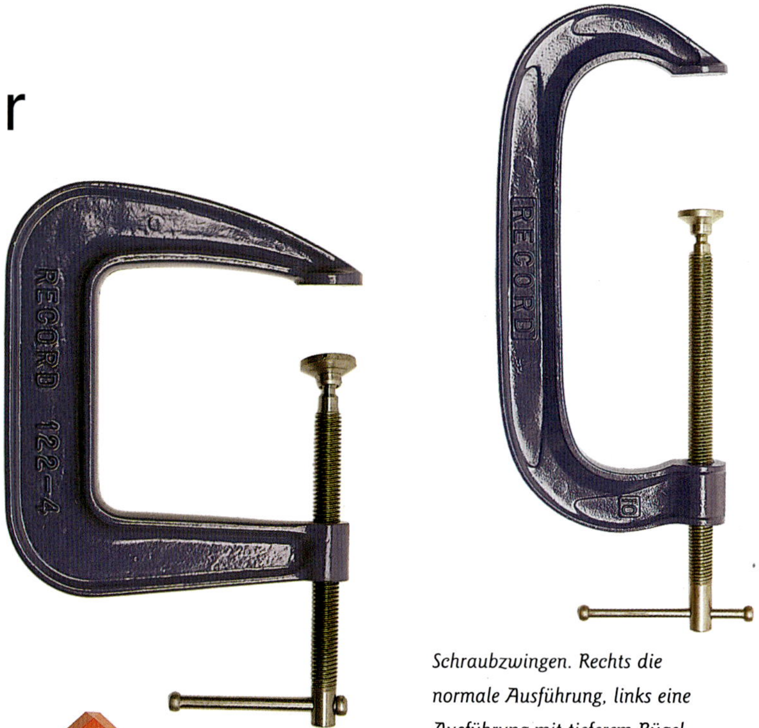

Schraubzwingen. Rechts die normale Ausführung, links eine Ausführung mit tieferem Bügel.

Die Arten von Preßwerkzeugen

Vollständig aus Metall bestehende Schraubzwingen gibt es in mehreren Größen und Bügeltiefen. Mit ihnen können große Kräfte aufgebracht werden, die Sie jedoch überhaupt nicht benötigen, denn eine gut gearbeitete Verbindung kommt mit ein wenig Leim und leichten Preßkräften völlig aus. Was jedoch benötigt wird, ist ein gleichmäßiger Preßdruck über die gesamte Verbindung, so daß Sie mitunter an einem gar nicht besonders großen Stück 10 oder 12 Zwingen ansetzen müssen.

Die hölzernen Leimzwingen vermögen zwar keine großen Kräfte aufzubringen, sind aber leicht anzusetzen und haben ein geringes Gewicht. Außerdem sind sie nicht teuer.

Der wichtigste Zwingentyp ist die ganz aus Metall gefertigte Schraubzwinge, bei der einer der Arme verschiebbar ist. Schnellspanner dieser Art sind für den raschen Zusammenbau am besten geeignet, können jedoch ziemlich teuer sein.

Ein-Hand-Zwingen sind praktisch, wenn bei unvermindertem Preßdruck mit der einen Hand das Stück gehalten und mit der anderen die Zwinge angezogen werden muß. Dieser Zwingentyp ist aber nicht sehr robust.

Türspanner, entweder aus einem schwächeren Stangenprofil oder einem stärkeren T-Profil gefertigt, sind das verbreitetste Preß-

Bilderrahmen-Bandspanner. Wie ersichtlich, für den Zusammenbau leichterer Bilderrahmen gut zu verwenden. Für allgemeine Zwecke sind schwerere Ausführungen verfügbar.

Weitere Informationen

Montagewerkzeuge: Hämmer und Schraubendreher **32**

Verbindungen (Kapitel 7)

Verfahren zum Aufpressen von Furnieren **174**

Haltevorrichtungen und Zwingen **187**

Kleber für Holzarbeiten **207**

Brettspanner. Ideal, wenn Sie häufig große Platten spannen. Für allgemeine Zwecke sind Türspanner besser, weil sie vielseitiger sind.

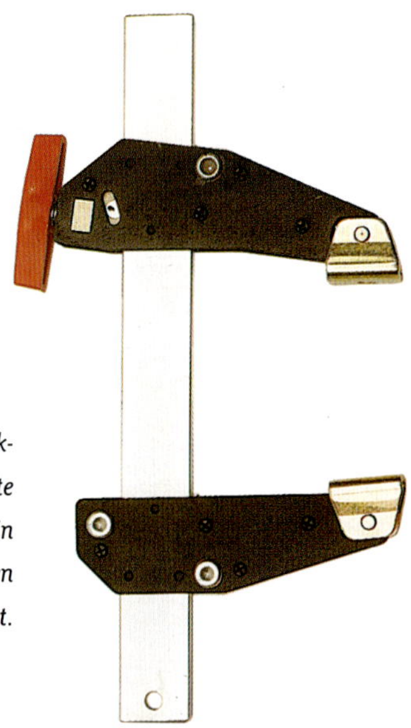

Spanner an einer Stange mit Rechteckquerschnitt. Obwohl nicht die Preßkräfte des Türspanners erreicht werden, ist ein Satz solcher Spanner mit verschieden langen Stangen nützlich, ohne daß er viel kostet.

Exzenterspanner aus Holz. Es sind entweder beide Arme beweglich (rechts) oder nur einer (unten). Sie sind für geringere Haltekräfte gut verwendbar.

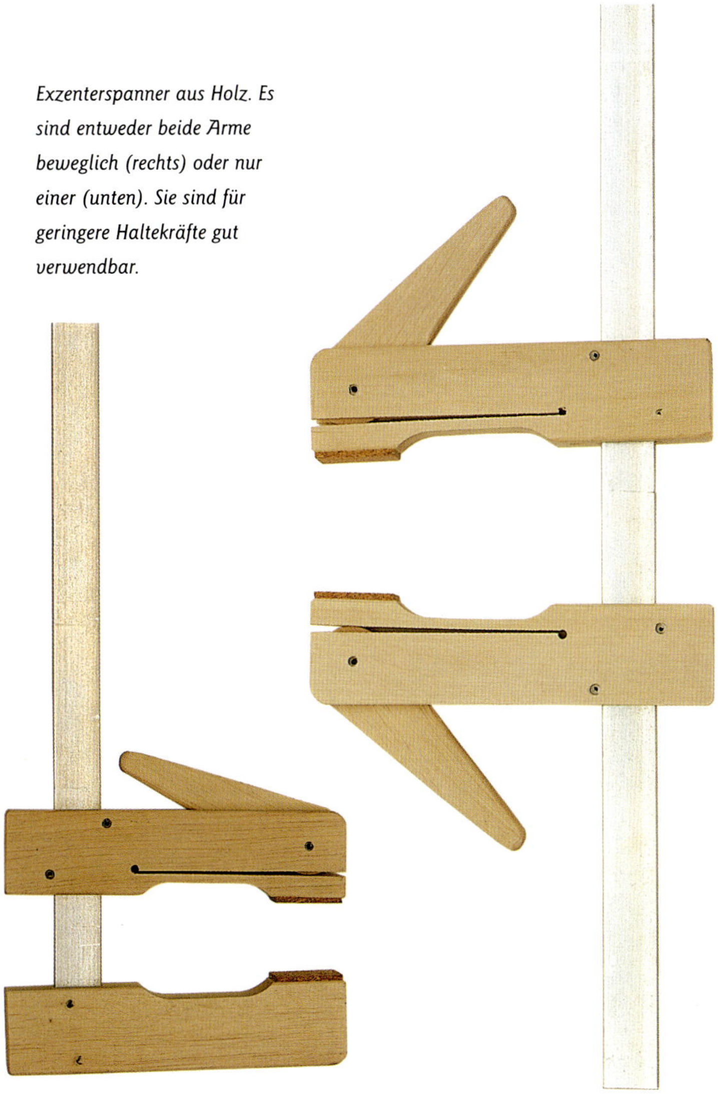

Schraubzwinge. Gut brauchbarer Schnellspanner, wenn es sich um ein Qualitätsprodukt handelt. Leicht zu überdrehen und dann unbrauchbar, wenn er von schlechter Qualität ist oder falsch eingesetzt wird.

Türspanner. Oben mit Rechteckschiene für leichtere Arbeiten, darunter mit T-Schiene für hohe Preßkräfte. Er ist ein traditioneller Spanner des Möbeltischlers und noch immer unübertroffen.

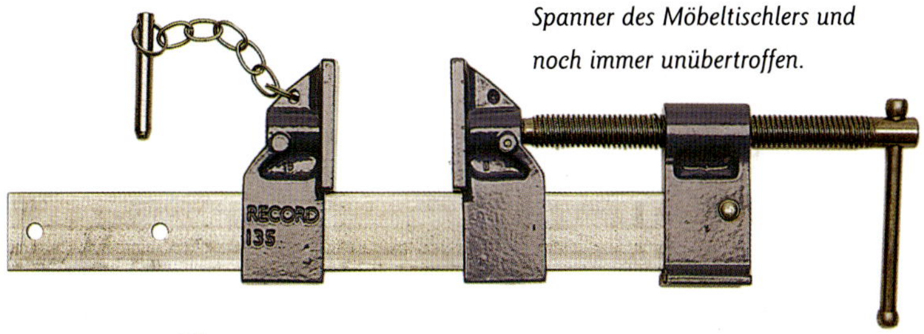

werkzeug beim Verbinden von Brettern zu Platten oder Paneelen. Ursprünglich wurden sie – daher die Bezeichnung – für die Anfertigung von Türen und Fensterrahmen eingesetzt, wobei sie in Abständen von 100 bis 150 mm angesetzt wurden. Türspanner mit Rechteck- oder Rundstange eignen sich für leichte Arbeiten, für den allgemeinen Gebrauch in der Werkstatt und für schwerere Arbeiten sind jedoch Türspanner mit T-Profil zu empfehlen. Die Schiene sollte stets gut gefettet und frei von etwa aus der Fuge herausgepreßtem Leim sein. Schützen Sie das Holzbauteil gegen Beschädigung durch die Spannerbacken, indem Sie ein passendes Holzstück zwischenklemmen. Was Sie auch spannen – denken Sie daran, daß eine gutgemachte Verbindung nur wenig Druck und wenig Leim benötigt. Wenn Sie die Verbindung nur mit übermäßigem Kraftaufwand fügen können, muß etwas nicht in Ordnung sein!

Sie können im Prinzip nie genug Zwingen und Spanner haben. Für den Anfang reichen vielleicht sechs Zwingen und vier Spanner aus, kaufen Sie aber zu, sobald sich Bedarf zeigt. Heimwerker mögen die neueren Ein-Hand-Zwingen recht praktisch finden. Wenn Ihr Budget sehr knapp ist – es sind auch andere, ausgesprochen kostengünstige Zwingen auf dem Markt, die durchaus ihren Zweck verrichten. Allerdings sind Montagewerkzeuge ziemlich wichtige Utensilien, also kaufen Sie die besten, die Sie sich leisten können.

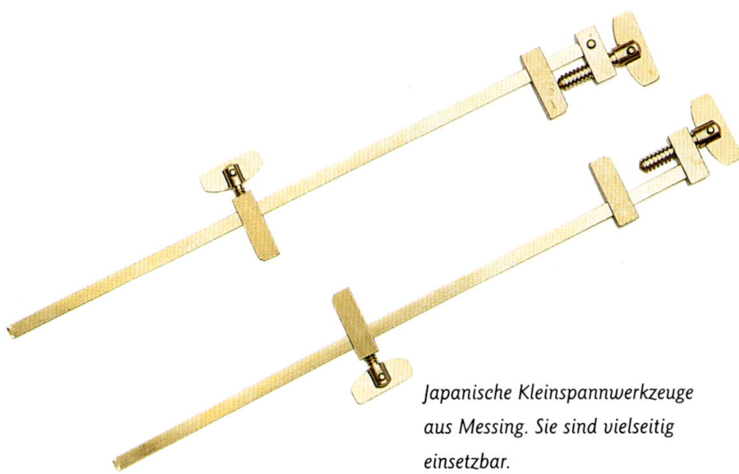

Japanische Kleinspannwerkzeuge aus Messing. Sie sind vielseitig einsetzbar.

Montagewerkzeuge: Hämmer und Schraubendreher

Montagewerkzeuge sind auch die Schraubendreher und die Hämmer. Bei vielen Arbeiten sollte der Möbeltischler keine Zwingen verwenden, z.B. beim Zusammenbau einer Schublade – eine Schublade wird „zusammengetrieben“, und zwar mit einem kleinen Nylon- oder Stahlhammer. Die Hammergröße wird dabei entsprechend der Größe der Holzteile gewählt.

Hämmer

Eines der wichtigsten Werkzeuge beim Zusammenbau großer gezinkter Korpusse ist ein 2-kg-Fäustel, wie er auf dem Bau für Abrißarbeiten verwendet wird. Mit dem Fäustel werden die Verbindungen zusammengeschlagen und die letzten Reste halbabgebundenen Leims herausgetrieben.

Nylon- oder Gummihämmer werden häufig beim vorläufigen Zusammenbau benutzt, weil sie keine Schlagmarken auf der Oberfläche der Teile hinterlassen. Für den endgültigen Zusammenbau, wenn dann auch Leim aufgetragen ist, eignet sich ein Stahlhammer besser, weil sich der Klang des Schlags mit dem Stahlhammer deutlich verändert, wenn die Verbindung zusammengetrieben ist.

Schraubendreher

Die Schraubendreher, die Sie verwenden wollen, müssen genau in den Schlitz des Schraubenkopfes passen. Deshalb sollten Sie sich einen vollständigen Satz Schraubendreher anschaffen. Sie können auch die Seitenkanten der Schraubendreherklinge abschleifen, damit sie nicht breiter als der Schraubenkopfdurchmesser ist. Schrauben haben den Vorteil, daß Sie Teile im wörtlichen Sinn zusammenziehen, ohne daß Zwingen erforderlich sind. Wo also eine Zwinge schlecht angesetzt werden kann, wie z.B. an gekrümmten Teilen, wird geschraubt. Versenken Sie die Schraubenköpfe, und verdecken Sie diese mit Holzdübeln.

Heutige Kreuzschlitzschrauben haben tiefe Gewindegänge, die in Hirnholz besser halten. Wenn Teile durch Schrauben zusammengehalten werden müssen, was in manchen Fällen tatsächlich die bessere Lösung als eine traditionelle Verbindung ist, dann sollten moderne Schrauben benutzt werden. Auch der Kreuzschlitzschraubendreher muß genau der Einsenkung des Schraubenkopfes entsprechen.

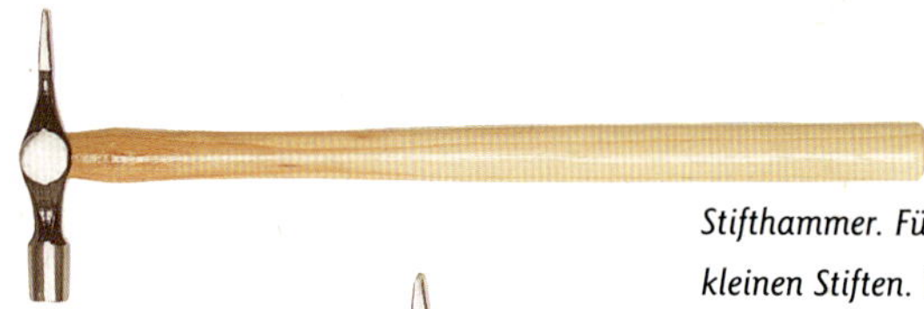

Stifthammer. Für das Einschlagen von kleinen Stiften. Leicht aber genau zu führen

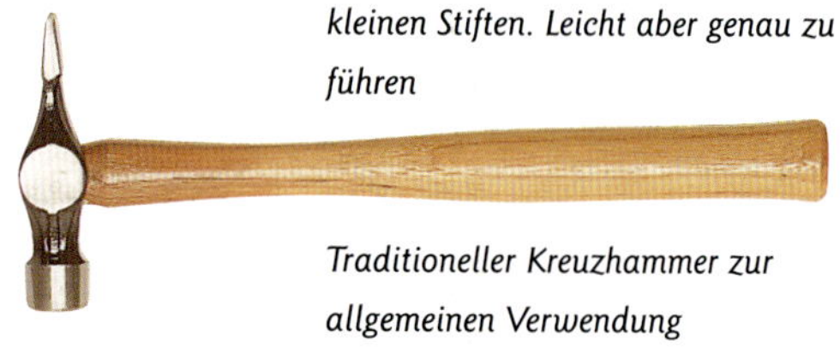

Traditioneller Kreuzhammer zur allgemeinen Verwendung

Klauenhammer (auch Tischler- oder Schreinerhammer)

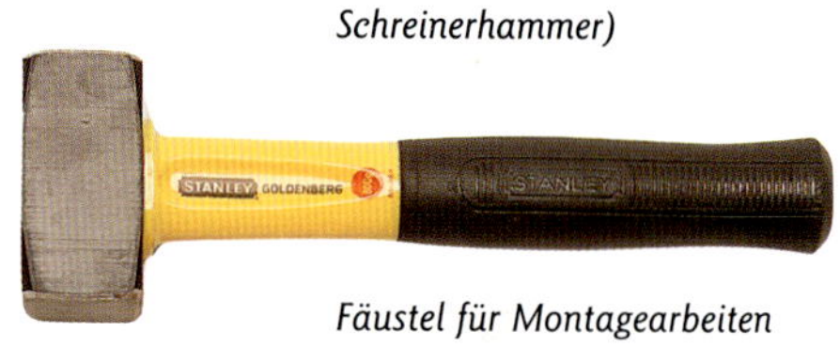

Fäustel für Montagearbeiten

Nylon- oder Gummihammer, für die Vormontage und leichte Montagearbeiten

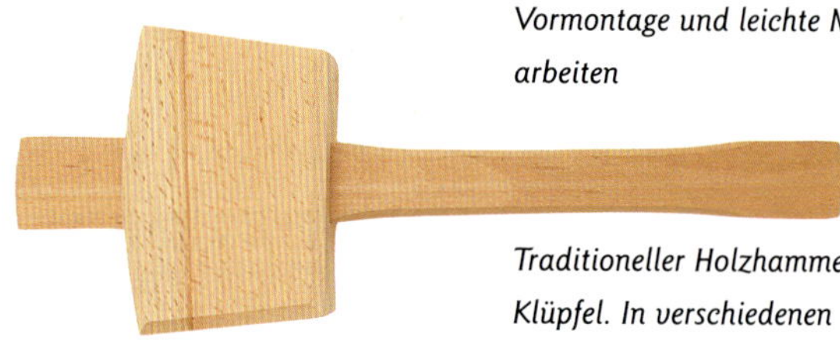

Traditioneller Holzhammer oder Klüpfel. In verschiedenen Größen und Gewichten erhältlich. Zur Montage und zum Stemmen von Zapfenschlitzen

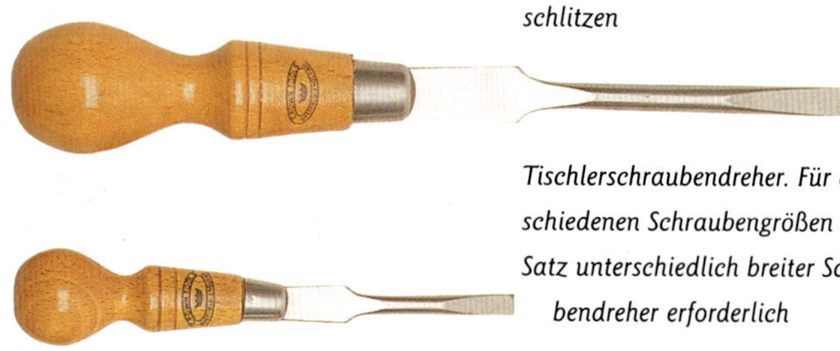

Tischlerschraubendreher. Für die verschiedenen Schraubengrößen ist ein Satz unterschiedlich breiter Schraubendreher erforderlich

Weitere Informationen

Montagewerkzeuge: Zwingen und Spanner 30

Akkubetriebene Bohrschrauber 44

Verbindungen (Kapitel 7)

Ratschenschraubendreher mit sechs auswechselbaren Einsätzen (Bits)

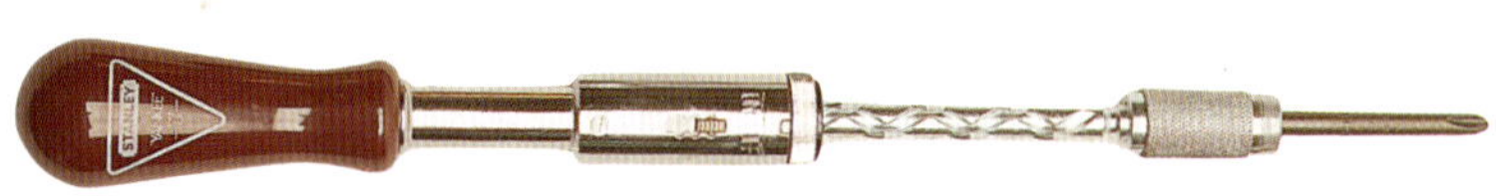

Drillschraubendreher mit auswechselbaren Einsätzen (Bits) für eine Vielzahl von Schraubentypen

3 ELEKTROWERKZEUGE

In der Heimwerkstatt gibt es zwei Gruppen von elektrisch betriebenen Werkzeugen: ortsbewegliche, mit der Hand gehaltene Werkzeuge, wie Bandschleifer, Bohrmaschinen und Fräsen, und fest aufgestellte Maschinen. Manche Werkzeuge können beiden Gruppen zugeordnet werden, z.B. die Handkreissäge, die in eine stationäre Maschine umgewandelt werden kann, indem sie mit dem Blatt nach oben unter einem Maschinentisch befestigt wird.

Wenn Sie in Ihrer Heimwerkstatt mit einem Elektrowerkzeug oder einer Maschine arbeiten, bedenken Sie stets, daß Sie hier durch die Vorschriften über den Arbeits- und Gesundheitsschutz nicht geschützt sind. Sie allein sind für Ihre Sicherheit verantwortlich, und Sie tun gut daran, entweder bei einem kompetenten Handwerker Rat zu suchen oder an einem kurzen Weiterbildungskurs teilzunehmen.

Bandsägen 34

Tischsägen 36

Abricht- und Dickenhobelmaschinen 38

Oberfräsen 40

Tragbare Elektrosägen 42

Bohr- und Stemmaschinen 44

Schleifmaschinen 46

Kombimaschinen 48

Bandsägen

Von allen kleinen Maschinen, die auf dem Markt angeboten werden, ist die Bandsäge die vielseitigste, aber auch die am meisten fehlerhaft angewendete Maschine. Vorausgesetzt, das Sägeblatt wird regelmäßig ausgetauscht – je kleiner die Säge, desto öfter muß das geschehen –, und es ist stets ordnungsgemäß gespannt und eingerichtet, dann kann eine kleine Bandsäge Längs- und Querschnitte ausführen und im Unterschied zur Tischsäge auch gekrümmte Strecken sägen, sehr tiefe Längsschnitte ausführen und nachsägen. Wenn Sie jedoch versuchen, mit stumpfem und schlecht eingerichtetem Blatt zu arbeiten, dann werden Sie sich anstrengen müssen, überhaupt einen Schnitt in der Nähe der angerissenen Linie zustande zu bekommen.

Maschine mit geschlossenen Türen und einsatzbereit.

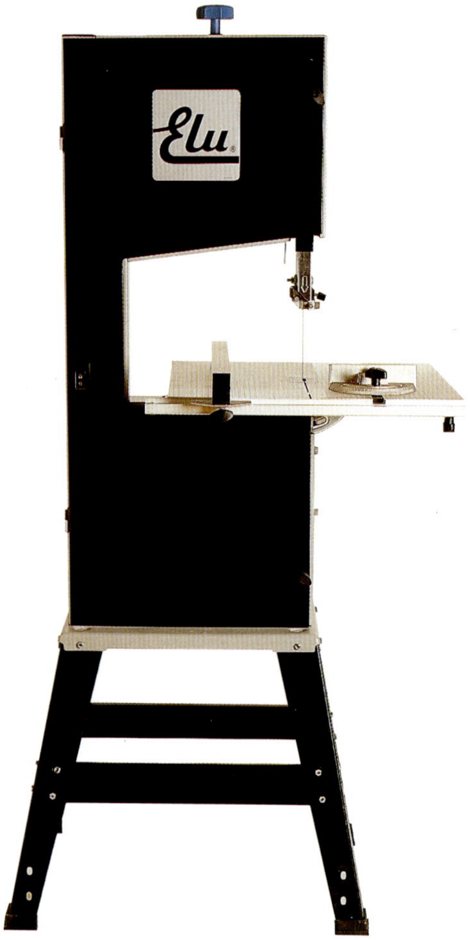

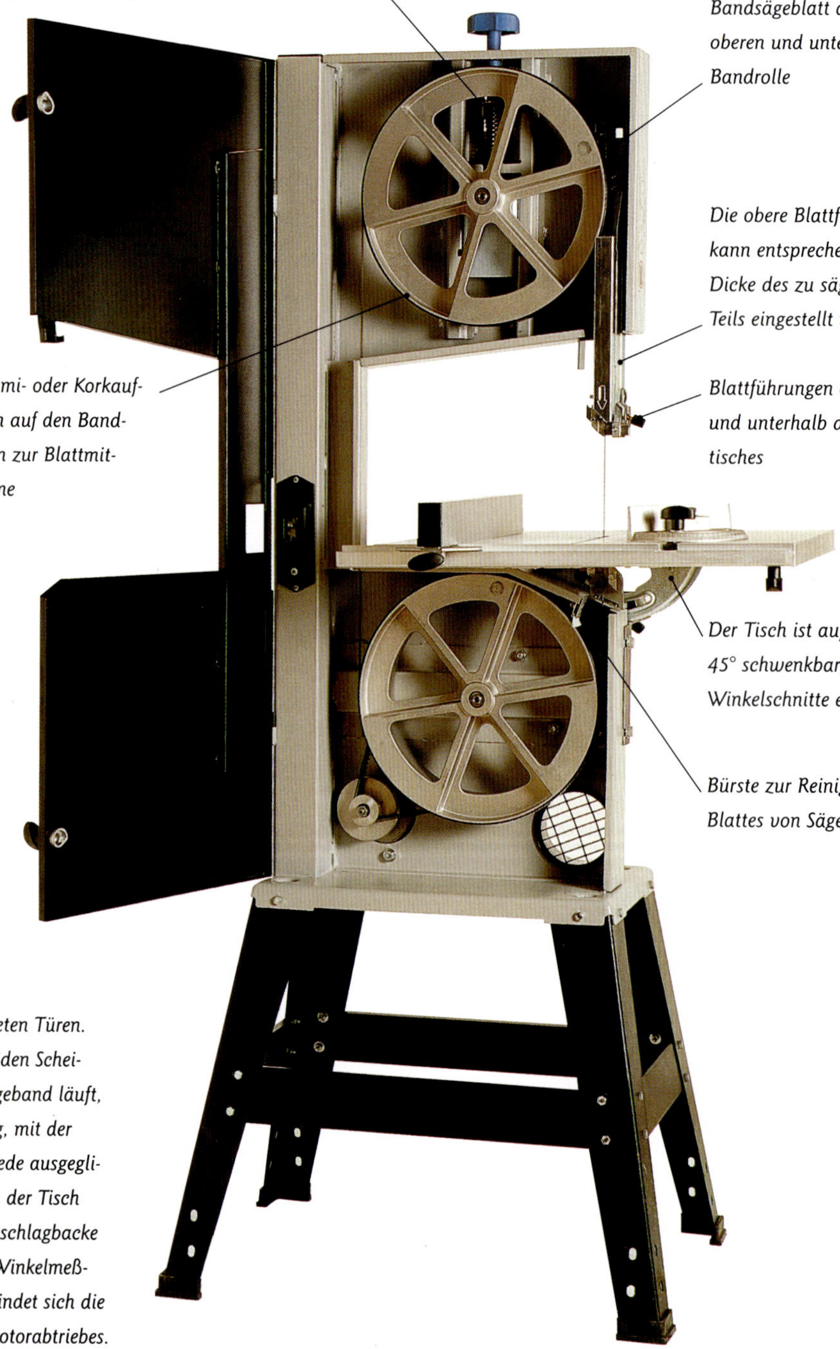

Spanneinrichtung hinter der oberen Bandrolle

Bandsägeblatt auf der oberen und unteren Bandrolle

Die obere Blattführung kann entsprechend der Dicke des zu sägenden Teils eingestellt werden

Gummi- oder Korkauflagen auf den Bandrollen zur Blattmitnahme

Blattführungen oberhalb und unterhalb des Sägetisches

Der Tisch ist auf maximal 45° schwenkbar, was Winkelschnitte ermöglicht

Bürste zur Reinigung des Blattes von Sägestaub

Bandsäge mit geöffneten Türen. Zu sehen sind die beiden Scheiben, über die das Sägeband läuft, die Spannvorrichtung, mit der Blattlängenunterschiede ausgeglichen werden können, der Tisch mit einer geraden Anschlagbacke und der bewegliche Winkelmeßkopf. Unten links befindet sich die Riemenscheibe des Motorabtriebes.

Weitere Informationen

Handsägen 28

Tischsägen 36

Bearbeiten der Schmalflächen und Schneiden auf Breite 54

Schneiden auf Länge 70

Eine der bestimmenden Abmessungen einer Bandsäge ist die lichte Höhe unter der oberen Blattführung in deren oberster Stellung – sie bestimmt wenigstens theoretisch die größte Holzdicke, die geschnitten werden kann. Bei den meisten kleineren Bandsägen ist die größte Dicke jedoch auf 100 bis 150 mm begrenzt. Nachschnitte können an Platten bis 250 mm ausgeführt werden, dies allerdings erfordert eine leistungsstärkere Säge, wie sie schwerlich in einer Heimwerkstatt steht. Die andere bestimmende Abmessung der Bandsäge ist ihr Durchlaß, das ist der Abstand des Blattes zum Ständer. In einer kleinen Werkstatt reicht ein Durchlaß von etwa 400 mm völlig aus.

Das Sägeblatt

Bandsägeblätter stehen in zwei Zahnungsausführungen zur Verfügung: mit normaler Zahnung und mit offener Spitzwinkelzahnung. Letztere eignet sich für trockenes Hartholz besser. Die Blätter sind entweder gleichmäßig wärmebehandelt, oder es sind sogenannte Bimetallblätter, bei denen die Vorderkante mit den Zähnen gehärtet worden ist. Dadurch entstehen härtere Schneiden, und die Standzeit des Blattes verlängert sich. Der hintere Teil des Blattes ist weicher und biegsamer; daher die Bezeichnung Bimetall. Die Bimetallblätter sind den normalen Blättern vorzuziehen. Vom Sägenexperten können sie maximal zwei- oder dreimal nachgeschärft werden, bevor sie ausgemustert werden müssen, weil der Schrank durch das Verkleinern der Zähne beim Nachschärfen so gering geworden ist (Nachschränken geht wegen der Härte nicht), daß die Sägefuge zu eng wird und das Blatt klemmt.

Das Sägeblatt wird auf die Rollen aufgelegt und gespannt. Es soll etwa in der Mitte des Scheibenkranzes laufen, was mit dem Stellknopf hinter der oberen Scheibe eingestellt werden kann. Nachdem das Blatt richtig eingestellt ist, werden die beiden Blattführungen oberhalb und unterhalb des Tisches eingesetzt. Sie werden so eingestellt, daß sie das Blatt zu stützen vermögen, aber noch um die Dicke eines Stücks Papier vom Blatt entfernt sind. Die Blattführungen dürfen das unbewegte Blatt nicht berühren.

Bandsägeblätter gibt es in verschiedenen Breiten passend zur Maschine. Mit schmaleren Blättern lassen sich engere Kurven schneiden. Es gibt sogar Bandsägen für Blätter, die nicht breiter als 6 mm sind.

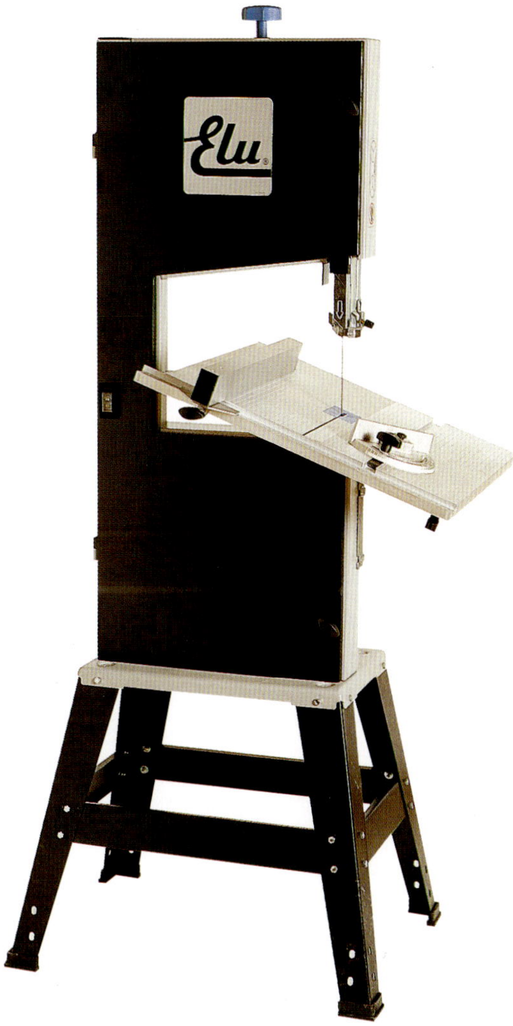

Der Tisch kann für Winkelschnitte schräggestellt werden.

Unten: Einige Sägeblätter mit unterschiedlicher Anzahl von Zähnen je cm (Z/cm) bzw. je 25 mm.

1,6 Z/cm (4 Z/25 mm)

5,6 Z/cm (14 Z/25 mm)

7,2 Z/cm (18 Z/25 mm)

5,6 Z/cm (14 Z/25 mm) schmal

2,4 Z/cm (6 Z/25 mm)

6,4 Z/cm (16 Z/25 mm)

Oben: Führungseinrichtung für das Sägeblatt. Auf beiden Seiten des Blattes sitzen Führungsschuhe, die das Blatt gerade laufen lassen; die Stützrolle hinter dem Blatt rotiert und nimmt den Sägedruck auf.

Tischsägen

Eine der am meisten genutzten Maschinen des Möbeltischlers ist die Tischsäge. Mit ihr kann er genaue Schnitte sowohl mit der Faser als auch quer zur Faser (Schneiden auf Länge) führen. Im Handel wird eine ganze Palette von unterschiedlichen Modellen in verschiedenen Abmessungen und mit einer Reihe von Besonderheiten angeboten.

Kreissägen

Die heutigen Kreissägeblätter mit Hartmetallschneidplatten erzeugen einen Sägeschnitt, der nahezu so glatt ist wie eine gehobelte Fläche. Die Kreissäge wird deshalb oft der Bandsäge vorgezogen, die eine rauhere Schnittfläche liefert. Tischkreissägen sind in der Tischlerwerkstatt ziemlich beliebt, weil sie Holz sowohl auf Breite (mit der Faser) wie auch auf Länge (quer zur Faser) schneiden können. Eine moderne Tischkreissäge mit einem 250-mm-Blatt gestattet eine Schnittiefe, die für die meisten Arbeiten in einer kleinen Werkstatt ausreicht. Sie kann außerdem für schräge Schnitte eingerichtet werden. Am beliebtesten ist sie jedoch, zumindest beim Anfänger, wegen der Genauigkeit, mit der auf Riß oder winklig geschnitten werden kann.

Typisches Sägeblatt

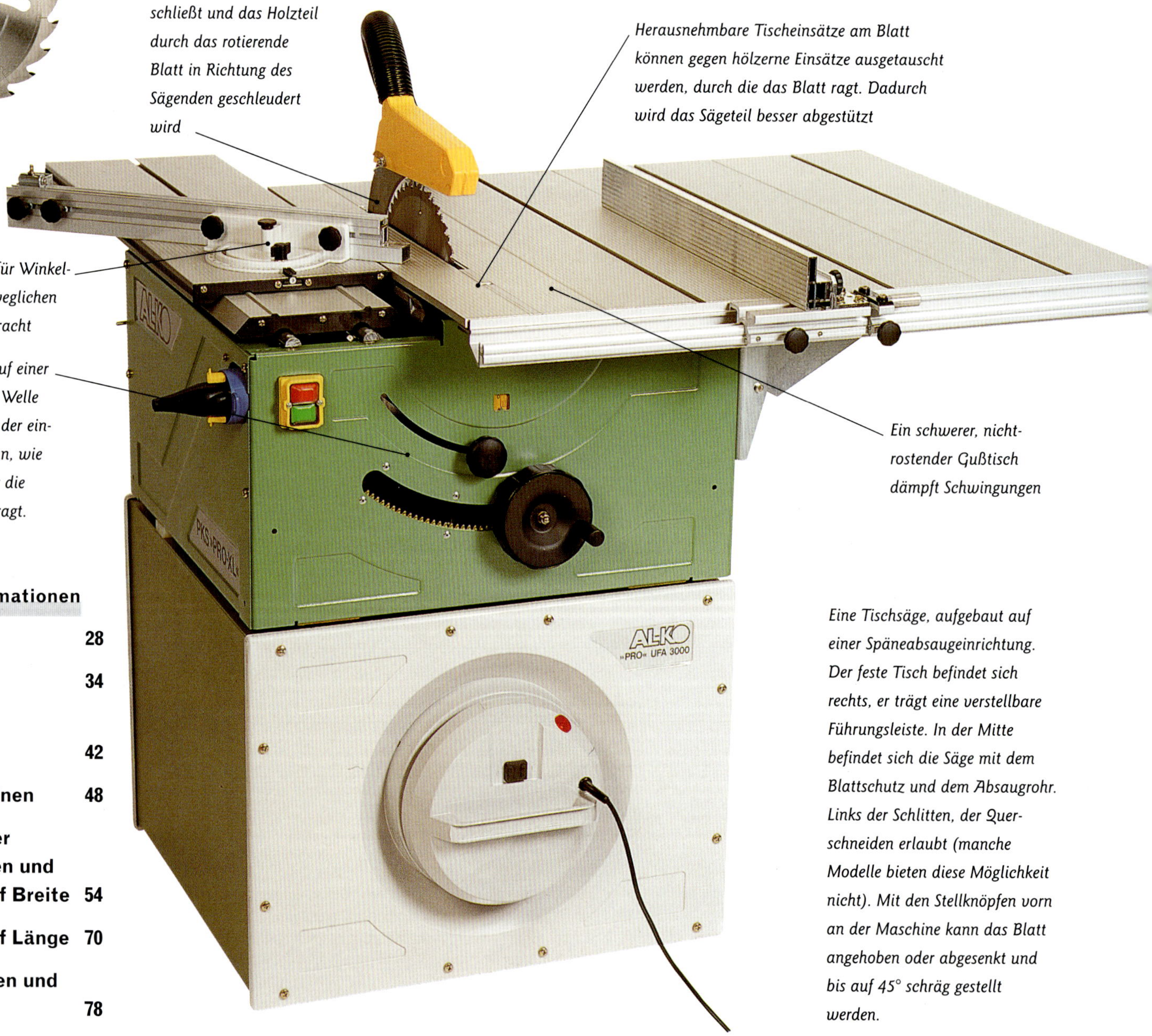

Der Spaltkeil hinter dem Blatt verhindert, daß sich die Sägefuge über der hinteren Blatthälfte schließt und das Holzteil durch das rotierende Blatt in Richtung des Sägenden geschleudert wird

Herausnehmbare Tischeinsätze am Blatt können gegen hölzerne Einsätze ausgetauscht werden, durch die das Blatt ragt. Dadurch wird das Sägeteil besser abgestützt

Der Winkelmesser für Winkelschnitte ist am beweglichen linken Tisch angebracht

Das Sägeblatt ist auf einer höhenverstellbaren Welle aufgenommen, mit der eingestellt werden kann, wie weit das Blatt über die Tischfläche hinausragt.

Ein schwerer, nichtrostender Gußtisch dämpft Schwingungen

Eine Tischsäge, aufgebaut auf einer Späneabsaugeinrichtung. Der feste Tisch befindet sich rechts, er trägt eine verstellbare Führungsleiste. In der Mitte befindet sich die Säge mit dem Blattschutz und dem Absaugrohr. Links der Schlitten, der Querschneiden erlaubt (manche Modelle bieten diese Möglichkeit nicht). Mit den Stellknöpfen vorn an der Maschine kann das Blatt angehoben oder abgesenkt und bis auf 45° schräg gestellt werden.

Weitere Informationen

Handsägen	**28**
Bandsägen	**34**
Tragbare Elektrosägen	**42**
Kombimaschinen	**48**
Bearbeiten der Schmalflächen und Schneiden auf Breite	**54**
Schneiden auf Länge	**70**
Formen, Biegen und Schichten	**78**

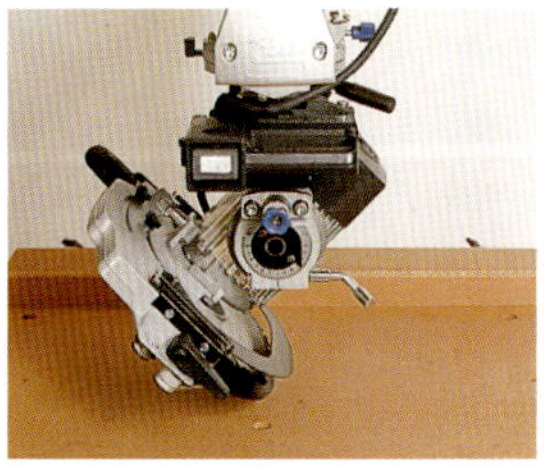

Die Säge kann für Winkelschnitte schräggestellt werden.

Auslegerkreissäge. Das Blatt wird quer über das zu sägende Stück gezogen.

Das Blatt wird am Ausleger entlang auf den Bediener zu über das Stück gezogen. Die Auslegerkreissäge eignet sich für Querschnitte sehr gut, für Längsschnitte überhaupt nicht

Der Blattschutz richtet sich automatisch ein

Hintere Führung und Tisch halten das Stück, so daß auch bei geschwenktem Blatt genaue Schnitte geführt werden können

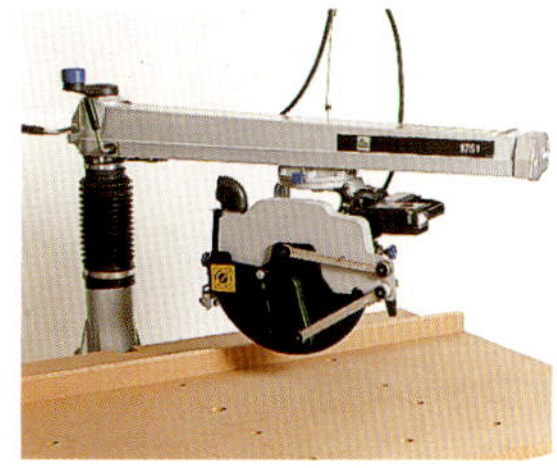

Der Sägekopf kann geschwenkt werden, so daß auch andere Winkel als 90° in bezug auf die Führung möglich sind.

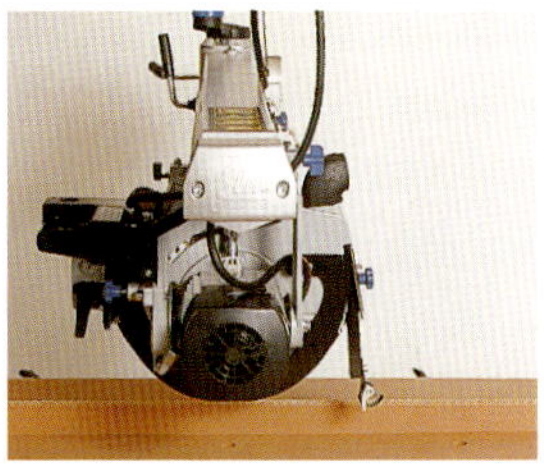

Die Säge kann um 90° geschwenkt werden, so daß sie parallel zur Führungsleiste steht und längs zur Faser geschnitten werden kann.

Weitere Tischsägen

Die Auslegerkreissäge ist eine Maschine mit viel geringerem Einsatzbereich; sie eignet sich besonders für Schnitte quer zur Faser. Obwohl mit der Auslegerkreissäge auch Profilleisten und Gehrungsverbindungen hergestellt werden können und die Maschine ebenfalls als Plattform für eine Oberfräse einsetzbar ist, wird sie doch im wesentlichen für Querschnitte angewandt. Weil zum Auflegen der Holzteile ein ziemlich weit ausladender Tisch erforderlich ist, kann die Maschine in einer kleinen Werkstatt kaum untergebracht werden. Eine Variante der Auslegerkreissäge ist die Gehrungssäge, mit der Querschnitte unter einem einstellbaren Winkel an kleineren Stücken geführt werden können. Obwohl sie eine ortsfeste Maschine ist, kann sie dank ihres geringen Gewichts leicht an ihren Einsatzort gebracht werden.

Eine allgemein bekannte Art von Baustellensägen ist die leichte Tischkreissäge. Es gibt Ausführungen, bei denen eine Kreissäge, eine Stichsäge und eine Fräse auf einem Tisch vereint sind, was viel Platz und durchaus auch Geld für die Anschaffung spart.

Schließlich steht in zahlreichen kleinen Werkstätten eine Dekupiersäge. Das ist eine motorgetriebene Laubsäge mit dünnem Blatt, mit der gekrümmte Schnitte auch mit sehr kleinen Radien an dünnen Holzteilen ausgeführt werden können. Moderne Dekupiersägen erzeugen sehr genaue Schnitte, die glatt und sauber sind und häufig vor dem Zusammenbau keiner weiteren Behandlung bedürfen.

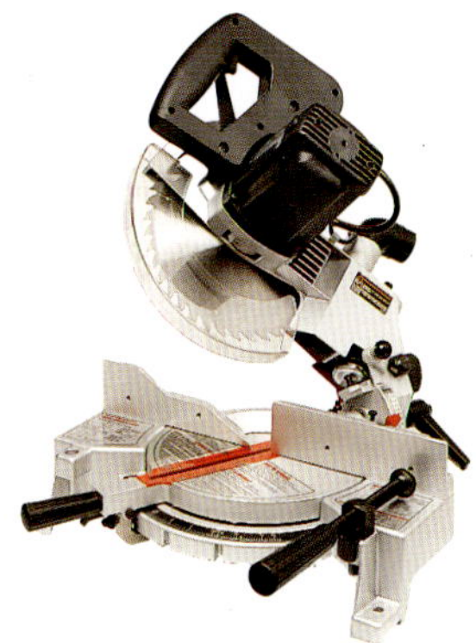

Oben: Die Gehrungssäge, mit der quer oder winklig getrennt werden kann.

Links: Die transportable Tischkreissäge wird hauptsächlich für das Schneiden in Faserrichtung benutzt.

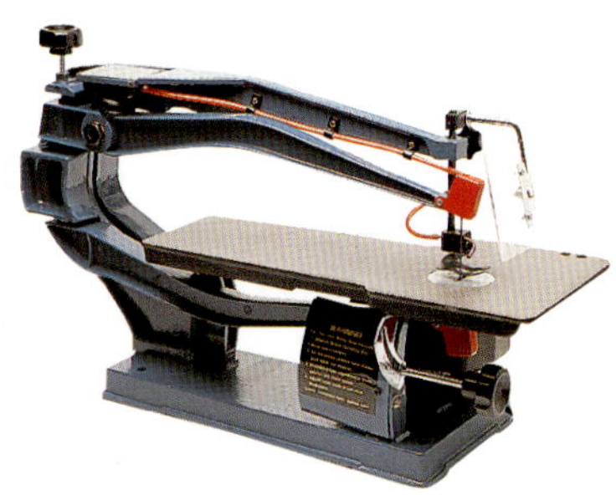

Rechts: Eine Dekupiersäge, mit der feine Schnitte auch mit engen Krümmungsradien geführt werden können, wie beispielsweise für Puzzleteile.

Abricht- und Dickenhobelmaschinen

Die Maschinen zur Vorbearbeitung oder Zurichtung des Holzes sind die Abricht- und Dickenhobelmaschinen. Weil Holz die Eigenschaft hat, sich beim Trocknen zu verziehen, muß als erster Arbeitsgang am Holzteil eine Bezugsfläche hergerichtet werden. Das geschieht mit der Abrichtmaschine, die deshalb vor und hinter der Messerwelle eine relativ lange Tischfläche besitzt. Die Abrichtmaschine erzeugt eine Fläche, die nicht nur glatt, sondern auch plan ist. Die Messerwelle der Abrichtmaschine ist nicht allzu lang; es können Bretter bis etwa 300 mm Breite abgerichtet werden. Breiter als etwa 250 mm sollten die Bretter wegen der Gefahr des Werfens nach dem Abrichten ohnehin nicht sein. Es gibt auch schmalere Maschinen mit Messerwellenbreiten zwischen 150 und 200 mm, die für schmalere Bretter oder für Breitenverbindungen (an den Schmalflächen der Bretter) gedacht sind.

Die Dickenhobelmaschine

Die Dickenhobelmaschine stellt einen höhenverstellbaren Maschinentisch dar, der unterhalb einer Messerwelle angeordnet ist. Dieser Tisch wird auf einen gewünschten Abstand zur Messerwelle eingestellt, so daß eine Fläche parallel zur zuerst abgerichteten Fläche erzeugt werden kann.

Oft haben Abrichtmaschinen einen Dickenhobeltisch und können zusätzlich als Dickenhobelmaschine verwendet werden, indem der Abrichttisch weggeklappt wird. Solche kombinierten Maschinen werden Abricht-Dickenhobelmaschinen genannt.

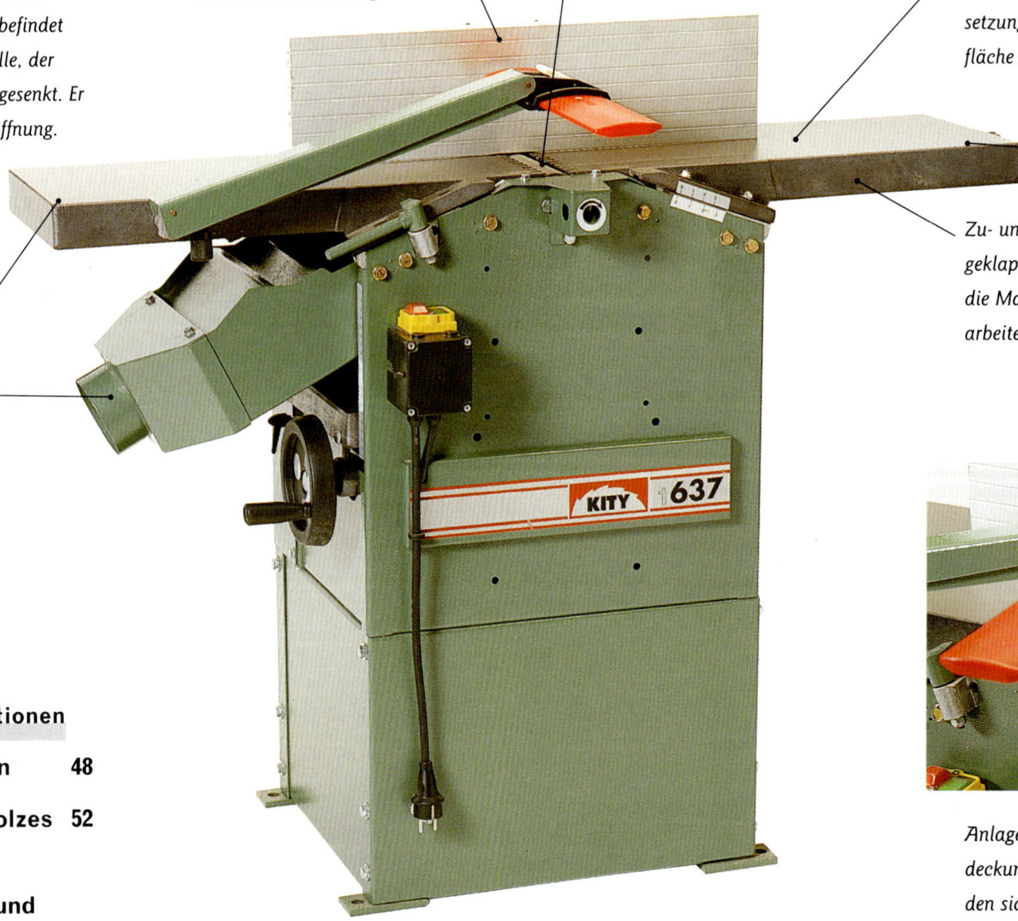

Eine kleine Abricht-Dickenhobelmaschine, eingerichtet für Abrichtarbeit. Der Schutz befindet sich über der Messerwelle, der Dickenhobeltisch ist abgesenkt. Er trägt die Späneabsaugöffnung.

Anlagefläche für die Anfertigung von Breitenverbindungen

Messerwelle mit zwei oder drei Messern

Ausreichende Länge und Planheit des Abrichttisches sind Voraussetzung, um eine genaue Bezugsfläche zurichten zu können

Abricht-Zuführtisch

Abricht-Abführtisch

Zu- und Abführtisch müssen weggeklappt werden können, damit die Maschine für Dickenhobelarbeiten benutzt werden kann

Auf eine Späneabsaugung kann bei solchen Maschinen kaum verzichtet werden

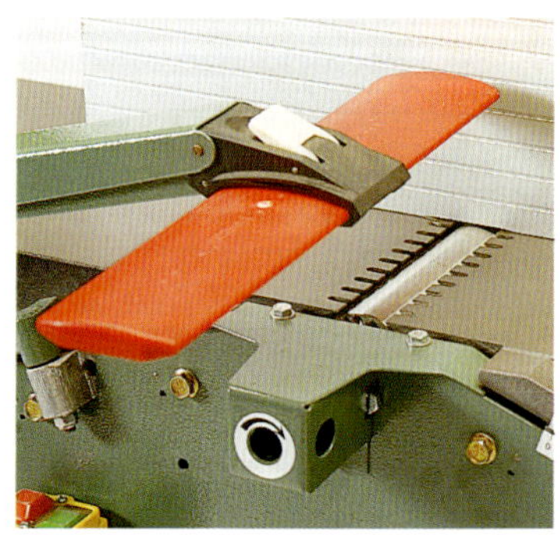

Anlagefläche, Messerwellenabdeckung und Messerwelle befinden sich zwischen Zu- und Abführtisch.

Weitere Informationen

Kombimaschinen 48

Zurichten des Holzes 52

Bearbeiten der Schmalflächen und Schneiden auf Breite 54

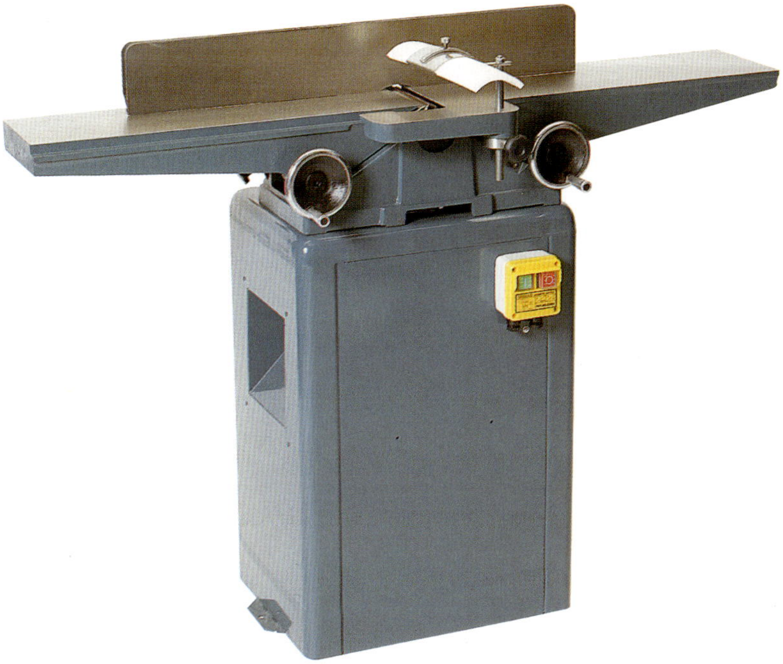

Oben: Dieser Kantenhobler ist eine einfach aufgebaute Maschine für die Flächenbearbeitung an schmalen Stücken. Eine Dickenhobeleinrichtung ist nicht vorhanden. Mit den zwei Handrädern an der Maschinenfront können Sie Zu- und Abführtisch einzeln in der Höhe verstellen.

Es gibt auch Maschinen, die ausschließlich für das Dickenhobeln gedacht sind. Das Holz wird auf diesen Maschinen von den zwei oder drei Messern auf der Messerwelle bearbeitet, die mit sehr hoher Drehzahl rotiert. Die Schnittiefe der Messer wird durch die Höheneinstellung des Abricht-Zuführtisches bzw. des Dickenhobeltisches bestimmt.

Bei der Arbeit mit diesen Maschinen, ganz besonders mit der Dickenhobelmaschine, sollten die Späne abgesaugt werden. Abricht- und Hobelmaschinen erzeugen große Mengen Späne und Holzstaub, die erhebliche Brand- und Gesundheitsgefahren mit sich bringen.

Es gibt außerdem noch einen mit der Hand gehaltenen Elektrohobel, der von Tischlern und Zimmerleuten als Baustellenmaschine, in der Heimwerkstatt aber nur ganz selten verwendet wird.

Überlassen Sie die Holzzurichtung dem Fachmann

Während natürlich jeder, der ein Holzhandwerk erlernen will, die Holzzurichtung kennenlernen muß, können Sie diese Arbeitsgänge – die am Ende nur einen kleinen Teil der gesamten Arbeit am Stück bedeuten – einer Firma in Ihrer Umgebung übertragen. Sie brauchen dann die teuren Maschinen nicht anzuschaffen, die zudem noch viel Platz beanspruchen und immer nur kurze Zeit gebraucht werden. Von Nutzen wäre vielleicht ein kleiner Kantenhobler, wie er hier abgebildet ist und mit dem Sie zugerichtetes Holz und vor allem kleine Stücke bearbeiten können.

Rechts: Ausschließlich für Dickenhobelarbeiten gebaut, wird diese Maschine zum Hobeln eines Stücks benutzt, das bereits eine Bezugsfläche hat.

Hand-Elektrohobel

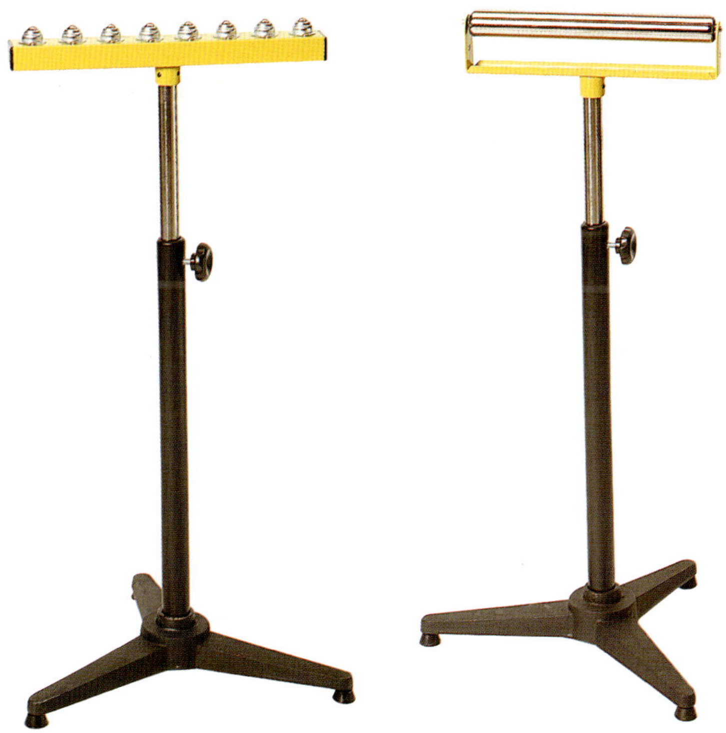

Oben: Wenn Sie an einem langen Stück allein arbeiten, brauchen Sie eine derartige Stütze für das von der Säge- oder Hobelmaschine kommende Holz. Die Stützen sind entweder mit einer Walze oder Kugeln ausgestattet.

Oberfräsen

Eine Oberfräse besteht aus einem kräftigen Motor, häufig mit einstellbarer Drehzahl, der an zwei Säulen über einer Grundplatte angebracht ist. Der Motor kann an den Säulen, an denen sich zwei Federn befinden, nach oben und unten bewegt werden. An der Motorunterseite sitzt eine Spannzange für die auswechselbaren Fräser, die mit sehr hohen Drehzahlen (bis 27 000 Umdrehungen je Minute) rotieren. Der Fräser kann entweder durch Hinunterdrücken des Motors gegen den Widerstand der Federn abwärts in das Werkstück oder mit in der Höhe fest eingestelltem Motor seitwärts in das Werkstück hineinbewegt werden. Die Maschine kann auch umgekehrt, mit dem Fräser nach oben, in einem tischartigen Gestell aufgebaut werden, wobei dann das Holzteil gegen den über den Tisch ragenden Fräser bewegt wird.

Weil die Fräser in zahlreichen Formen zur Verfügung stehen, ist die Oberfräse überaus vielseitig einsetzbar. In der Tat war die Erfindung dieser Maschine eine kleine Revolution in der Holzbearbeitungstechnik, denn die Oberfräse macht es auch dem wenig Erfahrenen möglich, Profilleisten und saubere Fälze zu fräsen, Bauteilen eine komplizierte Form zu geben, Zinken einzusenken und viele andere Arbeiten zu verrichten, für die ansonsten eine Menge verschiedenster Handwerkzeuge erforderlich wäre. Die heutige Oberfräse ist eigentlich ein kleines, vielseitiges Bearbeitungszentrum, mit dem Sie ohne großen Investitionsaufwand ein weites Spektrum von Arbeiten an Holz erledigen können.

Im wesentlichen stehen zwei Maschinengrößen zur Auswahl: eine kleinere Maschine mit 6-mm-Spannzange für die zahlreichen Fräser mit 6-mm-Schaft und eine größere Maschine mit 13-mm-Spannzange für die entsprechenden größeren Fräser. Viele Holzhandwerker finden die kleinere Oberfräse günstiger, sie ist leichter und einfacher zu handhaben. Für einige Arbeiten, wie z.B. das Ausfräsen gegliederter Türfüllungen, kann jedoch auf ein Werkzeug mit größerem Durchmesser schwerlich verzichtet werden, weil die Arbeit sonst viel zu lange dauert.

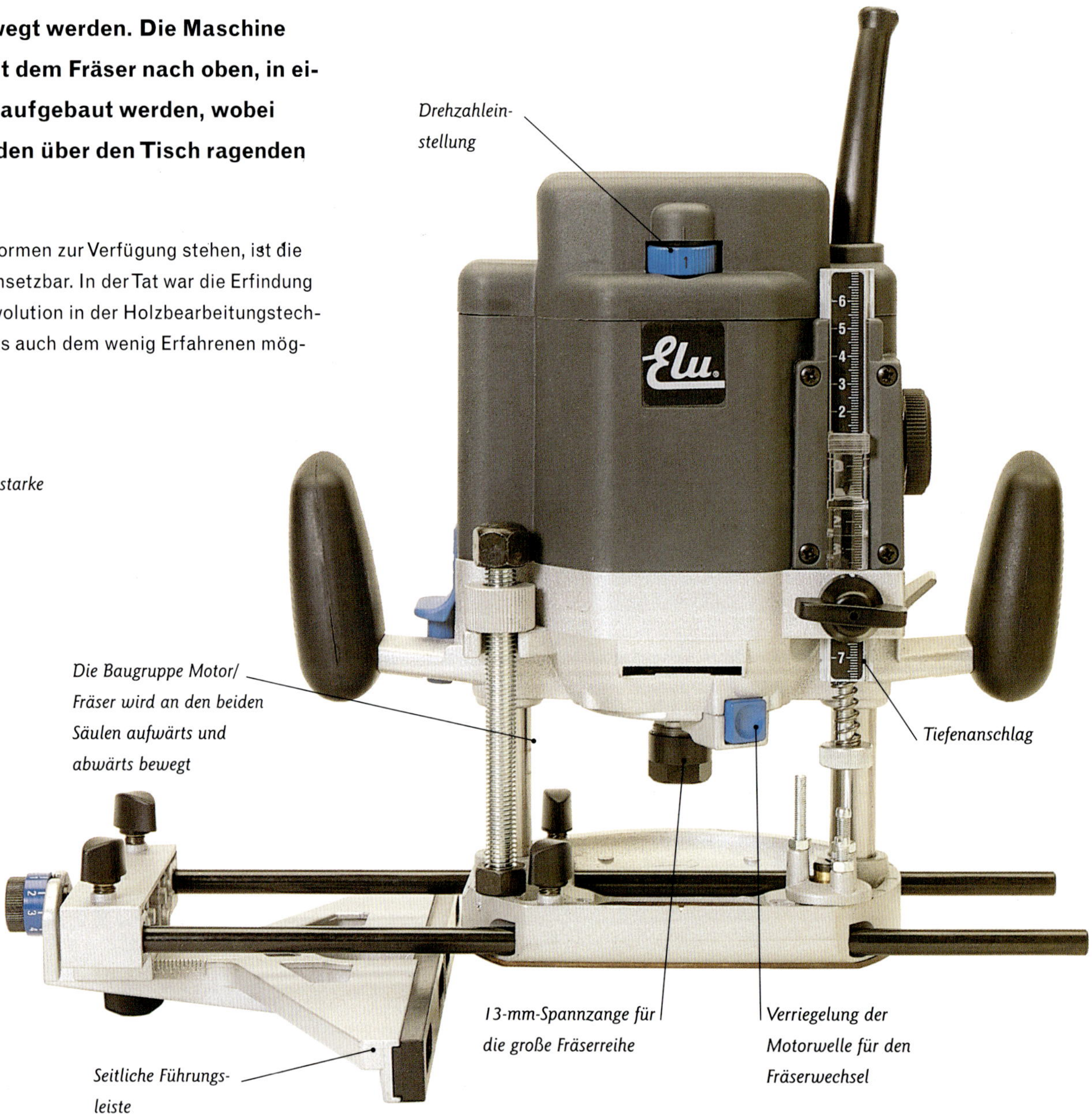

Rechts: Eine handgehaltene, leistungsstarke Oberfräse mit Führung.

Weitere Informationen

Arbeitssicherheit, Lärm und Staubabsaugung 16

Schneiden auf Länge 70

Die Oberfräse als Bearbeitungszentrum 72

Lärm und Staub

An einigen Oberfräsentypen ist praktischerweise die Drehzahl verstellbar und kann damit an den Fräserdurchmesser angepaßt werden. Weil Fräsen ausgesprochen laut arbeiten und einen lästigen hohen Pfeifton abstrahlen, ist es wohltuend, die Drehzahl vermindern zu können, ohne daß die Leistung des Fräsers beeinträchtigt wird.

Neben dem Lärm ist ein zweiter Nachteil der Oberfräse der erzeugte Staub. Die Staubpartikel sind besonders beim Fräsen von Spanplatten sehr fein, und schon nach kürzester Zeit des Arbeitens mit einer Oberfräse, die nicht an eine Staubabsaugung angeschlossen ist, sind Werkstatt und Bediener mit Staub bedeckt, der überdies in die Lunge eindringt. Viele neuere Oberfräsen sind deshalb so konstruiert, daß ohne großen Aufwand eine Staubabsaugung angebracht werden kann, welche die Sicht auf den Fräser und den Arbeitspunkt am Holz nicht weiter beeinträchtigt. Beachten Sie beim Kauf Ihrer Oberfräse unbedingt diesen konstruktiven Gesichtspunkt, und betreiben Sie die Maschine auch für ganz kurze Arbeiten nie ohne Absaugung.

Oben: Eine große Oberfräse wurde umgekehrt in ein spezielles Tischgestell eingebaut, so daß sie als kleine Formfräsmaschine verwendet werden kann.

Oben: Beispiele für Fräser: A, E, F, G und H tragen Kugellager, die beim Bearbeiten der Werkstückkante an dieser abrollen; bei B, C und D ist eine Führungsleiste erforderlich.

Fräser

Oberfräsen sind deshalb so vielseitig einsetzbar, weil die Fräser rasch und ohne große Mühe ausgewechselt werden können. Fräser stehen in einer breiten Vielfalt von Formen und Größen zur Verfügung. Im Prinzip gibt es zwei Gruppen: (1) Fräser für das Bearbeiten auf Maß und für Verbindungen und (2) Fräser für das Formfräsen. Fräser sind entweder aus Schnellstahl (HSS) gefertigt oder haben Schneidplättchen aus Hartmetall (HM). HSS-Fräser kosten weniger und erzeugen einen feineren, genaueren Schnitt, haben jedoch eine relativ kurze Standzeit. HM-Fräser können eine viel längere Standzeit haben, ihre Schneidkanten sind jedoch nicht so scharf wie beim HSS-Fräser, und außerdem sind sie teurer. HM-Fräser können vom Sägenexperten oder in einer Werkzeugschleiferei geschärft werden. Ein stumpfer HSS-Fräser kann mit einem Handabziehstein „aufgefrischt" werden.

Die Oberfräse ist an eine kleine Späneabsaugeinrichtung angeschlossen.

Tragbare Elektrosägen

Tragbare Sägen sind – eher auf der Baustelle als in der Werkstatt – recht brauchbare Maschinen. Sie können meist auch an einem Tisch befestigt werden.

Handkreissägen

Die Handkreissäge ist für Tischlerarbeiten auf einer Baustelle prädestiniert. Sie kann leicht an jeden Arbeitsort befördert und zum Trennen auf Länge und Breite eingesetzt werden. Zwei Ausführungen stehen zur Verfügung. Bei der Standard-Handkreissäge ist das Blatt auf eine bestimmte Schnittiefe einstellbar, und es wird in Gang gesetzt, bevor die Säge an das Holzteil angesetzt wird. Die andere Ausführung ist für Tauchschnitte gedacht. Sie wird ähnlich wie die Oberfräse in das Stück hineingedrückt und z.B. für das Ausschneiden von Fensteröffnungen in großen Spanplatten verwendet.

In der Heimwerkstatt ist die Handkreissäge häufig mit dem Blatt nach oben in einen Tisch eingebaut. Dieser Tisch wurde entweder aus einer melaminbeschichteten Spanplatte selbst gebaut, oder es ist ein Universaltisch zur Aufnahme einer Reihe von Maschinen, wie Oberfräse, Stich- und eben Handkreissäge. Wenn Sie die Handkreissäge in dieser Weise einsetzen, haben Sie eine kleine stationäre Tischsäge ohne große Anschaffungskosten zu Ihrer Verfügung. Eine Längsführung kann aus einer Leiste 50 x 50 mm angefertigt und am Tisch angeklemmt werden. Ein Winkeleinstellgerät für Schnitte quer zur Faser kann von einem Sägenhersteller als Zubehörteil gekauft und in einer Nut aufgenommen werden, die quer in den Tisch eingefräst wird.

Eine neuere Entwicklung ist die Akku-Handkreissäge. Sie ist klein und leicht und gut als Bankwerkzeug für das Besäumen oder Trennen kleinerer Stücke zu verwenden.

Sägeblätter für Handkreissägen gibt es in verschiedenen Ausführungen. Hartmetallbestückte Blätter sind allgemein üblich und für das Trennen von Span- und Faserplatten unentbehrlich. Außerdem gibt es Blätter für das Längstrennen und für das Quertrennen, jedoch sind die meisten Sägen mit einem Kombi-Blatt ausgestattet, das in jeder Situation recht ordentlich arbeitet.

Eine kleine Handkreissäge, hier als Akkusäge ausgeführt

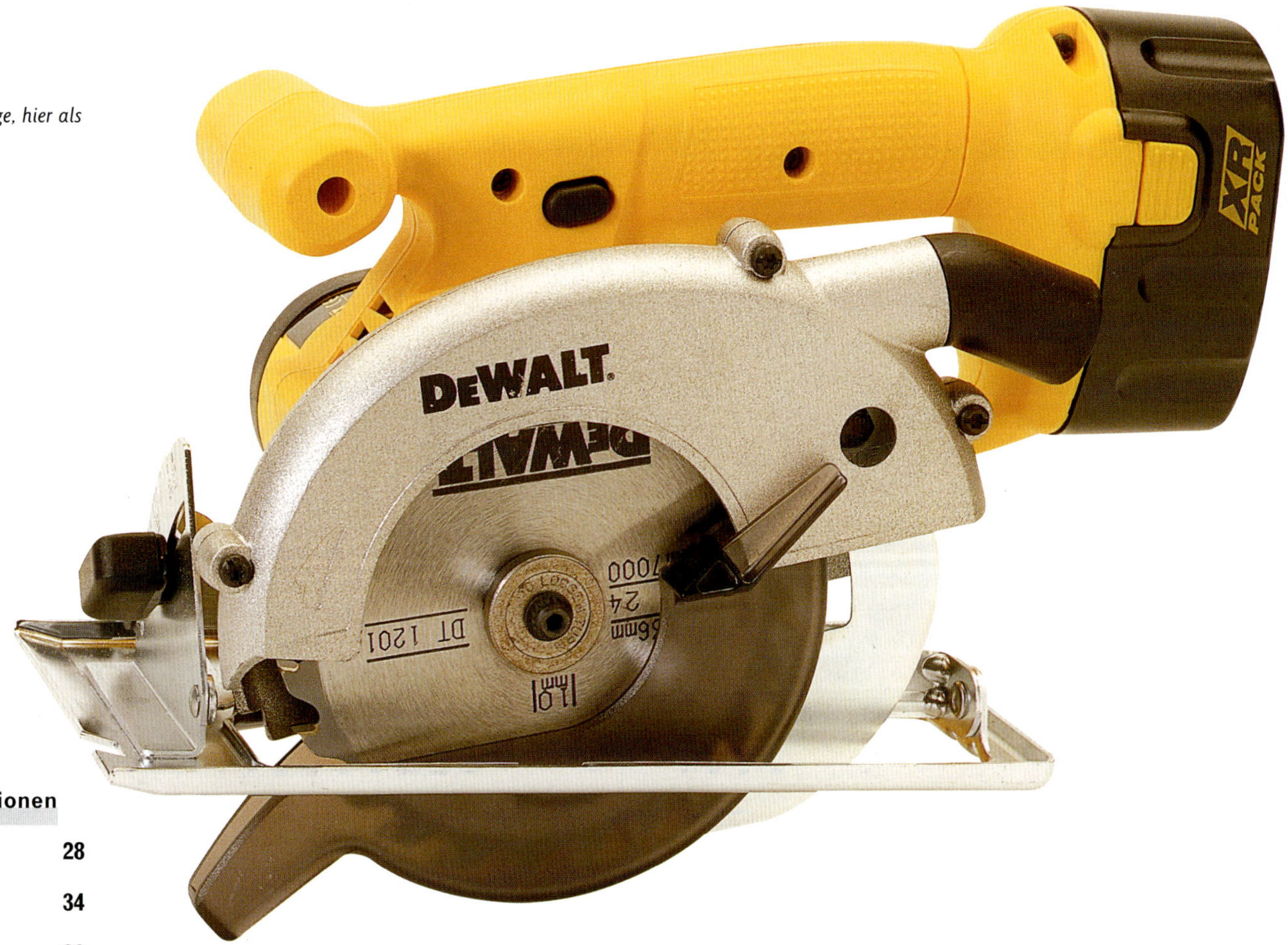

Weitere Informationen

Handsägen 28

Bandsägen 34

Tischsägen 36

Anfertigen einer Plattendübelverbindung 111

Kleine Stichsäge

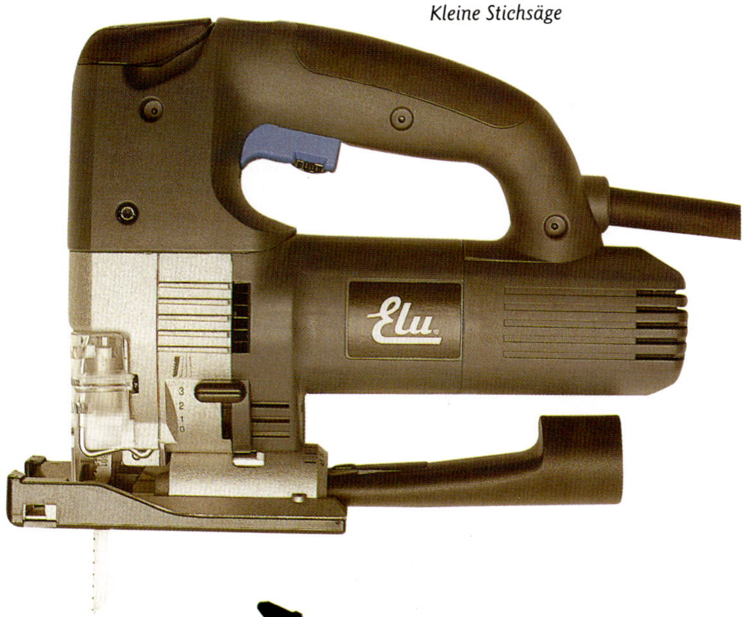

Plattendübelfräse. Das Blatt taucht in das Stück ein und erzeugt den Schlitz für die Feder

Schleifwerkzeug für die Stichsäge (oben) oder Multisäge (unten)

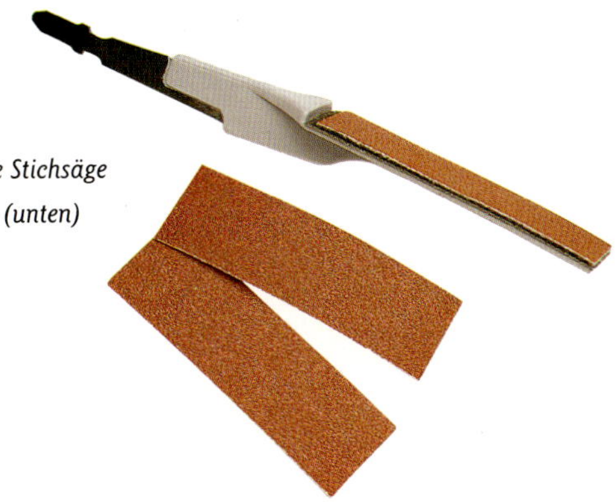

Leimspender mit Plattendübeln

Stichsägen

Stichsägen sind Elektrowerkzeuge mit einem schmalen, hin- und herbewegten Blatt. Dieses schmale Blatt läßt die Stichsäge besonders für gekrümmte Schnitte als geeignet erscheinen. Obwohl jetzt für einige Modelle auch steifere Blätter zu haben sind, mit denen ebenfalls genaue Längsschnitte in gerader Linie ausgeführt werden können, ist die Stichsäge für das Schneiden auf Maß im allgemeinen nicht gut brauchbar. Andererseits lassen sich große Platten und Bretter gut in leichter handhabbare Stücke trennen. Es gibt für die Stichsäge auch Werkzeuge, mit denen die von der Maschine erzeugte Hin- und Herbewegung zum Schleifen genutzt wird. Eine ähnliche Maschine ist die Multisäge, deren Blatt von vornherein steifer ausgelegt ist als das der Stichsäge. Sie kann ebenfalls mit schleifenden Werkzeugen (Schleifzunge, Drahtbürste) bestückt werden.

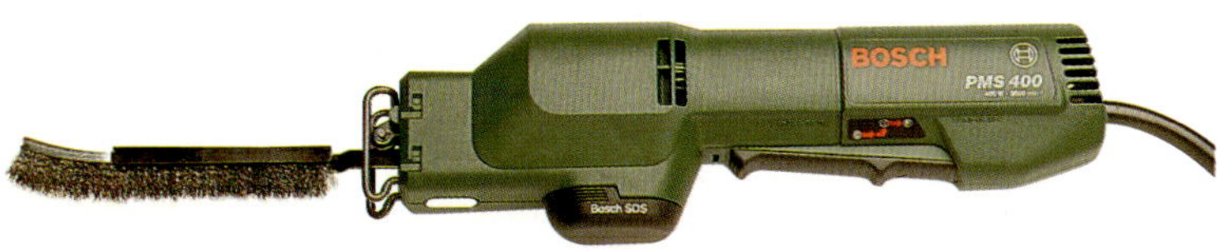

Die Multisäge kann für Säge- und Schleifarbeiten verwendet werden

Plattendübelfräse

Für kleine Möbelwerkstätten sind Plattendübelfräsen recht nützlich. Mit ihnen können mit Hilfe von Plattendübeln rasch sehr haltbare Holzverbindungen angefertigt werden.

Diese flachen Plattendübel sind so geformt, daß sie in Schlitze eingesteckt werden können, die in beide Verbindungsteile mit der Plattendübelfräse, eigentlich einer kleinen Spezialsäge, eingeschnitten worden sind. Die Festigkeit der Verbindung beruht zunächst auf dem straffen Sitz der Plattendübel und dann darauf, daß der aus gepreßtem Buchenholz bestehende Plattendübel unter der Einwirkung des Leims schwach aufquillt. Breitenverbindungen lassen sich auf diese Weise sehr rasch fügen und verleimen. Der dafür entwickelte Leimspender gibt genau die richtige Leimmenge in die einzelnen Schlitze.

Bohr- und Stemmaschinen

Das einfachste Werkzeug, mit dem ein Loch in ein Stück Holz gebohrt werden kann, ist die gute alte Brustleier mit Kurbelgriff, bestückt mit einem Spiralbohrer mit Zentrierspitze. Sehr vorteilhaft ist die gute Führung des Bohrers im Holz durch das konische Schneidengewinde in der Mitte des Bohrers.

Handbohrmaschinen – meist mit Spiralbohrern mit Zylinderschaft versehen – sind eigentlich für das Bohren in Metall ausgelegt, können aber auch gut für Holz verwendet werden. Für die Handbohrmaschine am besten geeignet ist jedoch ein speziell für das Arbeiten in Holz konstruierter Spiralbohrer. Er hat eine kantige Spitze in der Mitte, die den Bohrer zu Beginn positioniert, und zwei flügelartige Spitzen, die den Lochumfang bestimmen.

Schnurlose Bohrmaschine mit aufladbarem Akku

Akkubohrmaschinen und Akkuschrauber

Die zunächst für den Einsatz auf Baustellen gedachten Akkubohrmaschinen sind in immer mehr Werkstätten anzutreffen, weil sie bequem zu verwenden sind. Allerdings sind sie wegen des voluminösen und schweren Akkus oft ziemlich groß und unhandlich. Neben dem Bohren können sie auch für das Einziehen von Schrauben eingesetzt werden, wobei aber die Schraubenköpfe schnell zu tief unter die Holzoberfläche angezogen werden. Ein Akkuschrauber eignet sich dafür besser, weil er eine einstellbare Rutschkupplung hat, deren Auslösemoment an die vorliegenden Bedingungen angepaßt werden kann. Der Akkuschrauber ist analog auch als Akkubohrmaschine verwendbar, so daß er von den beiden Werkzeugen das vielseitigere ist.

Bohrmaschinenständer

Mit einem Bohrmaschinenständer kann eine Bohrmaschine so angeordnet werden, daß sie exakt unter einem Winkel von 90° zum Werkstück bohrt. Weil die meisten Bohrungen im rechten Winkel zur Stückoberfläche liegen, sind Bohrmaschinenständer bzw. Standbohrmaschinen in der Werkstatt sehr populär. Standbohrmaschinen gibt es in zwei Ausführungen: zur Aufstellung auf der Werkbank und auf dem Werkstattboden. Sie haben ein 13-mm- oder 16-mm-Futter mit durchsichtigem Kunststoffschutz; die Tischhöhe kann mit einer Handkurbel über Zahnstange und Ritzel eingestellt werden. Oben in einem Gehäuse befinden sich zwei Riemenscheibensätze; der Riemen kann zwischen den Scheibenpaaren gewechselt und damit die Drehzahl des Bohrers verändert werden. Für die Arbeit mit Bohrern mit großem Durchmesser oder Schleifscheiben kann vorteilhafterweise eine niedrige Drehzahl gewählt werden. Die Bohrtiefe läßt sich über einen Tiefenanschlag an der Bohrpinole steuern. Die Bohrpinole ist die Maschinenbaugruppe, die das Futter trägt und sich beim Bohren nach unten und oben bewegt.

Bohrmaschinen können auch zum Schleifen verwendet werden, indem ein Lamellenschleifer oder eine Schleifrolle eingespannt wird. Sie können außerdem als Stemmaschinen oder, mit untergebautem Schraubstock, zum Fräsen eingesetzt werden. Das Werkstück wird im Schraubstock festgespannt und unter dem Fräser nach vorn und hinten oder seitwärts nach rechts und links geführt.

Standardspiralbohrer

Spiralbohrer für Holz

Spiralbohrer mit größerem Durchmesser

Flach- oder Spatenbohrer

Zwei Forstnerbohrer, links mit glatten, rechts mit gezahnten Schneiden

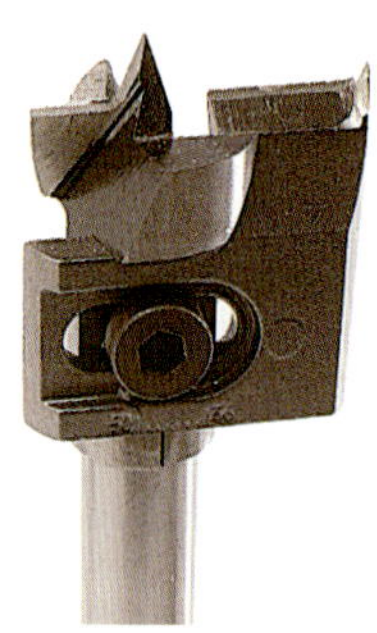

Einstellbarer Bohrer für die Handbohrwinde

Weitere Informationen

Schraubendreher 32

Bohren, Fräsen und Stemmen 76

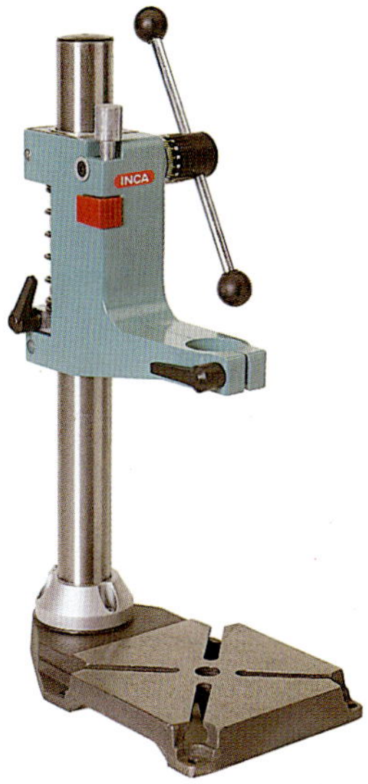

Einfacher Bohrständer für eine Elektrobohrmaschine

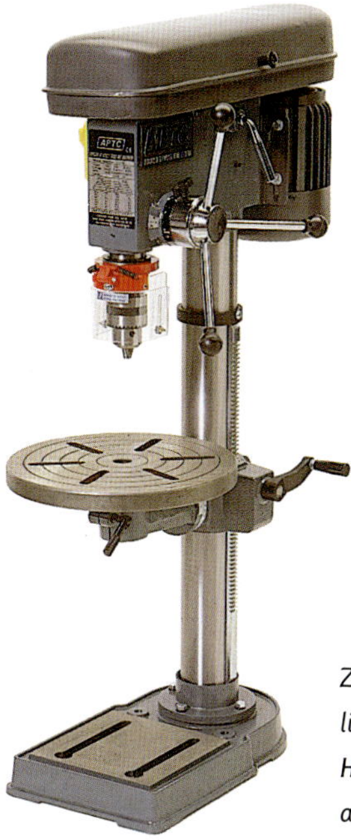

Zwei Standbohrmaschinen, links zum Aufbau auf der Hobelbank, rechts zum Aufbau auf dem Boden

Stemmaschine

Die Bedienung einer Standbohrmaschine ist leicht zu erlernen, doch achten Sie stets darauf, daß der Futterschutz an Ort und Stelle ist und daß sich das Werkzeug frei drehen kann, bevor Sie die Maschine einschalten. Legen Sie unbedingt lose Kleidungsstücke, Halstuch oder Krawatte, Manschetten und Halskette ab.

Stemmaschinen

Eine Bohrmaschine kann zwar so modifiziert werden, daß sie als Stemmaschine arbeitet, sinnvoll ist dies jedoch nur für bescheidene Aufgaben. Eine echte Stemmaschine arbeitet viel effizienter und ist viel leichter zu bedienen. Stemmen bedeutet das Erzeugen eines Lochs mit Vierkantquerschnitt. Stemmeinsätze tragen im Inneren des vierkantigen Stemmwerkzeuges einen im Durchmesser angepaßten Spiralbohrer, der das Loch vorarbeitet. Die Stemmaschine hält den Stemmeinsatz, treibt ihn in das Werkstück und hält dieses fest, wenn der Stemmeinsatz wieder herausgezogen wird. Außerdem kann das Stück seitwärts bewegt werden, so daß durch mehrmalige, dicht nebeneinander ausgeführte Stemmgänge eine tiefe Nut oder ein Schlitz gefertigt werden kann.

Bohrereinsätze

Flachbohrer sind für Löcher mit großem Durchmesser günstig. Bevor die Bohrmaschine eingeschaltet wird, muß unbedingt die Spitze auf das Stück aufgesetzt werden. Spiralbohrer mit Spitze werden beim Bohrbeginn sicher zentriert und biegen sich nicht weg.

Forstnerbohrer unterscheiden sich von den meisten anderen Bohrertypen insofern, als sie nicht durch eine Spitze oder eine Spirale in der Mitte geführt werden, sondern von Schneiden am Umfang. Löcher, die mit Forstnerbohrern gefertigt wurden, sind sauber und genau und haben einen ebenen Grund. Ausschließlich Forstnerbohrer vermögen ein halbes Loch an einer Brettkante oder überlappende Löcher zu bohren, und Äste oder die Maserung beeinträchtigen die Arbeit des Forstnerbohrers nicht. In Hirnholz sind Bohrer mit Sägezähnen an den Umfangs- und Querschneiden besser.

Kernbohrer

Lochsäge

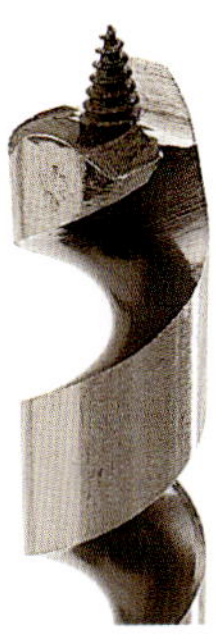

Kombi-Schlangenbohrer

Schlangenbohrer, links mit gleichmäßiger, rechts mit ungleichmäßiger Steigung

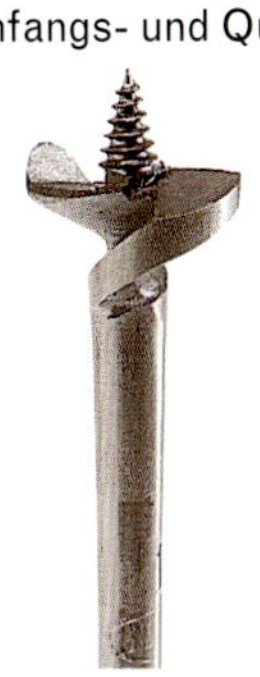

Zentrumsbohrer

Kegelsenker

Hohler Stemmeinsatz mit Schlangenbohrer im Inneren

Schleifmaschinen

Erst die elektrisch angetriebene Schleifmaschine hat den Holzhandwerker von den einst unvermeidlichen Rückenschmerzen beim Form- und Fertigschleifen befreit.

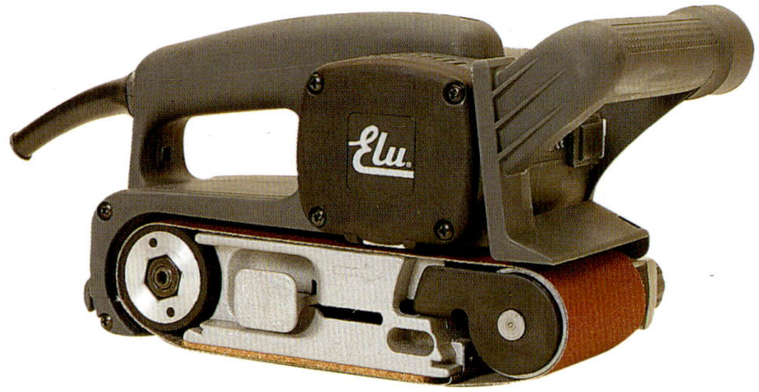

Basisausführung eines handgehaltenen Bandschleifers

Bandschleifer

Weit verbreitet ist der Bandschleifer, der wegen seines kraftvollen Arbeitens von manchem Holzhandwerker für die Endbearbeitung feiner Oberflächen lieber nicht genommen wird. Der Bandschleifer ist etwas schwerfällig, und es kann auch deshalb, weil die Schleifplatte relativ klein ist, leicht zu ungleichmäßig geschliffenen Flächen, Riefen oder Vertiefungen auf einer ansonsten glatten Fläche kommen. Bandschleifer eignen sich besser für schmalere Teile, wie Handläufe und Holme. Manche Bandschleifer haben einen Schleifrahmen, der die Fläche vergrößert, auf welcher der Schleifer aufliegt. Dieses Zubehör lohnt die Anschaffungskosten, insbesondere wenn Sie beispielsweise eine größere Tischfläche mit einem kleinen Bandschleifer bearbeiten wollen. Es gibt ferner Ständer, in denen der Bandschleifer mit dem Band nach oben eingespannt werden kann, so daß eine kleine Schleifmaschine entsteht. Das ist ein weiteres sinnvolles Zubehör, denn oft ist eine stationäre Schleifmaschine in einer kleinen Werkstatt wertvoller als ein transportabler Schleifer.

Exzenterschleifer

Exzenterschleifer

Lange Zeit war der Schwingschleifer das Werkzeug für die Endbearbeitung großer Flächen. Er hat eine ebene, rechteckige Schleifplatte, die kreisend schwingt, und arbeitet ziemlich effektiv, kann allerdings auf der geschliffenen Fläche kleine, kreisförmige Marken hinterlassen. Dieser Nachteil wurde durch den Exzenterschleifer beseitigt, der zwar auch kreisförmig schleift, jedoch keine Marken erzeugt. Die Zufallsbewegung führt zu einer glatten und sauberen Fläche. Dieser Schleifer ist keine Maschine zum Herstellen von Planheit, sondern sollte wirklich nur auf Flächen verwendet werden, die durch Hobeln von Hand oder mit der Maschine bereits plan bearbeitet worden sind. Exzenterschleifer haben Schleifkissen mit Haft- oder Klettbeschichtung, so daß die Schleifblätter sehr rasch ausgewechselt werden können.

Wenn es irgendwie möglich ist, sollten Sie den Staub absaugen, denn eventuell noch vorhandene Schleifkörner und Schleifstaub können Kratzer und Riefen auf der geschliffenen Fläche erzeugen.

Schwingschleifer

Weitere Schleifer

Der Dreieck- oder Deltaschleifer ist eine weitere neue Maschine, um die in letzter Zeit die Palette der Elektrowerkzeuge erweitert worden ist. Sie hat ein dreieckiges Schleifkissen, mit dem auch die Innenecken von vormontierten Korpussen erreichbar sind. Weil man Teile, die nach dem Zusammenbau nicht erreichbar sind, bei überlegtem Arbeiten vorher schleift und endbehandelt, hat der Dreieckschleifer in der Heimwerkstatt nur ein begrenztes Einsatzfeld. Er ist jedoch z.B. für das Schleifen von Schnitzwerk unentbehrlich. Für den Modellbau lohnt sich ein Zungenschleifer mit langer Schleifzunge.

Schleifmaschinen existieren in vielen Ausführungen, von denen für die kleine Werkstatt die Kombination mit Schleifband und Schleif-

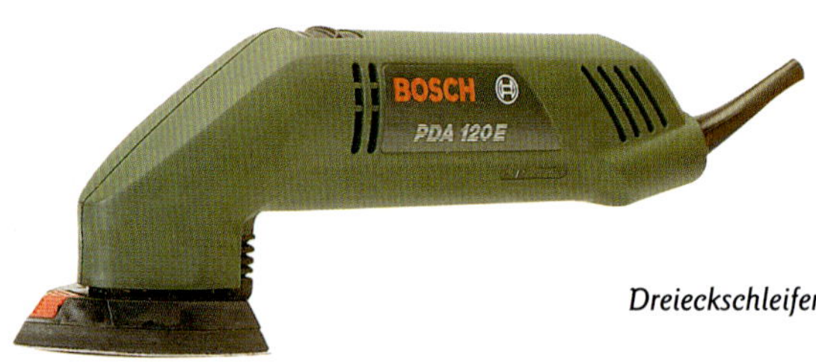

Dreieckschleifer

Weitere Informationen

Formen, Biegen und Schichten 78

Vorbereitung 90

teller am sinnvollsten ist. Ein solcher Band-Tellerschleifer läßt sich, mit grobem Schleifpapier bestückt, für Formarbeiten, aber auch für die Endbearbeitung kleiner Stücke einsetzen. Mit dem Schleifteller können Ecken gerundet und Hirnholz kann plan und winklig geschliffen werden. Mit dem Band werden gegen eine Führung Schmalseiten bearbeitet und die Flächen kleiner Stücke geschliffen.

Während ein Tellerschleifer nach außen gekrümmte Kanten ausformen und fertigbearbeiten kann, ist für nach innen gekrümmte Flächen eine weitere Maschine erforderlich. Solche konkaven Flächen können mit einer Schleifrolle bearbeitet werden, die in die Bohrmaschine eingespannt ist, oder mit einer kleinen speziellen Rollenschleifmaschine. Die rotierende Schleifrolle bewegt sich beim Schleifen langsam auf und ab, was ein Zusetzen und Verbrennen des Schleifpapiers verhindert.

Schleifstation mit kleinem Tellerschleifer und Bandschleifer

Tellerschleifer

Tellerschleifer gehören zu den nützlichsten Stücken der Werkstattausstattung. Der Teller sollte recht groß sein, weil er eher durch seine Masse als durch seine Geschwindigkeit schleift. Wenn die Tellerdrehzahl zu groß ist, besteht die Gefahr, daß das Schleifmittel die Oberfläche des Holzteils nicht schneidend bearbeitet, sondern verbrennt. Besonders effektiv ist der Tellerschleifer für das Plan- und Winkligschleifen von Hirnflächen, und er vermag Hirnholz sehr glatt zu polieren. Eine gute Schleifmaschine hat einen stabilen Tisch, mit dem das Werkstück exakt rechtwinklig zum Teller geführt, der aber auch in einem weiten Winkelbereich schräg zum Teller eingestellt werden kann.

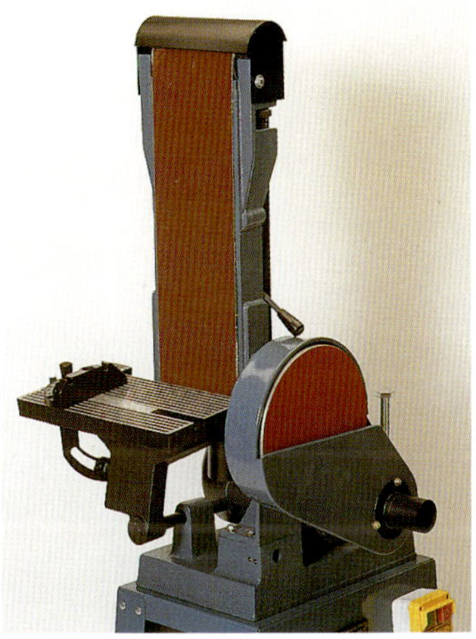

Häufig ist es günstig, das Schleifband aufrecht anzuordnen

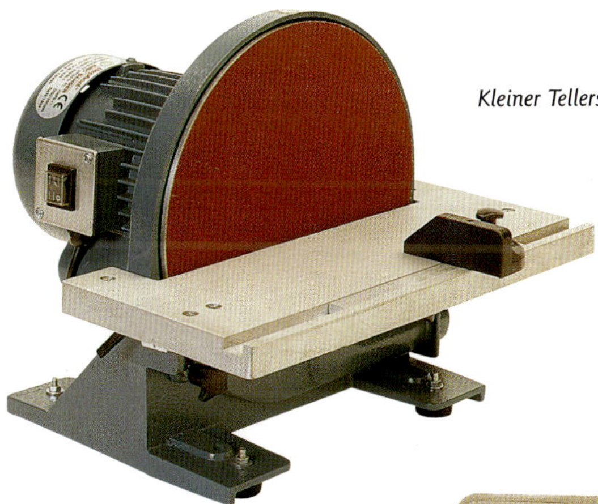

Kleiner Tellerschleifer

Rollenschleifer: die rotierende Schleifrolle bewegt sich langsam auf und ab

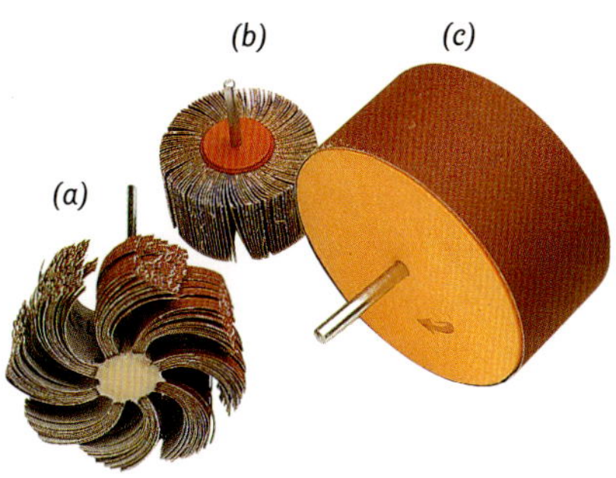

(a) Konturschleifer
(b) Lamellenschleifer
(c) Schaumstoff-Schleifrolle

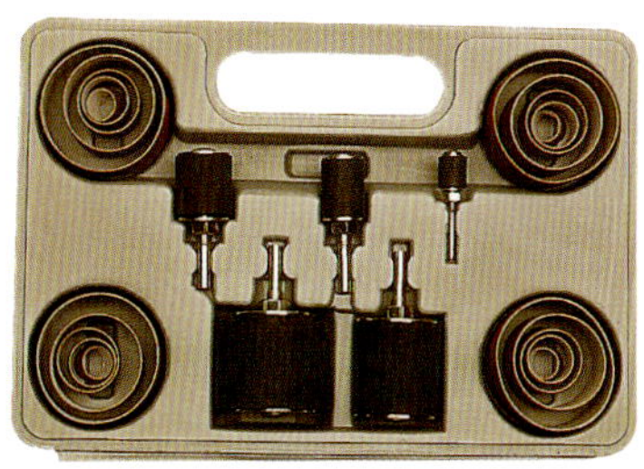

Schleifrollensatz

Kombimaschinen

Häufig erweist sich für eine kleine Holzwerkstatt eine Kombinationsmaschine am günstigsten, bei der in einer einzigen Maschine die Funktionen der Tischsäge, Abrichtmaschine, Dickenhobelmaschine und Unterfräse vereint sind. Mit einem solchen Bearbeitungszentrum kann Platz und gleichermaßen Geld für die Anschaffung gespart werden.

Kombimaschine und Einzelmaschinen im Vergleich

In der Werkstatt des Möbel- und des Kunsttischlers stehen eine Tischsäge, eine Abrichtmaschine, eine Dickenhobelmaschine und sicherlich auch eine Formfräsmaschine oder Unterfräse. Alle diese Maschinen können einzeln gekauft werden, sie sind aber auch als Maschinenkombination erhältlich. Der Vorzug einer solchen Kombimaschine – auch Bearbeitungsstation oder Bearbeitungszentrum genannt – ist der günstigere Anschaffungspreis im Vergleich zu Einzelmaschinen. Außerdem nimmt die Kombimaschine weit weniger Platz in Anspruch als drei oder vier Einzelmaschinen. Im Handel werden sehr gute Bearbeitungszentren mit schweren Gußtischen und gut durchkonstruierten Anschlag- und Führungseinrichtungen angeboten.

Ein Nachteil der Kombimaschine ist die geringere Bedienfreundlichkeit, die allerdings bei den verschiedenen Konstruktionen unterschiedlich ausgeprägt ist. Wenn Sie beispielsweise ein Holzteil zurichten, formen und auf Maß bearbeiten wollen, arbeiten Sie an der Tischsäge, dann an der Abrichtmaschine und an der Dickenhobelmaschine, vielleicht nochmals an der Tischsäge und schließlich auf der Formfräsmaschine. Jede Maschine ist für den betreffenden Arbeitsgang weitgehend eingerichtet – die Kombimaschine müssen Sie für jeden Arbeitsgang erneut einrichten, was Sie zusätzliche Zeit kostet. Aber Zeit ist in der Heimwerkstatt oft nicht der wichtigste Faktor, und der Zeitfaktor mag durchaus von Platz- und Kostenaspekten aufgewogen werden.

Ein weiterer Gesichtspunkt, der den Einsatz der Kombimaschinen auf dem Heimwerkersektor eingrenzt, ist der, daß nur mit Schwierigkeiten mehr als eine Person zur selben Zeit an der Maschine tätig sein kann. Aus diesem Grunde investieren professionelle Handwerker lieber in Einzelmaschinen, was den Markt für Kombimaschinen notgedrungen reduziert.

Rechts: Die Kombimaschine oder Bearbeitungsstation kann vielerlei Arbeitsgänge ausführen.

Oben: Formfräseinrichtung oder Unterfräse an einer Bearbeitungsstation.

Weitere Informationen

Tischsägen **36**

Abricht- und Dickenhobelmaschinen **38**

Auswählen des Holzes 50
Zurichten des Holzes 52
Bearbeiten der Schmalflächen und Schneiden auf Breite 54
Genaues Anreißen 56
Hobeln mit der Hand 58
Genaues Sägen mit der Handsäge 60
Stemmen 64
Handhobeln von Hirnholz 68
Schneiden auf Länge 70
Die Oberfräse als Bearbeitungszentrum 72
Bohren, Fräsen und Stemmen 76
Formen, Biegen und Schichten 78

4 GRUNDTECHNIKEN

Dieses Kapitel behandelt die grundlegenden Arbeitstechniken, die für die Zurichtung des Holzes erforderlich sind, wobei Handwerkzeuge und kleine Maschinen zum Einsatz kommen. Ausgehend von einem ungehobelten, sägerauhen Brett wollen wir den gesamten Fertigungsprozeß vom Trennen über das beidseitige Hobeln bis zum Schneiden auf Maß darstellen. Sie sollen erfahren, wie Sie die einzelnen Maschinen und Handwerkzeuge sicher und kompetent handhaben können.

Wenn Sie dann noch die über die Grundtechniken hinausgehenden Verfahren erlernen, wie Fräsen, Stemmen, Formen und Schichten des Holzes, dann werden Sie akkurate Verbindungen, gut geformte Teile und – genügend Ehrgeiz vorausgesetzt – gebogene, aus mehreren Schichten verleimte Stücke zustande bekommen.

Auswählen des Holzes

Das Holz ist aus zwei Gründen mit Überlegung auszuwählen: Zum einen müssen Sie entscheiden, welche Wirkung Sie anstreben, ob das Stück in Ihr Heim paßt, welche Färbung und Maserung am besten geeignet sind.

Zum anderen müssen Sie berücksichtigen, welches Holz bei Ihrem Händler erhältlich ist, damit Sie die passenden Bretter kaufen können, aus denen Sie Ihre gewünschten Produkte mit der erforderlichen Stabilität auf wirtschaftliche Weise fertigen können.

Die Holzliste

Der Beginn eines Projekts ist immer aufregend. Bedenken Sie dennoch, daß Sie viel Geld und Zeit sparen können, wenn Sie planen, bevor Sie kaufen.

Stellen Sie zuerst eine Liste aller Teile zusammen, die Sie für Ihr Vorhaben benötigen, und vermerken Sie bei jedem Teil Länge, Breite und Dicke. Diese Liste heißt Holzliste (oder auch Zuschnittliste). Sie hilft Ihnen bei der Auswahl und beim Einkauf des Holzes. Bemühen Sie sich, die Stücke so zu entwerfen, daß sie aus 25 oder 50 mm dicken rohen Brettern zugerichtet werden können. Holz wird nämlich im Sägewerk auf etwa 29 mm geschnitten und schwindet dann beim Trocknen auf etwa 25 mm. Sie erhalten daraus ein beidseitig gehobeltes Brett mit 19 mm Dicke, aus einem rohen 50 mm dicken Brett ein gehobeltes mit 47 mm Dicke.

Überlegen Sie sich, welche Teile besonders stabil sein müssen, z.B. die Seitenwände von Schubladen oder die Ausziehplatte eines Tisches. In beiden Fällen benötigen Sie Mittelbretter, die sich am geringsten verziehen.

Bedenken Sie auch, ob Sie ofen- oder luftgetrocknetes Holz kaufen. Letzteres muß nach dem ersten Abrichten mindestens ein bis zwei Wochen lagern, damit es den Feuchtestatus Ihrer Werkstatt annehmen kann. Bei ofengetrocknetem Holz ist zu erwarten, daß es sich zwar rascher, aber nicht so dauerhaft verzieht. In diesem Fall setzt das Abrichten innere Spannungen frei, die während des Trocknens entstanden sind.

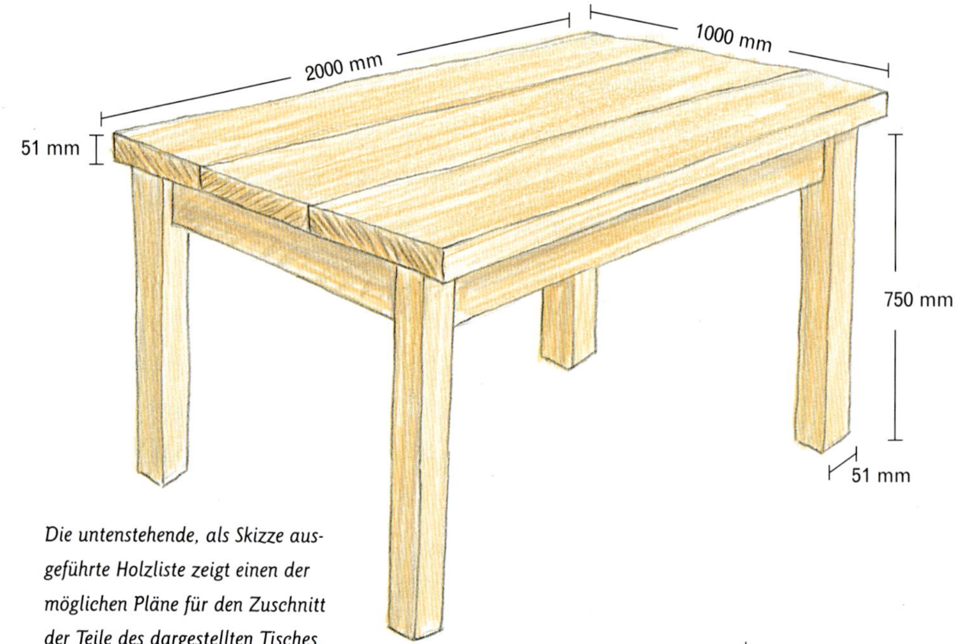

Die untenstehende, als Skizze ausgeführte Holzliste zeigt einen der möglichen Pläne für den Zuschnitt der Teile des dargestellten Tisches aus zwei Brettern, und zwar 4 Beine, 2 lange und 2 kurze Zargen und die aus 3 Teilen zusammengesetzte Platte.

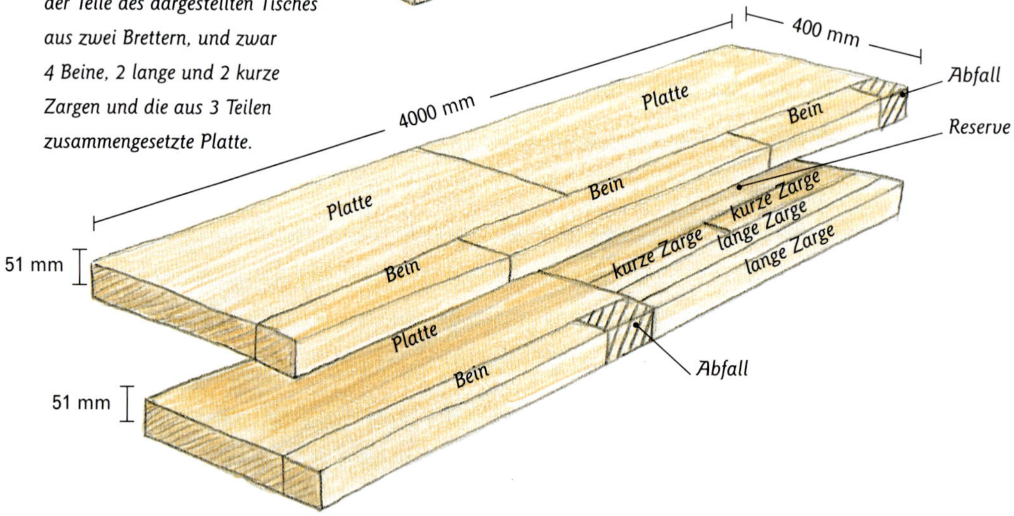

Weitere Informationen

Sicherheit	**16**
Bandsägen	**34**
Merkmale von Hart- und Weichhölzern	**194**
Holzkauf	**200**

Links: Der Abfall ist bei diesem Block deutlich zu sehen: Das helle Splintholz an der Baumkante ist jünger und wird meist nicht verwendet. Nur das dunklere Kernholz aus der Mitte des Stammes ist bei diesem Stück Walnuß von Wert.

Ganz links: Das Hirnholz dieses Stücks Weichholz läßt die ehemalige Lage im Sägeblock erkennen.

Anreißen und Zuschneiden des Holzes

Nachdem das Holz ausgewählt und in die Werkstatt gebracht worden ist, wird festgelegt, aus welchem Brett welche Teile gefertigt werden sollen. Stellen Sie die Bretter in Längsrichtung auf, dann können sie leichter gedreht werden. Der erste quer geführte Schnitt will gut überlegt sein, denn kleinere Bretter sind zwar viel leichter zu handhaben, die Möglichkeiten zur Herstellung langer Teile aber erheblich eingeschränkt.

Mit einer gekreideten Schlagschnur reißen Sie auf dem sägerauhen Brett in Brettlängsrichtung an. Versuchen Sie nicht, sogleich die Endabmessungen zu erreichen; geben Sie mindestens 5 mm zu.

Nach dem Markieren wird getrennt. Das geschieht am besten auf der Bandsäge, und zwar freihand ohne Führung oder Anschlag. Sie müssen lediglich die Säge auf dem Riß entlangführen. Eine ruhige Hand und gute Beleuchtung helfen dabei. Das Blatt muß scharf und gut gespannt sein. Stellen Sie die obere Blattführung so ein, daß über dem Holz nicht mehr als 10 mm des Blattes unverdeckt sind. Achten Sie darauf, daß Sie mit den Händen nicht an das Blatt geraten. Lassen Sie sich nicht täuschen – die Bandsäge ist relativ einfach zu bedienen, kann aber Ihre kostbaren Finger dennoch erheblich verletzen.

Vorbereitung

1 Die ausgewählten Bretter werden zuerst mit der Drahtbürste gründlich von Schmutz, Sand und Fremdkörpern gesäubert, die Ihr Werkzeug beschädigen könnten.

2 Mit gekreideter Schlagschnur wird nun in Brettlängsrichtung angerissen. Die Schlagschnur wird auf dem Bau verwendet und ist im Baumarkt erhältlich.

3 Die Schnur wird aus der Dose gezogen und dabei gekreidet. Dann lassen Sie diese auf das Brett springen, wobei eine gerade farbige Linie auf dem Brett entsteht.

Die Stichsäge

4 Wenn Sie keine Bandsäge zur Verfügung haben, nehmen Sie eine Elektro-Stichsäge; sie schneidet gut längs und quer zur Faser.

Zurichten des Holzes

Nachdem Sie die gekauften Bretter in kleinere Stücke getrennt haben, müssen diese auf einer Seite abgerichtet werden. Obwohl das von Hand geschehen kann, benutzen die meisten Holzhandwerker eine kleine Abrichtmaschine oder lassen diese Arbeit in einem Handwerksbetrieb erledigen. Die Abrichtmaschine ist eine relativ einfache Maschine und unter der Voraussetzung, daß die Schutzeinrichtungen ordnungsgemäß angebracht sind, gefahrlos zu bedienen. Allerdings läßt sich der Messerwellenschutz sehr leicht entfernen, wodurch die Maschine zu einer Gefahrenquelle ersten Ranges wird. Bevor Sie die Bretter abrichten, reinigen Sie diese gründlich mit einer Drahtbürste. Dadurch wird Schmutz entfernt, der die Messer beschädigen und die Tischfläche zerkratzen könnte.

Abrichten

1 Tragen Sie Augen- und Gehörschutz. Legen Sie das Teil auf den Zuführtisch.

2 Schieben Sie das Teil unter Druck über die Messerwelle.

3 Lassen Sie Ihre Hand über die Messerabdeckung wandern.

4 Beginnen Sie mit dem Anpressen der anderen Seite.

5 Verlagern Sie Ihr Gewicht mit dem wandernden Teil.

Arbeiten mit der Abrichtmaschine

Vor Beginn der Arbeit stellen Sie den Tisch um 1 mm unter die Oberkante der Messerwelle. Richten Sie jetzt die über die ganze Breite der Messerwelle reichende Schutzeinrichtung ein. Wenn Sie ganz besonders sorgsam sein wollen, können Sie die hintere, senkrechte Führungsschiene so weit nach vorn verschieben, daß die Tischfläche vor der Führung gleich der Breite der abzurichtenden Stücke plus 10 mm ist. Damit verdeckt der Schutz die Messerwelle auf jeden Fall bis an die Führung. Die Höhe des Schutzes wird so eingestellt, daß das Holz gerade eben durchgeschoben werden kann.

Zum Abrichten schalten Sie zuerst den Motor ein und legen dann das Holz auf den Zuführtisch – normalerweise ist das der Tisch rechts. Drücken Sie das Stück über die Messerwelle; sobald die Messer greifen, verändert sich das Maschinengeräusch hörbar. Wenn das Stück auf dem Abführtisch erscheint, drücken Sie mit einer Hand auf das ausfahrende Ende des Stücks. Mit dem Durchlaufen des Holzes verlagern Sie Ihren Druck auf das Stück vom Zuführ- nach dem Abführtisch. Lassen Sie Ihre Hände über die Messerwellenabdeckung wandern, aber keinesfalls in die Nähe der Messerwelle gelangen. Denken Sie bei der Arbeit an einer Maschine mit rotierendem Werkzeug außerdem immer daran, daß lose Kleidung und langes Haar leicht vom Werkzeug erfaßt werden können. Legen Sie Schmuck grundsätzlich ab. Achten Sie auch darauf, daß der Fußboden keine schlüpfrigen Stellen hat und daß keine Leitungen herumliegen.

Erzeugen einer Bezugsfläche

Wenn Sie ein Brett abrichten, erkennen Sie aus den vom Werkzeug erfaßten Flächenteilen sofort, ob und wie stark es verzogen ist.

Durch das Abrichten muß unbedingt eine plane Bezugsfläche geschaffen werden. Ausgehend von dieser Bezugsfläche werden alle anderen Flächen des Bretts erzeugt: die Schmalseiten im rechten Winkel zur Bezugsfläche, die Gegenfläche parallel zur Bezugsfläche, die Stirnseiten im rechten Winkel zur Bezugsfläche. Es lohnt sich also, die Bezugsfläche mit besonderer Sorgfalt abzurichten. Markiert wird die Bezugsfläche mit dem Winkelzeichen, einem Zeichen ähnlich einem kleinen „f", das in Richtung der Maserung geneigt ist und dessen Fuß an der Kante der Bezugsfläche aufsitzt.

Weitere Informationen

Sicherheit 16

Abricht- und Dickenhobelmaschinen 38

Ablagern und Einschnitt 196

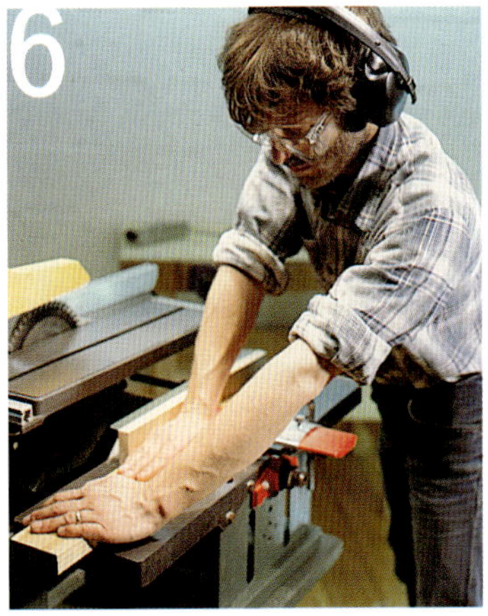

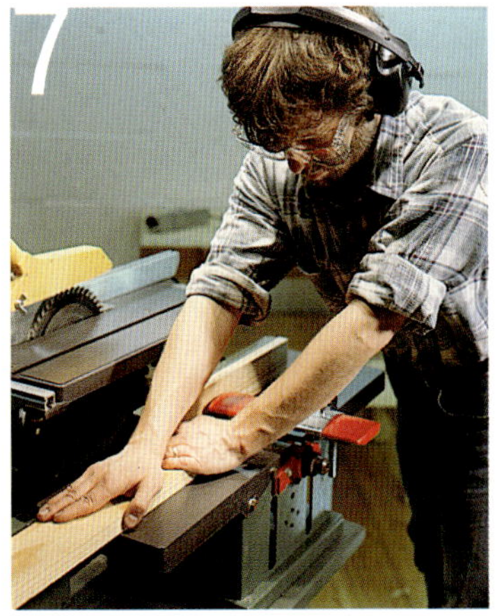

6 Jetzt nur noch auf die Abführseite drücken.

7 Der Arbeitsgang wird beendet.

Nach dem Abrichten

8 Prüfen Sie die abgerichtete Fläche, ob nachgearbeitet werden muß.

9 Lassen Sie das Holz durch die Dickenhobelmaschine laufen.

Möglicherweise entdecken Sie an dem abgerichteten Brett rauhe Stellen, an denen Fasern herausgerissen sind. Drehen Sie in diesem Fall das Brett um 180°, und richten Sie es in der anderen Richtung ab. Das nennt man Abrichten mit der Faser.

Arbeiten mit der Dickenhobelmaschine

Nachdem die erste Fläche abgerichtet worden ist, kann die gegenüberliegende Fläche in Angriff genommen werden. Dazu wird die erste Fläche als Bezugsfläche auf den Tisch der Dickenhobelmaschine aufgelegt. Der Tisch wandert mit dem aufgelegten Brett unter der Messerwelle hindurch, so daß eine Fläche parallel und in einem bestimmten Abstand zur Bezugsfläche gehobelt wird. Setzen Sie einen Gehörschutz auf, wenn Sie die Abrichtmaschine und besonders die Dickenhobelmaschine benutzen. Die letztere Maschine produziert außerdem eine Unmenge Späne und Staub, so daß eine Staubabsaugung unbedingt erforderlich ist.

Die Dickenhobelmaschine zieht das Brett selbst ein. Weil Sie das Holz nicht anzudrücken brauchen, besteht eine gewisse Gefahr, daß Ihre Finger seitlich oder an den Stützrollen gequetscht werden. Bücken Sie sich keinesfalls, um etwa die Ursache für eine verklemmte Messerwelle zu ergründen, und versuchen Sie auf gar keinen Fall, mit der Hand Holz auf dem Hobeltisch zu bewegen oder ein klemmendes Stück herauszuziehen.

In dieser Phase der Bearbeitung sollte das Brett ein Dickenaufmaß von etwa 2 mm erhalten. Lagern Sie die abgerichteten Bretter über Nacht auf querliegenden Leisten mit einem Querschnitt von etwa 10 mm im Quadrat, so daß Luft an alle frisch gehobelten Flächen gelangen kann.

10 Prüfen Sie die Dicke mit einer Schiebelehre.

Bearbeiten der Schmalflächen und Schneiden auf Breite

Das Schaffen einer Winkelkante bedeutet, daß eine Schmalfläche im rechten Winkel zur Bezugsfläche zu hobeln ist. Das Winkelzeichen „f" zeigt auf die Schmalfläche des Brettes, die Sie als Winkelkante gewählt haben; sie ist nach dem Längstrennen mit der Bandsäge schon einigermaßen gerade. Sie legen jetzt die Bezugsfläche an die senkrechte Führung der Abrichtmaschine an und richten so die Winkelkante ab. Verschieben Sie dafür die Führung in Richtung auf die Vorderseite der Maschine. Dadurch wird der freiliegende Abschnitt der Messerwelle auf ein Minimum verringert. Prüfen Sie bei guter Beleuchtung die Winkligkeit der Führung mit einem Stahlwinkel. Richten Sie die Messerwellenabdeckung so ein, daß das Brett zwischen Führung und Abdeckung gerade eben hindurchgeschoben werden kann. Richten Sie die Schmalfläche nach Möglichkeit in Faserrichtung ab.

Nachdem eine Schmalfläche als Winkelkante bearbeitet worden ist, können Sie mit einer Tisch- oder Bandsäge einen Schnitt parallel und in einem bestimmten Abstand zur Winkelkante ausführen. Lassen Sie unbedingt ein Aufmaß von etwa 1 mm, damit die zweite Schmalfläche auf Endmaß gehobelt werden kann. Dies wird Sägen und Hobeln auf Maß genannt, und Sie erhalten Bauteile mit den genau richtigen Maßen für Ihr Projekt.

1 Stellen Sie die Abrichtmaschine ein.

2 Führen Sie den ersten Abrichtgang aus.

Längsschneiden mit einer Tischsäge

Wenn Sie mit der Tischsäge arbeiten, was sicherlich die genaueste Verfahrensweise ist, um einen geraden Sägeschnitt zu erhalten, müssen Sie die Längsführung benutzen. Diese Führung liegt parallel zum Sägeblatt und kann in einem bestimmten Abstand zum Blatt festgestellt werden. Dieser Abstand ist die Breite des gesägten Teils. Beim Längsschneiden (oder Längstrennen) sollten Sie jedoch einiges bedenken: Sowohl der Spaltkeil hinter dem Blatt als auch der Blattschutz über dem Blatt sind unentbehrliche Schutzeinrichtungen und dürfen auf keinen Fall abgebaut sein, wenn Sie die Säge benutzen. Der Spaltkeil soll verhindern, daß sich ein Brett beim Längstrennen auf dem hinteren Sektor des Sägeblatts verklemmt. Das ist vor allem bei ofengetrocknetem Holz leicht möglich, weil sich beim Trennen Spannungen im Holz lösen. Das sich auf dem rotierenden Blatt schließende Brett kann dann in Ihre Richtung geschleudert werden.

Weitere Informationen

Bandsägen	**34**
Tischsägen	**36**
Schneiden auf Länge	**70**

Stellen Sie das Blatt mit Hilfe eines Stahlwinkels rechtwinklig zum Tisch ein. Der Blattschutz wird so eingerichtet, daß er einen Abstand von nicht mehr als 10 mm zum Brett hat. Nun kann gesägt werden. Halten Sie Ihre Finger vom Blatt fern, drücken Sie das Holz an die Längsführung, und schieben Sie es über das Blatt. Nach und nach kommen Ihre Finger dem rotierenden Blatt immer näher – nehmen Sie rechtzeitig ein vorbereitetes Stück Holz zu Hilfe, um das Brett vollends durchzuschieben. Bewegen Sie Holz nie ziehend über die Kreissäge. Mitunter entsteht ein nur sehr schmaler Streifen Abfall, der ziemlich heftig auf Sie zu geschleudert werden kann. – Vorsicht! Tragen Sie beim Sägen stets einen Gesichtsschild sowie Gehörschutz.

Beachten Sie, daß für die bildlichen Darstellungen der besseren Erkennbarkeit wegen der Späneabsaugschlauch abgezogen wurde.

Längsschneiden mit einer Bandsäge

Auch die Bandsäge kann zum Längsschneiden benutzt werden. Stellen Sie das Blatt so ein, daß es genau rechtwinklig zur Tischfläche läuft. Die Blattführung muß etwa 10 mm über dem zu trennenden Brett sitzen. Stellen Sie die Führungsschiene auf Maß ein. Die Bandsäge liefert einen etwas rauheren Schnitt als die Tischkreissäge, kann aber sehr genau arbeiten, wenn das Blatt regelmäßig erneuert wird; sie ist überhaupt eine recht wertvolle Maschine für die kleine Werkstatt.

3 Pressen Sie das Teil an die Führung, und schieben Sie es vorwärts.

4 Verwenden Sie zum Schutz Ihrer Finger stets Stoßhölzer.

5 Der schmale Streifen Abfall kann sehr heftig auf Sie zu geschleudert werden.

6 Eine Bandsäge ist eine sehr nützliche Maschine; sie kann auch zum Längstrennen benutzt werden.

Genaues Anreißen

Anreißen nennt der Fachmann das Anzeichnen exakter Maße auf dem Holzstück – entweder der Maße des Bauteils oder der Elemente von Verbindungen. Wenn Sie mehrere gleiche Teile anfertigen müssen, stellen Sie die Maschinen günstigerweise mit Hilfe eines Musterteils ein, dann werden die Teile wirklich gleich.

Sorgfältiges Anreißen ist die unvermeidliche Vorbedingung für die Genauigkeit aller nachfolgenden Arbeiten. Nehmen Sie sich Zeit für das Anreißen, und lehnen Sie sich dann zurück in der Gewißheit, daß Sie nun verläßliche Grundlagen für Ihr Produkt geschaffen haben; denn – wenn Sie genau angerissen haben und ebenso genau auf dem Riß schneiden, muß einfach alles passen.

Verwendung des Anreißmessers

Das Anreißmesser verwenden Sie sehr häufig, viel häufiger als den Bleistift, denn ein Bleistiftstrich hat immer eine gewisse Breite, unabhängig davon, wie scharf Sie den Stift gespitzt haben. Das Anreißmesser dagegen liefert immer einen absolut genauen Riß. Seine Klinge ist, anders als bei den sonstigen Messern, einseitig angeschrägt, so daß am Lineal stets genau das gewünschte Maß angerissen wird, falls Sie das Anreißmesser nicht schräg halten. Ein mit dem Anreißmesser gezeichneter Riß bleibt auch nach dem Trennen und dem Zusammenbau auf dem Stück; die Abschrägung der Schneide des Anreißmessers sollte daher immer nach der Abfallseite des Bauteils oder der Verbindung weisen.

Wenn Sie das Anreißmesser an einem Stahlwinkel ansetzen wollen, dann drücken Sie den Winkel fest gegen das Holzteil. Setzen Sie das Messer auf die Marke, die das Bauteilmaß anzeigt, und schieben Sie dann den Winkel an das Messer heran. Halten Sie den Winkel in seiner jetzigen Lage fest, und zeichnen Sie einen Riß an der Schenkelaußenseite. Winkel sollten aus einem besonders hochwertigen Stahl bestehen, damit sie durch die Wirkung des Anreißmessers nicht verschleißen.

Verwendung von Maßstäben und Winkeln

Um absolute Genauigkeit zu erzielen, verfahren Sie wie folgt: Wenn Sie beispielsweise ein Stück von 590 mm Länge schneiden wollen, dann legen Sie den Maßstab so auf das Holz, daß der 590-mm-Teilstrich über einer der Endflächen des Stücks zu liegen kommt. Prüfen Sie das genau, indem Sie von oben auf den Teilstrich und das Stückende blicken. Vermeiden Sie Parallaxenfehler, die durch schräges Anvisieren entstehen, und legen Sie den Maßstab so auf, daß er auf dem Stück ruht und nicht zu weit überhängt. Nun zeichnen Sie am Ende des Maßstabs, das Sie als Bezugspunkt benutzen, einen kurzen Riß mit dem Anreißmesser. Diese Verfahrensweise ist viel genauer,

Genaues Anreißen und Messen

1 Ein Anreißmesser ermöglicht höchste Genauigkeit.

2 Halten Sie den Anschlagwinkel zum Anreißen sicher fest.

3 Zum genauen Messen wird das Ende des Maßstabs als Bezugspunkt benutzt.

Weitere Informationen

Meß- und Anreißwerkzeuge 18

Verbindungen (Kapitel 7)

Tische

Tische können für den Gestalter eine ebensolche Herausforderung sein wie Stühle – in anderer Weise, aber nicht weniger anspruchsvoll

Links:

Ein weißer, ovaler Beistelltisch

Charles Rennie Mackintosh

Einem einfachen Tisch wurde durch die Ausschnitte in den Beinen und die beiden Einlegearbeiten außerhalb der Beinebenen ein auffallendes Element verliehen.

Beistelltisch

Clement Rousseau

Mit klassisch einfachen Proportionen, typisch für die Zeit der Art Deco. Kostbare Materialien wurden verwendet – Kongo-Palisander für das Außengestell und nachgeahmte Haifischhaut für die Hauptflächen mit einem fast nicht bemerkbaren Sonnenstrahlenmuster auf der Platte.

Ganz links:

Detail einer Eßtischplatte

Toby Muir-Wilson

Durch wellenförmige Konturierung der Brettränder und anschließendes Zusammenfügen mittels Schwalbenschwanzelementen aus einem kontrastierenden Holz entsteht eine reizvolle visuelle Spannung.

Stühle und das Sitzen

Stühle sind von den Gestaltern und den Möbelherstellern stets als die größte Herausforderung angesehen worden, und das deshalb, weil der Stuhl mehr als jedes andere Möbelstück mit dem Benutzer interagiert.

Ein früher Stuhl aus gebogenem Holz
Carlo Molino
Dieser Stuhl ist ein frühes Beispiel eines extrem komplizierten Stückes aus schichtgebogenem Holz, gefertigt aus 10 Schichten Esche. Lehne und Sitz wurden nach dem Biegen weiter bearbeitet, und mit dem Eindringen des Werkzeuges in die einzelnen Schichten ist der Eindruck einer Maserung entstanden.

Von oben:

Plastisch gestaltete Sitzbank *Wendell Castle*
Durch Schichtbiegen einer großen Anzahl von Hartholzblättern und anschließendes schnitzendes Bearbeiten wurde eine unglaubliche Form erreicht, wobei die der Struktur innewohnende Stabilität erhalten blieb.

Sitzbank *Rod und Alison Wales*
Ein zurückhaltend gestaltetes Stück, das sich interessanter Querschnitte und Proportionen bedient. Die gekrümmte vordere Strebe hebt das Stück optisch an. Die verlängerten vorderen Beine können als Stützfläche für die Hand beim Sichsetzen wie beim Sicherheben dienen.

Sägezahnbank *Gary Bennet*
Diese ungewöhnliche Bank demonstriert mehrere interessante Techniken, eingeschlossen Schichtbiegen und Drechseln. Das wertvolle Holz und die exotische Detaillierung fördern den außerordentlichen Eindruck.

Rechts:

Klassischer Pfauenfeder-Stuhl *Hans Wegner*
Kühne Proportionierung und eine konstruktive Sprache im Geist des Bauernstuhls, übertragen in die Sphäre der Möbelproduktion. Die Querschnitte der Streben in der Lehne erinnern an die Federn des Pfauenrades.

Gestaltungs-ideen

Ergebnisse gestalterischer Tätigkeit begegnen uns im täglichen Leben ständig, sei es bei der Bereitung einer Tasse Kaffee, beim Einschalten der Stereoanlage oder unter der Dusche. Leider bleibt der mitunter sehr verwickelte Prozeß des Gestaltens häufig unbeachtet, der ablaufen mußte, um dem Objekt sein uns erfreuendes Aussehen zu verleihen. Auf den folgenden Seiten wurde eine kleine Auswahl aus der kaum überschaubaren Vielfalt von Gestaltungsideen zusammengestellt, die seit dem Beginn dieses Jahrhunderts verwirklicht worden sind.

Stuhl mit hoher Lehne *Tony McMullen*
Ein beherrscht gestaltetes, beeindruckendes Stück, das vor einem unauffälligen Hintergrund zur Geltung kommt. Die verwendeten Hölzer müssen extrem stabil sein und außerdem vollkommen trocken, damit die strenge Form nicht durch Verzug verdorben wird.

Beistelltisch *Thomas Stender*
Ein ungewöhnlicher Beistelltisch. Die Wellenfläche an dem einen Ende ist vakuumgeformt. Beachten Sie, daß die gekrümmten Beine sämtlich in dieselbe Richtung zeigen.

Rechts außen:
Tischset
David Upfill-Brown
Die einfache Proportionierung und die feinen Schnitzereien verleihen diesem Stück ein vornehmes, orientalisches Aussehen.

Schreibtisch
Andrew Varah
Hier wurden verschiedene exotische Hölzer und vergoldete Flächen klassisch vereint, so wie beim Haus des Auftraggebers. Beachten Sie die interessanten Fingergriffe an den Schüben. Übrigens – ein Blick in die Fenster läßt den Betrachter infolge der geschickten Anordnung von Spiegeln glauben, er blicke in die Unendlichkeit.

Verwindungen
Declan O'Donoghue
Ein ungewöhnlicher Beistelltisch. Die Wellen am Rande der Glasplatte und die einander entgegengerichtet verwundenen Streben entsprechen der Wellenschleppe eines Bootes und verleihen dem Stück den Ausdruck von Bewegung.

Liebhaberstücke

Eine ganz kleine Auswahl weiterer Möbel, angefertigt für spezielle Verwendungszwecke oder auf besonderen Wunsch.

Oben: **Teekistchen mit Harlekinmuster**
Andrew Crawford
Die wundervoll ausgeführten Rhombenmuster an den gekrümmten Wänden und auf dem Deckel erfordern größte Genauigkeit.

Rechts: **Wandschirm**
Frank Lloyd Wright
Einfacher und dennoch attraktiver Wandschirm des amerikanischen Architekten. Das wiederkehrende ausgesägte Muster oben nutzt das sich im Tageslauf wandelnde Licht, um wechselnde Schattenwirkungen zu erzielen (50er Jahre).

Unten:
Federndes Doppelbett
Declan O'Donoghue
Das leicht gekrümmte Gestell gibt nach, wenn man sich dagegen lehnt. Die einfache Form unterstreicht die Schönheit des aufregend gezeichneten Maserknollenahorns; Kanten mit Bubinga umleimt.

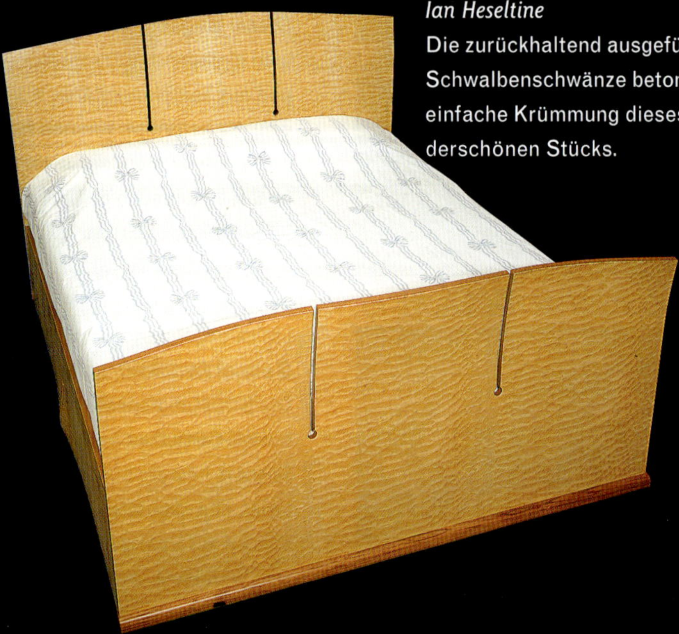

Im Bild rechts:
Detail eines Altars
Ian Heseltine
Die zurückhaltend ausgeführten Schwalbenschwänze betonen die einfache Krümmung dieses wunderschönen Stücks.

Verwendung eines Anschlagwinkels
4 So wird eine Schmalseite auf Rechtwinkligkeit geprüft.

5 Eine gute Lichtquelle ist beim Prüfen auf Planheit unbedingt notwendig.

als das Stückende mit der Null des Maßstabs in Deckung zu bringen und eine Marke am 590-mm-Teilstrich zu erzeugen.

Wenn Sie mit einem Anschlagwinkel die Rechtwinkligkeit eines Stücks prüfen wollen, halten Sie den Griff des Winkels gegen die Bezugsfläche und verschieben ihn so lange, bis der Arm die Schmalseite gerade berührt. Lassen Sie dann den Arm des Winkels die Schmalseite entlanggleiten, wobei Sie auf der anderen Seite eine starke Lichtquelle postiert haben.

Verwendung von Streichmaßen

Ein Streichmaß ist ein einfaches Meßzeug, mit dem in der Hauptsache Risse in Richtung der Maserung gezeichnet werden. Der Sporn des Streichmaßes kann mit der Feile geschärft und so eingestellt werden, daß ein gut erkennbarer Riß entsteht. Der Sporn wird wie die Klinge des Anreißmessers einseitig angeschärft, und die Abschrägung soll stets auf die Abfallseite weisen. Ziehen Sie das Streichmaß auf sich zu, oder schieben Sie es von sich weg. Eingestellt wird es durch Aufschlagen seines Stocks auf die Hobelbank. Dann wird die Stellschraube leicht angezogen.

Ein Streichmaß mit Klinge anstelle eines Sporns wird in derselben Weise eingestellt. Es dient zum Anreißen quer zur Maserung, was aber mit einem Streichmaß mit gut geschärftem Sporn ebenso ordentlich erreicht werden kann.

Verschiedene Streichmaße
6 Anwendung eines Streichmaßes in Faserrichtung.

7 Ein Streichmaß mit Klinge ist für das Anreißen quer zur Faser geeignet.

8 Eine Schiebelehre liefert ein genaues Dickenmaß.

Hobeln mit der Hand

Nachdem der Handhobel eingerichtet worden ist, kann er auf einem Stück Abfallholz geprüft werden. Ein korrekt eingerichteter Hobel hat ein leicht gekrümmtes Eisen. Zweck der Krümmung ist es, daß ein Span von etwa 15 mm Breite abgehoben werden soll, der als ein Band aus dem Spanloch des Hobelkastens heraustritt und gut beherrscht werden kann. Ein breiterer Span kann mit einem schwächer gekrümmten Eisen erzeugt werden, jedoch mit wesentlich höherem Kraftaufwand und schwieriger zu kontrollieren. Durch die Krümmung des Eisens ist der Span über seiner Breite unterschiedlich dick: in der Mitte etwa 0,25 mm, an den Rändern nahe Null.

Oft werden die Markierungen, die die Abrichtmaschine hinterlassen hat, mit einem Handhobel beseitigt. Dafür muß der Hobel mit gleichmäßigem Druck über die Fläche geführt werden.

Drei parallele Kreidestriche, die vor Beginn quer über das Holz gezogen wurden, zeigen Ihnen, wo der Hobel einen Span abhebt und wo das Brett noch behobelt werden muß. Wenn keine Kreidemarke mehr zu sehen ist, sind alle Abrichtmarken beseitigt. Dieser Vorgang kann auch wiederholt werden.

Hobeln in Richtung der Maserung

Seien Sie bestrebt, das Holz in der Richtung zu hobeln, in der es gehobelt sein will. Häufig bestimmt der Verlauf der Maserung die Hobelrichtung. Den Maserungsverlauf erkennen Sie an der Schmalseite.

Richtiges Hobeln mit dem Handhobel

Bedenken Sie, daß Sie beim Hobeln das Werkzeug gleichermaßen auf das Stück pressen und vorwärts bewegen müssen. Das gelingt Ihnen nur dann, wenn Sie den Hobel möglichst nahe an Ihrem Körper halten. Schieben Sie ihn vorwärts, indem Sie einen Fuß nach vorn stellen und in Ihren Kniegelenken über das Stück schwingen, anstelle den Hobel mit Armen und Schultern vorwärts zu stoßen. So können Sie einen Span ansetzen und über die ganze Länge eines Brettes kontinuierlich abheben, weil der Hobel dicht an Ihrem Körper und damit unter Kontrolle bleibt. Ein langes Brett kann auf ähnliche Weise, allerdings auch durch kurze, immer wieder neu angesetzte Hobelstriche gehobelt werden.

Kreide als Marke

1 Ein Kreidestrich quer über das Holz zeigt Ihnen, wo der Hobel einen Span abhebt.

2 Sie können bald erkennen, wo noch gehobelt werden muß.

3 Wenn Sie den Hobelstrich ansetzen, drücken Sie vorn auf den Hobel (auf die Hobelnase). Mit fortschreitendem Hobelstrich wandert der Druck nach hinten (auf den hinteren Handgriff oder den Hobelkasten).

Maserungsverlauf

4 Den Verlauf der Maserung erkennen Sie an der Schmalseite des Brettes.

Weitere Informationen

Hobel	**22**
Zurichten des Holzes	**52**
Handhobeln von Hirnholz	**68**

Die richtige Stellung beim Hobeln

5 Beim Hobeln muß das Werkzeug sowohl auf das Stück gepreßt als auch vorwärts bewegt werden. Beginnen Sie, indem Sie auf die Hobelnase drücken.

6 Bewegen Sie sich vorwärts über das Stück, indem Sie einen Fuß nach vorn stellen und in Ihren Knien schwingen. Verlagern Sie den Druck auf den Hobel, wenn Sie ihn vorwärts bewegen.

7 Am Ende des Hobelvorganges drücken Sie auf die hintere Seite des Hobels.

Handhobeln von Schmalseiten

8 Abheben eines feinen Spans an einer Seite mit einem gut geschärften und eingestellten Hobeleisen.

9 Hobeln entlang des Stücks mit der Hobelsohlenmitte.

Hobeln von Schmalseiten

Denken Sie beim Hobeln der Schmalseiten daran, daß das Hobeleisen leicht gekrümmt ist. Wenn die Schmalseite bereits winkeltreu zur Fläche ist und Sie nur einen dünnen Span abheben möchten, dann hobeln Sie mit der Mitte der Hobelsohle. Wenn Sie den Winkel korrigieren wollen, ändern Sie die Winkelstellung des Hobeleisens nach rechts oder links.

Für das Hobeln der Schmalseiten dünner Bretter (weniger als 10 mm Dicke), auf denen ein Hobel nur schwer ausbalanciert werden könnte, empfiehlt sich die Verwendung einer Fugenlade. Sie kann sowohl in Richtung der Maserung als auch quer dazu benutzt werden. Wenn Sie quer zur Maserung hobeln, achten Sie darauf, daß das Stück nur wenig über die stützende Lade ragt, anderenfalls splittert es an der Austrittsstelle des Hobels leicht aus.

10 Anstellen des Hobels nach der Seite.

11 Eine Fugenlade ist für das Hobeln der Schmalseiten dünner Bretter besonders praktisch.

Genaues Sägen mit der Handsäge

Besondere Freude beim Arbeiten mit Holz bereitet das Gefühl, eine Handsäge genau und verläßlich führen zu können. Vielen Anfängern erscheint dies derart schwierig, daß sie zu einem Elektrowerkzeug greifen oder sinnloserweise viel Geld in Maschinen stecken, von denen sie glauben, diese erledigten die Arbeit mit größerer Genauigkeit, als sie je zu erreichen vermöchten. Auf den folgenden Seiten sollen Sie zunächst erfahren, welche Säge für eine bestimmte Aufgabe die richtige ist; dann, wie das Stück am besten eingespannt wird, damit Sie sich ganz auf das eigentliche Sägen konzentrieren können; und schließlich, wie Sie die Säge führen und welche Haltung Sie einnehmen sollten. Betont sei jedenfalls, daß das Führen einer Handsäge unproblematisch ist.

Halten des Holzes für genaues Sägen

Zum Halten des Holzes ist ein Schraubstock in einer großen, schweren Hobelbank am günstigsten. Wenn sich Ihre Hobelbank dafür eignet, dann vermögen Sie auch die richtige Körperhaltung einzunehmen und Ihren Arm in der angemessenen Weise schwingen zu lassen. Wenn Sie dagegen das sich unter der Wirkung der Säge bewegende Stück Holz selbst festhalten müssen, können Sie schwerlich Körperhaltung und Armschwung korrekt wählen.

Weil Platten ausreichend schwer sind, lassen sie sich sägen, wenn sie horizontal auf Böcken liegen, und es ist kaum problematisch, die Platte beim Sägen gleichzeitig zu halten.

Schwierigkeiten ergeben sich dagegen, wenn relativ kleine Stücke, die auf einem niedrigen Bock oder der Werkbank liegen, quergesägt werden müssen. In unserem Bild versucht der Holzhandwerker, beides zu meistern – zu halten und zu sägen –, was oft nicht vollkommen gelingt. Versuchen Sie, das Stück in irgendeiner Weise festzuklemmen.

Sehr nützlich ist außerdem ein Anschlagbrett. Es liegt an der Bankseite an, so daß Sie das Stück sicher in Position halten können, ohne die günstige Körperstellung aufgeben zu müssen. Lange

Sicheres Halten des Stückes

1 Sägen entlang eines Risses bei senkrecht eingespanntem Holz.

2 Sägen über die Länge einer schweren, auf Böcken ruhenden Platte. Oft ist es sinnvoll, mit dem ausgestreckten Zeigefinger die Blattführung zu unterstützen.

3 Es ist schwierig, ein kleines, auf einem Bock liegendes Stück beim Quersägen zuverlässig festzuhalten.

Weitere Informationen

Handsägen 28

Tragbare Elektrosägen 42

4 Beim Quertrennen kleiner Stücke ist ein Anschlagbrett von Nutzen. Sie können es kaufen oder selbst bauen.

5 Zeichnen Sie vor dem Sägen einen deutlichen Riß.

6 Durch Ausstemmen einer V-Nut entlang des Risses entsteht ein kleiner Kanal zum Ansetzen der Säge.

Beleuchtung

7 Eine passend angeordnete Arbeitsleuchte ermöglicht genaues Sägen.

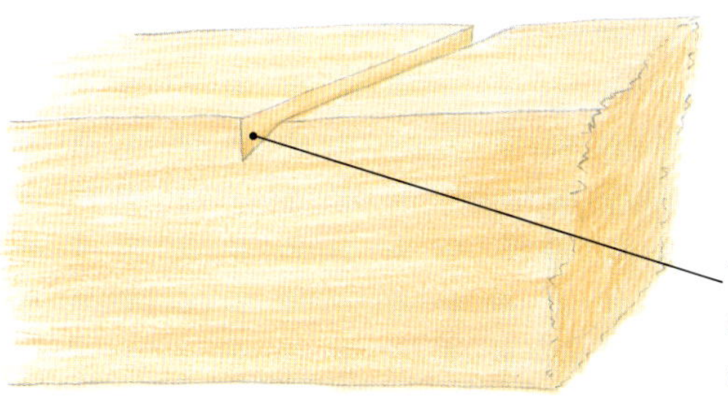

Vergrößerter Einschnitt des Anreißmessers zur Stützung des Sägeansatzes

Stücke, die das Anschlagbrett weit überragen, müssen unbedingt am anderen Ende gestützt werden, damit sie auf dem Anschlagbrett winklig und parallel zur Bankfläche aufliegen.

Der Sägebeginn wird sehr erleichtert, wenn der Riß zuvor vertieft wird, indem mit dem Stechbeitel eine Kerbe auf der Abfallseite eingestochen wird. Dadurch wird außerdem, vor allem bei weichem und fasrigem Holz, ein sauberer Anschnitt geschaffen.

Beleuchtung

Beleuchten Sie, wenn irgend möglich, die Schnittstelle mit der Arbeitsleuchte. Denken Sie daran, daß Sie einen Schnitt exakt auf dem Riß nur führen können, wenn Sie genug sehen. Wenn Sie das Licht der Arbeitsleuchte geschickt auf das Teil richten, wird infolge der Reliefwirkung auch ein schwacher Riß gut erkennbar.

Die Sägefuge

Die Sägefuge ist der Schlitz, den Ihre Säge im Stück erzeugt. Die Sägefuge ist breiter als die Dicke des Sägeblatts, weil die Zähne abwechselnd nach beiden Seiten abgebogen sind. Das ist erforderlich, damit das Sägeblatt mit dem Sägefortschritt leicht nach rechts oder links gelenkt werden kann. Wenn allerdings die Sägefuge zu weit ist, kostet das Sägen viel mehr Energie. Seien Sie immer bestrebt, eine möglichst schmale Sägefuge zu erzeugen, denn je geringer der nötige Aufwand beim Sägen, desto leichter ist die Säge zu beherrschen.

Gesägt wird „auf Riß“, die Sägefuge wird in die Abfallseite verlegt. Vom Riß wird die knappe Hälfte weggesägt, und nur eine Spur des Risses bleibt stehen.

Wahl der Säge

Wählen Sie die Säge mit Überlegung. Die meisten Schnitte können mit einem kleinen Fuchsschwanz mit kurzem Blatt und feiner Zahnung oder auch mit einer kleineren Rückensäge gesägt werden. Feinere Schnitte werden mit der Zinkensäge geführt. Die meisten Tischler bevorzugen eine Zinkensäge gegenüber der größeren Feinsäge und schränken sie dafür relativ stark.

Erlernen des Sägens

Damit Sie erkennen können, wie eine Säge arbeitet, wollen wir einen Längsschnitt entlang eines Risses in mehrere, leicht zu meisternde Schritte unterteilen.

Der erste Schritt besteht im Anreißen und Einspannen des Stückes in der Bankzwinge. In den Bildern wird gezeigt, wie ein etwa 21 mm dickes Stück feingemasertes Mahagoniholz mit einer Zinkensäge längsgetrennt wird, und zwar bis zu einem Riß quer über das Brett in 35 mm Abstand vom Brettende. So etwa muß gearbeitet werden, wenn Zinken gesägt werden oder auf Breite getrennt wird. Wenn Sie angerissen haben, spannen Sie das Stück so in einem Tischlerschraubstock ein, daß es nicht länger als etwa 50 mm über die Schraubstockbacken ragt. Richten Sie das Stück genau senkrecht ein, indem Sie es mit der Bankseite fluchten lassen. Wenn ein Stück wirklich senkrecht eingerichtet ist, wächst Ihre Chance erheblich, genau entlang der Linie zu sägen.

Ihre Stellung. Jetzt stellen Sie sich mit leicht gespreizten Beinen (etwa 60 cm) und mit Ihrem Oberkörper im rechten Winkel zur Vorderfläche des Stückes auf. Nehmen Sie die Säge in die Hand, und lassen Sie Sägeblatt, Hand, Arm, Ellenbogen und Schulter eine gerade Linie bilden. Die Hin- und Herbewegung der Säge soll eine Schwenkbewegung um das Schultergelenk sein, weshalb die Schulter auch unbedingt auf der genannten geraden Linie liegen muß. Drehen Sie Ihre Brust nicht in Richtung auf das Stück, und halten Sie Ihren Körper immer seitlich, so als ob Sie einen Tennisball zurückschlagen wollten. Wenn Sie sich direkt vor das Stück stellen, weichen Sie mit Sicherheit von der geraden Linie ab.

Die Sägetechnik. Beginnen Sie nun zu sägen. Legen Sie den Nagel eines Fingers oder des Daumens so an den Riß, daß Sie das Blatt für den Schnittansatz gegen den Nagel drücken können; der Beginn ist der kritische Moment. Dann erteilen Sie der Spitze der Säge, die Sie auf das Stück aufgelegt haben, einen einzigen kräftigen Stoß.

Jetzt können Sie sich auf die Richtung konzentrieren, die die Säge einschlagen wird. Die ersten beiden Sägehübe sind dafür entscheidend. Nach zwei oder drei Hüben hat es keinen Zweck mehr, die Richtung korrigieren zu wollen. Konzentrieren Sie sich also auf den Riß, und denken Sie sich die Säge auf diesem Riß nach unten wandernd.

In dieser Phase müssen Sie Ihren Griff am Handgriff der Säge lockern. Eine Rückensäge hat einen Messingstreifen oben am Blatt, dessen Gewicht ausreicht, um die Säge ins Holz wandern zu lassen. Wenn Sie die Säge zu fest fassen, verlangen Sie den Zähnen zu viel ab, und die Säge „läuft“, d.h. wandert nach der Seite aus. Halten Sie die Säge wie die Hand eines Kindes. Versuchen Sie nicht, die Richtung durch Auslenken der Säge nach rechts und links zu steuern, sondern stellen Sie sich immer nur die gerade Richtung vor, die die Säge einhalten soll. Vielleicht ist der Vergleich mit dem Steuern eines

Körperhaltung beim Sägen

8 Die richtige Körperhaltung ist für einen ordentlichen Sägeschnitt wichtig. Spreizen Sie Ihre Beine um etwa 60 cm, und stellen Sie sich im rechten Winkel zum Stück auf.

9 Die Vorwärts- und Rückwärtsbewegung der Säge ist eine Schwenkbewegung um das Schultergelenk, das sich exakt auf einer Linie mit dem beabsichtigten Sägeschnitt befinden sollte.

Sägetechnik

10 Ein Stück Mahagoniholz ist senkrecht im Schraubstock eingespannt. Der Riß ist deutlich sichtbar.

11 Der Beginn ist kritisch; führen Sie das Blatt an einem Fingernagel exakt auf dem Riß.

12 Prüfen Sie die Richtung, die die Säge nimmt, und halten Sie die Säge auf den ersten Hüben exakt auf dem Riß (auf der Abfallseite).

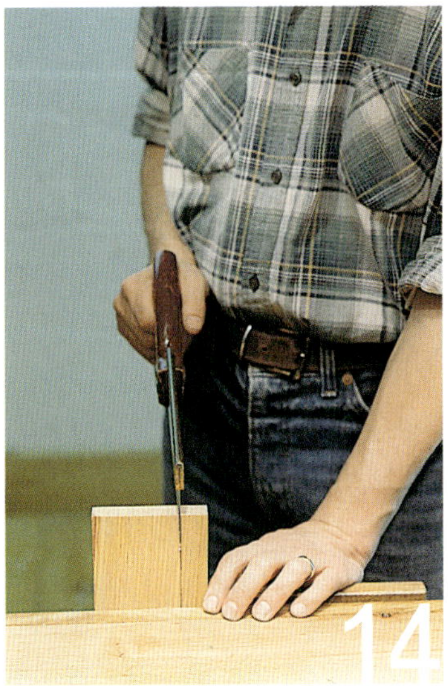

Motorrades auf einer kurvigen Strecke nicht ganz abwegig, wo Sie ja im wesentlichen auch nur Ihr Körpergewicht hin und her verlagern und nicht etwa das Vorderrad im Wortsinne lenken.

Stellen Sie Ihre Arbeitsplatzleuchte so ein, daß Sie den Riß auch sehen können, auf dem Sie sägen wollen. Nutzen Sie außerdem möglichst die ganze Länge des Blattes aus. Und denken Sie jetzt an den vorgesehenen Schluß des Sägeschnitts, der exakt auf dem gezeichneten Riß zu beenden ist.

Mit ein wenig Übung werden Sie bald gelernt haben, ohne überflüssige Anstrengung tadellos auf Riß zu sägen.

13 Lockern Sie Ihren Griff, damit die Säge nicht weggedrückt wird.

14 Sägen Sie mit lockeren Bewegungen, und denken Sie sich die Säge nach unten wandernd.

15 Sägen Sie bis zu einem bestimmten Punkt auf einem Riß – stoppen Sie genau auf dem Riß.

Verwendung einer Bügelsäge

16 Zum Sägen einer gekrümmten Strecke verwenden Sie eine Bügelsäge; hier wird am Rand des Stückes begonnen.

17 Prüfen Sie immer wieder, ob Sie genau auf dem Riß sägen.

18 Wenn Sie mit der Bügelsäge eine Innenkontur aussägen wollen, bohren Sie zuerst ein kleines Loch auf der Kontur, führen dann das Blatt hindurch, spannen es im Bügel ein und sägen genau auf dem Riß.

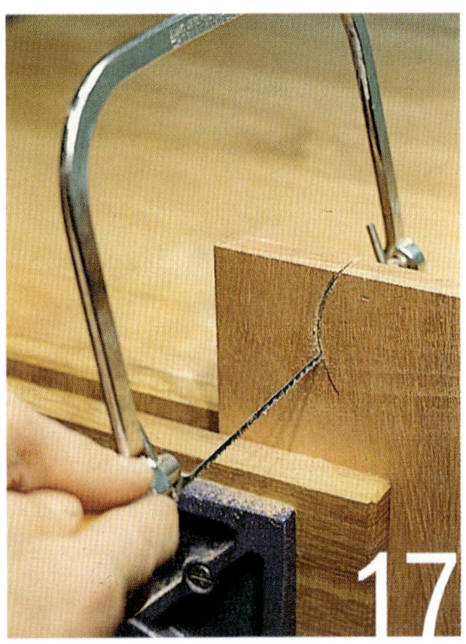

Stemmen

Bei der Arbeit mit dem Stechbeitel ist die Schärfe der Schneide ausschlaggebend. Arbeiten Sie niemals mit einer stumpfen Schneide. Sobald Sie das Gefühl haben, daß mehr Kraft aufgewendet werden muß, ziehen Sie die Schneide ab. Es ist vollkommen normal, daß Sie bei ununterbrochenem Arbeiten mit dem Stechbeitel die Schneide etwa jede halbe Stunde abziehen müssen.

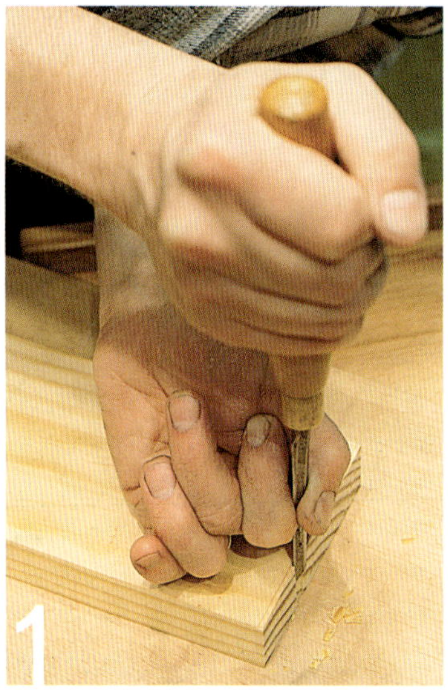

Halten des Beitels für senkrechtes Arbeiten

1 Die unten liegende Hand ruht auf dem Stück, die Finger umfassen die Klinge. Die andere Hand umfaßt das Heft und drückt das Eisen nach unten.

2 Halten Sie den Beitel im Winkel zum Stück. Nehmen Sie die richtige Stellung ein, damit Sie den Beitel bestmöglich beherrschen.

Senkrechtes Arbeiten

Ihre Stellung. Beim senkrechten Arbeiten sollten Sie den Beitel mit angewinkelten Ellenbogen dicht an Ihrem Körper halten, so daß Ihre Schultern und Ihr Rumpf zur Wirkung kommen, weniger die Hände und Unterarme. Eine Hand ruht mit dem Handrücken auf dem zu bearbeitenden Stück; mit dieser Hand fassen Sie die Klinge und drücken sie nach oben. Die andere Hand hält das Heft des Beitels und drückt nach unten. Auf diese Weise wird der Beitel „eingespannt", so daß Sie ihn exakt beherrschen. Sie können ihn durch das Hirnholz treiben, ohne daß er nach außen abgleitet oder in die Bankoberfläche gerät. (Allerdings ist es dennoch sicherer für die Bank, eine Stoßlade unterzulegen.)

Breite des Eisens. Mit einem schmalen Beitel (6 mm breit) kann in relativ weichem Holz, wie Mahagoni oder Walnuß, eine Nut gleich der Klingenbreite ausgestochen werden. Ein breiterer Beitel kann für eine Nut mit Klingenbreite nicht mehr ausreichend genau geführt werden. (In diesem Fall würden Sie einen Klüpfel benötigen, könnten das Werkzeug aber trotzdem nicht gut genug führen.)

Breitere Beitel werden nur benutzt, um mit ihren Ecken vorhandene, mit einem schmaleren Beitel geschaffene Nuten zu verbreitern. So wird z.B. eine 6 mm breite Nut auf einer Hirnholzfläche mit einem 8 mm breiten Beitel verbreitert, indem an den beiden Flanken je 2 mm entfernt werden; die ursprüngliche Nut bleibt unberührt. Zum Verbreitern wird stets der breitestmögliche Beitel verwendet, um höchste Genauigkeit und Glätte zu erreichen.

Arbeiten auf Riß. Beim Stechen bis an einen Riß heran wird immer nur ein verhältnismäßig dünner Span abgehoben, und zwar deshalb, weil die Schneide des Eisens eigentlich ein Keil ist, der von einem zu dicken Span leicht rückwärts, gegebenenfalls sogar bis hinter den Riß, gedrückt werden kann, anstelle eine senkrechte Fläche zu schneiden.

Drücken Sie den Beitel um etwa zwei Drittel der Brettdicke nach unten, drehen Sie das Brett um, und bestoßen Sie wiederum zwei Drittel der Brettdicke von der anderen Seite. Dadurch wird die Hirnfläche umso planer, je mehr Sie sich dem Riß nähern. Zuletzt haben Sie nur noch einen ganz dünnen Span abzuheben. Setzen Sie die Beitelschneide in den Riß – Sie dürften fühlen können, wie die scharfe Beitelschneide in den Riß gleitet –, und drücken Sie die Beitelschneide wiederum um zwei Drittel nach unten. Drehen Sie nun das Stück, stechen Sie von der anderen Seite, und Sie haben eine Hirnfläche erzeugt, die sich exakt im Winkel zur Bezugsfläche des Stücks befindet.

Weitere Informationen

Stechbeitel **20**

Herrichten von Werkzeugen mit Schneide **24**

Schärfen von Werkzeugen mit Schneide **26**

Arbeiten im Hirnholz mit Beiteln verschiedener Breite

3 Beginnen Sie mit einem schmalen Beitel, und stechen Sie die ganze Nutbreite aus.

4 Nehmen Sie dann einen etwas breiteren Beitel.

5 Erweitern Sie die Nut mit den Ecken des Beitels.

Arbeiten bis an einen Riß

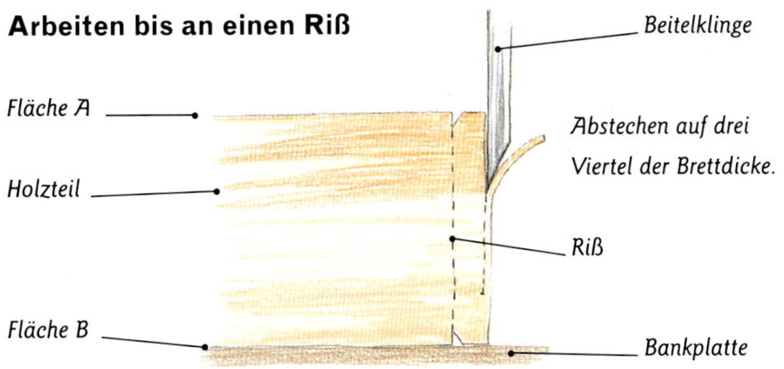

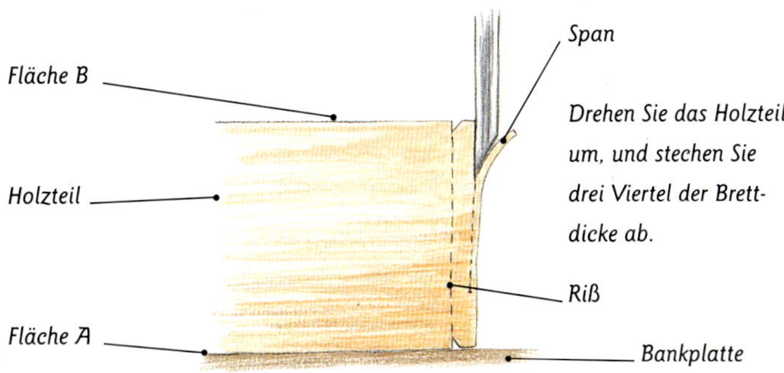

10 Die linke Nut ist ordnungsgemäß erzeugt worden: mit dünnen Spänen von beiden Seiten. Die Nut rechts sollte in einem Schritt ausgestemmt werden: Es entsteht ein zu dicker, nicht beherrschbarer Span; die Nut wird ungenau.

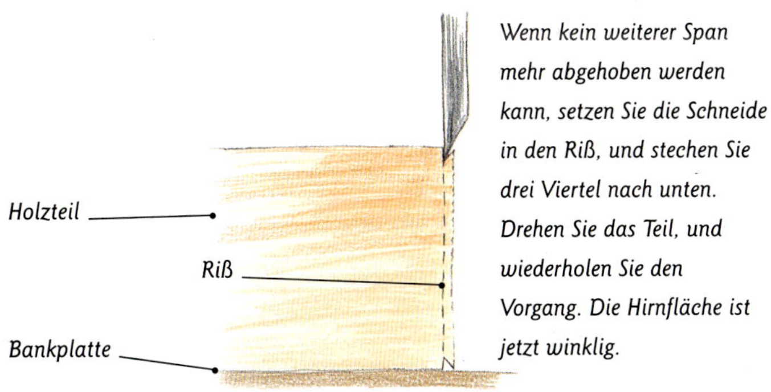

Arbeiten bis an einen Riß

6 Entfernen Sie einen dünnen Span auf zwei Dritteln der Brettdicke.

7 Drehen Sie das Brett um, und wiederholen Sie den Vorgang von der anderen Seite.

8 Drehen Sie das Brett in die Ausgangslage zurück.

9 Wiederholen Sie diese Vorgänge; Sie erzeugen eine Fläche exakt im Winkel zur Seitenfläche des Bretts.

Stechen im Winkel. Es gibt ein weiteres Verfahren, auf Maß zu stechen. Auch bei dieser Methode wird bis an den Riß herangearbeitet, aber bewußt eine dachförmige Erhebung auf der Hirnfläche stehen gelassen. Dieses Dach wird zuletzt entfernt, wobei immer längere Späne entstehen, bis sie fast von einer Seite zur anderen reichen.

Die dachförmige Erhebung wird von beiden Seiten aus weggestochen.

Stechen im Winkel

12 Von den Rissen beider Seiten aus wird schräg gestochen.

13 Dadurch bleibt eine dachförmige Erhebung zwischen den Rissen stehen.

14 Diese Erhebung wird nun weggeputzt, so daß eine plane Fläche zwischen den Rissen entsteht.

Waagerechtes Arbeiten mit dem Stechbeitel

Manchmal muß in waagerechter Richtung gearbeitet werden. Dafür wird das Brett in der Hinterzwinge der Hobelbank eingespannt, so daß es 150 bis 200 mm über die Bankplatte ragt. Dann schwingt es einerseits nicht zu stark, und andererseits können Sie eine günstige Körperhaltung einnehmen.

Ihre Stellung. Ihre Körperhaltung und Aufstellung ist ähnlich wie bei der Arbeit mit einer Zinkensäge. Stellen Sie sich mit leicht gespreizten Beinen auf, den Oberkörper winklig zum Stück. Beitelklinge, Handgelenk, Unterarm und Ellenbogen bilden eine gerade Linie, die möglichst parallel zur Bankplatte verlaufen soll. Möglicherweise müssen Sie Ihre Beine dafür weiter spreizen, damit Ellenbogen und Schulter tiefer zu liegen kommen. In dieser Haltung können Sie kraftvoll arbeiten, indem Sie den Ellenbogen an den Oberkörper gepreßt halten und das Werkzeug nicht durch Bewegen der Arme, sondern vielmehr des Rumpfes nach vorn drücken.

Schabbeitel. Diese Arbeit läßt sich mit einem Schabbeitel, einem Beitel mit besonders langer Klinge oder langem Heft, besser ausführen, weil das längere Werkzeug viel sicherer geführt werden kann. Schlagen Sie den Schabbeitel nicht mit dem Klüpfel; er ist empfindlich und wird ausschließlich für Putzarbeiten verwendet.

Ein gekröpfter Schabbeitel wird hauptsächlich in der Möbeltischlerei benutzt, und zwar zum Putzen der Innenseiten von Korpussen nach dem Zusammenbau. Unvermeidlich wird an Verbindungen innen ein wenig Leim aus der Fuge gequetscht, der sich aber mit der Ecke des Schabbeitels gut entfernen läßt, wenn der Korpus zuvor ge-

Führen des Beitels für waagerechtes Arbeiten

15 Das ist die richtige Stellung für waagerechtes Arbeiten.

16 So wird der Schabbeitel am günstigsten benutzt. Seine Länge ermöglicht eine sichere Führung.

wachst worden ist. Die Kröpfung erlaubt es Ihnen, auch größere Korpusse über der ganzen Breite zu putzen.

Sicher möchten Sie manchmal gern einen Beitel mit dem Klüpfel oder dem Gummihammer schlagen, um schneller voranzukommen. Mit diesem Vorteil handeln Sie sich aber eine weitaus geringere Kontrolle über das Werkzeug ein, weil es wirklich schwierig ist, den Beitel beim Schlagen senkrecht zu halten.

Stemmeisen. Ein Beispiel für eine Arbeit, bei der diese Winkligkeit nicht so von Bedeutung ist, ist das Stemmen von Zinkenlöchern. Obwohl Zinken fast nur noch mit der Maschinensäge oder der Oberfräse geschnitten werden, können sie auch mit Stemmeisen und Klüpfel ausgestemmt werden. Legen Sie dafür das Brett über einem Bankbein auf die Bankplatte, halten Sie das Eisen mit gestrecktem Arm, und schlagen Sie – ebenfalls mit gestrecktem Arm – mit einem Tischlerholzhammer (Klüpfel). Wenn Sie die Arme gestreckt halten und am Ende der Bank stehen, können Sie das Stemmeisen über die Zinkung führen, den Abfall aushebeln und gleichzeitig Position und Winkel des Eisens gut kontrollieren.

Verwendung des Stemmeisens

17 Das Stemmeisen muß im richtigen Winkel zum Stück gehalten werden.

18 Richtige Körperstellung beim Halten von Klüpfel und Stemmeisen. So sind Position und Winkel des Eisens sicher zu beherrschen.

19 Seitenansicht dieser Körperhaltung. Beachten Sie die Aufspannung des Stücks auf der Bank.

Verwendung des gekröpften Schabbeitels

20 Ausgepreßter Leim wird mit einem gekröpften Schabbeitel weggeputzt.

Handhobeln von Hirnholz

Sehr oft muß eine gesägte Fläche auf Maß gehobelt werden, und zwar in Richtung der Maserung mit einem üblichen Bankhobel oder quer zur Maserung entweder ebenfalls mit dem Bankhobel oder einem kleinen Hirnholzhobel. Wenn Sie den Bankhobel verwenden, müssen Sie das Stück mit der Hirnfläche nach oben fest in der Bankzwinge einspannen. Größere Teile können ohne weiteres auf diese Weise bearbeitet werden, weil sie unter dem Gewicht des Bankhobels nicht nachgeben. Das größere Gewicht des Bankhobels ist auch deshalb von Nutzen, weil es die Schneidwirkung des Hobels unterstützt. Hirnholz muß von beiden Seiten aus nach innen gehobelt werden. Sollte dies nicht möglich sein, müssen Sie am Ende eine 45°-Fase oder einen Einschnitt anbringen, damit die Fasern nicht aussplittern.

Verwendung des Hirnholzhobels

Bei kleineren Teilen kann der Hirnholzhobel verwendet werden. Das ist ein kleiner Spezialhobel mit einem Schneidwinkel zwischen 13 und 19°. Meist haben diese Hobel ein einstellbares Maul, das sehr dicht an das Eisen angestellt werden sollte (nicht weiter als 0,4 mm entfernt). Das Eisen wird exakt gerade und nicht leicht gerundet wie bei den Bankhobeln geschliffen. Dadurch schneidet es über der ganzen Breite. Wenn Sie das Eisen Ihres Hirnholzhobels scharf halten und auf einen ganz feinen Span einstellen, dann macht Ihnen das Bestoßen von Hirnholz keine Mühe.

Links: Ein kleiner Hirnholzhobel.

Ganz oben: Sägerauhes Hirnholz vor dem Bestoßen.

Oben: Eine 45°-Fase verhindert das Ausbrechen der Fasern am Brettende.

Weitere Informationen

Hobel	**22**
Hobeln mit der Hand	**58**

Verwendung des Bankhobels

1 Vor dem Bestoßen des Hirnholzes mit dem Bankhobel spannen Sie das Stück senkrecht in der Bankzwinge ein.

2 Das Hobeleisen muß gut geschärft und eingestellt sein.

3 In einer Fugenlade lassen sich Hirnholz und Langholz schneiden und hobeln.

Verwendung einer Fugenlade

Für das Hobeln kleiner Teile kann als Hilfsvorrichtung eine Fugenlade benutzt werden, die Sie sich entweder kaufen oder selbst anfertigen können. Die Fugenlade wird auf die Bankplatte gespannt und das zu hobelnde Teil gegen den Anschlag so aufgelegt, daß es an der Seite ein wenig herausragt. Es kann dann sehr genau gehobelt werden. In der Fugenlade können Sie sowohl Hirnholz bestoßen als auch mit der Faser hobeln. Fugenladen sind für kleine Teile mit einer Länge unter 400 mm gedacht.

Schneiden auf Länge

Verbindungen werden zum größten Teil dann angerissen und gesägt, wenn die Stücke noch ein gewisses Aufmaß haben. Am Ende aber muß die genaue Länge hergestellt werden.

Im folgenden werden die verschiedenen Verfahren für das Trennen auf Länge mit Maschinen vorgestellt; Sie können ebensogut mit einer Handsäge trennen und das Hirnholz bestoßen, wie es in den vorangegangenen Abschnitten erläutert wurde.

Querschneiden mit einer Säge

Tischkreissäge. Für das Schneiden auf Länge wird am häufigsten die Tischkreissäge verwendet. Vor Beginn der Arbeit muß das Sägeblatt unbedingt in beiden Richtungen genau winklig eingestellt werden. Der Winkel zur Tischfläche wird am besten mit einem kleinen Stahlanschlagwinkel geprüft. Außerdem prüfen Sie die rechtwinklige Einstellung der Querführung, was auch mit einem genau winklig gehobelten Stück MDF geschehen kann. Wenn Sie die Querführung benutzen, legen Sie zunächst eine Hilfsleiste an und schneiden diese mit dem Blatt der Tischkreissäge. Dieser Schnitt ist dann eine exakte Bezugsfläche für das Anlegen des eigentlichen Stücks an den Gehrungswinkelmesser (hier nicht gezeigt) oder die bewegliche Querführung. Sie sehen genau, wo das Blatt schneiden wird, und außerdem wird das Stück gestützt, so daß am Schnittende keine Fasern herausgerissen werden.

Bandsäge. Sie können auch mit der Bandsäge querschneiden. Wenn die Bandsäge korrekt eingerichtet ist, kann sie sehr genau arbeiten, jedoch ist die Schnittfläche etwas rauher als bei der Tischkreissäge. Richten Sie den Gehrungswinkel und den Winkel zwischen Blatt und Tischfläche in derselben Weise ein wie auf der Tischkreissäge. Wenn langsam und sorgfältig gearbeitet wird, können mit der Bandsäge äußerst genaue und saubere Schnitte ausgeführt werden.

Auslegerkreissäge. Die Auslegerkreissäge ist in Handwerksbetrieben sehr verbreitet, beim Heimwerker jedoch seltener anzutreffen. Wir führen sie hier an, weil sie speziell für das Quertrennen gedacht ist. Das Blatt wird über das zu sägende Stück gezogen, es taucht sowohl in die Anlageleiste als auch geringfügig in den Tisch ein, auf dem das Stück ruht. Die Blätter der Auslegerkreissäge sind ebenfalls speziell für das Quertrennen ausgelegt, so daß die gesägten Flächen bereits sehr glatt sind. An der Säge kann auch ein Anschlag angebracht werden, so daß mehrere Teile auf eine zuvor festgelegte Länge geschnitten werden können.

Verwendung der Tischkreissäge

1 Prüfen Sie die Winkeltreue des Blattes zur Tischfläche.

2 Prüfen Sie außerdem die Rechtwinkligkeit der Anlage zum Blatt.

Weitere Informationen

Bandsägen	**34**
Tischsägen	**36**
Oberfräsen	**40**
Tragbare Elektrosägen	**42**

3 Befestigen Sie eine Hilfsleiste an den Querschneideanschlag.

4 Schneiden Sie die Hilfsleiste mit dem Kreissägeblatt; Sie erhalten eine Bezugsfläche.

5 Die Leiste zeigt Ihnen, wo die Säge schneiden wird.

Bandsäge

6 Sie können auch mit der Bandsäge querschneiden. Prüfen Sie jedoch zuvor, ob das Blatt exakt winklig zur Tischfläche läuft.

7 Sorgfalt garantiert einen akkuraten Schnitt.

Auslegerkreissäge

8 Es kann auch mit der Auslegerkreissäge quergeschnitten werden.

Oberfräse

9 Mit der Oberfräse kann quer zur Faser eine Nut gefräst werden.

Weitere Maschinen für das Quertrennen

Sie benötigen für das Schneiden auf Länge keine großen Maschinen, sondern können durchaus auch eine leichte Kreissäge oder eine Oberfräse benutzen. Spannen Sie als Führung für die Maschine ein gerades Stück Abfallholz im rechten Winkel über das zu sägende Brett. Dieses Verfahren ist besonders praktisch, wenn Sie Nuten für Zwischenböden in Seitenwände von Korpussen einarbeiten.

Die Oberfräse als Bearbeitungszentrum

Eine kleine Oberfräse (für 6-mm-Fräser) ist eine der vielseitigsten Maschinen des Heimwerkers von heute. Sie kann zur Bearbeitung des Holzes auf Maß, zum Schneiden von Verbindungen, zum Verzieren und zur Anfertigung von Profilleisten verwendet werden. Am wertvollsten ist jedoch die mit der Oberfräse erzielbare Genauigkeit. Gefräste Oberflächen sind exakt winklig, plan und maßgenau.

Die Oberfräse kann in vielerlei Weise als Bearbeitungszentrum verwendet werden, d.h. sie kann die Arbeiten von Maschinen verrichten, die Sie noch nicht besitzen. Sie kann beispielsweise als Säge fungieren, wobei genau gerade Flächen rechtwinklig zu einer Bezugsfläche entstehen. Sie benötigen lediglich eine lange Führungsschiene, die Sie auf dem Stück in dem Abstand aufspannen, in welchem Sie eine Fläche fräsen wollen. Mit der Oberfräse können Sie außerdem eine gekrümmte Fläche erzeugen, indem Sie entlang einer Führungsschablone mit der gewünschten Kurvenform arbeiten. Diese Schablone können Sie z.B. mit der Bandsäge schneiden und mit Kurvenhobel oder Ziehklinge glätten. Ein zusätzlicher Vorteil erwächst aus der Möglichkeit, mit einer solchen Schablone beliebig viele genau gleiche Teile erzeugen zu können.

Nachdem Sie eine Bezugsfläche erzeugt haben, können Sie eine Fläche exakt parallel dazu fräsen, indem Sie den Parallelanschlag der Oberfräse benutzen. Dafür eignet sich am besten ein gerader Fräser mit entsprechendem Durchmesser. Arbeiten Sie auf keinen Fall tauchend, und fräsen Sie in einem Arbeitsgang nicht breiter, als der Fräser lang ist. Mit einem 8 mm langen geraden Fräser benötigen Sie deshalb drei Gänge, um ein 21 mm dickes Brett zu trennen. Wenn Sie auf diese Weise eine Schmalfläche bearbeiten wollen, führen Sie besser zuerst mit einer Handsäge oder der Bandsäge einen Schnitt in der Nähe des Risses und fräsen die Schnittfläche dann fertig. So vermeiden Sie Späne, Staub und Lärm.

Beachten Sie, daß der Fräser nur in einer Richtung rotieren kann und daß er immer ins Holz hinein schneiden soll, nicht weg vom Holz. So wird garantiert, daß die Seitenführung der Oberfräse immer angedrückt und nicht abgehoben wird.

Rechts: Blick von oben auf eine Oberfräse. Der Fräser muß immer in das Holz hinein, nicht vom Holz weg arbeiten.

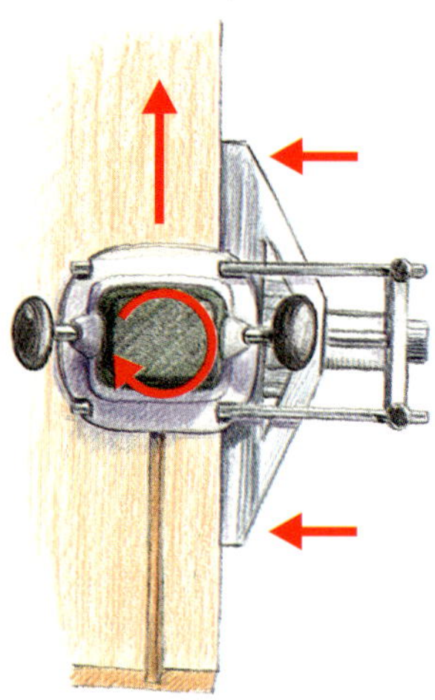

Weitere Informationen

Oberfräsen 40

Bohr- und Stemmaschinen 44

Formen, Biegen und Schichten 78

Fälze, Nuten und Zapfenlöcher

Fälze können mit Fräsern ausgearbeitet werden, die mit einem Führungslager ausgestattet sind. Dieses Lager stützt sich auf dem Holz unter dem Falz ab und führt den Fräser. Fälze werden nicht in einem, sondern in zwei Arbeitsgängen erzeugt, wobei beim zweiten Arbeitsgang nur ein feiner Span abgehoben wird, um eine glatte Fläche zu erzielen.

Ein solcher Falz kann auch mit einem einfachen geraden Fräser ohne Führungslager erzeugt werden, indem der Parallelanschlag der Maschine zum Führen entlang der Stückkante benutzt wird.

Nuten können ziemlich einfach erzeugt werden, indem ein Fräser passenden Durchmessers in die Maschine gespannt und eine lange

Verwendung von Führungsschienen

1 Mit einer geraden Führungsschiene wird eine gerade Linie in einem vorgegebenen Abstand von der Führungsschiene gefräst.

2 Mit einer gekrümmten Führungsschiene kann eine immer wieder gleiche Kurve gefräst werden.

3 Fräsen einer Nut mit dem Parallelanschlag der Fräse.

Fräswerkzeuge

4 Ein Fräser mit Führungslager.

5 Das Führungslager führt den Fräser an der Stückkante zum Fräsen eines Falzes.

6 Ein Fräser für Formteile.

7 Der Formfräser in Funktion.

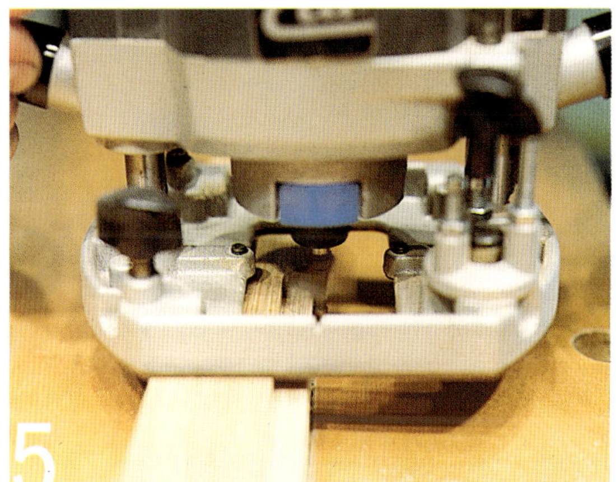

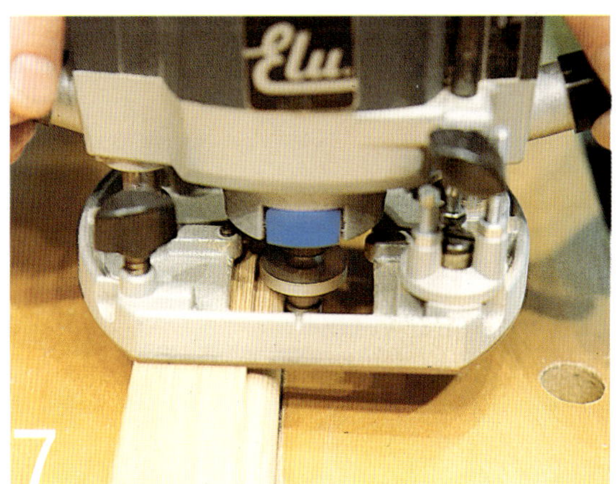

Führungsschiene im entsprechenden Abstand parallel zum Riß für die Nut aufgespannt werden. Dann wird die Oberfräse an der Schiene entlanggeführt.

Gestemmt wird normalerweise mit der Stemmaschine, die jedoch, falls nicht vorhanden, mit gewissen Einschränkungen durch eine Oberfräse ersetzt werden kann. Auf breiteren Stücken liegt die Oberfräse gut auf, bei schmaleren Stücken muß an den Seiten mit Abfallholz ausgefüttert werden, damit die Maschine sicher abgestützt wird. Sie wird dann mit dem zugehörigen Parallelanschlag an der Seitenfläche des Werkstücks geführt.

Profilleisten

Eines der wichtigsten Einsatzgebiete der Oberfräse ist die Fertigung von Profilleisten. Dafür gibt es zahllose Fräserformen – von der einfachen Rundung bis zum dekorativen, klassischen Cyma recta. Der Fräser wird entweder vom Parallelanschlag, einer eigens angefertigten Schablone oder einer Vorrichtung oder von einem Wälzlager bzw. Stift am Fräser selbst geführt. Manche Profilfräser sind mit zwei Lagergrößen ausgestattet, so daß zwei Profile mit einem Fräser gefräst werden können. Große Formfräser für das Profilieren der Rahmenhölzer von gestemmten Türen (Türen mit Füllungen) werden paarweise verkauft. Mit ihnen werden das Profil rings um das Türblatt sowie die Schlitze für die Verbindung zwischen den Längs- und Querhölzern gefräst. Weil diese Fräser relativ groß sind, ist auch eine große, tischmontierte Oberfräse zu empfehlen, die vorzugsweise mit einer 13-mm-Spannzange ausgerüstet sein sollte.

Fräsen von Zapfenlöchern

8 Fräsen eines Zapfenlochs in einem einigermaßen breiten Stück.

9 Ist das Stück schmal, wird die Auflagefläche für die Fräse mit seitlichen Abfallhölzern vergrößert.

Fräsen von Fälzen

10 Fräsen eines Falzes mit dem Parallelanschlag.

Der Frästisch

Die Oberfräse kann mit dem Fräser nach oben in einen Frästisch eingebaut in verschiedener Weise verwendet werden. Das Werkstück kann damit im Gegensatz zur üblichen Verfahrensweise zur Maschine gebracht werden. Beachten Sie, daß auf dem Frästisch der Fräser in umgekehrter Drehrichtung rotiert und daß die Stücke normalerweise von der rechten Seite an den Fräser herangeführt werden müssen. Frästische sind insbesondere für kleine Stücke wertvoll. Sie müssen nicht unbedingt einen Frästisch kaufen; Sie können sich ohne Schwierigkeiten einen sicher viel besseren Frästisch selbst bauen.

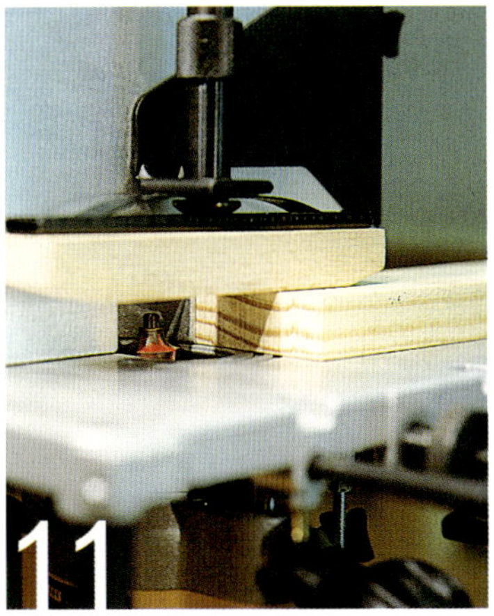

Der Frästisch

11 Eine Oberfräse mit dem Fräser nach oben im Frästisch. Zu sehen sind Fräser und Sicherheitseinrichtungen.

12 Vorschieben des Stücks über den Fräser gegen den Seitenanschlag; der obere Schutz drückt das Stück nach unten.

Führungsbuchsen

Ein weiteres Mittel zur Führung der Oberfräse ist die Führungsbuchse. Das ist ein mittig angeordneter Ring, der an einer Schablone oder Führungsschiene entlang gleitet. Sie können damit den Weg der Maschine flexibel und genau bestimmen. Die Schablone können Sie beispielsweise aus einem beliebig geformten MDF-Abfallstück fertigen, das sogar Löcher aufweisen kann. Die Schablone wird auf das Werkstück aufgelegt und die Führungsbuchse an der Unterplatte der Fräse befestigt. Die Buchse gleitet nun an der Schablonenkante entlang, und der Fräser formt exakt die Schablone nach, allerdings um einen Wert größer bzw. kleiner, der sich aus der Durchmesserdifferenz von Fräser und Buchse ergibt.

Führungsbuchsen

13 Die Führungsbuchse wird an die Unterplatte der Fräse geschraubt.

14 Die Führungsbuchse wird an die Innenform der Schablone gedrückt, so daß die gewünschte Kontur entsteht.

Bohren, Fräsen und Stemmen

Häufig müssen in Holzteile Löcher unterschiedlicher Form und Größe eingebracht werden, um Verbindungen herzustellen oder Beschläge zu befestigen. Dafür werden verschiedene einfache Handwerkzeuge benutzt.

Bohren

Kleinere Bohrungen können oft mit Handwerkzeugen gefertigt werden, z.B. mit einer kleinen Bohrwinde, die über eine Kurbel angetrieben wird. Die Stellen, an denen Bohrungen eingebracht werden sollen, müssen genau und deutlich markiert werden, am besten mit einem Vorstecher oder einem Körner. Für Spiralbohrer ist eine solche deutliche Körnung unbedingt erforderlich. Wenn Sie eine Anzahl kleiner Bohrungen zu fertigen haben, nehmen Sie eine elektrische Handbohrmaschine, vorzugsweise mit Akku, damit Sie das Werkstück von beliebiger Stelle aus erreichen können.

Müssen Sie viele Bohrungen auch größeren Durchmessers bohren, dann lohnt sich eine Standbohrmaschine, entweder für Tisch- oder Bodenaufbau. Standbohrmaschinen bieten meist die Möglichkeit, die Drehzahl entsprechend dem Werkstoff und Bohrertyp zu wählen. Außerdem können über Anpaßstücke Stemm- und Schleifwerkzeuge betrieben werden.

Mit diesen Werkzeugen können die meisten vorkommenden Arbeiten ausgeführt werden. Eine größere Bohrwinde ist auch in der Werkstatt von heute von Nutzen, insbesondere wenn Ihr Maschinenpark nicht allzu groß ist.

Mit einer Standbohrmaschine oder einer üblichen Elektrobohrmaschine, die in einem Bohrständer befestigt ist, können Bohrungen genau winklig und bis zu einer vorbestimmten Tiefe gefertigt werden. Arbeiten Sie stets mit einem Bohrschutz, und ziehen Sie immer den Futterschlüssel ab, wenn Sie ein Werkzeug gewechselt haben.

Stemmen

Für Löcher mit quadratischem Querschnitt ist die Stemmaschine am geeignetsten. Ein Stemmeinsatz ist im Prinzip ein Schlangenbohrer im Zentrum eines hohlen Stemmeisens mit Vierkantquerschnitt. Der Bohrer arbeitet kurz vor dem Stemmeisen, dessen vier Ecken die Innenecken des Lochs nachstechen, die nach dem Ausbohren der kreisrunden Bohrung stehengeblieben sind. Dafür muß eine große

Weitere Informationen

Bohr- und Stemmaschinen 44

Die Oberfräse als Bearbeitungszentrum 72

Bohren von Hand

1 Setzen Sie die Bohrwinde im richtigen Winkel auf dem im Schraubstock festgespannten Werkstück an. Stellen Sie sich so auf, daß Sie von oben senkrecht auf die Bohrwinde blicken.

2 Drehen Sie die Kurbel, und achten Sie darauf, daß der Bohrer an der beabsichtigten Position bleibt.

3 Als einfacher Tiefenanschlag kann ein Stück Klebeband um den Bohrer geklebt werden.

Standbohrmaschine

4 Eine Standbohrmaschine mit Bohrschutz in Betrieb.

Stemmaschine

5 Eine Stemmaschine in Betrieb. Das Werkstück ist zwischen einem Abfallstück und einem Anschlag festgeklemmt.

6 Das quadratische Loch wurde mit dem Stemmeinsatz erzeugt.

7 Die Spitze des Bohrers, der sich im Inneren des Stemmeinsatzes befindet.

nach unten wirkende Kraft aufgebracht werden, was mit Hilfe des langen Hebels der Stemmaschine geschieht. Allerdings darf auch nicht mit zu großer Kraft gedrückt und das Stemmeisen mit ungesteuerter Gewalt in das Holz getrieben werden. Das führt zum Verklemmen von Spänen im Inneren des Werkzeuges, zum Auswandern des Bohrers und zur Überhitzung von Werkzeug und Holz. Stemmwerkzeuge sind kraftvoll, aber mit Gefühl einzutreiben.

Stemmeinsätze müssen mit besonderer Sorgfalt geschärft werden. Ein für den betreffenden Stemmeinsatz speziell zugerichtetes Schärfwerkzeug wird, versehen mit einem passenden Metallstück, in den Einsatz eingeführt und schärft die Schneiden von innen. Das Schärfwerkzeug wird dafür in einer handbetriebenen Bohrmaschine eingespannt. Es darf nicht zu viel Kraft aufgewendet werden. Die Außenflächen des Stemmeisens werden geläppt, die Schneiden des Bohrers mit Feile und Schleifleiste geschärft.

Fräsen

Es kann auch ein Schraubstock gemeinsam mit einer Standbohrmaschine zu einer Fräsmaschine gemacht werden, allerdings ist bei der Benutzung Vorsicht geboten. Hierzu wird in die Bohrmaschine ein Fräser eingespannt und diese mit der höchstmöglichen Drehzahl betrieben. Fräser sind eigentlich für viel höhere Drehzahlen konstruiert, als die Bohrmaschine bietet, können aber schon einmal in dieser Weise „mißbraucht" werden. Fräsen Sie sehr langsam und gefühlvoll, lassen Sie das Werkzeug gleichsam selbst bestimmen, wieviel Span es abheben will. Mit diesem Verfahren können die Wangen von Zapfen plan gefräst werden, es können Fälze ausgearbeitet und Formquerschnitte an kleineren Teilen geschaffen werden.

Fräsen

8 Ein Zapfenloch kann auch mit einer Waagerecht-Stemmeinrichtung erzeugt werden.

9 Ein Schlitzfräser schneidet einen länglichen Einschnitt.

Formen, Biegen und Schichten

Gekrümmte Formen können auf vielerlei Weise geschaffen werden. In einem vorhergehenden Abschnitt ist beschrieben worden, wie Sie dafür beispielsweise die Oberfräse verwenden können; es gibt jedoch weitere Elektrowerkzeuge, die Ihnen helfen, Ihren Arbeiten die gewünschten Formen zu verleihen.

1

Formen mit der Säge

Falls Sie nicht über eine besonders leistungsstarke Stichsäge verfügen, werden Sie bald feststellen, daß Sie Holz über 25 mm Dicke kaum bearbeiten können. Obwohl eine übliche Stichsäge größere Dicken meistert, läßt die Bearbeitungsgenauigkeit dann doch zu wünschen übrig. Mit der Stichsäge wird eine Form meist nur grob mit entsprechender Zugabe für die Endbearbeitung ausgeschnitten.

Viel häufiger werden Dekupiersägen benutzt. Sie sind in der Lage, verwickeltste Konturen zu schneiden, und die Schnittflächen sind wegen des feinen Blattes sehr glatt. Mitunter wird das Holz an der Schnittfläche ein wenig verbrannt und geschwärzt, und diese Verfärbung wird im allgemeinen nicht beseitigt, weil sie die handwerkliche Fertigungsweise unterstreicht.

Für gekrümmte Schnitte ist die Bandsäge prädestiniert. Einschränkungen ergeben sich eigentlich nur aufgrund des Durchlasses der Maschine und der Blattbreite. Oft haben gerade große Bandsägen sehr schmale Blätter, die es erlauben, sehr kleine Krümmungsradien zu schneiden. Außerdem kann der Tisch der Bandsäge unter einem Winkel (bis maximal 45°) angestellt werden, falls die gekrümmte Sägekante schräg liegen soll. So können komplizierte Kurven geschnitten werden.

Mit der Bandsäge oder Stichsäge wird die Kontur zunächst mit Zugabe, d.h. neben dem Riß zugeschnitten. Fertigbearbeiten können Sie entweder mit Handwerkzeugen, wie Schab- oder Rundhobel, oder Sie spannen eine Schleifrolle in die Standbohrmaschine ein. Mit der Schleifrolle erhalten Sie eine sauber geschliffene, gekrümmte Schmalfläche exakt winklig zur Stückfläche. Handwerkzeuge, wie Schab- oder Rundhobel, verlangen Ihnen entschieden mehr Sorgsamkeit ab, weil ihre Schneidwirkung von der Faserrichtung abhängt, die an der gekrümmten Fläche ständig wechselt.

Das Arbortech-Blatt

Erst seit kurzem ist das Arbortech-Blatt auf dem Markt, bei dem die Zähne ähnlich denen einer Kettensäge ausgebildet sind, sich jedoch an einem kleinen, kreisrunden Blatt befinden. Das Arbortech-Blatt wird in einen kleinen Elektroschleifer eingespannt und gestattet es, große Holzmen-

2

Formen mit der Säge

1 Mit der Stichsäge können gekrümmte Linien sehr gut vorgeschnitten werden.

2 Sehr feine Kurvenschnitte können mit der Dekupiersäge ausgeführt werden.

3 In ähnlicher Weise kann auch die Bandsäge für Kurven verwendet werden.

4 Der Bandsägetisch kann winklig angestellt werden, was die Möglichkeiten der Maschine sehr erweitert.

5 Rollenschleifer sind mit verschiedenen Durchmessern erhältlich. Hier ist der Schleifer in einer Bohrmaschine eingespannt, und es werden bandgesägte Schnitte fertigbearbeitet.

Formen mit dem Schleifer

6 Eine auf der Bankplatte montierte Scheiben-Bandschleifstation kann zum endgültigen Formen von Teilen verwendet werden, deren Konturen mit einer Säge vorgeschnitten worden sind.

7 Schleifen einer konkaven Fläche an der Bandrolle.

8 Schleifen einer Gehrung an der Schleifscheibe mit Hilfe eines Winkelkopfes exakt auf Winkel.

Weitere Informationen

Handsägen	**28**
Bandsägen	**34**
Tischsägen	**36**
Bohr- und Stemmaschinen	**44**
Schleifmaschinen	**46**
Die Oberfräse als Bearbeitungszentrum	**72**
Vorbereitung	**90**
Furnieren (Kapitel 9)	
Furniere	**206**

gen relativ gut beherrschbar abzutragen. Arbortech-Blätter sind aber sehr gefährliche Werkzeuge, wenn sie nicht mit einer geeigneten Abdeckung benutzt werden. Arbeiten Sie auch bei ordnungsgemäß eingespanntem und geschütztem Werkzeug sehr aufmerksam und vorsichtig.

Biegen und Schichten

Eine der Grenzen beim Arbeiten mit Holz besteht darin, daß gebogene Teile geschwächte Bereiche mit kurzen Fasern besitzen, an denen sie leicht splittern oder reißen können. Zwei Verfahren haben sich im Laufe der Zeit herausgebildet, mit denen diese natürliche Grenze des Holzes überwunden wird: das Biegen in Dampf (ein nasses Verfahren) und das Schichten oder Sperren (ein trockenes Verfahren).

Dampfbiegen. Das Dampfbiegen wird beispielsweise bei der Herstellung der Windsor-Stühle angewendet. Ein Holzteil mit den Maßen 30 x 30 x 2 000 mm wird 1 bis 1 1/2 Stunden in einer Dampfkammer erhitzt („gekocht", wie der Fachmann sagt). Es nimmt dabei den heißen Dampf auf und wird biegsam. Noch heiß und formbar, wird es aus der Dampfkammer genommen und sehr rasch auf der bereitliegenden Biegevorrichtung gebogen. Auf der Vorrichtung verbleibt es über Nacht zum Trocknen und zur Verfestigung der Biegung. Nach dieser ersten Trocknungsphase wird es aus der Vorrichtung genommen, aber unter Spannung gehalten, damit sich die Biegung nicht löst. Jetzt wird es zur vollständigen Trocknung aufgehängt, ggf. für mehrere Wochen. Die Gerätschaften für das Dampfbiegen sind im Handel nicht erhältlich, werden aber von vielen Heimwerkern selbst gebaut. Erforderlich ist eine Dampfkammer aus einem PVC-Rohrstück, Durchmesser 100 mm, das gegen Wärmeverlust isoliert wird; weiterhin eine Dampfquelle, z.B. ein Kochkessel oder ein Schnellkochtopf; zwei Stopfen zum Verschließen der Rohrenden und zwei Schlauchstücke.

Schichten. Ein trockenes Biegeverfahren, das leichter zu beherrschen ist, jedoch viel mehr Aufwand kostet, ist das Schichten. Auf einer Biegevorrichtung – ähnlich der für das Dampfbiegen – werden dünne, biegsame Holzstreifen geformt. Die Streifen können aus 2 mm dickem Absperrfurnier angefertigt werden, das beim Spezial-Furnierhändler erhältlich ist, oder sie werden mit der Tischkreissäge mit Längsblatt geschnitten. Die Furnierstreifen werden beidseitig mit Leim bestrichen, auf der Biegevorrichtung geformt und mit möglichst vielen Zwingen gespannt.

Schichten

6 Absperrfurnierstreifen oder dünnes, längsgesägtes Holz werden für geschichtete Teile verwendet. Die äußere und die innere Formhälfte werden aus Vollholz gefertigt.

7 Auf den Streifen wird beidseitig Leim aufgetragen. Der überschüssige Leim tritt beim Anziehen der Türspanner aus.

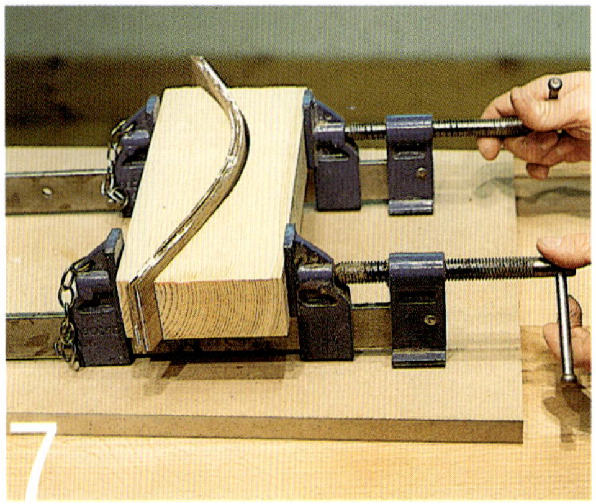

8 Um überall gleichmäßigen Druck auszuüben, spannen Sie oben mit zusätzlichen Zwingen.

9 Nach Aushärten des Leims werden die Zwingen entfernt. Das Schichtteil behält seine Form.

10 Das Resultat ist ein gebogenes Holzteil, bei dem die Streifen nach der Endbearbeitung der Schmalflächen kaum noch erkennbar sind.

5 BESCHLÄGE

Beschläge – Griffe, Knöpfe, Schnäpper, Riegel, Scharniere – wurden früher im Eisenwarengeschäft ausgesucht. Heutzutage müssen Sie über die Beschläge für Ihre Holzprodukte weit im voraus entscheiden, weil Sie diese mit Hilfe von Spezialkatalogen auswählen und bestellen müssen. In den Katalogen wird beispielsweise eine Reihe von Scharnierausführungen, jede in mehreren Größen und in verschiedener Weise oberflächenbehandelt, angeboten. Oder Sie finden dort eine Unzahl von Möbelgriffen, aus denen Sie sich die am besten passenden heraussuchen müssen.

Wegen dieser überaus großen Auswahl kann das folgende Kapitel lediglich eine Einführung in das weite Gebiet der Beschläge geben. Es wird Ihnen zeigen, wie Sie Einstemmbänder an einer traditionellen Tür und Federscharniere an einer Küchenschranktür anbringen.

Möbelgriffe 82

Türschließer, Schnäpper, Riegel und Scharniere 84

Einbau von Einstemmbändern 86

Einbau von Federscharnieren 88

Möbelgriffe

Die Knöpfe und Griffe der Schranktüren und Schubläden können der Alptraum eines Möbeldesigners sein. Mit ihrer Hilfe verleiht er seinen Kreationen Stil und Individualität, doch ist die Versuchung groß, die Entscheidung aufzuschieben, was den Nachteil einer immer engeren Auswahl mit sich bringt.

Knöpfe, Griffe und Riegel werden in einer riesigen Auswahl in Geschäften und im Versandhandel angeboten, oder Sie können sie entsprechend Ihren Möglichkeiten in Ihrer Werkstatt selbst anfertigen. Allgemein gibt es zwei Gruppen – an den Möbelflächen aufgesetzte Knöpfe oder Griffe und in die Stücke eingearbeitete Elemente.

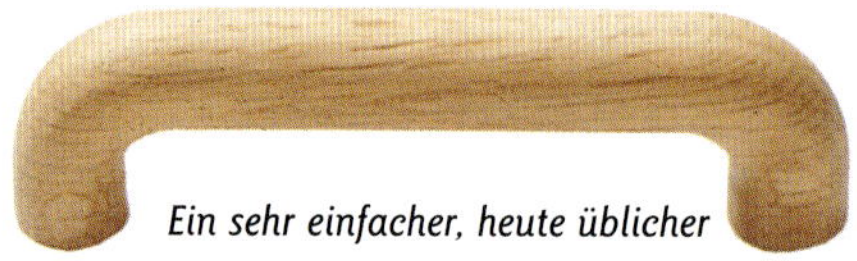

Ein sehr einfacher, heute üblicher Griff mit rundem Querschnitt, an beiden Enden abgebogen

Ein schon längere Zeit üblicher bogenförmiger Griff

Dieser ist dem Griff darüber ähnlich, hat aber einen aufwendigeren, interessanteren Querschnitt

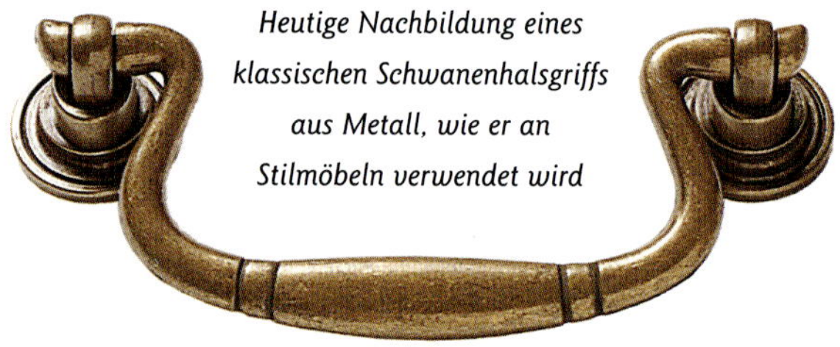

Heutige Nachbildung eines klassischen Schwanenhalsgriffs aus Metall, wie er an Stilmöbeln verwendet wird

Oben: Einige Ausführungen von aufgesetzten Handgriffen.

Aufgesetzte Knöpfe und Griffe

Aufgesetzte Knöpfe und Griffe werden mit einem Dübel oder Zapfen an der Holzfläche befestigt oder auch einfach von der Gegenseite mit einer durchgesteckten Schraube angeschraubt. Diese Knöpfe und Griffe gibt es in einer endlosen Zahl von Ausführungen. In ästhetischer Hinsicht besteht immer die Gefahr, daß sie wie nachträglich hinzugefügt aussehen, und schließlich sind sie dies wohl auch in vielen Fällen. Wenn Sie sich rechtzeitig Gedanken machen, haben Sie oft noch die Möglichkeit, den Handgriff gestalterisch und technisch in das Möbelstück einzuarbeiten.

Weitere Informationen

Oberfräsen 40

Die Oberfräse als Bearbeitungszentrum 72

Entwerfen und Skizzieren (Kapitel 8)

Eingearbeitete Elemente

Griffe, die in das Stück eingearbeitet sind, müssen nicht notwendigerweise kompliziert sein. Bei dem unten abgebildeten Linenfold-Schrank von David Savage überlappt die eine Tür die andere, und es ist eine kleine Vertiefung oben an der Kante der obenauf liegenden Tür eingefräst worden, in die die Finger eingreifen können, so daß die Tür aufgezogen werden kann. Das ist wohl die allereinfachste Ausführung eines Handgriffs, aber dennoch höchst elegant und praktisch. Eine ähnliche Vertiefung für die Finger könnte in die Unterkante einer Schubladenfront gefräst werden, das wäre optisch reizvoll und zugleich von praktischem Wert.

Manche Gestalter verwenden Fingerplatten. Diese müssen stets selbst gefertigt werden. Sie verleihen dem Stück einerseits Eigenart und optischen Reiz, andererseits verhindern sie, daß mit der Zeit auf dem Stück unansehnliche Fingerspuren entstehen.

Links: Hier ist oben an der Kante der linken Tür eine kleine Vertiefung für die Finger ausgefräst worden (Linenfold-Schrank – David Savage).

Gefräste Handgriffe

Für die Oberfräse gibt es Fräser, mit denen Vertiefungen in die Vorderflächen von Schubladenfronten und in die Längs- und Querhölzer von Türen eingefräst werden können. Sie werden fast immer durch Schablone und Profilring geführt, um die für den Fingergriff erforderliche Form zu erzeugen.

Eine andere Ausführung eines selbstgefertigten Handgriffs ist ein aufgesetzter Handgriff, dessen Rückseite abgefräst worden ist. Zu sehen ist dies an dem Schrank aus Kirsch und Bergahorn von David Savage im Bild unten. Hier wurde sehr einfach gestalteten, aufgesetzten Handgriffen auf der Rückseite eine den Fingern angepaßte Form gegeben. Die Griffe wurden aus einem Material gefertigt, das im Kontrast zur Front des Schrankes steht.

Links: Vier verschiedene Knöpfe, bei denen Material und Form von einfach bis kompliziert variieren.

Oben: Ein Griffpaar in Rechts- und Linksausführung, gewählt wegen seiner Wirkung am fertigen Stück.

Oben: Ein herkömmlicher Klappgriff, der einem Stilmöbel Eleganz verleiht.

Links: Ein reizvoller und ungewöhnlicher moderner Griff.

Links: Einige einfache Holzknöpfe, die Sie selbst anfertigen können, falls Sie über eine Drechseleinrichtung verfügen.

Links: Hier wurde mit der Oberfräse an der Rückseite der Handgriffe eine geformte Fläche angefräst (Schrank aus Kirsch und Bergahorn – David Savage).

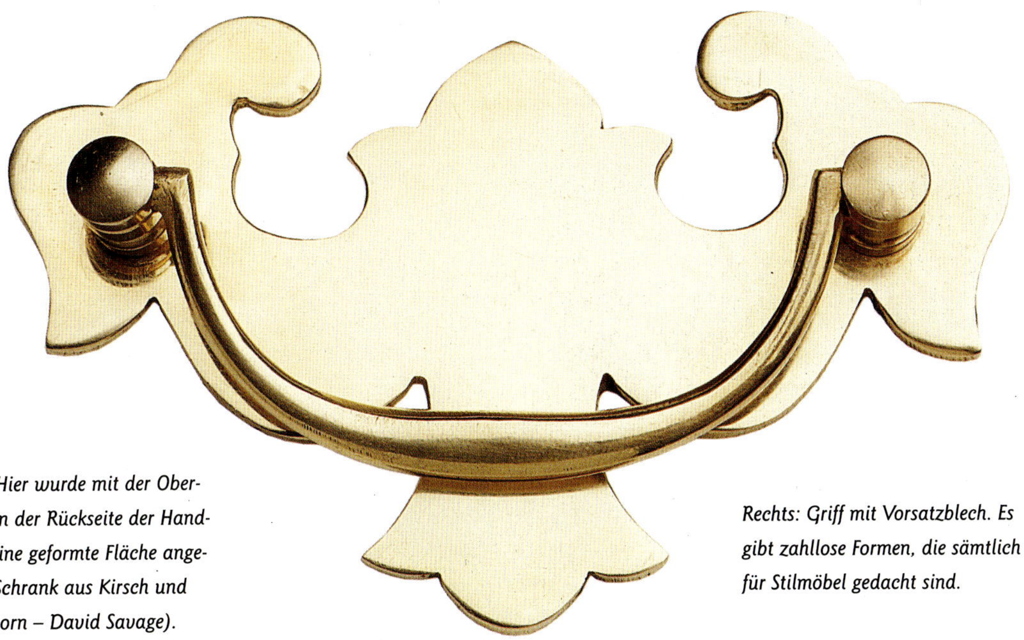

Rechts: Griff mit Vorsatzblech. Es gibt zahllose Formen, die sämtlich für Stilmöbel gedacht sind.

Türschließer, Schnäpper, Riegel und Scharniere

Meist möchte der Möbeltischler diese Arten von Beschlägen optisch nicht hervorheben, sondern lediglich gewährleisten, daß sie ihre Funktion ordentlich, aber unauffällig verrichten. In einigen Fällen werden sie dennoch zur Betonung eines bestimmten Stils oder einer Epoche herangezogen. Wählen Sie den geeigneten Beschlag in Ruhe und mit Sorgfalt aus dem sehr umfangreichen Angebot aus.

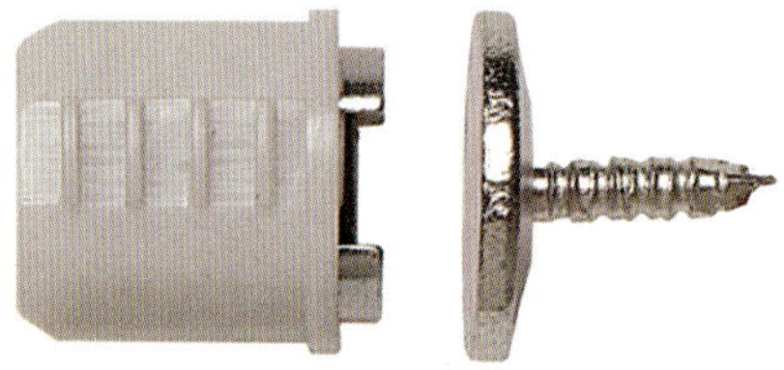

Links: Ein Magnetschnäpper – ein sehr einfacher und unauffälliger Schließer. Der Magnet sitzt in einer Bohrung, das Metallplättchen wird durch einen Stift gehalten.

Arten von Türschließern

Um eine Tür geschlossen zu halten, ist ein Türschließer erforderlich. Eine der frühesten Formen eines Türschließers ist der hölzerne Sussex- oder Suffolk-Riegel. Das ist ein hölzerner Riegel, der entweder mit einem durch die Tür hindurchreichenden Stäbchen oder einfach mit einem durch ein Loch in der Tür gesteckten Finger betätigt wurde. Sie können ihn noch häufig an alten Holztüren von britischen Pubs sehen; er ist sehr einfach und an jeder Türausführung anzubringen.

Riegel können dort benutzt werden, wo sich die Längshölzer von zwei Türen treffen; fast immer wird die eine Tür geschlossen gehalten, während die andere gegen die erstere schließt. Aufgeschraubte Riegel aus Messing sind sehr beliebt. Sie sitzen direkt an der Kante einer Tür und gleiten in eine Hülse am Türrahmen.

Magnetschnäpper sind eine weitere Möglichkeit, Türen geschlossen zu halten. Sie sind in vielen Formen zu haben, leider ist die verbreitetste Ausführung auch die häßlichste – kleine Magnetplättchen in einem relativ großen Gehäuse aus weißem oder braunem Kunststoff. Eine ansprechendere und einfachere Lösung ist ein kleiner Magnetzylinder, der in eine Bohrung in der Vorderseite eines Korpus gesteckt wird, so daß nur noch eine kleine schwarze Scheibe zu sehen ist. Eine ebenso kleine Metallplatte wird an der Innenseite der Tür befestigt und durch den Magneten angezogen. Die wirkende Magnetkraft kann verändert werden, indem die Metallplatte leicht außermittig angeordnet wird.

Kugelschnäpper bestehen aus zwei einander gegenüber sitzenden Kugeln, die beide gegen eine Feder

Weitere Informationen

Einbau von Einstemmbändern **86**

Einbau von Federscharnieren **88**

Rechts: Ein Stößelschließer wird verwendet, wenn außen nichts zu sehen sein soll.

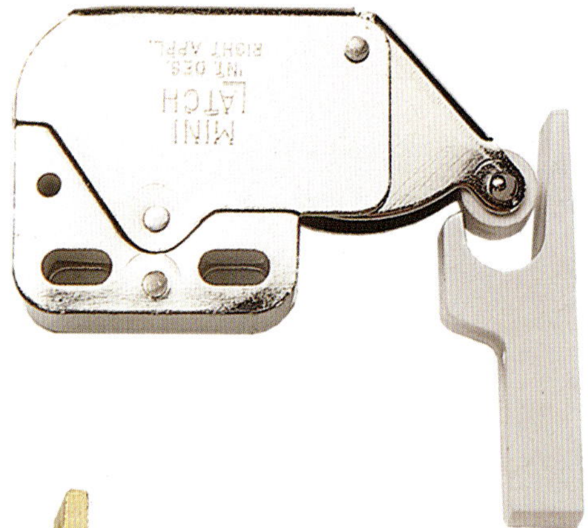

Links: Ein Kugelschnäpper, der zur Anpassung eingestellt werden kann.

Rechts: Ein Schwenkriegel – Beispiel für einen effektvoll gestalteten Beschlag, der sichtbar sein soll.

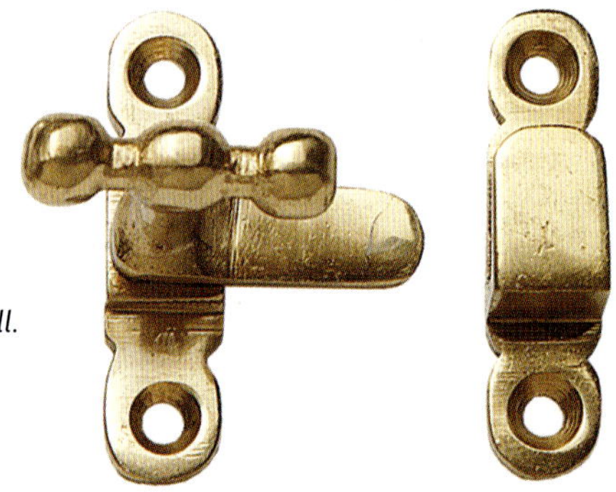

Rechts: Ein aufgesetzt montierter Bolzenriegel – in verschiedenen Größen, Materialien und Oberflächenbehandlungen erhältlich.

eingebaut sind. Zwischen den Kugeln schnappt ein Messingstück ein, das an der Tür befestigt ist. Bis dieser Kugelschnäpper einigermaßen sanft schließt, ist etwas Geduld vonnöten. Möglicherweise müssen Sie das Messingstück nachfeilen und die Federn unter den Kugeln nachstellen.

Stößelschließer sind dort günstig, wo kein außen sichtbarer Beschlag erwünscht ist. Ein kleiner Kunststoffbeschlag wird an die Innenseite der Tür geschraubt. Wenn Sie fest auf die Tür drücken, bewegt sie sich um 5 bis 10 mm nach innen. Dabei spannt sich eine Feder im Schließer, die die Tür nach außen stößt, wo Sie diese greifen und öffnen können.

Scharniere

Die einfachsten Scharniere sind die sogenannten Einbohrbänder. Für sie müssen lediglich zwei Löcher gebohrt werden: im Korpus und in der Schmalfläche der Tür. Am häufigsten verwendet wird das Stangenscharnierband, dessen Einbau nachfolgend noch beschrieben wird.

Verborgene Scharniere sind sehr viel komplizierter aufgebaut. Außerdem müssen speziell ausgefräste Aussparungen vorhanden sein, um den vollständig verdeckten Gelenkmechanismus aufzunehmen.

Schließlich sei das Scharnier nicht vergessen, das heute wohl am häufigsten verwendet wird: das aufgesetzte Federscharnier, das sicher auch in Ihrer Küche zu finden ist. Es hat den Vorteil, daß es verhältnismäßig einfach einzubauen ist und die Tür nach dem Einbau in allen Richtungen eingerichtet werden kann.

Unten: Aufgesetzte Federscharniere eignen sich gut für fertig montierte und für große Schränke.

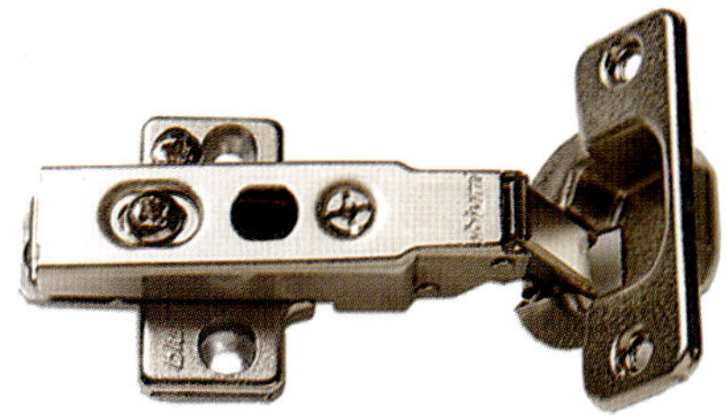

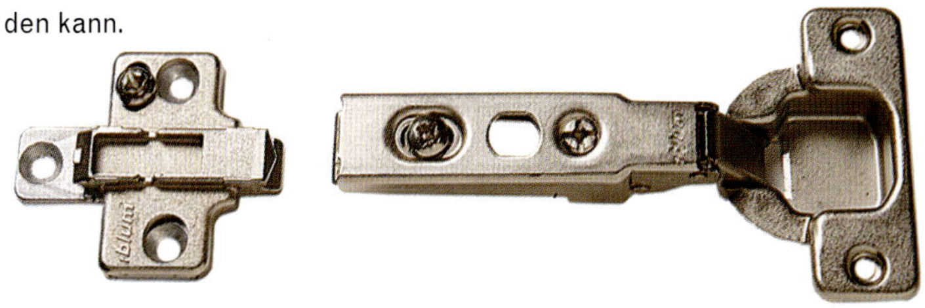

Einbohrbänder sind sehr leicht einzubauen. Es gibt einfache und verzierte Ausführungen.

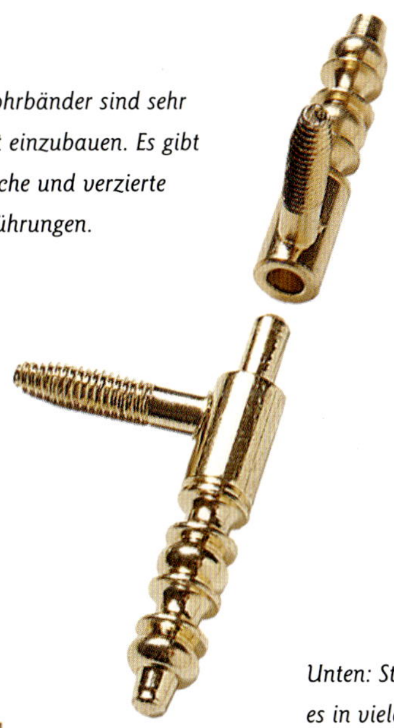

Unten und links: Verborgene Scharniere sind in großen und sehr kleinen Abmessungen erhältlich. Ihr Hauptmerkmal: Bei geschlossener Tür sind sie unsichtbar.

Unten: Stangenscharnierbänder gibt es in vielerlei Formen und Größen. Einige Ausführungen werden aus Blech gebogen, die besten Typen für den Tischler sind aus gezogenem Messing gefertigt.

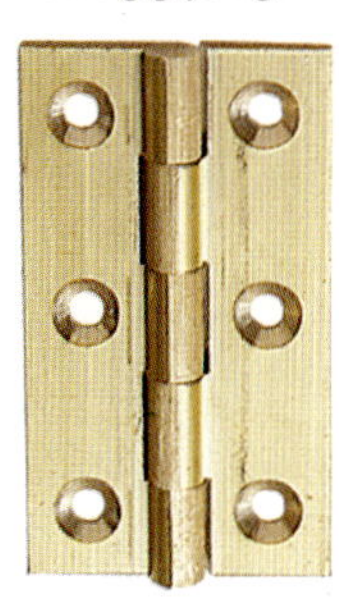

Einbau von Einstemmbändern

Sie sollten unbedingt gute Scharniere aus gezogenem Messingvollprofil kaufen. Meist muß ein Scharnier vor dem Einbau noch endbehandelt werden – es wird zuerst mit 180er, dann 320er Siliciumcarbid-Schleifpapier und schließlich mit Stahlwolle poliert. Prüfen Sie vor dem Einbau auch die Winkligkeit der Scharnierplatten und die Beweglichkeit des Verbindungsstifts. Schwergängige Scharniere müssen sich nach wenigen Schwenkungen der Platten leicht bewegen lassen; ein Scharnier mit lockerem Stift ist unbrauchbar.

Türen werden im Normalfall in eine Korpusöffnung eingehängt und müssen zuerst passend gearbeitet werden. Dann werden die Stellen für die Anbringung der Scharniere an den Schmalseiten der Tür gesucht. Prüfen Sie, ob die Scharniere so sitzen werden, daß die Tür weit genug geöffnet werden kann. Dieser wichtige Arbeitsschritt läßt sich am besten erledigen, indem Sie die Stelle zum Anbringen des Scharniers im Querschnitt vergrößert aufzeichnen und das Schwenken der Tür auf dem Papier prüfen.

Vorstecher und Schrauben

Bei kleinen Scharnieren wird zum Anzeichnen der Schraubenlöcher am besten ein Vorstecher mit rundem oder kantigem Querschnitt verwendet, wobei letzterer die schärfere Spitze hat. Mit der Spitze werden die Positionen der Schrauben in der Mitte der späteren Schraublöcher markiert. Dann wird der Vorstecher drehend in das Holz gedrückt, um ein Loch für die Schraube vorzubohren. Die vier Kanten des Vorstechers wirken dabei als Schneidkanten, so daß sogar ein Loch, das geringfügig falsch positioniert ist, mit dem schräg gehaltenen Vorstecher verlagert werden kann. Auf diese Weise kann auch eine fehlerhaft sitzende Schraube korrigiert werden.

Wenn Sie Messingscharniere einbauen wollen, brauchen Sie unbedingt auch einen Satz identischer Schrauben aus Stahl. Mit den Stahlschrauben erledigen Sie die Einbauarbeit, bei der die wesentlich weicheren Messingschrauben leicht beschädigt oder sogar abgeschert werden könnten. Erst wenn alles in Ordnung ist und die Tür wirklich paßt, drehen Sie die attraktiven, aber teuren Messingschrauben ein.

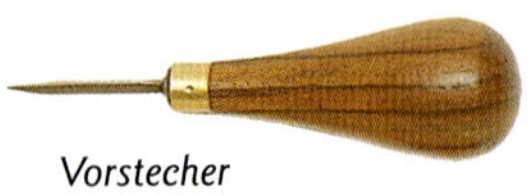
Vorstecher

Vorstecher mit Vierkantquerschnitt

Links: Schraubenlöcher werden mit dem Vorstecher markiert. Dann wird mit einer kleineren Schraube vorgebohrt.

Messingschraube mit dem üblichen Gewinde

Stahlschraube mit Doppelgewinde

Weitere Informationen

Scharniere	**85**
Einbau von Federscharnieren	**88**

Positionieren und Markieren

1 An einer Tür mit Füllung wird die obere Kante des oberen Scharniers bündig mit der Unterkante des oberen Querholzes angeordnet. Analog wird die untere Kante des unteren Scharniers auf die Oberkante des unteren Querholzes ausgerichtet. Markieren Sie alles mit Bleistift und Anschlagwinkel.

2 Legen Sie das Scharnier auf die Schmalfläche der Tür, und markieren Sie mit dem Anreißmesser.

3 Stellen Sie ein Streichmaß auf den Abstand zwischen Scharnierstift und Außenkante der Scharnierplatte ein.

4 Zeichnen Sie einen Riß auf die Schmalfläche der Tür zwischen den beiden Querrissen.

5 Nehmen Sie ein zweites Streichmaß, zeichnen Sie einen Riß auf die Türfläche.

Stemmen der Einsenkung

6 Zuerst stechen Sie dort vor, wo die Ränder der Scharnierplatte liegen werden. Dann stemmen Sie bis an die vorgestochenen Kerbschnitte. Dadurch vermeiden Sie, daß Sie mit dem Eisen zu weit geraten.

7 Stemmen Sie sorgsam und vorsichtig, damit das Scharnier genau in die Einsenkung paßt.

Befestigen des Scharniers

8 Befestigen Sie das Scharnier zuerst mit Stahlschrauben.

9 Messingschrauben werden vor dem Eindrehen mit Wachs, Kerzenwachs oder Vaseline geschmiert.

10 Drehen Sie die Messingschrauben ein.

11 Wenn Sie die Scharniere an der Tür befestigt haben, reißen Sie ihren Sitz am Korpus an. Zuerst markieren Sie nur die Lochmitte des mittleren Schraublochs des oberen Scharniers und stecken dort einen Vorstecher ein. Das erleichtert das Markieren für das untere Scharnier. Dann schrauben Sie in die markierten Löcher Stahlschrauben ein.

12 Reißen Sie jetzt die Kanten der Scharnierplatten an, und stemmen Sie die Einsenkungen wie zuvor aus. Richten Sie nach, falls erforderlich, und benutzen Sie zuerst ausschließlich die Stahlschrauben. Wenn die Tür eingehängt ist, kann es sich als notwendig erweisen,

daß Sie an den Türkanten noch einen Span abheben müssen, damit der Spalt überall gleich ist. Das geschieht am günstigsten erst nach dem Anbringen der Scharniere. Scheuen Sie sich nicht, die Scharniere ein paarmal ab- und wieder anzuschrauben.

13 Erst wenn das Scharnier zu Ihrer Zufriedenheit sitzt, drehen Sie die Messingschrauben ein.

Einbau von Federscharnieren

Der große Vorteil von außen montierten Türen, wie Sie diese z.B. in Ihrer Einbauküche finden, ist der, daß sie viel leichter angepaßt werden können als Türen, die in einen Korpus eingepaßt werden müssen. Eine der Möglichkeiten, eine außen angeschlagene Tür mit geringem Aufwand einzuhängen, bietet das Federscharnier (auch Topfscharnier genannt). Die eleganteste Lösung ist dies allerdings nicht.

Wahl des Scharniers

Bei der Wahl des Scharniers müssen Sie zuerst festlegen, ob die Tür beim Öffnen die volle Breite der Korpusschmalfläche (z.B. eine einflügelige Schranktür) oder die halbe Breite (wenn zwei Türen an einem Korpussteg angebracht sind) überstreichen darf oder ob sie innerhalb des Korpusses bleiben muß. Es sind alle drei Möglichkeiten realisierbar, jedoch mit unterschiedlichen Ausführungen eines bestimmten Scharniers. Erkundigen Sie sich vor dem Bestellen.

Weitere Informationen

Bohren, Fräsen und Stemmen	**76**
Scharniere	**85**
Einbau von Einstemmbändern	**86**

Einbau des Scharniers

1 Bohren Sie mit einem Spezialbohrer eine flache Bohrung in die Innenfläche der Tür.

2 Das Scharnier kann jetzt leicht eingesetzt und mit Schrauben befestigt werden.

Anhängen der Tür

3 Halten Sie die Tür an den Korpus, und markieren Sie mit dem Vorstecher die Schraubenpositionen für den inneren Teil des Scharniers.

4 Schrauben Sie das Scharnier wieder von der Tür ab, und schrauben Sie es an den Korpus. Dann befestigen Sie es wieder an der Tür. Im allgemeinen kann diese Scharnierkonstruktion in allen drei Richtungen justiert werden, so daß die Tür sehr genau gehängt werden kann. Das ist besonders nützlich, wenn mehrere Türen nebeneinander angeordnet werden sollen, wobei sie genau auf einer Linie und mit gleichen Abständen zwischen den Türkanten hängen müssen.

6 OBERFLÄCHENBEHANDLUNG

Zweck der Oberflächenbehandlung ist es, die Wirkung des Holzes zu erhöhen und es zu schützen. Es gibt viele Verfahren und Mittel zur Oberflächenbehandlung mit sehr verschiedenen Merkmalen – Dauerhaftigkeit, leichte Auftragbarkeit, Abriebbeständigkeit usw. Kein Mittel erfüllt alle Anforderungen unter allen Bedingungen gleichermaßen, so daß stets ein Kompromiß eingegangen werden muß. Etwa 30 % der für ein Holzerzeugnis erforderlichen Zeit werden für die Oberflächenbehandlung gebraucht. Holen Sie sich Rat beim Möbeltischler und beim Fachhändler.

Vorbereitung 90

Mittel und Verfahren der Oberflächenbehandlung 92

Sicherheit 96

Vorbereitung

Geizen Sie keinesfalls mit der Zeit für die Vorbereitung der Oberflächenbehandlung, denn nur bei gründlichem Arbeiten offenbart das Holz am Ende seine volle Schönheit. Prüfen Sie an Abfallstücken, ob Farbe und Glanz Ihren Vorstellungen entsprechen, bevor Sie das Produkt selbst behandeln.

Papiertyp	Härte	Preis	Einsatzgebiet
Granat	gering	niedrig	unbehandeltes Holz
Aluminium-oxid	mittel	mittel	allgemeine Verwendung
Silicium-carbid	gut	hoch	harte Lack-schichten u.ä.

Schleifmittel

Schleifpapier. Die Körnung des Schleifpapiers wird durch eine Zahl angegeben, wobei allerdings für die verschiedenen Schleifpapierarten unterschiedliche Skalen üblich sind. Bei Aluminiumoxid- und Siliciumcarbidpapieren sind die vom Möbeltischler am häufigsten verwendeten Körnungen 80, 100, 120, 150, 240 und 320. Neben diesen beiden Schleifpapieren verwendet der Möbeltischler noch Granatpapier (siehe Tabelle).

Stahlwolle. Stahlwolle steht in neun Feinheiten von 5 (grob) für das Entfernen von Farbanstrichen bis 0000 für das Glätten und den letzten Poliergang zur Verfügung. Stahlwolle setzt sich nicht zu und paßt sich kompliziertesten Flächenformen an.

Vlies. Das ist ein widerstandsfähiges Kissen aus Nylonfasern mit eingebetteten Schleifkörnern. Es setzt sich ebenfalls nicht zu und folgt jeder beliebigen Kontur. Vlies ist relativ wenig aggressiv, steht in einer Anzahl von Feinheiten zur Verfügung und wird zum Aufrauhen zwischen den einzelnen Anstrichen verwendet.

Schleifen

Schleifen von Hand. Beim Handschleifen erleichtert ein Schleifklotz aus Kork die Arbeit erheblich; außerdem verlängert er die Gebrauchsdauer des Schleifpapiers. Schleifen Sie stets mit der Faser. Beginnen Sie mit grober Körnung (etwa 100), und nehmen Sie nach und nach immer feineres Schleifpapier (150 bis 240). Zum Schluß werden die Kanten mit gebrauchtem, sehr feinem Schleifpapier gebrochen.

Schleifen mit der Maschine. Es kann auch mit der Maschine geschliffen werden, was aber einige Nachteile hat. Bandschleifer sind sehr aggressiv und können ein Furnier ganz rasch durchschleifen; Schwingschleifer schleifen konstruktionsbedingt die meiste Zeit quer zur Faser. Der Vorteil des maschinellen Schleifens ist die hohe Abtragleistung, die einen Qualitätsnachlaß mitunter rechtfertigen mag.

Endgültige Vorbereitung

Holzteile und Werkstatt. Der Arbeitsbereich muß warm (15 °C), hell und gut belüftet sein. Entfernen Sie den Sägestaub aus der Maserung und den Poren möglichst gründlich, insbesondere wenn dunkle und helle Hölzer nebeneinander liegen. Entfernen Sie ebenso sämtliche Spuren von Wachs und Öl.

Bereiten Sie einen Platz für die Oberflächenbehandlung vor. Legen Sie ausreichend Putzlappen, Rührstäbe und Gefäße bereit. Besonders praktisch sind Wegwerfgefäße mit Skala.

Vorgehensweise. Tragen Sie das Mittel abschnittsweise auf. Beginnen Sie an den Ecken und an der Unterseite, und behandeln Sie die Sichtflächen als letzte. Prüfen Sie vor Beginn der Behandlung, ob etwa Stellen abgedeckt werden müssen.

Bei komplizierten Baugruppen kann es vorteilhaft sein, die Einzelteile vor dem Zusammenbau zu behandeln. Decken Sie zu verleimende Flächen ab. Wachsen Sie die Teile vor dem Zusammenbau leicht.

Links: Drahtbürste zum Aufrauhen der Maserung.

Unten: Hafttuch zum Entfernen von Schleifstaub vor dem Auftragen eines Oberflächenbehandlungsmittels.

Oben: Stahlwolle in zwei Feinheiten und ein spezieller elastischer Schleifklotz.

Weitere Informationen

Schleifmaschinen 46

Formen, Biegen und Schichten 78

Mittel und Verfahren der Oberflächenbehandlung 92

Sicherheit 96

Auftragen von Spachtelmasse

1 Auftragen einer Holzspachtelmasse in Faserrichtung.

2 Die Spachtelmasse muß auch quer zur Faser aufgetragen werden, damit eine plane Oberfläche entsteht.

Drei Verfahren zum Schleifen eines Profils

3 Drücken Sie Schleifpapier mit den Fingern in die Vertiefungen des Profils.

4 Verwenden Sie einen elastischen Schleifklotz, der sich der Profilform anpaßt.

5 Umwickeln Sie ein Stück Rundholz mit Schleifpapier, und folgen Sie dem Profil.

Weitere Schleifverfahren

6 Wickeln Sie einen Streifen Schleifpapier um einen Schleifkork, und schleifen Sie in Faserrichtung. Nehmen Sie immer feineres Papier.

7 Schleifen Sie die Schmalflächen ebenfalls in Faserrichtung. Achten Sie darauf, daß Sie Kanten und Ecken nicht ungewollt runden.

8 Vor dem Schleifen mit Schleifpapier müssen häufig erst Harz- oder Leimtropfen und kleinere Holzfehler mit der Ziehklinge entfernt werden.

9 Den Schwingschleifer bewegen Sie in überlappenden Strichen auf der Holzoberfläche hin und her.

Schleifen mit einer Maschine

10 Schleifen einer Schmalfläche auf einem waagerecht angeordneten Bandschleifer. Drücken Sie das Stück fest gegen den Anschlag.

11 Hier ist das Schleifband senkrecht gestellt. Tisch und Winkelschiene helfen beim Schleifen von Hirnflächen.

Mittel und Verfahren der Oberflächenbehandlung

Nachdem Sie nun die Flächen sorgfältig vorbereitet haben, ist es an der Zeit, die Ihrem Vorhaben angemessene Oberflächenbehandlung auszuwählen.

Lacke, Öle und Wachse

Lacke. Lacke oder Klarlacke werden auf dem Markt in fast unüberschaubarer Vielfalt angeboten, die hier nur angedeutet werden kann.

Wir wollen zwei Gruppen von Lacken vorstellen: Lacke auf Lösungsmittelbasis und Lacke auf Wasserbasis. Die älteren Lösungsmittellacke sind oft günstiger im Ergebnis. Lacke auf Wasserbasis lassen sich leichter auftragen und sind bei der Verarbeitung weniger gefährlich. Sämtliche Mittel zur Oberflächenbehandlung, die hier besprochen werden, ergeben eine hochwertige Oberfläche und sind glänzend, halbglänzend und matt erhältlich.

Nässen. Lacke auf Wasserbasis richten oft die Holzfasern auf. Um dies bei der Ausführung des Anstrichs zu vermeiden, nässen Sie das Holz zuvor, um die Fasern absichtlich aufzurichten. Lassen Sie das Holzteil trocknen, und schleifen Sie die aufgerichteten Fasern weg. Das wiederholen Sie ein- oder zweimal, wobei sich immer weniger Fasern aufrichten müßten.

Pinsel und Ballen. Lack wird entweder mit einem weichen Pinsel oder einem Wegwerfballen aufgetragen, der aus einem Stück Baumwollstoff zurechtgefaltet wird. Er kann auch aufgespritzt werden, jedoch ist dafür eine gewisse Ausstattung erforderlich.

Auftragen von Nitrozelluloselack. Nitrozelluloselack (oder kurz Nitrolack) ist ein sehr brauchbarer Lack für allgemeine Zwecke. Das Behandeln mit Nitrolack ist ein Verfahren mit wenig Risiko, denn Fehler können leicht korrigiert werden, indem die Fläche aufgerauht und erneut lackiert wird.

Zuerst sollte der Lack verdünnt werden: ein Teil Lack auf einen Teil Verdünner. Bei diesem verdünnten Lack verteilen sich die enthaltenen Feststoffe besser auf der Fläche, und es verbleiben keine Pinselstrichspuren.

Dann tragen Sie mit einem weichen Pinsel zwei Lackschichten auf: Sobald die erste Schicht getrocknet ist (nach wenigen Minuten), schleifen Sie die Fläche mit einem 320er Siliciumcarbidpapier an. Nach der letzten Schicht polieren Sie mit Stahlwolle Feinheit 0000. Zuletzt tragen Sie eine dünne Wachsschicht auf und polieren mit einem weichen Tuch.

Weitere Informationen

Vorbereitung	**90**
Sicherheit	**96**
Endbehandlung	**189**

Lack	Schutzwirkung	Dauerhaftigkeit	Auftragbarkeit	Reparaturmöglichkeit
Lacke auf Lösungsmittelbasis				
Nitrozelluloselack	3	3	5	5
säurekatalysiertes Melamin	4	4	3	1
Polyurethan	5	5	5	4
Lacke auf Wasserbasis				
Kunstharz	4	4	4	1
Polyurethan	4	4	4	1
Noten von 5 (am besten) bis 1 (am schlechtesten)				

Möbelpolitur. Möbelpolitur ist ein traditionsreiches Mittel, das eine hochglänzende Oberfläche ergibt. Das Auftragen von Möbelpolitur ist ein mühseliges Verfahren, das Erfahrung erfordert. Die verschiedenen Möbelpolituren basieren sämtlich auf Schellack, einem Harz, das aus den Ausscheidungsprodukten der Lackschildlaus gewonnen wird. Heute wird Schellack außerdem als Schleifgrund und als Basis für ein Oberflächenbehandlungswachs verwendet.

Öle. Öle sind leicht und rasch auftragbar. Sie bieten nur mäßigen Schutz gegen Wärme- und Feuchteeinwirkung, geölte Flächen sind aber ausgesprochen leicht auszubessern. Die Schutzwirkung wächst

Die Bilder zeigen jeweils links Eiche und rechts Kiefer, unten links unbehandelt, rechts mit verschiedenen Mitteln oberflächenbehandelt.

Klares Teaköl

Eiche (links) und Kiefer (rechts) unbehandelt

Teaköl – eine Ölmischung, die mit einem leichten Glanz abtrocknet

mit der Anzahl der aufgetragenen Schichten; für größtmögliche Feuchtebeständigkeit sind mindestens sechs Schichten erforderlich. Von Nachteil ist ihre Neigung, Staub zu binden.

Auftragen von Leinölfirnis. Damit der Leinölfirnis besser in das Holz eindringt, wird er im Verhältnis 2:1 mit Testbenzin verdünnt. Tragen Sie Firnis großzügig mit Lappen oder Pinsel auf. Lassen Sie ihn 15 min einziehen, wischen Sie mit einem frischen Lappen den nicht eingezogenen Firnis ab, und polieren Sie die Fläche. Zur Verbesserung des Aussehens kann eine zarte Wachsschicht darübergelegt werden.

Wachse. Wachs liefert eine sehr schöne Fläche, bietet aber allein verwendet so gut wie keinen Schutz gegen Wärme und Feuchtigkeit; einer gewachsten Fläche fehlt außerdem ein wenig der Glanz. Besserer Schutz und mehr Glanz ergeben sich, wenn Wachs als Deckschicht eines Öl- oder Lackgrundes angewendet wird.

Auftragen von Lack

1 Auftragen einer ersten Lackschicht mit dem Pinsel.

Auftragen von Politur

2 Stellen Sie sich einen Auftragballen her, indem Sie einen Wattebausch in ein Stück Baumwollstoff wickeln.

3 Mit dem Ballen tragen Sie eine Möbelpolitur (z.B. Schellackpolitur) oder ein Öl auf.

Dänisches Öl – eine Mischung von Ölen und Harzen, die guten Schutz bietet und hart auftrocknet

Leinölfirnis – trocknet schneller als Leinöl

Wachs für Eichenholz, mittel

Tungöl – ein abriebbeständiges Öl, das in Mischungen zur Verbesserung der Verschleißfestigkeit dient

Klarwachs

Dunkles Bienenwachs

Gekalktes Wachs. Gekalktes Wachs hebt die Maserung hervor und hellt das Holz auf. Eine Wirkung bringt es nur auf Hölzern mit offenen Fasern, wie Eiche und Ulme, hervor. Tragen Sie es auf, wie in den Bildern rechts dargestellt. Wenn der erste Versuch keine Wirkung bringt, bearbeiten Sie die Holzfläche zuvor leicht mit der Drahtbürste, um die Fasern zu öffnen. Bei Hölzern mit geschlossenen Fasern, wie z.B. Ahorn, dringt das Wachs nicht in die Poren ein, und seine Wirkung beschränkt sich auf Risse und Kanten.

Färbung

Holzbeizen. Seit jeher werden Möbel in hellen Farben gebeizt. Gebeizte Möbelstücke bleichen mit der Zeit aus, was einen Teil ihres Reizes ausmacht. Beizen gibt es in Pulverform, auf Spiritus- und auf Wasserbasis. Beizen derselben Grundlage sind beliebig miteinander mischbar. Die Pigmente dringen nicht sehr tief in das Holz ein, so daß nach dem Auftrag der Beize nur vorsichtig poliert werden darf.

Räuchern. Einige Hölzer nehmen eine dunkle Färbung an, wenn sie Ammoniakdämpfen ausgesetzt werden; die Wirkung ist von Holzsorte zu Holzsorte verschieden. Die Intensität der Färbung hängt von der Dauer der Dampfeinwirkung ab; für ein sattes Dunkelbraun muß das Ammoniak mehrmals erneuert werden.

Bleichen. Durch Bleichen wird das Holz fahler. Ein Bleichmittelsatz besteht gewöhnlich aus einer Natriumhydroxidlösung (Ätznatron) und Wasserstoffperoxid. Die Bleichbehandlung verändert die verschiedenen Hölzer in unterschiedlichem Maße; das Ausmaß der Bleichung hängt auch von der Anzahl der Behandlungen ab. Eine milder wirkende Alternative ist Oxalsäure, die auch zum Auffrischen der Holzoberfläche und zur Entfernung vieler Arten von Flecken (Rost, Tinte, Wasser) dienen kann.

Auftragen von gekalktem Wachs

1 Vor dem Auftragen von gekalktem Wachs rauhen Sie das Holz erst mit einer groben Stahlwolle oder mit der Drahtbürste auf, um die Fasern zu öffnen.

2 Tragen Sie Kalkwachs mit einem Tuch auf, und reiben Sie es gut in die Maserung und in Risse ein.

3 Nach etwa 5 min entfernen Sie das überschüssige Wachs mit einem festen Tuch.

4 Zum Schluß polieren Sie mit Stahlwolle Feinheit 0000.

Gekalktes Wachs

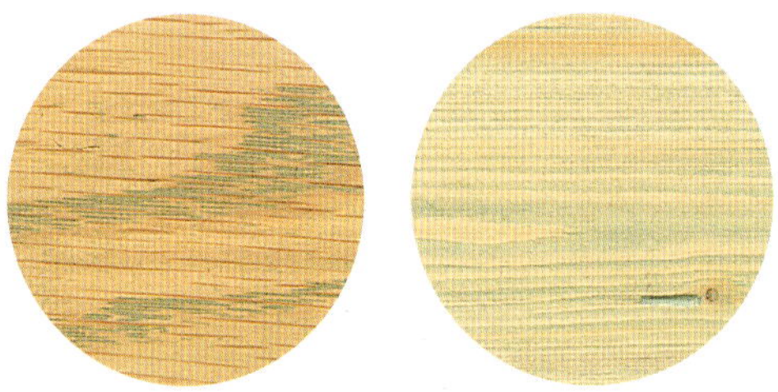

Grünspanwachs

Acrylglanzlack auf Wasserbasis

Schwarzes Patinawachs

Dunkle Schuhcreme

Acrylmattlack auf Wasserbasis

Struktur

Eine andere Möglichkeit, die Natur des Holzes hervorzuheben, bietet die Betonung seiner Struktur. Hier ist es das Bestreben, eine reliefartig strukturierte Fläche zu erzeugen, indem die Maserung gleichsam überhöht wird. Infolge dieser Struktur sind solche Flächen allerdings schwer zu säubern, so daß die Strukturbetonung auf Stücke beschränkt ist, mit denen nicht ständig umgegangen wird.

Sandstrahlen. Durch Sandstrahlen werden die weicheren Holzfasern rasch abgetragen, so daß eine Wirkung ähnlich wie bei Treibholz entsteht. Die Ausbildung der Oberfläche hängt vom Strahlmittel ab und von der Strahlkraft der Anlage. Durch teilweises Abdecken können reizvolle Wirkungen erzielt werden.

Scheuern. Bei einigen Hölzern werden die weichen Fasern durch Scheuern mit Ätznatron ähnlich wie durch Sandstrahlen abgetragen, jedoch nicht so scharfkantig. Auch hier hängt die Wirkung von der Holzsorte ab. Die Scheuerlösung ätzt sehr stark; sorgen Sie also für angemessene Sicherheitsvorkehrungen.

Sengen. Ein leichtes Sengen oder Abflammen erzeugt selbst auf dem rauhesten Holz eine sehr glatte und weiche Struktur. Das Verfahren geht sehr schnell vonstatten und kann für jede Holzsorte angewendet werden, selbst für nasses Holz. Insbesondere eignet sich das Sengen für rauhes Schnitzwerk und für Holzbildnisse, weil die Maserung zum Verschwinden gebracht und die Form hervorgehoben wird.

Flammen Sie das Holz mit einem Gasbrenner ab, am besten mit einer spitzen Flamme, die nur auf einen kleinen Bereich wirkt. Mit einem Zimmerpflanzensprüher löschen Sie Stellen, die zu glimmen beginnen. Wenn das Stück durchgängig geschwärzt ist, tragen Sie schwarze Schuhcreme auf und polieren mit einem harten Tuch.

Pigmentierte Beize

5 Mit dem Pinsel tragen Sie pigmentierte Beize auf.

6 Dann rauhen Sie das Holz mit 0000-Stahlwolle auf, so daß der Anteil durchschimmernden Holzes im Naturton steigt und die Wirkung der Beize dämpft.

Sengen

7 Sengen eines Stücks Weichholz mit einem Gasbrenner.

8 Vor dem Polieren entfernen Sie das verkohlte Holz mit einer Drahtbürste.

Blaubeize auf Spiritusbasis

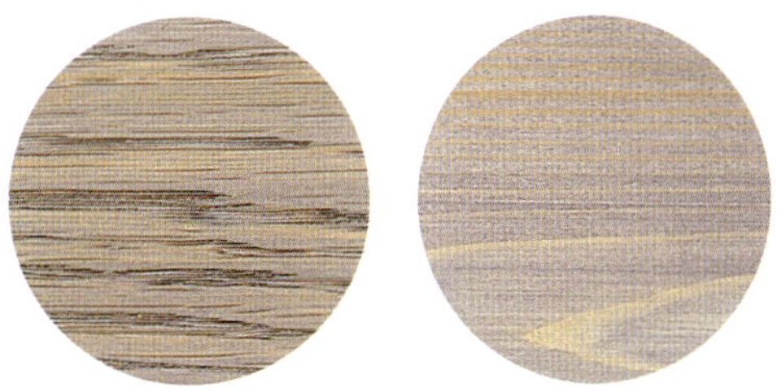

Blaue Acrylholzfarbe

Nußbraune Acrylholzfarbe

Zweikomponenten-Bleichmittel

Klarwachs auf gesengter Eiche (links) und Kiefer (rechts)

Geräucherte Eiche

Sicherheit

Mit den Materialien für die Oberflächenbehandlung muß sorgsam umgegangen werden. Meist sendet der Hersteller auf Wunsch Informationen über das Mittel zu, in denen Hinweise zur Arbeitssicherheit und zum Schutz der Gesundheit des Anwendenden, aber auch über die Verarbeitungseigenschaften enthalten sind.

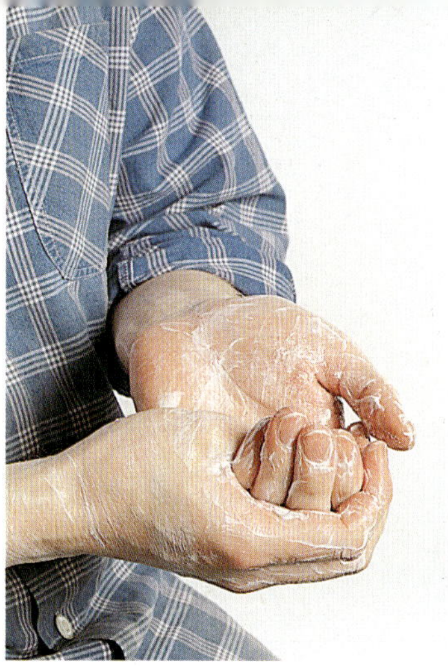

Links: Beim Umgang mit den meisten Oberflächenbehandlungsmitteln empfiehlt sich das Auftragen einer Schutzcreme auf die Hände.

Gefährdungen und persönlicher Schutz

Eine Gefährdung für Personen und Sachen durch ein Oberflächenbehandlungsmittel kann sich ergeben (1) aus seiner Giftigkeit (giftige Dämpfe, Mittel ist giftig in unverarbeiteter oder verarbeiteter Form); (2) aus ätzender Wirkung (ätzende Dämpfe, das unverarbeitete Mittel); (3) aus der Entflammbarkeit (Dämpfe, in unverarbeiteter oder verarbeiteter Form).

Ihre Gesundheit ist kostbar. Schützen Sie Augen, Atemwege und Haut.

Augen. Ein Gesichtsschild oder eine Schutzbrille schützen die Augen vor Spritzern.

Atemwege. Atemschutzmasken bieten Schutz gegen die oft unsichtbaren Schadstoffe in der Luft.

Haut. Gummihandschuhe gibt es in verschiedenen Arten, von den hauchdünnen Handschuhen des Arztes bis zu den schweren Stulpenhandschuhen, wie sie in der Industrie benutzt werden. Ein weiterer wirksamer Schutz ist Hautschutzcreme, denn viele Mittel können Hautreizungen oder Hauterkrankungen hervorrufen. Gummischürze und Gummistiefel bieten weiteren Schutz gegen ätzende Stoffe.

Weitere Informationen

Arbeitssicherheit, Lärm und Staubabsaugung 16

Vorbereitung 90

Mittel und Verfahren der Oberflächenbehandlung 92

Sicherheit in der Werkstatt

Lüftung. Die wichtigste Maßnahme in der Werkstatt ist eine wirksame Lüftung. Wenn giftige und entzündliche Dämpfe aus dem Arbeitsbereich zuverlässig abgeführt werden, ist für Oberflächenbehandlung von Hand keine aufwendige Absauganlage erforderlich.

Lagerung. Viele Mittel zur Oberflächenbehandlung sind entflammbar oder giftig und müssen entsprechend gelagert werden. Wenn Sie Mittel aus den ursprünglichen Behältern in andere Gefäße umgießen, müssen diese sofort mit einer deutlich und dauerhaft lesbaren Aufschrift zu Inhalt und möglicher Gefährdung versehen werden.

Entsorgung. Stellen Sie Gefäße für gebrauchte Mittel bereit, und gießen Sie nichts in den Abfluß. Fragen Sie bei den lokalen Behörden nach, welche Möglichkeiten für die Entsorgung von chemischen Stoffen bestehen.

Links: Angemessene Schutzkleidung für den Umgang mit einigen Kunstharzen: Gesichtsschild, Atemschutzmaske, Gummischürze und schwere Stulpenhandschuhe.

Unten: Für viele Arbeiten reichen dünne Gummihandschuhe aus.

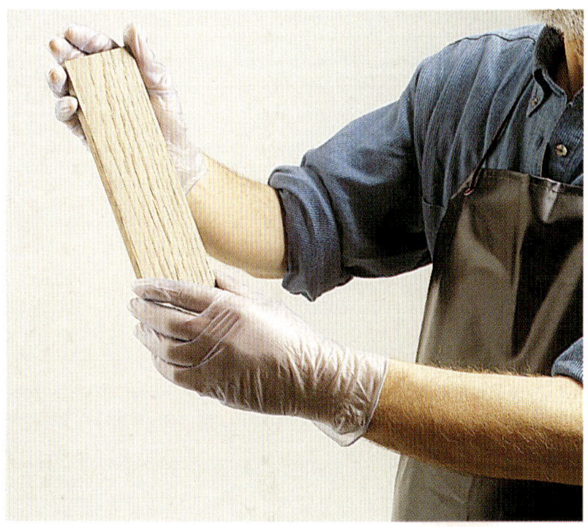

7 VERBINDUNGEN

Es lohnt sich, Holzverbindungen mit Handwerkzeugen anzufertigen, weil Sie Gefühl und Verständnis für das Wesen des Holzes erwerben, die Ihnen erhalten bleiben, auch wenn Sie sich später Maschinen zulegen.

Wir beschreiben in diesem Kapitel einige grundlegende Verbindungsverfahren und schlagen jeweils ein Objekt vor, bei dem die betreffende Verbindung benutzt wird.

Allerdings empfiehlt es sich, daß Sie eine Verbindung erst einmal probeweise ausführen, ehe Sie das Objekt in Angriff nehmen. Übrigens lassen sich Verbindungen bei harten Hölzern leichter als bei weichen ausführen, so daß Sie für Übung und Bau Hartholz vorziehen sollten.

Blattverbindungen 98

Tisch mit Glasplatten (Bauanleitung) 102

Dübelverbindungen 108

CD-Box (Bauanleitung) 112

Zapfen-Schlitz-Verbindungen 116

Hobelbank (Bauanleitung) 122

Gehrungsverbindungen 130

Spiegelrahmen (Bauanleitung) 134

Flächenwinkelverbindungen 138

Bücherregal (Bauanleitung) 142

Zinkenverbindungen 148

Frühstückstablett (Bauanleitung) 154

Blattverbindungen

Die Blattverbindung ist eine Grundverbindung mit wenig strukturell bedingtem Halt. Ihre Festigkeit hängt vom Leim ab und kann durch Schrauben oder Nägel erhöht werden. Rahmenkonstruktionen erhalten allerdings durch die Brüstungen Steifigkeit.

Bei qualitätvollen Arbeiten wird normalerweise die Zapfen-Schlitz-Verbindung angewendet, außer wenn sich Rahmenhölzer kreuzen – dann kommt nur eine Blattverbindung in Betracht.

Am meisten verbreitet ist die Blattverbindung bei Arbeiten aus Weichholz, bei denen genagelt oder geschraubt wird. Die Blattverbindung läßt sich in gerade gemasertem Holz am besten anfertigen; hier kann der Abfall rasch und genau weggearbeitet werden. Die gestreckten Fasern sind auch für die Festigkeit der Verbindung bedeutsam. Weil von den Enden der beiden Teile jeweils die Hälfte des Holzes entfernt wird, muß das verbleibende Holz frei von Fehlern oder kurzen Fasern sein, damit die Festigkeit der Rahmenkonstruktion nicht beeinträchtigt wird.

Gleichgültig, welche Verbindung Sie anfertigen – Sie sollten jeden einzelnen Arbeitsschritt stets an beiden Teilen ausführen, ehe Sie zum nächsten übergehen. Also zuerst beide Teile anreißen, beide Brüstungen einsägen und so fort. Auf diese Weise schreitet die Arbeit, insbesondere wenn Sie mehrere Verbindungen erzeugen, gleichmäßig voran. Sie arbeiten sich in jeden Arbeitsgang bestmöglich ein und arbeiten am Ende schneller und genauer.

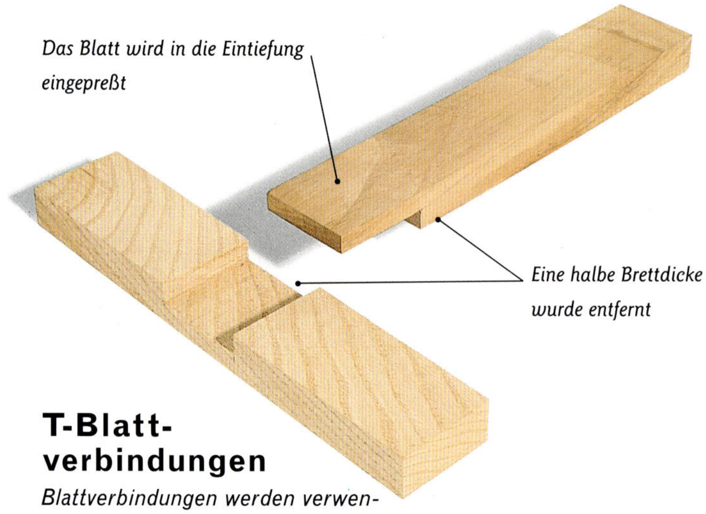

T-Blattverbindungen

Blattverbindungen werden verwendet, um zwei Hölzer derselben Dicke zu verbinden. Von jedem Holzteil wird die halbe Dicke entfernt und das stehengelassene Blatt des einen in die Ausstemmung des anderen Teils gefügt.

Mögliche Varianten der Grundverbindung

Varianten der Blattverbindung sind die T-Blattverbindung, die Eckblattung und die Kreuzblattung. Bei der Eckblattung sind beide Teile der Verbindung identisch.

Für die Kreuzblattung wird angerissen wie auf dem ersten Teil der T-Blattung, jedoch auf beiden Teilen.

Grundausstattung

Einer der Vorteile der Blattverbindung ist ihre Ausführbarkeit auf der Baustelle, denn es werden nur einige wenige Werkzeuge benötigt. Für das genaue Einsägen der Brüstungen ist eine Handgehrungssäge mit Tiefenanschlag praktisch.

In der Werkstatt können Blattverbindungen mit der Bandsäge, Handsäge oder Auslegerkreissäge gesägt werden. Die Bandsäge läßt sich rasch für das Sägen der Verbindungsteile einrichten. Die Auslegerkreissäge, ausgestattet mit einem Profilsägekopf, eignet sich für Arbeiten größeren Umfangs. Wie stets, wenn eine bestimmte Arbeit nur ein- oder zweimal auszuführen ist, muß zwischen dem Aufwand für das Einrichten einer produktiveren Maschine und dem höheren Zeitaufwand für die Arbeit mit einer weniger produktiven Maschine abgewogen werden.

Bleistift

Anschlagwinkel

Streichmaß

Schraubzwinge

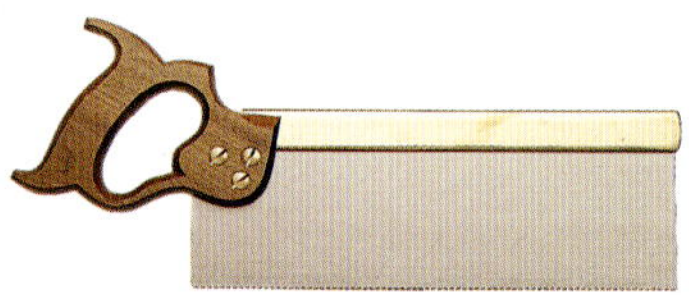

Feinsäge

Anreißmesser

Stechbeitel

Leim und Pinsel

Putzhobel

Ausführen einer T-Blattverbindung

Anreißen

1 Mit spitzem Bleistift und Anschlagwinkel zeichnen Sie im Abstand der Breite des zu fügenden Teils zwei Risse quer über das erste Teil.

2 Um das Ende des zweiten Teils wird nun ein Riß abgewinkelt. Der Abstand von der Hirnfläche ist gleich der Breite des ersten Teils.

Pressen Sie den Griff des Winkels fest an das Holz, damit der Arm winklig aufliegt. Beginnen Sie an der Bezugsfläche und Bezugskante.

3 Stellen Sie das Schneidenstreichmaß auf die halbe Holzdicke ein. Sie können die Einstellung überprüfen, wenn Sie an einem Stück Abfallholz von beiden Breitseiten aus anreißen.

4 Reißen Sie die Verbindung auf den Schmalflächen an, und schraffieren Sie den Abfall. (Manche Holzhandwerker verwenden das Spornstreichmaß.)

Weitere Informationen

Genaues Anreißen 56

Hobeln mit der Hand 58

Genaues Sägen mit der Handsäge 60

Stemmen 64

Tisch mit Glasplatten (Bauanleitung) 102

Zapfen-Schlitz-Verbindungen 116

Sägen der Brüstungen

5 Zum Sägen der Verbindung müssen die Teile mit Schraubzwingen fest auf die Bankplatte geklemmt werden. Die Brüstungen am ersten Teil werden mit der Feinsäge gesägt. Für einen genauen Anschnitt der Säge ist es günstig, den Riß mit dem Anreißmesser nachzuzeichnen und durch gefühlvolles Einstemmen zu vertiefen. Das mag sich mit wachsender Übung als überflüssig erweisen.

6 Wiederholen Sie alles am zweiten Teil. Hier wird die Brüstung am Ende des Teils eingesägt.

Entfernen des Abfalls

7 Nach dem Quersägeschnitt wird der Abfall mit einem scharfen Stechbeitel in mehreren dünnen Spänen entfernt. Der Abfall am Teilende kann mit der Faser oder quer zur Faser weggestemmt werden.

8 Arbeiten Sie von einer Seite aus, und beginnen Sie etwa 2 mm von der Breitseite entfernt; der Beitel weist ein wenig nach oben.

Kehren Sie nun zum ersten Teil zurück, und stemmen Sie in kleinen Schritten bis an den Riß. Der Riß ist die Beitelführung beim letzten Span. Drehen Sie das Teil herum, und wiederholen Sie den Vorgang von der anderen Seite.

9

9 Wenn Sie fertig sind, werden Sie eine kleine Stufe an den Wangen bemerken. Entfernen Sie diese mit dem Beitel. (Die Vertiefung kann auch mit der Säge oder Oberfräse angefertigt werden.)

Zusammenbau

10 Fügen Sie die beiden Teile zusammen. Damit sie gut ineinandergleiten, kann ein leichtes Nacharbeiten erforderlich sein.

Vor dem Leimen legen Sie zwei rechteckige Abfallstücke bereit, damit sich die Zwingenbacken nicht einpressen. Tragen Sie Leim mit einem kleinen Pinsel gleichmäßig auf alle Fügeflächen auf. Pressen Sie die Verbindung vorsichtig zusammen. Nachdem Sie die Zwingen etwas angezogen haben, prüfen Sie, ob die Brüstungen vollständig gefügt sind, und ziehen Sie die Zwingen dann fest an.

Entfernen Sie den ausgepreßten Leim mit dem Beitel, bevor er vollständig ausgehärtet ist. Dadurch hinterläßt er weniger Spuren, als wenn er feucht abgewischt wird.

10

Tisch mit Glasplatten *(Zeichnung siehe Seite 210)*

Oben: Sie erkennen die reizvolle Wirkung der Pyramidenform am Ende eines Querholzes.

Dieser kleine, dekorative Tisch ist ein relativ einfach zu bauendes Stück, bei dem Blattverbindungen angewendet werden. Weil die Teile nur einen geringen Querschnitt haben (25 mm im Quadrat), müssen sie aus Hartholz sein. Unser Tisch hier besteht aus Amerikanischem Ahorn, einem sehr stabilen und harten Holz, er hätte aber auch aus Eiche, Kirsche oder Esche angefertigt werden können. Weichholz und leichtere, elastischere Hölzer, wie z.B. Walnuß, sind weniger geeignet, weil sich die Teile krümmen könnten und der Tisch wenig stabil wäre.

Die Hirnflächen der Querhölzer und der Beine können rechtwinklig oder als Pyramiden – wie hier gezeigt – ausgeführt werden. Pyramiden vervielfachen die Dreieckformen, die nach dem Auflegen der beiden Glasplatten auf das Holzgestell zu sehen sind, und unterstreichen das Gestaltungsprinzip des Tisches.

Die Glasplatten sind 6 mm dick, haben geschliffene und polierte abgeschrägte Kanten und sind als Quadrate in das Tischgestell eingepaßt. Es können auch größere Glasplatten aufgelegt werden, die dann schräg angeordnet werden müssen. Die Glasplatten ruhen entweder direkt auf dem Holz oder auf Gummipuffern, die im Baumarkt erhältlich sind.

Werkzeugliste

Putzhobel

Bleistift

Anschlagwinkel

Streichmaß

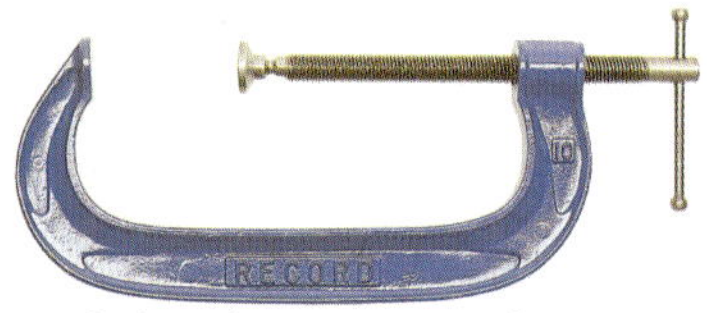

Schraubzwingen und Klemmhölzer

Rückensäge

Anreißmesser

Stechbeitel

Klüpfel

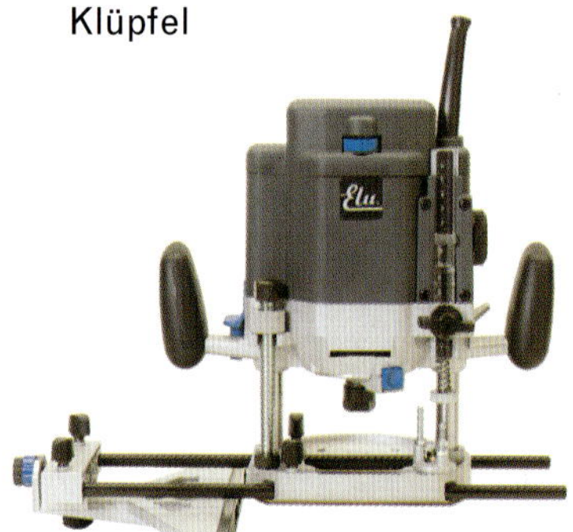

Oberfräse

Hirnholzhobel

Schleifpapier und Schleifkork

Leim und Pinsel

Weitere Informationen

Montagewerkzeuge: Zwingen und Spanner 30

Bearbeiten der Schmalflächen und Schneiden auf Breite 54

Genaues Anreißen 56

Hobeln mit der Hand 58

Genaues Sägen mit der Handsäge 60

Stemmen 64

Die Oberfräse als Bearbeitungszentrum 72

Mittel und Verfahren der Oberflächenbehandlung 92

Blattverbindungen 98

SCHNITTLISTE UND MATERIAL

Bauteil	Anzahl	Endmaße
A Beine	4	460 x 25 x 25 mm
B Querhölzer	4	730 x 25 x 25 mm
Glasplatten*	2	6 mm dick
Holz (Vorschlag)		A und B: Amerikanischer Ahorn
Oberflächenbehandlung (Vorschlag)		Wachs, Schellack oder Dänisches Öl
Holz (Alternativen)		ein Hartholz, wie Eiche, Kirsche oder Esche
Anmerkung *Es können 10 Gummipuffer als Auflagen für die Glasplatten benutzt werden.		

Oben rechts: So liegt die Glasplatte auf einem Querholz auf. Beachten Sie den interessanten Kontrast zwischen der Ecke der Glasplatte und der pyramidenförmigen Stirnfläche.

Unten: Die Kreuzblattverbindung der Querhölzer.

Ganz unten: Reizvolle Schnittlinien zwischen Glas und Holz.

Bauanleitung

Zurichten des Holzes

1 Nach dem Schneiden aller Bauteile auf Maß werden die Bearbeitungsspuren der Abricht- und der Hobelmaschine mit dem Putzhobel beseitigt. Das geschieht bereits jetzt, weil die Kreuzblattungen stramm sitzen müssen; würde erst nach dem Ausführen der Blattverbindung geglättet, könnte eine vormals stramme Verbindung leicht gelockert werden.

Anreißen und Sägen der Verbindungen

2 Legen Sie alle Bauteile zusammen auf die Bankplatte. Reißen Sie die Brüstungen mit Anreißmesser oder Bleistift und Anschlagwinkel an. Weil zwei Sätze von jeweils vier gleichen Teilen vorhanden sind, ist es effektiver und genauer, die beiden Sätze gleichzeitig anzureißen.

3 Nach dem Anreißen der Lage der Brüstungen wird die Tiefe des auszustemmenden Holzes mit dem Streichmaß angerissen. Ziel ist es, so anzureißen und (auf Riß) zu schneiden, daß eine geringfügig zu stramme Verbindung entsteht, die mit ein oder zwei Hobelstrichen korrigiert werden kann.

4 Achten Sie darauf, daß die Rückensäge (eine größere Zinken- oder eine kleinere Feinsäge) auf der Abfallseite auf halbem Riß schneidet. Wenn Sie sich einen präzisen Sägeschnitt noch nicht zutrauen, vertiefen Sie zuerst den Riß mit dem Anreißmesser und einer gestemmten halben V-Nut auf der Ab-

fallseite. In dieser halben V-Nut (mit einem senkrechten und einem schrägen Schenkel) schneidet die Säge exakt am Riß an.

Entfernen des Abfalls

5 Nach dem Sägen der Brustflächen entfernen Sie den Abfall mit dem Beitel bis hinunter zum Tiefenriß. Stemmen Sie von beiden Seiten aus mit leicht nach oben weisender Beitelklinge, um nicht versehentlich zu tief zu stemmen.

Wenn Sie wollen, können Sie auch zusätzlich einen oder zwei Sägeschnitte in der Mitte des Abfalls führen; dann können Sie besser beurteilen, wie tief Sie auf den beiden Seiten gestemmt haben.

6 Wenn die gestemmte Fläche geputzt ist, kann mit dem Fügen begonnen werden.

Weitere Verfahren

7 Obwohl Sägen und Stemmen einer Kreuz-Blattverbindung eine recht nützliche Übung sind, möchten Sie vielleicht lieber Ihre Oberfräse einsetzen und mehrere Teile mit einem Mal bearbeiten. Das reduziert den Zeitaufwand für das ganze Stück beträchtlich.

Legen Sie die vier gleichen Teile zusammen, und spannen Sie eine Leiste oder ein Brett als Führung für die Fräse darüber. Auf diese Weise kann eine der Brüstungen und der Grund der Vertiefung mit einer Maschineneinstellung gearbeitet werden.

Um die volle Tiefe zu erreichen, müssen möglicherweise zwei oder drei Fräsgänge ausgeführt werden.

7

8

Für die zweite Brüstung wird eine zweite Führung aufgespannt. Weniger genau wäre das Umspannen der ersten Führung in die zweite Position.

Ein guter Sitz

8 Probieren Sie jetzt, wie die Teile ineinander passen. Weil Sie die Brüstungen bewußt eng gesägt haben, dürfte der erste Fügeversuch mißlingen.

Wenden Sie keine Gewalt an, sondern heben Sie auf einer oder beiden Seiten des rechten Teils einen dünnen Span ab.

9

9 Wenn Sie beide Seiten bestoßen, lockern Sie die Verbindung ziemlich rasch. Arbeiten Sie also mit Bedacht, und prüfen Sie die Verbindung nach jeweils einem Hobelstrich.

Formen der Enden

10 Jetzt werden die pyramidenförmigen Flächen an allen Enden der Tischbeine (außer an den unteren Enden) angerissen. Zeichnen Sie mit einem Bleistift einen feinen Riß in 10 mm Abstand von der Hirnfläche rings um die Leiste. Das ist die Grundlinie der Pyramide. Dann reißen Sie auf der Hirnfläche ein Kreuz an.

11 Entfernen Sie den Abfall mit einer kleinen Rückensäge, und hobeln Sie das Hirnholz mit einem Putz- oder einem kleinen Hirnholzhobel bis an die Bleirisse.

Vorbereitung der Oberflächenbehandlung

12 Weil alle Teile vor dem Zusammenbau bestoßen worden sind, ist vor der Oberflächenbehandlung nur noch ein leichtes Schleifen erforderlich. Beginnen Sie mit einem 120er oder 150er Schleifpapier, das Sie um einen Schleifkork gelegt haben, und schleifen Sie mit feineren Körnungen weiter bis Körnung 180. Ahorn ist ein sehr dichtes Hartholz und wird extrem glatt; schleifen Sie, wenn Sie die Zeit und die Geduld haben, weiter bis Körnung 320. Ansonsten reicht für alle Hölzer, die mit einem Handhobel bestoßen worden sind, Schleifpapier mit Körnung 180 oder sogar schon 150 aus. Wenn Sie am Schluß einen Lack auftragen wollen, schleifen Sie nicht feiner als mit Körnung 240, damit der Lack ausreichend haftet.

13 Der zarte, zeitgemäße Eindruck, der durch das verwendete Ahornholz hervorgerufen wird, bleibt erhalten, wenn das Stück mit einem klaren, nichtfärbenden Mittel oberflächenbehandelt wird. Ein Wachs läßt sich am leichtesten auftragen und hat den Vorteil, den Farbton des Holzes nur geringfügig zu verändern. Obwohl es das Holz nur schwach gegen Fingerabdrücke oder gar heiße Flüssigkeiten schützt, könnte für unseren Tisch ein Wachs verwendet werden, weil die Glasplatte eine gewisse Schutzfunktion für das Holz hat. Eine andere Möglichkeit ist ein leichtes Versiegeln mit klarem Schellack oder mit zwei oder drei Schichten dünnen Dänischen Öls.

Tragen Sie das Mittel mit einem Tuch auf, und decken Sie zuvor alle Flächen ab, die später mit Leim bestrichen werden sollen.

Zusammenbau

14 Planen Sie den Zusammenbau wie folgt: Zuerst werden die beiden Kreuze aus jeweils zwei Querhölzern zusammengesetzt. Die Querhölzer haben eine Blattung in der Mitte und zur Aufnahme der Tischbeine Blattungen an den Enden, letztere in einer um 90° gegenüber der Blattung in der Mitte gedrehten Ebene. Die Tischbeine haben jeweils zwei Blattungen, eine für das obere Querholzkreuz und eine für das mittige Querholzkreuz. Probieren Sie den Zusammenbau zunächst trocken, d.h. ohne Leim. Wenn alle Verbindungen in Ordnung sind, werden zuerst die Querholzkreuze verleimt und, nachdem der Leim ausgehärtet ist, die Beine eingeleimt. Das Tischgestell ist jetzt fertig.

Tragen Sie Leim stets auf alle Fügeflächen einer Verbindung dünn auf, und fügen Sie dann die Verbindung.

15 Pressen Sie die Verbindung mit einer Zwinge zusammen, bis ein wenig Leim aus den Fugen austritt. Wischen Sie den Leim nicht ab, sondern lassen Sie ihn trocknen.

16 Weil die Teile mit einem Wachs oder Öl behandelt worden sind, haftet der Leim nicht sehr fest. Er kann nach dem Trocknen relativ leicht mit einem Beitel entfernt werden.

17 Setzen Sie nun die selbsthaftenden Gummipuffer ein – fünf für jede Platte.

18 Legen Sie zum Schluß die Glasplatten auf. Ihr Tisch ist vollendet.

Dübelverbindungen

Die Dübelverbindung ist eine einfache Erweiterung des Stumpfstoßes, bei dem zwei plane Flächen (Schmal- oder Breitflächen) ohne gemeinsame Struktur einfach zusammengeleimt werden. Bei der traditionellen Dübelverbindung werden Dübel – kurze, kreisrunde Stifte aus Buchenholz, aber auch aus Metall oder Kunststoff – in die Fügeflächen eingepaßt, wobei sie die Leimfläche vergrößern und die Strukturfestigkeit erhöhen.

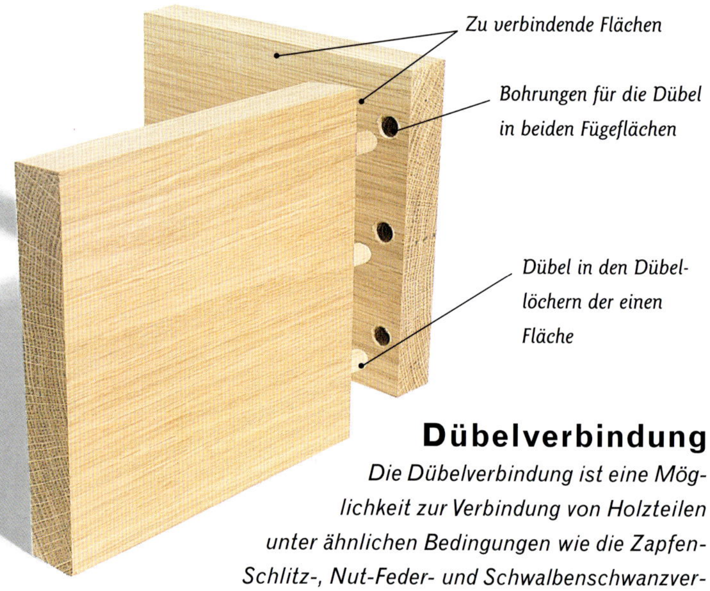

Dübelverbindung

Die Dübelverbindung ist eine Möglichkeit zur Verbindung von Holzteilen unter ähnlichen Bedingungen wie die Zapfen-Schlitz-, Nut-Feder- und Schwalbenschwanzverbindung. Dübel – das sind im allgemeinen kurze, hölzerne Stifte – sind die verbindenden Strukturelemente. Anstelle der runden Dübel können plattenförmige Dübel verwendet werden.

Der Runddübel kann für alle Rahmen- und Korpusverbindungen verwendet werden, die nicht allzu sehr belastet werden. Weil die Dübelverbindung rasch ausgeführt werden kann, ist sie eine günstige Alternative gegenüber festeren, aber komplizierten Verbindungen.

Eine Weiterentwicklung des Runddübels ist der Plattendübel (auch Lamellofeder genannt). Hier werden anstelle des runden Dübels dünne, elliptisch geformte Stücke aus gepreßter Buche in einen Schlitz eingesetzt. Der Feuchtegehalt des Leims läßt das Plättchen aufquellen, wodurch eine ziemlich feste Verbindung entsteht. Die Schlitze werden mit der Plattendübelfräse gefertigt.

Varianten

Rund- und Plattendübelverbindung sind sehr anpassungsfähig und können leicht an Stellen verwendet werden, an denen andere Verbindungen schwer auszuführen sind, z.B. wenn die Fügeflächen nicht rechtwinklig aneinanderstoßen. Sie lassen sich auch gut anstelle der Flächenwinkelverbindung verwenden.

Weitere Informationen

Plattendübelfräse 43

Bohr- und Stemmaschinen 44

CD-Box (Bauanleitung) 112

Flächenwinkelverbindungen 138

Werkzeuge und Ausstattung

Dübelbohrvorrichtungen können käuflich erworben werden, lassen sich aber auch leicht selbst herstellen.

Zur Herstellung der Verbindung selbst oder der Vorrichtung ist eine Standbohrmaschine von Nutzen. In der Industrie werden Waagerechtbohrmaschinen eingesetzt, und auch Sie können sich, sollten viele Dübelverbindungen ausgeführt werden müssen, leicht eine solche Maschine bauen, indem Sie eine tragbare Bohrmaschine in einen Waagerechtbohrständer einsetzen. Saubere Dübellöcher werden am besten mit einem Spiralbohrer mit Zentrierspitze gebohrt. Die Spitze des Bohrers läßt sich leicht genau aufsetzen. Die Bohrergrößen sind an die gängigen Dübeldurchmesser angepaßt und meist mit einem Tiefenanschlag aus Gummi ausgestattet (ein um den Bohrer geklebtes Stück Klebeband verrichtet dieselben Dienste).

Als Anreißhilfen stehen spezielle Dübelspitzen zur Verfügung. Sie haben denselben Durchmesser wie der Dübellochbohrer, einen kleinen Bund und eine Spitze. Nachdem die Dübellöcher in einem der zu verbindenden Bauteile gebohrt sind, werden die Dübelspitzen in die Dübellöcher eingesetzt. Das andere Teil wird aufgelegt und mit dem Klüpfel angeschlagen, wodurch seine Dübellöcher markiert werden.

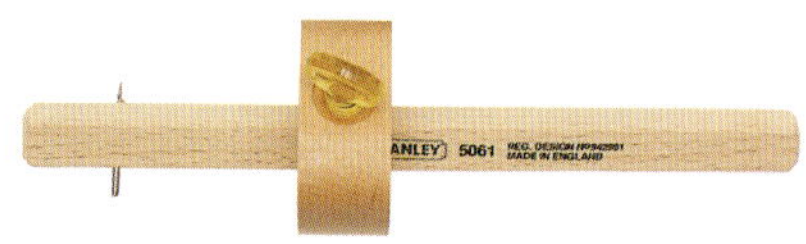

- Streichmaß
- Anschlagwinkel
- Bleistift
- Standbohrmaschine
- Spiralbohrer mit Zentrierspitze (mit Tiefenanschlag oder Klebeband)
- Sperrholzstück (75 bis 100 mm breit, 6 mm dick)
- Schraubzwingen
- Stifte und Hammer
- Leim und Pinsel
- Kegelsenker
- Klebeband
- Klüpfel

Ausführen einer Runddübelverbindung

Anreißen

1 Ziel ist das Anreißen von zwei einander entsprechenden Reihen von Lochmitten auf den beiden Holzteilen. Schmal- und Breitfläche werden in gleicher Weise angerissen.

Stellen Sie ein Schneidenstreichmaß auf halbe Brettdicke ein; reißen Sie am Ende des Teils an.

2 Markieren Sie die Dübellöcher durch kurze Querrisse; verwenden Sie dazu einen kleinen Anschlagwinkel. Der Dübelabstand hängt vom Dübeldurchmesser und von der Art der Verbindung ab. Für 8-mm-Dübel beträgt der Abstand bei Rahmenarbeiten 25 mm und bei Breitenverbindungen 75 bis 100 mm.

Reißen Sie die Lochmitten nur auf der Breitfläche an. Zeichnen Sie die Bleistiftrisse bis an das Hirn.

3 Übertragen Sie die Positionen der Lochmitten auf das andere Bauteil.

4 Mit dem Schneidenstreichmaß wird dann auf der Hirnfläche eine Mittellinie angerissen.

5 Die übertragenen Risse werden mit dem kleinen Anschlagwinkel auf die Hirnfläche abgewinkelt.

Dieses Anreißverfahren ist geeignet, wenn die Bohrungen ohne Vorrichtung gebohrt werden sollen. Schon bei mehr als ein oder zwei Verbindungen lohnt sich das Anfertigen einer Vorrichtung (siehe nächste Seite). Anstelle mit Streichmaß und Bleistift könnten die Lochmitten auch mit Vorstecher oder Körner markiert werden, damit die Spitze des Dübellochbohrers in der exakt richtigen Position aufsetzt.

6 Wenn Sie nicht mit einer Vorrichtung arbeiten, bohren Sie jetzt die Dübellöcher in die beiden Fügeflächen. Zuerst bohren Sie die Breitseite, wobei Sie das Brett mit einer Schraubzwinge auf der Bankplatte festklemmen.

7 Klemmen Sie das andere Bauteil in den Schraubstock, und bohren Sie die Löcher in die Hirnfläche.

Anfertigen einer Bohrvorrichtung

8 Eine Bohrvorrichtung hat zwei Funktionen: Sie macht das Anreißen größtenteils überflüssig, und sie führt den Bohrer, wodurch die Genauigkeit erhöht wird.

Die Bohrvorrichtung wird aus einem Stück Holz mit derselben Dicke wie die zu verbindenden Teile gefertigt. Das Stück hat einen rechtwinkligen Querschnitt und dieselbe Länge wie die Verbindung. Die Schmalseite des Rechtecks wird in derselben Weise wie eine Dübelverbindung mit Mittellinie und Querrissen für die Dübellöcher angerissen. Jede Ungenauigkeit der Vorrichtung wird auf alle mit ihr ausgeführten Verbindungen übertragen, arbeiten Sie also sehr sorgfältig.

Gebohrt wird am besten mit einer Tischbohrmaschine oder einer im Bohrständer eingespannten Elektrobohrmaschine. Die Bohrungen in der Vorrichtung werden mit demselben Bohrer wie später die Dübellöcher gebohrt.

9 Für Holzbohrer werden Bohrtiefenanzeiger angeboten. Das sind straffsitzende Ringe aus Gummi, die auf dem Bohrer in die entsprechende Position geschoben werden können. Sie zeigen an, wenn die richtige Bohrtiefe erreicht ist. Diese ist gleich der Dicke der Vorrich-

tung plus halbe Länge des Dübels plus 2 mm Zugabe.

10 Ein Stück Sperrholz mit derselben Länge wie die Vorrichtung, 75 bis 100 mm breit und 6 mm dick, wird an der Seitenfläche der Vorrichtung aufgeleimt und verstiftet.

11 Legen Sie das Bauteil, an dem die Breitseite zu bohren ist, auf die Bankplatte; das Ende mit der Verbindungsfläche steht über. Klemmen Sie das Brett fest, wobei Sie den Bereich der Verbindung frei lassen. Legen Sie die Flächen von Vorrichtung und Bauteil bündig, und befestigen Sie die Vorrichtung mit Stiften durch die Sperrholzplatte oder mit kleinen Zwingen am Bauteil.

Prüfen Sie den Sitz des Tiefenanschlags. Halten Sie die Bohrmaschine während des Bohrens gut fest. Schalten Sie die Maschine erst ein, wenn der Bohrer in die Vorrichtung eingeführt ist.

Befestigen Sie dann in analoger Weise die Vorrichtung an dem Teil, an dem in die Hirnfläche zu bohren ist.

12 Nach dem Bohren werden die Dübellöcher mit dem Kegelsenker leicht angefast. Das erleichtert das Ausrichten beim Fügen, außerdem nimmt die Fase überschüssigen Leim und etwa vorhandenen Staub auf. An den Kanten der Verbindung aufgeklebtes Klebeband erleichtert das Auftragen des Leims und das spätere Säubern. Tragen Sie Leim auf den Fügeflächen und Bohrungen beider Teile und an den Dübeln auf. Schlagen Sie die Verbindung zusammen, und spannen Sie diese fest, bis der Leim erhärtet ist.

Bau einer Plattendübelverbindung

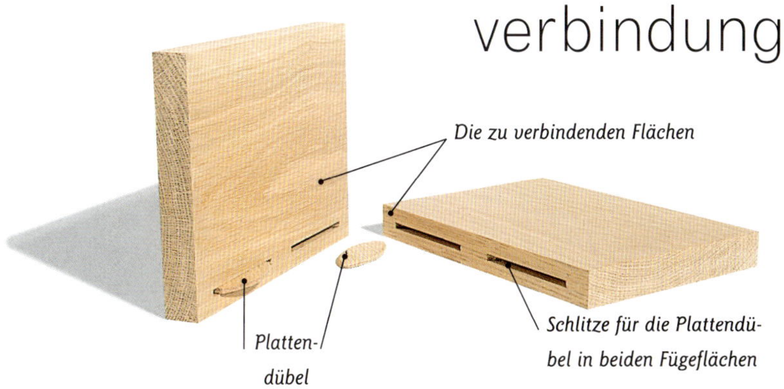

1 Das Anreißen der Plattendübelverbindung ist einfacher als das Anreißen von Dübellöchern, weil die Plattendübelfräse vorgegebene Mitten- und Endmarken hat. Der Dübelabstand braucht nicht enger als 150 mm gewählt zu werden. Dübelpositionen werden mit einem kurzen Querriß markiert.

2 Drücken Sie die Anlageschiene der Maschine gegen die Breitseite, und bringen Sie die Mittellinie der Grundplatte in Deckung mit dem Riß. Tauchen Sie die Säge bis zur voreingestellten Tiefe in das Holz. Für einen Stumpfstoß wiederholen Sie dies am anderen Teil. Für eine Winkelverbindung legen Sie die Schiene gegen die Schmalfläche des anderen Teils und sägen auf die voreingestellte Tiefe in die Breitseite.

Leimen und Zusammenbau gehen wie bei der Runddübelverbindung vor sich.

CD-Box *(Zeichnung siehe Seite 212)*

Oben: Vorderwand des Kästchens mit dem Fingerloch, bei geöffnetem Deckel.

Das Hartholzkästchen für CDs ist eine einfache Korpuskonstruktion mit stumpfen (verdeckten) Dübelverbindungen; anstelle der Runddübel können auch Plattendübel oder Stifte verwendet werden. Die Seitenteile sind nach hinten leicht schräg geschnitten, so daß an den Schwenkzapfen des Deckels mehr Holz vorhanden ist. Dadurch erhält das Kästchen an diesen Stellen erhöhte Stabilität.

Zuerst wird das Holz ausgewählt, und zwar so, daß die Maserung an allen seitlichen Wänden waagerecht verläuft. Schneiden Sie dann alle Teile auf Maß, wie in der Schnittliste angegeben. Die Frontplatte sollte allerdings in der Höhe ein wenig Übermaß haben; das erleichtert die Anfertigung des Fingerlochs. Außerdem muß der Deckel etwas schmaler sein als das Innenmaß des Kästchens. Dadurch läßt er sich leichter bewegen, und die Holzflächen an den Seiten werden nicht beschädigt.

Werkzeugliste

Anschlagwinkel

Bleistift

Maßstab

Spiralbohrer mit Zentrierspitze (mit Tiefenanschlag oder Klebeband)

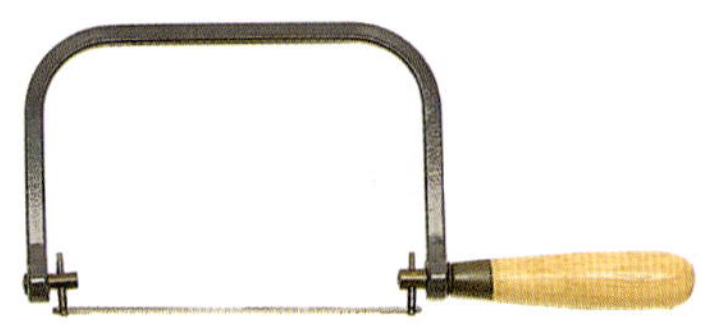

Bügelsäge oder Standbohrmaschine mit Forstnerbohrer oder Lochsäge

Hirnholzhobel

Türspanner

Leim und Pinsel

Schabbeitel

Weitere Informationen

Montagewerkzeuge: Zwingen und Spanner 30

Bohr- und Stemmaschinen 44

Bearbeiten der Schmalflächen und Schneiden auf Breite 54

Genaues Anreißen 56

Hobeln mit der Hand 58

Sägen mit der Bügelsäge 63

Stemmen 64

Die Oberfräse als Bearbeitungszentrum 72

Mittel und Verfahren der Oberflächenbehandlung 92

Dübelverbindungen 108

Kleber für Holzarbeiten 207

SCHNITTLISTE UND MATERIAL

Bauteil	Anzahl	Endmaße
A Seitenwände*	2	245 x 175 x 12 mm
B Vorderwand	1	130 x 157 x 12 mm
C Rückwand	1	130 x 147 x 12 mm
D Grundplatte	1	215 x 130 x 12 mm
E Deckel	1	251 x 130 x 12 mm
Holz (Vorschlag)		A, B, C, D und E: Ahorn
Weitere Teile Gerillte Dübelleiste, Durchmesser 5 oder 6 mm, 400 mm lang, in 15 mm lange Dübel getrennt		
Oberflächenbehandlung (Vorschlag) Ölpolitur		
Andere Hölzer		Jedes nicht zu schwer zu bearbeitende Hartholz, wie Kirsche oder Walnuß
Anmerkung *Es sind die Größtmaße angegeben; die Seitenwände werden nach hinten leicht schräg geschnitten.		

Oben: Eine hintere Ecke des Kästchens. Zu erkennen sind die gerundete Kante des Deckels und die Schrägung der Seitenwand zur Verstärkung des Bereichs um den Schwenkzapfen.

Unten: Eine vordere Ecke des Kästchens. Die gerundete Vorderkante des klappbaren Deckels steht ein wenig über.

Ganz unten: Die nach hinten leicht ansteigend gesägte obere Kante der Seitenwand.

Bauanleitung

1 Das Kästchen wird in zwei Schritten zusammengebaut. Zuerst werden die Vorder- und die Rückwand mit der Grundplatte verdübelt, dann werden die Seitenwände mit Vorder- und Rückwand sowie Grundplatte verbunden.

Anreißen der Dübellöcher

2 Weil die Seitenwände hinten und oben leicht schräg geschnitten sind, werden die Dübellöcher folglich nicht parallel zur hinteren und zur oberen Kante des Brettes angerissen. Legen Sie den Anschlagwinkel an die anderen Kanten an.

3 Reißen Sie die Dübellöcher mit Winkel und Maßstab sehr genau an.

Bohren der Dübellöcher

4 Bohren Sie mit einem Holzbohrer, dessen Spitze sich genau auf die angerissenen Dübellochmitten aufsetzen läßt. Ein Anschlagring aus Gummi zeigt Ihnen, wann die zu bohrende Tiefe erreicht ist; bedenken Sie aber, daß der Gummiring beim Bohren nach oben verschoben werden kann und Sie dann zu tief bohren. Sie können auch Klebeband rings um den Bohrer kleben.

Wenn die Dübellöcher gebohrt sind, prüfen Sie durch trockenen Zusammenbau, ob die Positionen stimmen. Nehmen Sie dafür am besten einen Satz Dübel mit denselben Nennmaßen wie die endgültigen Dübel, deren Durchmesser aber durch Walzen unter einem schweren Gewicht ein wenig verkleinert worden ist. Damit können Sie das Kästchen leicht zusammensetzen, die Lochpositionen überprüfen und ebenso leicht wieder auseinandernehmen.

Schneiden des Fingerlochs

5 Nun schneiden Sie mit der Bügelsäge das Fingerloch. Sie können es auch mit Forstnerbohrer oder Lochsäge (Radius 20 mm) auf einer Standbohrmaschine bohren, wenn Sie das Bauteil mit Übermaß zugeschnitten haben, so daß die Lochmitte zur Führung der Bohrerspitze auf Holz liegt.

Schneiden Sie nach dem Bohren des Fingerlochs das Teil auf Maß.

6 Das Fingerloch kann jetzt auf eine für den Finger angenehme Form geschliffen werden. Sie können die Kanten auch mit einem Halbrundfräser auf der Oberfräse abrunden, wobei Sie aber nur die Kanten bearbeiten, die der Finger berührt.

Abrunden der Deckelkanten

7 Die Rundungen der vorderen und hinteren Deckelkante werden erzeugt, indem Sie diese zunächst an den Schmalseiten mit dem Bleistift anzeichnen und dann mit einem kleinen Hirnholzhobel dünne Späne abheben, bis der Riß so gut wie erreicht ist. Dann schleifen Sie die Rundungen mit einem groben Schleifpapier (Körnung 120) auf dem Schleifkork an.

1

2

3

4

5

6

7

8

9

Oberflächenbehandlung

8 Nachdem Sie geprüft haben, daß sich das Kästchen zusammenbauen läßt, beginnen Sie die Oberflächenbehandlung, und zwar an den Flächen, die sich nach dem Zusammenbau nicht mehr gut behandeln lassen: an den Innenflächen und der Unterseite des Kästchens und der Unterseite des Deckels. Alle diese Flächen werden sorgfältig über Körnung 120 und 150 bis hinab zu Körnung 180 geschliffen. Entfernen Sie immer alle Schleifspuren des vorherigen Arbeitsgangs, besonders die des groben 120er Papiers.

Behandeln Sie die Oberfläche dem Charakter des Holzes entsprechend. In unserem Falle wurde eine Ölpolitur in drei Schichten aufgetragen. Decken Sie dabei die Bereiche ab, die mit Leim eingestrichen werden müssen.

Zusammenbau

9 Jetzt werden die Vorder- und die Rückwand mit der Grundplatte verdübelt. Günstig ist dafür ein Türspanner, wie im Bild gezeigt. Die Leiste oben ist ein Abfallstück, das exakt auf das Innenmaß des Kästchens zugeschnitten wurde. Sie sorgt für Parallelität der Vorder- und Rückwand. Diese Leiste wird nicht befestigt und nach dem Erhärten des Leims einfach herausgenommen.

Spannmarken auf den Außenseiten des Kästchens stören jetzt nicht; die Außenseiten werden nach dem Zusammenbau geschliffen.

10 Nun werden die Seitenwände angebracht. Vergessen Sie nicht, die Schwenkzapfen hinten oben in die Seitenwände einzudrücken, damit der Deckel beim Anbau der Seitenwände eingesetzt werden kann.

Auch wenn Sie sehr rasch arbeiten wollen, achten Sie darauf, daß Sie die Teile nicht in falscher Lage anbauen. Sehr praktisch ist es, die einzelnen Verbindungen mit farbigen Klebebandabschnitten zu kennzeichnen. Sie können auch die aneinanderstoßenden Teile mit Buchstaben markieren: A-A, B-B usw.

10

11

12

11 Mit einem feinen Künstlerpinsel aus echten Borsten werden alle Fügeflächen schwach mit Leim versehen: ein Tropfen Leim in die Dübellöcher, eine sorgfältig verstrichene kleine Menge Leim auf die aneinanderstoßenden Flächen. Beim Fügen soll auf keinen Fall viel Leim herausgequetscht werden, denn es kostet Sie Zeit, ihn zu entfernen. Für das Kästchen ist PVAC-Kleber zu empfehlen, er hat aber nur eine Offenzeit von weniger als 5 min, so daß Sie rasch und genau beleimen müssen. Spannen Sie mit Türspannern, wie im Bild gezeigt.

12 Wenn der Leim erhärtet ist, können Sie den herausgetretenen Leim mit dem Schabbeitel vorsichtig entfernen.

Jetzt werden die Außenflächen mit dem Handhobel und Schleifpapier geputzt und wie die Innenflächen oberflächenbehandelt.

Zum Schluß könnten Sie, wenn Sie wollen, die Innenseite der Grundplatte mit Filz, Leder oder Samt bekleben, damit die CDs geräuschlos in die Box gestellt werden können.

Zapfen-Schlitz-Verbindungen

Die Zapfen-Schlitz-Verbindung ist eine feste Verbindung, die vorwiegend für Rahmenkonstruktionen, aber auch für Korpusse verwendet wird. Der Zapfen, ein Vorsprung mit rechteckigem Querschnitt, wird in das ebenfalls rechteckige Zapfenloch eingesteckt.

Weil die Zapfen-Schlitz-Verbindung eine beträchtliche Festigkeit aufweist, ist sie für stärker belastete Rahmenkonstruktionen ideal geeignet. Bei den Rahmen von Tischen wird sie oft durch die Dübelverbindung ersetzt, die aber schwerlich ebenso dauerhaft ist. Rahmen von Türen mit Qualität sind normalerweise mittels Zapfen und Schlitz verbunden; die Zapfen-Schlitz-Verbindung wird überhaupt in der holzverarbeitenden Industrie sehr häufig verwendet.

Die im folgenden besprochene Variante der Zapfen-Schlitz-Verbindung ist nicht die einfachste, aber sicher die brauchbarste.

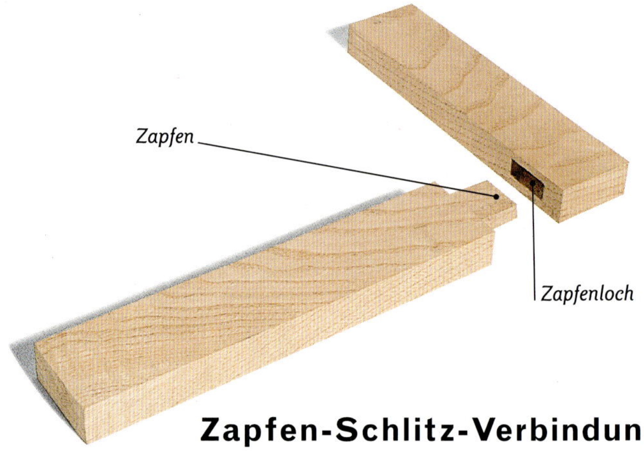

Zapfen-Schlitz-Verbindung

Bei der Zapfen-Schlitz-Verbindung hat das eine Bauteil ein rechteckiges Loch, genannt Zapfenloch, in der Schmalseite. Am Ende des anderen Bauteils ist durch Entfernen von Material ein Vorsprung, genannt Zapfen, ausgearbeitet worden, der genau in das Zapfenloch paßt.

Mögliche Varianten der Grundausführung

Für die verschiedenen Anwendungsfälle gibt es eine Vielzahl von Varianten. Die Verbindung mit durchgestecktem und verkeiltem Zapfen ergibt eine durchgehende Struktur und ist beispielsweise für Bauteile im Außenbereich besonders geeignet.

Bei Korpussen können mehrere Zapfen-Schlitz-Verbindungen hintereinander angeordnet werden. Die Zahl der Varianten ist endlos, und wenn Sie die Zapfen-Schlitz-Verbindung in einer neuen Situation anwenden, dann entwickeln Sie vielleicht eine weitere Variante.

Weitere Informationen

Genaues Sägen mit der Handsäge	**60**
Stemmen	**64**
Dübelverbindungen	**108**
Hobelbank (Bauanleitung)	**122**
Gehrungsverbindungen	**130**

Werkzeuge und Ausstattung

Die Zapfen-Schlitz-Verbindung eignet sich vorzüglich für maschinelle Bearbeitung, und mit vielen der vorhandenen Universalmaschinen läßt sich die Arbeit beträchtlich beschleunigen.

Mit der Elektrobohrmaschine im Bohrständer kann der größte Teil des Abfalls aus dem Zapfenloch entfernt werden, und es braucht lediglich von Hand nachgeputzt zu werden.

In den letzten Jahren sind kleine Tischstemmaschinen entwickelt worden, abgeleitet von den größeren Zapfenlochstemmaschinen der Industrie. Mit einem langen Hebel wird ein Kombiwerkzeug aus Schlangenbohrer und hohlem Stemmeisen mit quadratischem Querschnitt ins Holz gedrückt, so daß ein quadratisches Loch entsteht. Für einen rechteckigen Zapfenschlitz müssen mehrere quadratische Löcher gestemmt werden. Auch mit der Oberfräse und einem entsprechenden Fräswerkzeug lassen sich Zapfenlöcher sehr effektiv erzeugen.

Zum Sägen der Zapfenbrüstungen läßt sich die Gehrungssäge mit Längen- und Tiefenanschlag ausrüsten. Auch die Auslegerkreissäge, die Tischkreissäge und die Bandsäge lassen sich gut einsetzen.

- Anschlagwinkel
- Metallmaßstab
- Bleistift
- Zapfenstreichmaß

- Schlitzbeitel
- Streichmaß
- Klüpfel
- Bankhaken oder Schraubzwingen
- Klebeband
- Feinsäge
- Stechbeitel
- Putzhobel
- Leim und Pinsel
- Türspanner

Ausführen einer Zapfen-Schlitz-Verbindung

Anreißen

1 Zuerst wird das Zapfenloch angerissen und seine Länge festgelegt, die mindestens die halbe Dicke der Leiste betragen sollte. Das Zapfenloch darf nicht zu dicht am Leistenende sitzen, um ein Ausbrechen zu vermeiden. Deshalb wird die Leiste oft etwas länger zugeschnitten und der Überstand nach dem Zusammenbau entfernt.

Das Zapfenloch wird bei dünneren Holzteilen gern auch versetzt zur Mitte angeordnet, wiederum um ein Ausbrechen zu vermeiden. Bei dickeren Leisten oder T-Verbindungen sitzt es allerdings zentrisch. Die Zapfenlochlänge wird mit dem Anschlagwinkel durch Risse quer über das Holz angezeichnet. Zapfen-Schlitz-Verbindungen werden gewöhnlich in Serie ausgeführt und die Zapfenlöcher gruppenweise angerissen.

2 Reißen Sie die Brüstungen des Zapfens mit dem Anschlagwinkel ringsum sorgfältig an. Als Zapfenlänge werden im allgemeinen etwa zwei Drittel der Leistendicke gewählt.

Beginnen Sie an der Breit- oder Schmalseite, und pressen Sie den Winkel jedesmal gut an. Wenn sich der letzte und der erste Riß treffen, haben Sie ordentlich gearbeitet, und die Brüstungen werden bündig liegen.

3 Die Zapfenlochbreite sollte ein wenig mehr als ein Drittel der Leistendicke betragen. In der Praxis runden Sie auf die nächstgrößere Beitelbreite auf. Stellen Sie das Zapfenstreichmaß exakt auf die Beitelbreite ein. Diese Einstellung wird auch für den Zapfen benutzt. Achten Sie also darauf, daß sich das Streichmaß nicht verstellt.

4 Mit dem Zapfenstreichmaß werden Lage und Dicke sowohl des Zapfenlochs als auch des Zapfens angerissen.

Auf dem Bauteil, das den Zapfen erhält, wird der Riß am Leistenende begonnen und in Richtung der Maserung bis an den Querriß für die Brüstung herangeführt. Das Streichmaß wird an der Breitseite des Holzes geführt.

5 Zum Anreißen des Zapfenlochs stellen Sie das Streichmaß auf die Mitte der Leiste ein. Das geschieht am besten auf einem Stück Abfallholz, das dieselben Maße wie das Bauteil hat. Stellen Sie dann den Abstand der Sporne mit einem Metallmaßstab ein. Indem Sie das Streichmaß wechselweise an den beiden Seiten des Abfallteils führen, richten Sie es ein, bis die jeweils erzeugten Risse aufeinanderfallen.

6 Auf dem Bauteil selbst wird das Streichmaß nur an der Bezugsseite geführt. Die Risse müssen deutlich erkennbar sein und an den querverlaufenden Bleirissen enden. Wenn mehrere Zapfenlöcher ausgeführt werden sollen, werden alle in dieser Arbeitsphase angerissen.

Stemmen des Zapfenlochs

7 Stets wird mit dem Zapfenloch begonnen, damit der Zapfen später angepaßt werden kann. Klemmen Sie das Holzteil im Schraubstock bzw. mittels Bankhaken oder Schraubzwingen fest.

Bevor Sie mit dem Ausstemmen beginnen, zeichnen Sie je einen Riß in 3 mm Abstand vom Schlitzende. Bis hierher arbeiten Sie, und erst wenn die Lochtiefe erreicht ist, werden die Stirnflächen abgestemmt; dadurch bleiben sie unbeschädigt.

Als erstes werden mit dem Schlitzbeitel flache Einschnitte im Abstand von etwa 5 mm eingebracht. Sie müssen winklig zu den Wangen des Zapfenlochs liegen und dienen später als Führung für das Ausstemmen.

8 Stemmen Sie nun tiefer und kräftiger, und beginnen Sie, Späne herauszuhebeln, sobald sie gelockert sind. Mit dem Beitel wird kraftvoll, aber gut kontrolliert gearbeitet, nicht zögerlich, aber auch nicht leichtfertig, um das Bauteil nicht zu beschädigen.

Am Schluß ist es vorteilhaft, wenn Sie um die Beitelklinge ein Stück Klebeband kleben, um die auszustemmende Tiefe zu markieren. Stemmen Sie weiter, bis Sie diese Tiefe erreicht haben, und hebeln Sie stets die Späne aus. Der Grund des Zapfenlochs kann durch Schaben mit der Beitelschneide geputzt werden.

9 Mit einem frisch abgezogenen Beitel putzen Sie jetzt die Endflächen des Zapfenlochs. Wenn Sie die Risse für die Länge des Zapfenlochs auf den Seitenflächen abwinkeln, haben Sie eine visuelle Führung für den Beitel zur Verfügung. Das gewährleistet senkrechte Endflächen.

Schneiden des Zapfens

10 Die Wangen des Zapfens werden mit der Feinsäge geschnitten. Klemmen Sie das Werkstück im Schraubstock in einem Winkel, der 45° von Ihnen weg neigt. Sägen Sie von der oberen Ecke aus. Schraffieren Sie den Abfall, damit Sie die Säge stets auf der richtigen Seite des Risses ansetzen.

Nach den ersten beiden Sägestrichen spannen Sie das Teil um und sägen erneut. Wie bei allen anderen Verbindungen auch erreichen Sie einen genauen Sitz auf effektive Weise nur, wenn Sie sich die „Zeit für Genauigkeit" von Anfang an nehmen, nicht durch nachträgliches Korrigieren.

11 Klemmen Sie nun das Teil senkrecht im Schraubstock ein, und sägen Sie den Zapfen fertig. Die zuvor geführten schrägen Schnitte führen die waagerecht gehaltene Säge. Mit einigen wenigen zügigen Schnitten müßte der Zapfen fertig werden.

Sägen Sie dann die Zapfenseiten.

12 Die Zapfenbrüstungen werden ebenfalls mit der Feinsäge gesägt. Dazu wird das Teil waagerecht auf die Bankplatte geklemmt. Bankhaken oder Schraubzwingen sind gut geeignet, weil sie das Teil verläßlich festhalten. Ein Anschlagbrett ist ebenfalls brauchbar, das Werkstück wird aber nicht so sicher gehalten. Die Säge wird anfangs ein wenig nach vorn geneigt und nach dem Anschnitt waagerecht geführt. Dann wird auf der Gegenseite gesägt. Um die Brüstungen auf den Schmalseiten zu sägen, klemmen Sie das Teil im Schraubstock fest. Schneiden Sie an, indem Sie die Säge an den bereits fertigen Brüstungen der Breitseiten entlanggleiten lassen.

Zusammenbau

13 Putzen Sie die Brüstungen mit dem Schabbeitel. Arbeiten Sie von außen nach innen, um ein Ausbrechen an den Kanten zu vermeiden.

14 Jetzt können die Kanten und Ecken des Zapfens gebrochen werden, um das Fügen zu erleichtern.

15 Prüfen Sie, ob der Zapfen an allen vier Seiten paßt und am Grund ein kleiner Freiraum für den Leim vorhanden ist. Fehlt dieser Freiraum, kann die Leiste reißen.

Die inneren Schmalflächen der Leisten werden geputzt, weil sie nach dem Verbinden für den Hobel nicht mehr zugänglich sind. Dadurch verschwinden auch Bleistiftmarkierungen. Nun wird mit einem Pinsel Leim aufgetragen. Die Verbindung wird mit dem Türspanner geklemmt und trocknet unter Pressung.

Die fertige Verbindung wird dann mit dem Putzhobel geputzt. Der Hobel wird dabei diagonal zur Faser geführt, um die Oberfläche nicht zu beschädigen. Zum Abschluß wird mit Schleifpapier oder der Ziehklinge geglättet.

Hobelbank *(Zeichnung siehe Seite 214)*

Oben: Querholzende. Der Zapfen ist durch das Bankbein gesteckt und wird durch einen Keil gehalten.

Die Hobelbank ist der Mittelpunkt einer jeden Holzwerkstatt. Selbst diejenigen Holzhandwerker, die für die meisten Arbeiten Maschinen einsetzen, benötigen eine Werkbank für die Verbindungen und die Endbehandlung. Allzuoft, sogar in Handwerksbetrieben, ist die Hobelbank ungeeignet und in vernachlässigtem Zustand. Andererseits trägt eine gut konstruierte, ordentlich gepflegte Bank wesentlich dazu bei, daß Sie schnell und genau arbeiten können.

SCHNITTLISTE UND MATERIAL

Bauteil	**Anzahl**	**Endmaße**
A Beine	4	838 x 95 x 95 mm
B kurze Zargen	4	533 x 95 x 44 mm
C lange Zargen	2	991 x 146 x 44 mm
D Bankplatte*	1	1016 x 597 x 32 mm
E Kantenbrett	1	1016 x 95 x 16 mm
F Schraubstock-backe	1	254 x 95 x 16 mm
G Verstärkung für den Schraubstock	1	254 x 127 x 25 mm
H Keile	1	356 x 32 x 16 mm
Hölzer (Vorschlag)		A, B, C und H: Kiefer; D: Buche; E und F: Eiche; G: Sperrholz
Weiteres Material		
Schraubstock für Holzarbeiten, Grauguß	1	178 mm
Vierkantholzschrauben und Unterlegscheiben	4	51 x 6 mm
Holzschrauben	4	51 x 5 mm
Holzschrauben	6	38 x 5 mm
Holzschrauben	2	25 x 5 mm
Ausgleichswinkel	6	
Bankanschlag	1	
Holzschrauben	2	25 x 4 mm
Oberflächenbehandlung (Vorschlag)		Wachs; falls erwünscht, Polyurethan
Andere Hölzer		Jedes zähe, feinfasrige Hartholz
Anmerkung *Die Vollholzbankplatte wird aus schmalen Brettern (100 bis 150 mm breit) zusammengeleimt. Lassen Sie in der Dicke ein Übermaß von etwa 3 mm zum Putzen nach dem Zusammenbau.		

Werkzeugliste

Anschlagwinkel

Metallmaßstab

Bleistift

Streichmaß/Zapfenstreichmaß

Bohrwinde oder Elektrobohrmaschine, Spiralbohrer, Schlangenbohrer 16 mm, Kegelsenker

Abdeck- oder Packklebeband

Schlitzbeitel

Feinsäge

Anreißmesser

Stechbeitel

Putzhobel

Rauhbank

Kleiner Fuchsschwanz

Leim und Pinsel

Türspanner und Klemmleisten

Hammer

Schraubendreher

Ziehklinge

Feines Schleifpapier

Klüpfel

Schraubenschlüssel

Weitere Informationen

Die Hobelbank 14

Genaues Anreißen 56

Hobeln mit der Hand 58

Genaues Sägen mit der Handsäge 60

Stemmen 64

Mittel und Verfahren der Oberflächenbehandlung 92

Tisch mit Glasplatten (Bauanleitung) 102

Dübelverbindungen 108

Zapfen-Schlitz-Verbindungen 116

Rechts: Bankanschlag zum Herausklappen über die Bankplattenfläche. Wenn außer Gebrauch, wird er in der unteren Lage festgeschraubt.

Unten: Die Bankplatte ist aus Brettern zusammengeleimt. Die Maserung wurde so ausgesucht, daß die Platte möglichst stabil ist und sich nicht wirft.

Unten links: Kräftiger Metallschraubstock mit hölzernen Backen.

Bauanleitung

Nach der folgenden Anleitung bauen Sie die Grundausführung einer soliden Hobelbank in etwa der kleinsten, noch sinnvollen Größe. Schraubstock und Bankanschlag in Verbindung mit einem Paar Schraubzwingen bieten eine Vielzahl von Klemmöglichkeiten. Wenn es der verfügbare Platz erlaubt, können Sie die Hobelbank in derselben Konstruktion auch größer ausführen: bis zu einer Länge von etwa 2,5 m.

Die Bank besteht aus Vollholz. Das Kieferngestell mit kräftigen Zapfen-Schlitz-Verbindungen ist sehr steif. Die Bankplatte besteht aus Buche, einem zähen und relativ kostengünstigen Hartholz. Sie könnte auch aus zwei miteinander verschraubten Sperrholzplatten von je 25 mm Dicke gefertigt werden. Die vordere Backe des Schraubstocks besteht aus Eiche, ebenso das Kantenbrett der Bankplatte, das die hintere Schraubstockbacke bildet und das Klemmen auch langer Teile ermöglicht, wenn zusätzlich Schraubzwingen angesetzt werden.

Es ist ein stabiler, mittelgroßer Schraubstock vorgesehen, dessen Metallteile nicht über die Bankplatte ragen, so daß keine Gefahr für die wertvollen Werkzeugschneiden besteht.

Für den Schutz der Bankplatte beim Leimen und Oberflächenbehandeln ist eine Abdeckplatte aus Hartfaser oder Sperrholz mit den Maßen der Bankplatte von Nutzen. Für das Klemmen von Metallteilen im Schraubstock sollten abnehmbare Alubacken vorhanden sein.

Das Gestell

1 Reißen Sie die Zapfen-Schlitz-Verbindungen der kurzen Zargen an, wie zuvor beschrieben. Die Zapfen sind hier einfacher gestaltet, weil die Schmalflächen der Zargenhölzer erhalten bleiben.

2 Der Abfall läßt sich aus langen Zapfenlöchern am besten mit der Bohrwinde entfernen. Wenn Sie ziemlich langsam arbeiten, haben Sie eine gute Kontrolle über die erreichte Tiefe. Bringen Sie am Bohrer eine Tiefenmarke in Form eines Klebebandes an. Eine Elektrobohrmaschine, günstigerweise im Bohrständer gehalten, könnte ebenfalls verwendet werden.

3 Putzen Sie die Zapfenlöcher mit dem Schabbeitel an den Seiten- und Endflächen. Die Zapfenlöcher müssen ein wenig kürzer sein als die Breite der Zapfen, weil beim Zusammenbau von den Schmalflächen der Zargen noch ein dünner Span abgehoben wird.

4 Sägen Sie die Zapfenwangen mit der Feinsäge. Das Werkstück ist im Schraubstock festgeklemmt, damit Sie einen sauberen Schnitt erzielen.

5 Um saubere Brüstungen zu schneiden, zeichnen Sie zuerst mit Anreißmesser und Beitel einen V-förmigen Riß. Dadurch entsteht eine kleine Rinne, die die Feinsäge beim Anschneiden führt und Genauigkeit beim Sägen der breiten Hölzer gewährleistet.

6 Zuletzt werden die Schmalflächen der Zargen mit dem Putzhobel geputzt. Prüfen Sie immer wieder den Sitz der Verbindungen – die Zapfen müssen stramm sit-

zen. Prüfen Sie auch die Tiefe der Zapfenlöcher – es muß am Grund ein Freiraum von etwa 3 mm Tiefe für den Leim vorhanden sein. Leimen Sie jetzt noch nicht!

7 Reißen Sie die Zapfen-Schlitz-Verbindungen der langen Zargenhölzer (Schwingen) an. Die Zapfen sind durchgehend und werden verkeilt; sie müssen viel länger als normal sein. Auch das Zapfenloch ist durchgehend. Reißen Sie wie bekannt an, und winkeln Sie dann mit dem Anschlagwinkel die Länge auf die Gegenseite ab.

Die Breite der Zapfenlöcher reißen Sie mit dem Zapfenstreichmaß an. Achten Sie sorgfältig darauf, daß der Streichmaßkörper stets an der Führungsfläche anliegt. Schraffieren Sie den Abfall.

Reißen Sie nun die Zapfen an. Diesmal werden an allen vier Seiten Brüstungen gesägt. Die schmalen Schlitze für die Keile werden erst nach dem Schneiden der Zapfen angerissen.

8 Der durchgehende Zapfen ist eine einfache Weiterentwicklung des stumpfen Zapfens. Zuerst stemmen Sie das Loch bis zu etwa zwei Drittel der Tiefe aus, dann drehen Sie das Teil um und stemmen von der anderen Seite durch. Am Ende putzen Sie das Loch auf Riß am senkrecht eingespannten Teil. Arbeiten Sie ebenfalls von beiden Seiten nach innen. Stoßen Sie den Beitel nicht durch; das könnte die Verbindung beschädigen.

6

7

8

9 Der Zapfen ist so lang, daß er nicht mit der Feinsäge gesägt werden kann. Sie verwenden für die Wangen und die Seiten des Zapfens einen kleinen Fuchsschwanz. Prüfen Sie den Verlauf des Schnittes ständig. Wenn Sie sich keinen genauen Schnitt zutrauen, schneiden Sie auf der Abfallseite, und putzen Sie mit einem breiten Stechbeitel nach. Sie können auch mit der Bandsäge sägen.

10 Auch hier ist es für das Sägen der Brüstungen zweckmäßig, eine V-förmige Kerbe einzuarbeiten, um die Säge beim Anschneiden sicher zu führen. Weil die Stabilität der Hobelbank dadurch bedingt ist, daß die Keile die Brüstungen gegen die Seitenflächen der Bankbeine ziehen, müssen Sie sehr genau arbeiten.

Sägen Sie dann die Brüstungen an den Schmalflächen, und glätten Sie alle Brüstungen mit dem Beitel. Die durchgehenden Zapfen müssen mit sehr wenig Spiel gleitend sitzen. Markieren Sie auf dem Zapfen die Stelle, an der er aus dem Bankbein heraustritt.

9

10

11 Reißen Sie die kleinen Schlitze für die Keile an, und stemmen Sie diese aus. Die Keilschlitze sind 25 mm lang und 16 mm breit. Setzen Sie den Beitel 3 mm vor dem Riß, der die Außenseite des Bankbeins markiert, an, so daß der Schlitz nach dem Zusammenbau teilweise innerhalb des Beins liegt.

Zum Ausstemmen des Schlitzes klemmen Sie das Teil auf die Bankplatte, und legen unter den Zapfen ein Stück Abfallholz. Dann brauchen Sie das Teil nicht zu wenden. Die größte Menge Abfall entfernen Sie zuerst mit einem Schlangen- oder Spiralbohrer, dann putzen Sie mit dem Beitel.

11

12 Hobeln Sie die Fasen mit dem Putzhobel oder der Rauhbank bei waagerecht im Schraubstock festgespanntem Werkstück. Versehen Sie alle langen Kanten mit einer etwa 3 mm breiten, planen Fase. Durch die Fasen werden die scharfen Kanten gebrochen und Splitter beseitigt, außerdem verringert sich die Gefahr der Beschädigung des Gestells.

Zusammenbau

13 Bestreichen Sie die Zapfenlöcher und Zapfen mit Leim, und fügen Sie die seitlichen Rahmen zusammen.

14 Spannen Sie die Rahmen mit Türspannern. Entfernen Sie Leimreste, wenn der Leim abgebunden hat, aber noch nicht völlig ausgehärtet ist.

Keile

15 Die Keile werden aus demselben Holz gefertigt wie das gesamte Gestell. Sie werden paarweise hergestellt; das ist leichter, als kleine Holzstücke einzeln zu bearbeiten. Reißen Sie die keilförmigen Stücke an den Außenseiten der Bankbeine mit dem Lineal an. Zeichnen Sie einen Riß von der unteren Ecke bis zu einem Punkt in 16 mm Abstand von der oberen Ecke. Sägen Sie die Keile dann mit der Feinsäge, und glätten Sie mit dem Putzhobel.

16 Führen Sie die Schwingen durch die Schlitze in den Beinen, stecken Sie die Keile ein, und schlagen Sie diese mit dem Hammer fest.

Die Bankplatte

17 Legen Sie die Bretter für die Bankplatte so auf, daß die Krümmung der am Hirnholz sichtbaren Jahresringe abwechselnd nach oben und unten weist. Die Maserungen der einzelnen Bretter sollen möglichst in derselben Richtung verlaufen, um das Hobeln zu erleichtern. Außerdem sollten Sie sich bemühen, die Bretter so anzuordnen, daß die Fläche ausgeglichen und harmonisch wirkt.

18 Richten Sie die stumpfen Fugen an den Schmalseiten der ausgewählten Bretter zu; sie müssen exakt plan sein, damit die geleimte Verbindung Festigkeit erhält. Wenn Sie sich entschieden haben, ohne Plattendübel, Federn oder Runddübel auszukommen, beleimen Sie die Flächen, und spannen Sie die Platte ein.

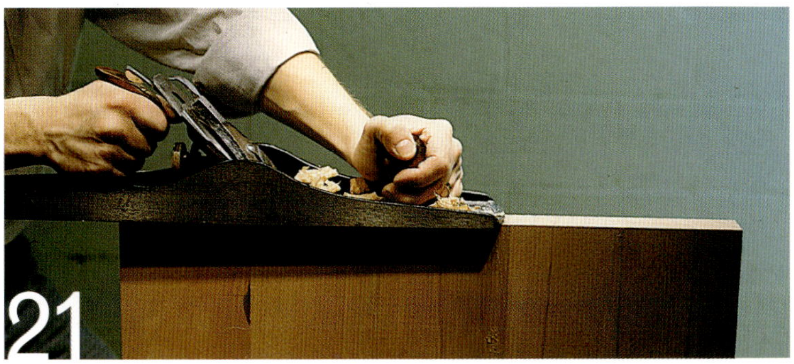

19 Steht eine Plattendübelsäge zur Verfügung, können zusätzlich Plattendübel eingearbeitet werden. Sie steigern die Festigkeit der Verbindung und erleichtern das Ausrichten. Die Verbindung hält jedoch ohne Plattendübel genausogut. Nach dem Zurichten legen Sie die Bretter zusammen, prüfen, ob alles stimmt, und beleimen sie.

20 Wischen Sie den überschüssigen Leim ab, solange er naß ist.

21 Die Unterseite braucht, wenn sie einigermaßen plan ist, nicht nachgearbeitet zu werden. Die Kanten- und Endflächen müssen jedoch mit der Rauhbank bestoßen werden. Die Hirnflächen können auch mit einer Handkreissäge bearbeitet werden, die an einer auf der Oberseite geklemmten Leiste geführt wird. Die Oberseite der Bankplatte wird später plan gehobelt.

22 Schrauben Sie die Bankplatte mit Hilfe von Ausgleichswinkeln an das Gestell. Die Ausgleichswinkel haben Langlöcher, die es dem Holz erlauben zu arbeiten; die Langlochschenkel werden in Breitenrichtung an der Bankplatte angeschraubt.

23 Die Hobelbank ist jetzt im großen und ganzen fertig, die Bankplatte ist fest angeschraubt und kann behobelt werden. Setzen Sie ein scharfes Eisen in die Rauhbank, und reiben Sie die Sohle mit Wachs ein. Hobeln Sie unter 45°, und heben Sie auf der gesamten Fläche einen dünnen Span ab.

24 Ziehen Sie die Bankplatte noch mit der Ziehklinge ab, und schleifen Sie diese leicht mit einem feinkörnigen Papier.

Anbringen des Schraubstocks

25 Die Bankplatte ist zur Anbringung des Schraubstocks nicht ausreichend dick und muß deshalb verstärkt werden. Das verstärkende Brett wird aus Sperrholz gefertigt, damit es beim Bohren der Schraubenlöcher nicht aussplittert. Ordnen Sie es möglichst nahe am vorderen linken Bein (bzw. am rechten Bein, wenn Sie Linkshänder sind) in 13 mm Abstand von der Vorderkante der Bankplatte an. Schrauben Sie es mit vier Holzschrauben 51 x 5 mm an die Unterseite der Platte. Achten Sie dabei darauf, daß die Schrauben nicht mit den Schrauben für den Schraubstock kollidieren.

26 Bevor Sie weiterarbeiten, schrauben Sie die Platte vom Gestell ab. Legen Sie den Schraubstock auf, und zeichnen Sie einen Riß rings um die hintere Backe. Er zeigt Ihnen das für den Schraubstock zu entfernende Holz.

27 Die Vertiefung kann mit der Elektrobohrmaschine vorgearbeitet und mit Beitel und Klüpfel fertiggestellt werden.

28 Jetzt kann für die Vierkantschrauben angerissen und vorgebohrt werden. Die Bohrungen für die Schrauben sollen etwa zwei Drittel des Schraubendurchmessers und sieben Achtel der Schraubenlänge haben. Legen Sie Scheiben unter. Ziehen Sie die Schrauben mit dem Schraubenschlüssel an.

29 Schrauben Sie die Platte wieder auf das Gestell, und stellen Sie die Hobelbank aufrecht. Halten Sie das Kantenbrett an die Platte, und überprüfen Sie seine Länge. Reißen Sie die 45°-Schrägen an den Enden an, wobei Sie eine senkrechte Hirnfläche entsprechend der Dicke der Bankplatte stehen lassen. Sägen Sie die Schrägen mit der Feinsäge, und bestoßen Sie diese anschließend.

30 Halten Sie das Kantenbrett nochmals an die Platte, damit Sie die Aussparung für Schraubstockspindel und -führungen anreißen können. Entfernen Sie den Abfall mit Feinsäge und Beitel.

31 Das Kantenbrett wird mit Holzschrauben in Abständen von 200 bis 250 mm an der Platte befestigt. Bohren und senken Sie die Löcher, und schrauben Sie das Brett an, wobei Sie es mit dem Schraubstock an der Platte festklemmen können.

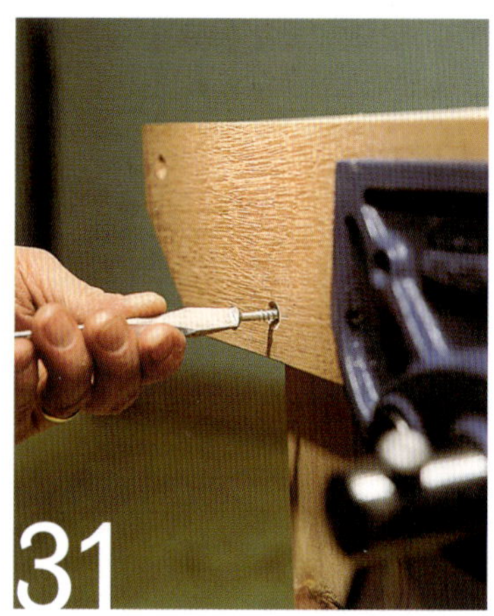

32 Hobeln Sie die obere Schmalfläche des Kantenbretts bündig mit der Bankplatte, und brechen Sie ringsum die Kanten.

33 Schrauben Sie die Vorderbacke des Schraubstocks in derselben Weise wie das Kantenbrett an.

Einlassen des Bankanschlags

34 Legen Sie den Bankanschlag auf die Bankplatte; Abstände etwa 100 mm von der Endfläche und 50 bis 75 mm von der Seitenfläche der Platte. Mit dem Stahlwinkel richten Sie ihn winkeltreu zu den Bankkanten ein und reißen die Lage zuerst mit dem Bleistift, dann mit dem Anreißmesser an.

35 Die Vertiefung für den Bankanschlag wird in derselben Weise wie ein Zapfenloch ausgestemmt.

36 Wenn die Tiefe entsprechend der Dicke der Grundplatte des Bankanschlags erreicht ist, müssen Sie die Vertiefung für das Gelenk und die Schraube weiter eintiefen. Dazu können Sie Beitel und Bohrer verwenden.

37 Bohren Sie Löcher für die Befestigungsschrauben (25 x 4 mm).

38 Nach dem Schleifen wird die Bankplatte mit zwei Schichten Wachs oder Leinöl behandelt, so daß sie nässebeständig wird und einen Schutz gegen Verschmutzung, z.B. durch Leimtropfen, erhält. Gelegentliches Glätten mit der Ziehklinge und anschließendes Wachsen erhält die Platte nahezu im Neuzustand.

Die Oberflächen des Gestells können mit Polyurethan versiegelt werden.

Gehrungsverbindungen

Eine Gehrungsverbindung wird gebildet, wenn zwei Holzteile an den Enden abgeschrägt und zu einer Ecke zusammengefügt werden. Die Anschrägungen werden gewöhnlich mit einem Winkel von 45° ausgeführt, so daß ein rechter Winkel entsteht. Als eine einfache Leimverbindung ist die Gehrungsverbindung nicht besonders stabil, reicht jedoch für dekorative Zwecke, wie bei Bilderrahmen, aus.

In der Zimmerei ist die Gehrung für das Einbauen von Türbekleidungen, Sockelleisten usw. üblich. Hier spielt die Festigkeit der Verbindung keine Rolle, weil diese Holzbaugruppen an der Wand befestigt werden. Gehrungen werden auch für Kantenleisten an furnierten Stücken benutzt. In der Möbeltischlerei wird die Gehrungsverbindung gern aus optischen Gründen eingesetzt, weil kein Hirnholz sichtbar ist und weil die Zeichnung des Holzes ohne optische Unterbrechung rings um den Rahmen läuft.

Bei industriell produzierten Korpussen ist die Gehrungsverbindung ebenfalls häufig zu finden. In einer kleinen Werkstatt kann die Technik der Gehrung sinnvoll angewendet werden, ist aber ohne Maschinensäge nur schwer zu meistern.

Mögliche Varianten der Grundausführung

Die Grundausführung der Gehrungsverbindung kann durch Einsetzen von runden oder plattenförmigen Dübeln strukturell verbessert werden. Dadurch wird nicht nur die Festigkeit der Verbindung gesteigert, sondern auch der Zusammenbau erleichtert.

Ein willkommenes dekoratives Merkmal der Gehrungsverbindung besteht darin, daß Profile, Fälze oder Nuten ohne Unterbrechung rings um den Rahmen laufen.

Weitere Informationen

Handsägen	**28**
Montagewerkzeuge: Zwingen und Spanner	**30**
Genaues Anreißen	**56**
Hobeln mit der Hand	**58**
Genaues Sägen mit der Handsäge	**60**
Dübelverbindungen	**108**
Spiegelrahmen (Bauanleitung)	**134**

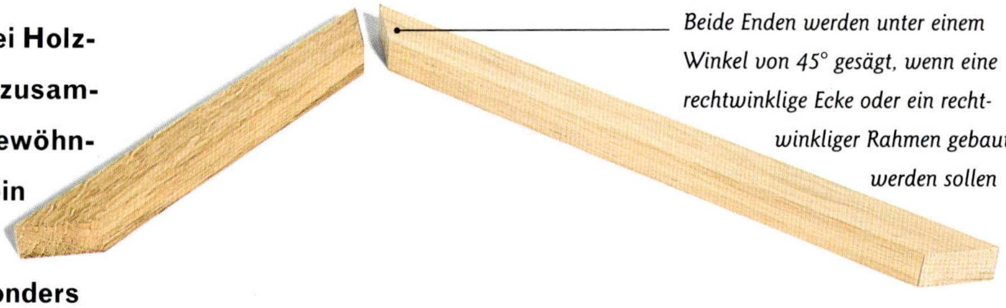

Beide Enden werden unter einem Winkel von 45° gesägt, wenn eine rechtwinklige Ecke oder ein rechtwinkliger Rahmen gebaut werden sollen

Gehrungsverbindung

Die Gehrungsverbindung wird verwendet, wenn zwei Teile unter 90° zusammengefügt werden sollen. Beide Enden werden unter einem Winkel von 45° gesägt.

Ausführen einer Gehrungsverbindung

Anreißen

1 Unabhängig davon, ob Gehrungslade, Säge oder Schneidemaschine verwendet werden, sollte die Gehrungsverbindung angerissen werden. Wird keine Vorrichtung benutzt, ist das Anreißen unverzichtbar; auch beim Arbeiten mit einer Vorrichtung ist es ratsam, die Teile aufzulegen und die Richtung der Gehrung anzureißen.

Für den Bau eines Rahmens werden die Teile paarweise aufgelegt, und zwar jeweils Ober- und Unterteil und die Seitenteile nebeneinander.

Die Außenmaße des Rahmens werden mit Anschlagwinkel und Bleistift angerissen. Die Gehrungsschnitte sind leichter zu führen, wenn die Ausgangsstücke ein wenig länger sind als die Endmaße.

2 Die Gehrung wird mit einem festen 45°-Winkel oder einem auf 45° eingestellten

1

2

7 VERBINDUNGEN

Werkzeuge und Ausstattung

Die Gehrungslade ist eine einfache Vorrichtung, mit der eine Feinsäge beim Sägen einer 45°-Gehrung geführt werden kann. Sie besteht aus drei Holzteilen von etwa 225 bis 300 mm Länge, 100 mm Breite und 19 mm Dicke, die in Form eines „U" zusammengefügt sind. Quer durch die Lade ist eine Sägefuge geführt, in der eine Feinsäge bewegt werden kann. Zum Sägen wird die Lade am Boden festgeklemmt.

Es gibt heute außerdem spezielle Gehrungssägen. Sie haben eine Sägeeinrichtung mit feinem Blatt, End- und Tiefenanschläge und eine Winkeleinstelleinrichtung für Winkel zwischen 45 und 90°.

Auf den meisten ortsfesten Kreissägen können 45°-Winkel genau gesägt werden. Auch mit der Auslegerkreissäge und auf der Tischkreissäge mit schwenkbarem Blatt lassen sich Gehrungen für den Bau von Korpussen schneiden.

Anschlagwinkel

Bleistift

Verstellwinkel oder fester 45°-Winkel

Feinsäge

Abdeck- oder Packklebeband

Brett mit den Maßen 250 x 100 x 19 mm

Putzhobel

Klemmstücke und vier Schraubzwingen oder Rahmenspanner

Leim und Pinsel

(Sollen von 45° abweichende Winkel angerissen werden, ist ein Verstellwinkel oder ein Kombiwinkel günstig.)

Verstellwinkel angerissen - das Anreißen der Rahmenteile erfolgt wieder paarweise. Der 45°-Riß wird von außen nach innen gezeichnet, so daß an jedem der Enden ein V entsteht. Prüfen Sie nach dem Abwinkeln, daß sich die Innenkanten der Gehrungen decken.

3 Wenn die beiden Rahmenholzpaare angerissen sind, kann eine Vorrichtung verwendet werden. Für das Schneiden von Hand muß mit dem Anschlagwinkel abgewinkelt und auch auf der Gegenseite ein 45°-Riß von außen nach innen gezeichnet werden.

Sägen

4 Für das Sägen von Hand klemmen Sie das Teil im Schraubstock fest, so daß die Sägelinie senkrecht verläuft. Mit der etwa 45° schräg nach vorn unten und auf der Abfallseite gehaltenen Feinsäge führen Sie ein paar kurze Schnitte auf Stoß. Dann sägen Sie mit längeren Schnitten weiter.

Halten Sie die Säge mit fortschreitendem Schnitt auf der Abfallseite, und prüfen Sie hin und wieder, ob der Schnitt auch auf der Gegenseite gleichmäßig am Riß verläuft. Kurz vor dem Schnittende werden wieder nur kurze Schnitte geführt, damit an der Gehrungsinnenseite keine Fasern ausbrechen. Eine zusätzliche Vorsichtsmaßnahme ist das Umwickeln des Holzes mit Klebeband unmittelbar am unteren Riß.

Putzen

5 Zum Putzen klemmen Sie das Stück mit horizontaler Gehrung im Schraubstock fest. Eine einfache Planführung können Sie durch ein unmittelbar dahinter auf der Bankplatte geklemmtes Brett schaffen. Das Stück wird so im Schraubstock festgeklemmt, daß der Gehrungsriß genau bündig mit der Brettoberfläche liegt.

6 Mit auf dem Brett aufgelegter Hobelsohle putzen Sie nun die Gehrung. Das Hobeleisen wird steil gestellt, damit das spitze Gehrungsende nicht beschädigt wird. Das Brett sichert Planheit.

7 Legen Sie den gesamten Rahmen auf der Bankfläche auf. Bedenken Sie: Wenn Sie eine der Verbindungen nachrichten, wirkt sich das auf alle anderen aus. Wenn Sie also an einer Verbindung einen Span abnehmen, müssen Sie das an der diagonal gegenüberliegenden Verbindung ausgleichen.

Zusammenfügen

8 Ein Rahmen mit Gehrungsverbindungen kann in zweierlei Weise geleimt werden: Beim ersten Verfahren werden an jeder Verbindung kleine, dreieckige Klötzer auf die Außenseiten geleimt; ihre Abmessungen sind etwa halb so groß wie die Verbindung. Dadurch entstehen plane und parallele Flächen, auf denen eine Zwinge angesetzt werden kann.

10 Der Rahmen wird aufgelegt und an jeder Ecke ein Klotz angeordnet. Um die Klötzer wird eine feste Schnur gelegt und verknotet. Ein in die Schnur gesteckter kurzer Stab wird verwunden, so daß die Schnur gespannt wird und die Verbindungen gepreßt werden.

In beiden Fällen ist es ratsam, den Rahmen zuerst trocken aufzulegen. Die aufgeklebten Klötzer werden nach dem Zusammenfügen abgeschlagen oder abgesägt und die Verbindungen mit dem Putzhobel geputzt.

Diese Verfahrensweise ist insofern vorteilhaft, weil jede Verbindung einzeln mit bestimmbarem Druck gepreßt werden kann. Sie leimen zuerst die Klötzchen auf und richten die Zwingen ein. Dann leimen Sie die Verbindungen rings um den Rahmen.

9 Beim zweiten Verfahren arbeiten Sie mit einem Rahmenspanner. Er eignet sich eher für weniger beanspruchte Rahmen, wie etwa Bilderrahmen. Es werden vier L-förmige Klötzer benötigt, die wegen der erforderlichen Festigkeit aus Sperrholz sein sollten. Sie haben an den Außenseiten eine Nut.

Spiegelrahmen *(Zeichnung siehe Seite 217)*

Oben: Eine Rahmenecke mit exakt gefertigter Gehrungsverbindung. Die Verbindung wird durch Furnierfedern verstärkt. Beachten Sie den schmückenden Furnierstreifen.

Wenn es bei Rahmen auf die optische Wirkung ankommt, werden gern Gehrungsverbindungen verwendet. Konstruktiv sind sie für solche gering beanspruchten Rahmen völlig angemessen, obwohl verstärkende Maßnahmen üblich sind. Der hier vorgestellte Spiegelrahmen erhält Furnierfedern zur Verstärkung. Der kontrastierende Furnierstreifen, obwohl technisch ein Laminat, erweckt den Eindruck einer Einlegearbeit.

Für das Stück wird nur wenig Holz benötigt, und es kann ein beliebiges Hartholz verwendet werden. Kleine Stücke dieser Art sind eine ausgezeichnete Gelegenheit, einmal seltene oder exotische Hölzer zu wählen, was bei größeren Arbeiten kaum zu rechtfertigen wäre. Der hier gezeigte Rahmen besteht aus Amerikanischer Kirsche, verziert mit Furnier aus Schwarznuß.

Werkzeugliste

Leim und Pinsel

4 Schraubzwingen

Putzhobel

Bleistift

Anschlagwinkel

Verstellwinkel

Fein- oder Gehrungssäge

Stechbeitel

Rahmenspanner

Streichmaß

Feines Schleifpapier

Ziehklinge

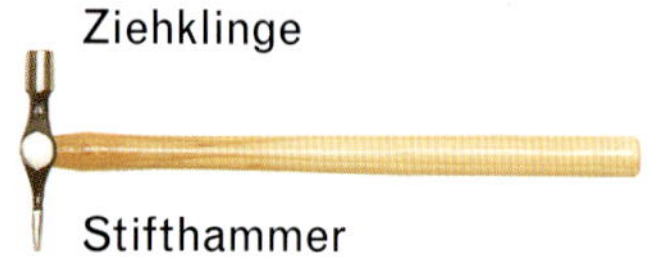

Stifthammer

Drahtstifte und Nagelsetzer

SCHNITTLISTE UND MATERIAL

Bauteil	Anzahl	Endmaße
A lange Rahmenleisten	2	330 x 25 x 19 mm
B lange Falzleisten	2	330 x 10 x 10 mm
C kurze Rahmenleisten	2	229 x 25 x 19 mm
D kurze Falzleisten	2	229 x 10 x 10 mm
E Schichtstoffstücke für Rahmen und Federn		
	5	356 x 22 mm
F Klemmklötzer	2	356 x 19 x 19 mm
	1	356 x 10 x 10 mm
G Rückenplatte	1	330 x 229 x 2 mm

Hölzer (Vorschlag)
A, B, C und D: Amerikanische Kirsche
E: Furnier aus Schwarznuß
F: Abfallholz; G: MDF

Oberflächenbehandlung (Vorschlag)
Dänisches Öl, Polyurethanlack oder Wachs

Andere Hölzer
Hartholz, wie z.B. Rosenholz und Platanenfurnier oder Esche und Brauneichenfurnier

Anmerkungen
Es empfiehlt sich, das Spiegelglas erst zuschneiden zu lassen, wenn der Rahmen zusammengebaut ist. Zur Vervollständigung des ganzen Stücks werden noch Schraubösen und Hängedraht benötigt.

Weitere Informationen

Montagewerkzeuge: Zwingen und Spanner 30

Genaues Anreißen 56

Hobeln mit der Hand 58

Genaues Sägen mit der Handsäge 60

Schichten 80

Mittel und Verfahren der Oberflächenbehandlung 92

Dübelverbindungen 108

Gehrungsverbindungen 130

Furnieren (Kapitel 9)

Furniere 206

Oben: Rahmenecke mit dem Furnierstreifen und der Innenfase.

Unten: Ähnlich dem Bild oben. Hier sind die Wirkung des Lichts auf der Fase und die Kontrastwirkung des Furnierstreifens zu erkennen.

Ganz unten: Rückansicht mit dem Stift, der die Rückenplatte hält, mit einer der Schraubösen und dem Hängedraht.

Bauanleitung

Zurichten der Rahmenteile

1 Ein Rahmenteil wird durch Verleimen der Rahmenleiste, des Furnierstreifens und der Falzleiste hergestellt. Beleimen Sie zunächst Furnierstreifen und Rahmenleiste, legen Sie dann Klemmklötzer an beiden Seiten an, und klemmen Sie alles mit Zwingen fest. Wiederholen Sie dies für die drei anderen Rahmenteile. Nach dem Erhärten des Leims werden die herausragenden Furnierstreifen mit dem Putzhobel vorsichtig mit der Rahmenleiste bündig gehobelt.

2 Beim Anleimen der Falzleiste ist das Verfahren ähnlich, jedoch muß hier von vornherein auf Bündigkeit geachtet werden. Wischen Sie den überschüssigen Leim ab, solange er noch feucht ist.

3 Bestoßen Sie die Rahmenteile an allen Seiten, um Leimflecke und Unebenheiten zu entfernen. Heben Sie jedoch nur so wenig Holz wie möglich ab.

4 Reißen Sie die Fase mit dem Bleistift an, und fasen Sie die Innenkanten des Rahmens mit dem Putzhobel ringsum unter einem Winkel von 45° an. Richten Sie den Hobel auf einen ganz dünnen Span ein, und heben Sie überall genau dieselbe Anzahl Späne ab.

Anfertigen der Verbindungen

5 Reißen Sie die Verbindungen, wie zuvor beschrieben, an. Damit die geschichteten Streifen am fertigen Stück ordnungsgemäß zusammenpassen, müssen Sie mit besonderer Genauigkeit anreißen. Achten Sie darauf, daß die Fälze an der Innenseite des Stückes liegen.

6 Schneiden Sie die Gehrungen. Obwohl mit der Gehrungssäge erzeugte Gehrungen sofort geleimt werden können, ist das Ergebnis besser, wenn die Flächen nach dem Sägen mit dem Putzhobel bestoßen werden.

Beseitigen Sie mit dem Beitel sämtliche Leimreste an der Innenseite des Falzes.

Zusammenbau

7 Spannen Sie den Rahmen zunächst trocken, um die Gehrungen zu prüfen und den Fügevorgang für den endgültigen Zusammenbau unter Leim zu proben. Schraubzwingen sind hier ganz besonders günstig, weil es auf die exakte Ausrichtung einer jeden Ecke ankommt. Der Zusammenbau ist nämlich leichter, wenn die Verbindungen einzeln gefügt werden.

Beleimen Sie die Verbindungsflächen. Wenn der Leim völlig ausgehärtet ist, bestoßen Sie die Flächen des Rahmens mit dem Putzhobel, wobei Sie ihn zuvor fest auf die Bankplatte klemmen. Die Schmalflächen werden ähnlich bestoßen, jedoch mit im Schraubstock festgeklemmtem Rahmen. Beginnen Sie stets an den Ecken, um ein Ausbrechen der Fasern an den scharfen Kanten der Gehrungen zu vermeiden. Leimreste innen werden mit dem Beitel entfernt.

8 Die Federn werden in Schlitze eingepaßt, die mit der Feinsäge gesägt worden sind. Reißen Sie die Schlitze durch Querrisse über die Außenflächen im Abstand von 25 mm von der Ecke an. Stellen Sie das Streichmaß auf die halbe Rahmendicke ein, und zeichnen Sie zwischen den beiden Querrissen einen Riß um die Rahmenecke.

9 Spannen Sie das Stück so in den Schraubstock, daß eine Ecke nach oben weist. Der Sägeschnitt muß gerade und am Grunde plan sein. Entfernen Sie die Sägespäne besonders gründlich aus der Sägefuge.

Schneiden Sie ein Furnierstück von 50 mm Länge zu, und prüfen Sie den Sitz. Es muß sich leicht und ohne Kraftaufwand einschieben lassen. Sitzt es zu stramm, wird es auf einem auf die Bankplatte gelegten Schleifpapier geschliffen.

10 Tragen Sie auf beide Seiten des Furnierstücks Leim auf, und setzen Sie es ein. Es muß fest auf dem Schlitzgrund aufsitzen. Beschneiden Sie das Furnierstück mit der Feinsäge, und hobeln Sie es dann bündig mit der Rahmenaußenfläche.

11 Bei feinen Arbeiten kommt es auf die Oberflächenbehandlung in besonderem Maße an. Feingemasertes Holz wird am besten mit der Ziehklinge vorbereitet, jedoch können auch feine Schleifpapiere und ein Schleifklotz benutzt werden.

Achten Sie darauf, daß Sie die Kanten nur schwach brechen, nicht etwa abrunden.

Die gewählte Oberflächenbehandlung sollte das natürliche Farbspiel der Holzoberfläche hervorheben. Hier wird Dänisches Öl verwendet, das rasch einen schwachen bis mittleren Glanz entwickelt.

12 Als Rückenplatte für das Spiegelglas wird eine dünne MDF-Platte verwendet, die mit Drahtstiften gehalten wird. Mit einem Nagelsetzer lassen sich die Drahtstifte leichter einschlagen. Die Stifte sollen etwa 6 mm über die Fläche ragen.

Flächenwinkelverbindungen

Flächenwinkelverbindungen dienen dem Einbau von Zwischenböden und Trennwänden in Korpusse. Dazu wird über der Breite eines Holzteils eine Einkerbung angebracht, in der ein anderes Holzteil aufgenommen wird. Die konstruktive Stabilität einer Flächenwinkelverbindung ist begrenzt; sie hängt davon ab, wie gut die Verbindung „paßt".

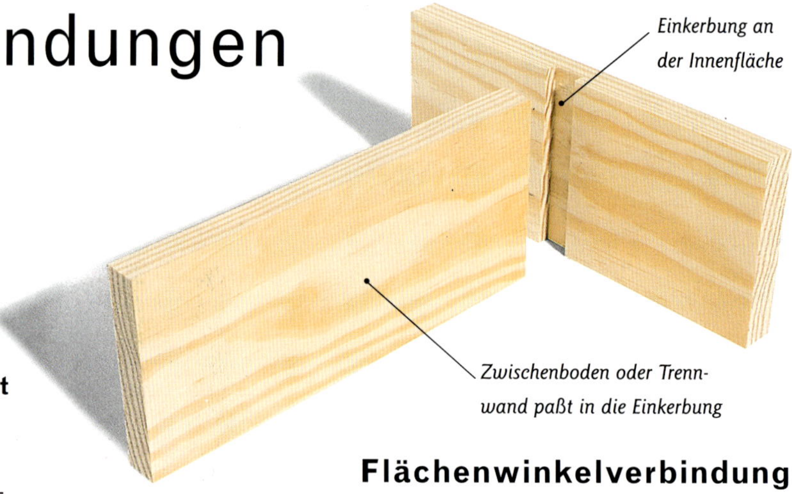

Flächenwinkelverbindung

In die Breitseite eines Teils wird eine Einkerbung eingebracht, die das zweite Teil unter einem Winkel von 90° aufnimmt.

Bei der Grundausführung der Flächenwinkelverbindung läuft die Einkerbung über die ganze Breite des Teils, meist wird die Verbindung jedoch verdeckt ausgeführt, d.h. die Einkerbung endet kurz vor der Sichtseite des Korpus. Der einzupassende Zwischenboden wird an seinen Enden entsprechend zugerichtet. Dadurch ist die Verbindung unsichtbar.

Mögliche Varianten der Flächenwinkelverbindung

Die Flächenwinkelverbindung kann in durchgehender oder verdeckter Ausführung durch einen Falz an einem oder beiden Enden des Zwischenbodens oder der Trennwand modifiziert werden. Die erforderliche Einkerbung ist dann natürlich schmaler.

Bei einer Gratverbindung haben die Einkerbung und die Brettenden einen schwalbenschwanzförmigen Querschnitt. Die eingegratete Verbindung ist besonders fest. Ihre Anfertigung von Hand stellt erhebliche Ansprüche; viel leichter geht es mit der Oberfräse und einem Schwalbenschwanzfräser (oder Gratfräser).

Weitere Informationen

Genaues Anreißen 56
Hobeln mit der Hand 58
Genaues Sägen mit der Handsäge 60
Stemmen 64
Handhobeln von Hirnholz 68
Bücherregal (Bauanleitung) 142

Werkzeuge und Ausrüstung

Mit der Oberfräse lassen sich Flächenwinkelverbindungen problemlos herstellen. Die Grundplatte der Maschine wird an einer Leiste geführt, die auf dem Werkstück festgeklemmt wird.

Für die Einkerbung kann die Auslegerkreissäge verwendet werden. Entweder wird mit einem normalen Sägeblatt eine Anzahl von Schnitten quer über das Holz geführt, oder es wird ein spezielles Nutsägeblatt benutzt.

Anschlagwinkel

Bleistift

Streichmaß

Metallmaßstab

Anreißmesser

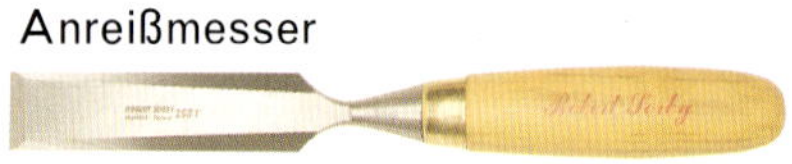

Schraubzwingen

Stechbeitel

Feinsäge

Abdeck- oder Packklebeband

Klüpfel

Grundhobel

Putzhobel

Leim und Pinsel

Anfertigen einer Flächenwinkelverbindung

1 Als erstes bestimmen Sie die Lage der Einkerbung und zeichnen mit Anschlagwinkel und Bleistift einen Riß quer über das Holz. Die Breite der Einkerbung muß sehr genau gemessen werden. Eine einfache Nut wird einen ganz geringen Wert schmaler gefertigt als das Brett.

Die Dicke des Zwischenbodens oder der Trennwand bestimmen Sie mit dem Streichmaß; außerdem stellen Sie damit fest, ob das Brett über seiner Breite gleichmäßig dick ist. Die Breite der Einkerbung wird ein wenig schmaler gewählt als die Einstellung des Streichmaßes.

2

Sägen der Einkerbung

4 Klemmen Sie das Stück mit Schraubzwingen auf der Bankplatte fest.

Als Führung für die Säge kerben Sie die Risse mit dem Beitel in Form eines halben V ein. Halten Sie den Beitel etwa 45° geneigt, setzen Sie ihn an der Innenseite der Einkerbung auf, und schlagen Sie nicht mit dem Klüpfel, sondern arbeiten Sie mit der Hand. Die Beitelschneide wird in etwa 2 mm Abstand vom Riß parallel zu ihm aufgesetzt und vorsichtig eingestoßen.

Wenn ein Riß eingekerbt ist, drehen Sie das Stück um, und kerben Sie den zweiten Riß ein. Die Schränkung der Feinsäge sollte gerade an der senkrechten Wand des eingekerbten Risses anliegen können.

3

2 Für die Tiefe der Einkerbung wird ein Viertel bis ein Drittel der Brettdicke gewählt, d.h. es wird so tief eingekerbt, daß sich ausreichende Festigkeit ergibt, aber nicht zu tief, um das Holz in der Umgebung der Einkerbung nicht zu sehr zu schwächen. Die Tiefe wird am Schneidenstreichmaß eingestellt und an den Schmalflächen angerissen.

3 Mit einem Metallmaßstab wird die Breite der Einkerbung vom ersten Riß aus gemessen. Dann werden beide Risse mit dem Anreißmesser angezeichnet. Üben Sie nur wenig Druck auf das Anreißmesser aus, und ziehen Sie dafür einen Riß mehrmals. Der Riß sollte am Ende etwa 2 mm tief sein.

4

5 Schneiden Sie mit schräg gehaltenem Sägeblatt an, und senken Sie allmählich die Säge, ohne das Schneiden zu unterbrechen, bis in die waagerechte Lage.

Sägen Sie bis an den Riß am Grund der Nut. Es ist zweckmäßig, die vorgesehene Tiefe der Nut am Sägeblatt mit Klebeband zu markieren. Prüfen Sie beim Sägen immer wieder anhand der Risse an den Schmalflächen den senkrechten Verlauf des Schnitts.

Entfernen des Abfalls

6 Die Hauptmenge des Abfalls wird mit Beitel und Klüpfel entfernt. Beginnen Sie an einer der Schmalflächen mit leicht aufwärts gerichteter Beitelklinge, und heben Sie eine Reihe dünner Späne ab, bis die angerissene Tiefe erreicht ist.

Drehen Sie das Stück um, und wiederholen Sie das Ausstemmen. Jetzt ist an den beiden Enden der Nut die vorgesehene Tiefe er-

reicht, während in der Mitte noch Holz in Form eines umgekehrten, flachen V stehen geblieben ist.

Bei einer kurzen Verbindung, also bei einer Breite von weniger als etwa 200 mm, kann dieses Holz mit einem langen Beitel entfernt werden. Er wird waagerecht gehalten und der Abfall in schwachen Spänen entfernt, bis der Nutgrund plan ist.

7 Bei einem breiteren Brett arbeitet der Grundhobel genauer. Das ist ein einfaches Werkzeug, das aus einem metallenen Grundkörper mit angegossenen Daumenplatten besteht. Nach unten ragt ein Messer, das mit einer Schraube am Grundkörper einstellbar befestigt ist. Das Messer ist L-förmig und hat eine angeschliffene Schneide. Es wird auf die Nuttiefe eingestellt. Der Hobelkörper wird auf das Holz beiderseits der Nut aufgelegt, der Grundhobel nach vorn gestoßen und auf diese Weise der Nutgrund auf die vorgesehene Tiefe geputzt.

8 Die Einpaßarbeit geschieht am Gegenstück. Hier wird mit einem auf sehr feinen Span eingestellten Putzhobel sorgfältig bestoßen, bis die Oberfläche glatt ist und die Verbindung saugend paßt.

Zusammenbau

9 Das Geheimnis einer gut passenden Verbindung liegt in der häufigen Kontrolle, bis das Fügeteil durch einen nicht zu starken Druck in die Nut eingepreßt werden kann.

Mit dem auf Nuttiefe eingestellten Streichmaß zeichnen Sie jetzt einen schwachen Riß rings um das Ende des zu fügenden Teils. Damit markieren Sie die Fläche, die mit Leim bestrichen werden muß. Kleben Sie auf der nicht zu beleimenden Seite Abdeckband auf.

Beleimen Sie die Nut und das einzusteckende Holzende. Hinter der Nut legen Sie ein leicht gebogenes Stück Weichholz so auf die Breitseite, daß seine Enden vom Holz weg weisen. Wenn Sie diese Enden gegen die andere Hirnfläche des eingesteckten Holzteils spannen, wird die Krümmung des Spannholzes gestreckt, so daß die Verbindung über der ganzen Breite zusammengepreßt wird.

Nach dem Trocknen des Leims entfernen Sie die Spanner und die Klebebandstreifen und putzen die Schmalflächen der Verbindung mit dem Putzhobel.

Bücherregal *(Zeichnung siehe Seite 217)*

Oben: Die kräftige Rundung an der Vorderkante der Seitenbretter.

Das Bücherregal wurde aus Englischer Esche hergestellt, doch können auch andere Hölzer – Harthölzer wie Weichhölzer – verwendet werden. Allerdings sollte bedacht werden, daß sich saubere Brüstungen bei Weichholz schwerer schneiden lassen. Sie können außerdem die Seitenwände des Regals in einer hellen Farbe lackieren und die Zwischenböden dunkel beizen.

Für das Bücherregal sind 88 mm dicke Seitenwände vorgesehen. Sie werden durch Verleimen von zwei 44 mm dicken Brettern angefertigt, die ihrerseits aus 51 mm dicken, sägerauhen Stücken gearbeitet worden sind.

Beginnen Sie den Bau mit der Anfertigung dieser starken Seitenwände. Hobeln Sie eine Bezugsfläche an die beiden Bretter, und verleimen Sie die Bezugsflächen miteinander, indem Sie auf beide Flächen Leim auftragen und die Stücke gleichmäßig gegeneinander pressen. Wenn Sie keine Presse haben, benötigen Sie etwa 20 Schraubzwingen, die in Abständen von etwa 100 mm rings um die verleimten Teile angesetzt werden müssen. Nach dem Aushärten des Leims arbeiten Sie eine neue Bezugsfläche und Bezugskante an. Dann stellen Sie das Streichmaß auf die Dicke von 88 mm ein, reißen ringsum an und hobeln auf Dicke. Reißen Sie die Breite an (245 mm), und hobeln Sie. Dann reißen Sie mit Anschlagwinkel und Maßstab die Länge an (950 mm) und sägen und bestoßen das Hirnholz.

SCHNITTLISTE UND MATERIAL

Bauteil	Anzahl	Endmaße
A Seitenbretter	2	950 x 245 x 88 mm
B Zwischenböden	4	740 x 200 x 22 mm
C Sockel	1	740 x 74 x 22 mm
D Rückwand: gespundete Bretter	8	826 x 95 x 10 mm
Holz (Vorschlag)		A, B und C: Esche; D*
Oberflächenbehandlung (Vorschlag)		Dänisches Öl
Andere Hölzer		Ein Hartholz, wie Kirsche oder Ahorn, oder ein Weichholz, wie Brasilkiefer

Anmerkungen
*Wählen Sie ein Hartholz mit einer markanten Maserung, wie etwa Eiche oder Kastanie, oder nehmen Sie ein Weichholz, wie Russische Kiefer. Wenn es Ihre Ausstattung nicht erlaubt, gespundete Bretter selbst anzufertigen, kaufen Sie diese fertig beim Holzhändler.

Werkzeugliste

- 20 Schraubzwingen
- Streichmaß
- Anschlagwinkel
- Stahlmaßstab
- Handsäge
- Tischkreissäge oder Bandsäge
- Schrupphobel oder Putzhobel

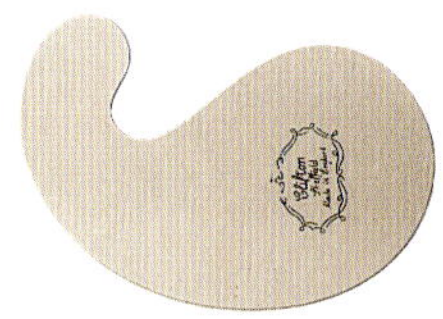

- Formziehklinge
- Schleifpapier und konkaver Schleifklotz
- Brettstreichmaß
- Anreißmesser
- Stechbeitel
- Feinsäge
- Abdeckband
- Elektrische Oberfräse

- Schabbeitel
- Simshobel
- 8 Türspanner, Spannlänge mindestens 1 000 mm, und Spannklötzer
- Elektroschleifer oder Putzhobel
- Korkschleifklotz
- Formhobel

Weitere Informationen

Montagewerkzeuge: Zwingen und Spanner 30

Montagewerkzeuge: Hämmer und Schraubendreher 32

Bearbeiten der Schmalflächen und Schneiden auf Breite 54

Genaues Anreißen 56

Hobeln mit der Hand 58

Genaues Sägen mit der Handsäge 60

Stemmen 64

Handhobeln von Hirnholz 68

Die Oberfräse als Bearbeitungszentrum 72

Mittel und Verfahren der Oberflächenbehandlung 92

Flächenwinkelverbindungen 138

Kleber für Holzarbeiten 207

Unten links: Unteres Ende der linken Seitenwand mit dem unteren Boden und der Sockelleiste.

Unten Mitte: Die gespundeten Bretter der Rückwand liefern einen besonderen Effekt.

Unten rechts: Die Bretter der Rückwand werden von hinten angeschraubt; sie sitzen in einem Falz.

Bauanleitung

1

2

3

Abrunden der Schmalflächen der Seitenbretter

1 Wenn Sie die Seitenbretter angefertigt haben, formen Sie die Rundungen an den vorderen Schmalflächen. Zuerst reißen Sie das Profil auf den Hirnflächen mit einem Bleistift an. Dann entfernen Sie den Abfall entweder auf der Tischkreissäge mit einem um 45° geschwenkten Blatt oder mit der Bandsäge bei einem um 45° geneigten Tisch.

Wenn der größte Teil des Verschnitts entfernt ist, arbeiten Sie sich mit dem Hobel allmählich an den Riß heran, indem Sie immer schmalere plane Facetten hobeln.

Zum Schluß glätten Sie die Rundung mit der Formziehklinge und schleifen mit Schleifpapier auf einem konkav gekrümmten Schleifklotz.

Ausschneiden der Nuten

2 Reißen Sie die Nuten an den Innenflächen der Seitenwände mit Sorgfalt an. Erledigen Sie das an beiden Seitenwänden gleichzeitig, und verwenden Sie als Bezugsflächen die hinteren Schmalflächen.

3 Mit dem Anschlagwinkel zeichnen Sie Risse im rechten Winkel zur Bezugsfläche. Mit einem Brettstreichmaß (einem Streichmaß mit besonders langem Stock) reißen Sie die vorderen Nutenden für die verdeckten Verbindungen an.

4 Klemmen Sie einen Stahlmaßstab auf das Seitenbrett, und zeichnen Sie die Risse mit dem Anreißmesser nach, wobei Sie dessen Schräge auf der Abfallseite der Nut führen. Vertiefen Sie die Risse so weit, daß die Säge an den richtigen Stellen anschneidet. Entfernen Sie den Maßstab, und stechen Sie mit dem Beitel eine halbe V-Nut mit der Schrägung zur Abfallseite ein. Dadurch schneidet die Säge exakt an der senkrechten Brüstung.

5 Kleben Sie auf eine kleine Feinsäge einen Streifen Ab-

4

5

deckband als Tiefenmaß, und sägen Sie dann die Nuten in beiden Seitenwänden bis auf diese Tiefe.

6 Ein einfacheres und genaueres Verfahren zur Einarbeitung einer Nut ist das Fräsen mit der Oberfräse, wobei Nutwangen und Nutgrund mit einem Werkzeug geschnitten werden. Geführt von einer quer über das Stück geklemmten Leiste, schneidet die Oberfräse die Nut relativ rasch.

Spannen Sie das Stück sicher auf die Bankplatte, und putzen Sie mit dem

7

6

leicht nach oben geneigten Schabbeitel den Nutgrund.

Das vordere, blinde Ende der Nut ist am schwierigsten zu putzen. Hier müssen Sie senkrechte Wangen stemmen und diese so gut wie möglich putzen.

Früher wurde zum Eintiefen von Nuten dieser Art der Grundhobel verwendet. Dieser ist jedoch heute durch die Oberfräse weitestgehend verdrängt.

Einpassen der Zwischenböden

7 Schneiden Sie die Brüstungen an den Enden der Sockelleiste und der Zwischenböden in einem Abstand von 10 mm vom Hirn. Auch hier liefert die Oberfräse das beste Ergebnis, wobei entweder ein Falzfräser oder ein Walzenfräser verwendet wird. Geführt wird die Oberfräse an einer quer über das Stück geklemmten Leiste oder an den Hirnflächen des Stücks selbst.

Da die Stabilität einer Flächenwinkelverbindung aus dem strammen Sitz der gefügten Teile resultiert, werden die Brüstungen mit etwas Übermaß gefräst und dann mit dem Simshobel auf Sitz gehobelt.

8 Prüfen Sie den Sitz der Sockelleiste und der Zwischenböden in den zugehörigen Nuten. Sie dürfen nicht so stramm sitzen, daß sie mit dem Hammer eingeschlagen werden müssen, aber auch nicht klappern.

Jetzt müssen die Fälze gesägt werden, in die die Bretter der Rückwand eingelegt werden. Dazu wird an den hinteren Schmalflächen des oberen und des unteren Zwischenbodens ein einfacher Falz eingearbeitet, an den Innenkanten der Seitenwände ein stumpfer Falz. Außerdem müssen die Nuten für die Sockelleiste eingearbeitet werden.

9 Jetzt wissen Sie zwar, daß jede einzelne Verbindung paßt, es muß nun aber geprüft werden, ob das ganze Stück zusammengebaut werden kann. Wenn das nicht der Fall ist, gehen Sie einen Schritt zurück, und prüfen Sie, ob alle Zwischenböden dieselbe Länge haben und ob die Nuten sämtlich an der richtigen Stelle sitzen.

Durch den trockenen Zusammenbau haben Sie gleichzeitig festgestellt, wie beim endgültigen Zusammenfügen vorgegangen werden muß und wo Preßdruck erforderlich sein wird. Für einen Korpus dieser Größe werden 8 Türspanner von mindestens 1 m Länge benötigt.

8

9

Vorbereitung der Oberflächenbehandlung

10 Zuerst decken Sie alle Flächen, die später beleimt werden sollen, mit Klebeband ab. Kleben Sie das Klebeband auf, und streichen Sie es sorgfältig mit einem Messer glatt. Das ist wichtig, weil die abgedeckten Stellen keinesfalls von dem öligen Oberflächenbehandlungsmittel erreicht werden dürfen. Der Leim würde kaum haften.

11 Jetzt beseitigen Sie alle vorhandenen Bearbeitungsmarken und etwaige Oberflächenmängel. Wenn die Teile unmittelbar aus der Dickenhobelmaschine kommen, müssen Sie die Hobelmarken beseitigen. Dazu benutzen Sie entweder einen Elektroschleifer oder zuerst einen Putzhobel und dann Schleifpapier.

Wenn Sie von Hand schleifen, beginnen Sie mit 120er Schleifpapier auf einem Schleifkork und schleifen vorsichtig mit der Faser. Wenn Sie überzeugt sind, daß das Ergebnis mit dem 120er Schleifpapier nicht mehr verbessert werden kann, wechseln Sie zu Körnung 150 und dann zu Körnung 180. Jedesmal brauchen Sie für den Schleifgang weniger Zeit. Es ist jedoch wirklich wichtig, daß Sie alle Marken und Kratzer der vorigen Körnung beseitigt haben, bevor Sie zur nächstfeineren übergehen.

12 Tragen Sie mit einem Tuch Dänisches Öl in zwei oder drei dünnen Schichten auf. Bedenken Sie dabei jedoch, daß der Glanz nicht durch das Öl, sondern die Sorgfalt der vorangegangenen Bearbeitung der Oberfläche bewirkt wird. Das Dänische Öl leistet nichts anderes, als daß es die Ursprünglichkeit der Oberfläche hervorhebt, die Sie mit dem Schleifpapier geglättet haben.

Zusammenbau

13 Nachdem die Bauteile behandelt und poliert worden sind, bauen Sie das Regal mit dem oberen und dem unteren Zwischenboden an Ort und Stelle trocken zusammen. Schützen Sie die Flächen, indem Sie Klemmhölzer unterlegen. Durch Ausmessen der Diagonalen

14

15

prüfen Sie, ob der Korpus im Winkel ist. Richten Sie ihn erforderlichenfalls nach.

Beleimen Sie nun die entsprechenden Flächen, und fügen Sie diese zusammen. Wenn Sie PVAC-Leim verwenden, müssen Sie in einem kühlen Raum und relativ rasch arbeiten, weil Sie eine Offenzeit von nur etwa 5 min zur Verfügung haben, bevor der Leim beginnt zu gelieren und seine Verarbeitbarkeit einzubüßen. Es gibt jedoch auch Leime mit längeren Offenzeiten.

Nach dem Zusammenfügen pressen Sie die Teile gleichmäßig zusammen, wobei Sie wieder auf den Schutz der vorbehandelten Flächen achten. Pressen Sie den Korpus gerade so zusammen, daß sich die Verbindungen schließen. Prüfen Sie wieder, ob der Korpus im Winkel ist. Wenn alles erledigt ist, sollten Sie den ausgepreßten Leim keinesfalls abwischen; lassen Sie das Stück stehen und den Leim aushärten.

14 Wenn der Leim teilweise abgebunden hat, entfernen Sie den ausgetretenen Leim mit dem Beitel. Der Leim dürfte sich leicht entfernen lassen, weil er an den mit Öl vorbehandelten Flächen kaum haftet.

15 Bereiten Sie jetzt die Teile für die Rückwand vor, die nach ihrem Einbau das Regal im Winkel halten. Wenn Sie über die geeigneten Werkzeuge verfügen, können Sie die Spundungen mit dem Formhobel selbst anfertigen. Sie können auch eine Oberfräse mit einem passenden Fräser benutzen, oder Sie kaufen die gespundeten Bretter fertig und müssen sie dann nur noch schleifen und behandeln.

16 Zum Abschluß setzen Sie die gespundeten Rückwandbretter in die Fälze des oberen und unteren Zwischenbodens und der Seitenwände ein. Verschrauben Sie diese in der Mitte eines jeden Bretts. Um ein symmetrisches Bild zu erreichen, müssen Sie die beiden Bretter an den Seiten in gleichem Maße schmaler hobeln.

Mit dem Dänischen Öl werden auch die Innenflächen der Spundungen behandelt, weil sie infolge des unvermeidlichen Arbeitens des Holzes teilweise sichtbar werden können.

Schließlich säubern Sie das Stück. Überprüfen Sie den Ölanstrich, und bessern Sie an den Stellen nach, wo es erforderlich ist.

16

Zinkenverbindungen

Die Zinke ist ein Verbindungselement, das schon im alten Ägypten verwendet wurde. Der konstruktive Aufbau der Zinkenverbindung sorgt dafür, daß die miteinander verbundenen Elemente in einer der möglichen Richtungen nicht auseinandergezogen werden können. Infolge der großen Berührungsfläche zwischen den Elementen ist die Verbindung sehr fest.

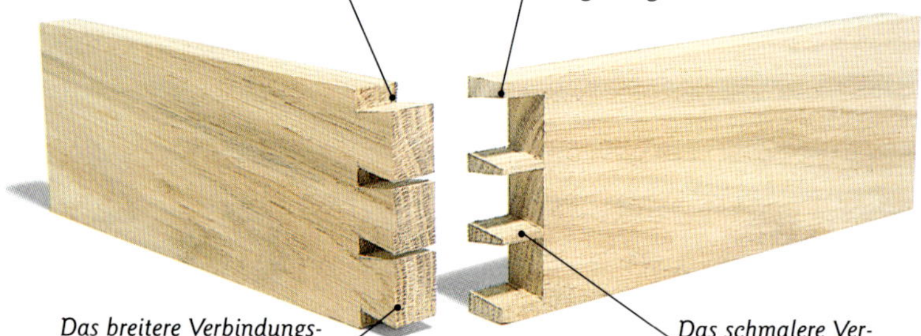

Der Anwendungsbereich der Zinkenverbindung ist sehr breit – sie wird vom Musikinstrumentenmacher und Bootsbauer, vom Bautischler und Kunsttischler gleichermaßen verwendet. Bei Möbeln ist die augenfälligste Verwendung die Vorderfront von Schubläden, die Verbindung wird aber auch an vielen anderen Stellen von Möbeln benutzt. Der entscheidende Vorteil der Zinkung ist ihre Festigkeit.

Zur Anfertigung von Zinken steht eine Reihe von Vorrichtungen zur Verfügung, und zwar zumeist für das Arbeiten mit der Oberfräse. Wirklich gute Vorrichtungen sind ziemlich teuer. Aber so zweckdienlich sie auch sein mögen – ein Möbeltischler wird stets mit Stolz auf seine handgefertigten Zinkenverbindungen als ein Gütesiegel seiner handwerklichen Arbeit verweisen.

Schwalben und Zinken

Die Zinkenverbindung besteht aus zwei Elementen: den Schwalben (gekürzt aus „Schwalbenschwänze" und so genannt wegen ihrer Form) und den Zinken, die zwischen den Schwalben sitzen und die Ober- und Unterseite der Verbindung bilden. Normalerweise – mit Ausnahme einiger maschinell gefertigter Ausführungen – sind die Schwalben breiter als die Zinken. Das Schrägungsverhältnis der Schwalben beträgt im allgemeinen 6:1 bei Weichholz und 8:1 bei Hartholz.

Varianten

Ebenso wie die Zapfen-Schlitz-Verbindung hat auch die Zinkenverbindung endlos viele Varianten. Die durchgehende Verbindung, die wir hier beschreiben, ist die einfachste Ausführung, aber bereits sie eröffnet einen breiten Bereich von Variationsmöglichkeiten. Das Aussehen eines ganzen Stücks wird von Anzahl, Größe und Abstand der Schwalben beeinflußt. Sie können auch mit kontrastierenden Hölzern bei den Zinken und den Schwalben experimentieren; unterschiedlich breite Schwalben innerhalb einer Verbindung mögen ebenfalls eine reizvolle Wirkung ausüben.

Werkzeuge und Ausstattung

Bequemer als ein Verstellwinkel ist eine Zinkenschablone aus Metall oder Kunststoff. Die Zinkenschablone ist in der Art eines kleinen Anschlagwinkels mit einem schrägen Schenkel ausgeführt. Angeboten werden Zinkenschablonen für Schrägungsverhältnisse 6:1 und 8:1.

Bei sehr feinen Zinkungen kann anstelle einer Laubsäge auch eine kleine Feinsäge verwendet werden.

Eine Zinkenvorrichtung wird in Verbindung mit der Oberfräse verwendet. Sie besteht aus einstellbaren Schablonen, an denen eine Buchse an dem in der Oberfräse eingespannten Zinkenfräser geführt wird. Die kostengünstigeren Vorrichtungen erzeugen Zinken und Schwalben gleicher Größe, die komplizierten Ausführungen gestatten die Variation von Größe und Anordnung der Elemente der Verbindung.

Schneidenstreichmaß

Verstellwinkel

Bleistift

Kleiner Anschlagwinkel

Zinkensäge

Bügelsäge

Schraubzwingen

Sperrholzplatte (etwa 300 x 150 mm) als Bankplattenschutz

Kurze Holzstücke (etwa 25 mm im Quadrat), etwas länger als die Breite der Verbindung

Stechbeitel

Klüpfel

Kleines Anreißmesser

Hammer

Abdeck- oder Packklebeband

Leim und Pinsel

Putzhobel

1

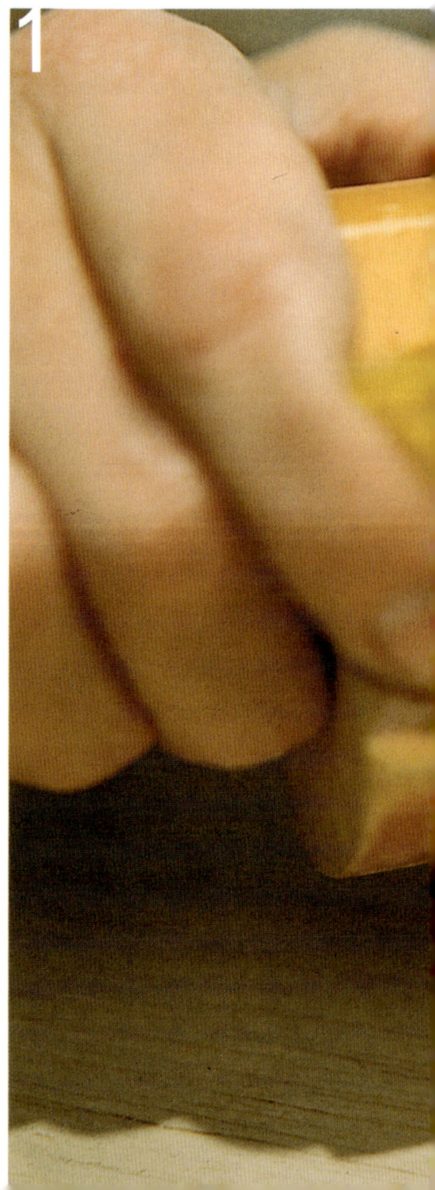

Bau einer durchgehenden Zinkenverbindung

Anreißen der Zinken

1 Stellen Sie das Schneidenstreichmaß auf einen geringfügig weiteren Abstand als die Holzdicke ein, und zeichnen Sie einen Riß rings um die Enden der beiden zu verbindenden Bretter. Weil das Schneidenstreichmaß auch quer zur Faser einen deutlichen Riß liefert, ist es hier besser geeignet als das Spornstreichmaß.

2 Der Abstand der Zinken ergibt sich im wesentlichen als ein Kompromiß aus struktureller Stabilität und Aussehen. Die Eckzinken sollten wegen der Bruchgefahr nicht zu schmal gewählt werden. Um eine gleichmäßige Teilung auch dann zu erreichen, wenn sich beim Dividieren der Brettbreite durch die vorgesehene Zinkenanzahl kein leicht zu übertragendes Maß ergibt, zeichnen Sie eine Gerade günstiger Länge schräg über das Holz. Berücksichtigt werden müssen die Abstände sowohl der Zinken als auch der Schwalben.

Zum Anreißen der Schwalben verwenden Sie den Verstellwinkel. Stellen Sie ihn auf das gewünschte Winkelmaß ein, drücken Sie ihn an das Stück, und reißen Sie mit dem Bleistift an. Mit einem kleinen Metallanschlagwinkel zeichnen Sie den Riß quer über das Holz. Schraffieren Sie unbedingt den Abfall zwischen den Schwalben, damit Sie später die Säge mit Sicherheit auf der Abfallseite ansetzen.

Einschneiden der Schwalben

3 Spannen Sie das Stück in einer solchen Höhe fest, daß Sie bequem sägen können. Zum Schutz sollte noch ein Stück Abfallholz mit eingespannt werden. Eine bequeme Körperhaltung ist für ein genaues Sägen wichtig; im Idealfall sollte die Oberkante des Werkstücks in einer Höhe mit dem Ellenbogengelenk liegen. Beginnen Sie das Einschneiden mit etwas nach oben geneigtem Blatt. Nach zwei, drei Sägestrichen halten Sie das Blatt waagerecht und sägen zügig bis hinunter an den Riß. Es ist zweckmäßig, zuerst alle rechten Seiten, dann alle linken Seiten zu schneiden.

Weitere Informationen

Genaues Anreißen	**56**
Genaues Sägen mit der Handsäge	**60**
Stemmen	**64**
Die Oberfräse als Bearbeitungszentrum	**72**
Frühstückstablett (Bauanleitung)	**154**

4 Entfernen Sie zunächst mit der Bügelsäge die größte Menge des Abfalls. Sägen Sie zuerst in Richtung der Schwalbenschräge, und lenken Sie die Säge nach wenigen Hüben in die Waagerechte. Es soll möglichst viel Abfall entfernt werden, ohne an die Risse zu gelangen.

5 Um den Abfall an der Ecke zu entfernen, spannen Sie das Stück waagerecht in den Schraubstock, und sägen Sie mit der Zinkensäge bis an den Riß.

6 Um die Verbindung putzen zu können, klemmen Sie das Brett auf der Bankplatte fest, wobei Sie zum Schutz der Bank und zur Vermeidung von Faserausbruch an der Brettunterseite eine Sperrholzplatte unterlegen. Am Riß quer über das Holz wird auf der oberen Brettfläche ein Stück Holz mit etwa quadratischem Querschnitt gespannt.

7 Drücken Sie den Beitel fest an die Führungsleiste, und schlagen Sie vorsichtig mit dem Klüpfel.

Anreißen der Zinken

8 Zum Anreißen der Zinken spannen Sie das Stück senkrecht in den Schraubstock, so daß es etwa 25 mm über die Schraubstockbacken ragt. Hinter dem Stück wird ein Brett auf die Bankplatte gelegt, damit das Teil mit den Schwalben eben aufgelegt werden kann. Halten Sie dieses Teil gut fest, und reißen Sie die Zinken mit einem kleinen Anreißmesser an. Die Risse sind möglicherweise schlecht erkennbar; ziehen Sie diese deshalb sofort mit dem Bleistift nach.

An der Breitseite reißen Sie mit dem Anschlagwinkel an; schraffieren Sie wiederum den Abfall. Obwohl es nicht unbedingt erforderlich ist, sollten Sie die Zinken auf beiden Breitseiten anzeichnen.

Schneiden der Zinken

9 Schneiden Sie die Zinken in derselben Weise wie die Schwalben. Arbeiten Sie sehr genau; Fehler lassen sich nicht nachbessern. Mit ruhiger Hand und ohne Hast erzielen Sie sicher ein gutes Ergebnis. Es ist insgesamt

8

leichter, die Zinken bis an den Riß zu sägen, als Holz später wegzuputzen.

Auch hier wird der Abfall mit der Bügelsäge entfernt. Prüfen Sie immer wieder die Position des Sägeblattes an der Rückseite der Verbindung, damit es nicht zu nahe an den Riß gerät. Achten Sie auch auf die Schrägen der Zinken.

Zum Putzen spannen Sie das Stück wie zuvor ein. Die breiten Lücken zwischen den Zinken erfordern mehr Sorgfalt als die schmalen zwischen den Schwalben. Wenn Sie in einem Span bis an die Führungsleiste heran arbeiten, kann das Hirnholz leicht beschädigt werden, was die Festigkeit wie auch das Aussehen der Verbindung beeinträchtigt. Um das zu vermeiden, heben Sie dünne Späne ab, und schlagen Sie den Beitel mit der Hand ein, bis Sie etwa 2 mm vor der Leiste angelangt sind. Den letzten Span trennen Sie ab, indem Sie den Beitel an der Leiste führen und mit dem Klüpfel vorsichtig schlagen.

9

Zusammenbau

10 Spannen Sie das Zinkenteil senkrecht im Schraubstock ein. Fügen Sie die Verbindung trocken zusammen, indem Sie mit dem Schlosserhammer auf ein Abfallholz schlagen, das Sie auf das Schwalbenteil aufgelegt haben. Dadurch wird eine Beschädigung des Schwalbenteils vermieden und die Schlagwirkung gleichmäßig über die gesamte Verbindung verteilt. Sobald Sie spüren, daß die Verbindung paßt, schlagen Sie diese nicht weiter zusammen; sie muß noch nicht vollständig zusammengefügt werden.

Wenn die Verbindung nicht ganz paßt, suchen Sie die strammgehenden Stellen, und arbeiten Sie diese vorsichtig mit dem Beitel nach; prüfen Sie immer wieder die Passung. Zinkenverbindungen müssen stramm sitzen, aber auch nicht zu stramm, damit die Zinken nicht splittern.

Mit Klebeband decken Sie die Brettenden bis an die Brustflächen ab und tragen dann Leim gleichmäßig und dünn auf alle Fügeflächen auf. Achten Sie darauf, daß der Leim die Flächen tatsächlich benetzt, so daß sie naß wirken. Das unterstützt die Festigkeit der Verbindung.

10

11 Die Verbindung wird mit dem Hammer zusammengeschlagen; vergessen Sie dabei nicht, das Abfallholz aufzulegen. Die meisten modernen Leime erreichen die bestmögliche Haftung, wenn die Verbindung gepreßt wird.

12 Wenn der Leim erhärtet ist, entfernen Sie das Abdeckband. Zum Putzen muß die Baugruppe eingespannt werden. Mit einem schwach eingestellten Putzhobel hobeln Sie unter einem Winkel von 45° von außen nach innen. Durch die schräge Hobelrichtung bereitet der Wechsel der Maserungsrichtung keine Probleme, und es dürfte sich nur wenig Schleifarbeit ergeben.

11

12

13 Eine handgeschnittene Schwalbenschwanzverbindung ist ein ästhetischer Genuß. Eines der Geheimnisse ihrer präzisen Ausführung ist das genaue Anreißen der Zinken, das Sie erreichen, wenn Sie unmittelbar vom fertigen Schwalbenteil aus anreißen. Sie können auch umgekehrt vorgehen, indem Sie zuerst die Zinken und dann die Schwalben schneiden. Welche Reihenfolge Sie bevorzugen, wird sich aus Ihrer Praxis ergeben.

13

Frühstückstablett *(Zeichnung siehe Seite 218)*

Oben: Der Griff des Tabletts. Der Schwalbenschwanz des Griffs wiederholt die Verbindung an den Ecken des Tabletts.

Bei diesem Stück wird sowohl die konstruktive als auch die dekorative Wirkung der einfachen Zinkenverbindung genutzt. Das Tablett besteht aus vier hölzernen Randleisten, zwei Griffen, ebenfalls aus Holz, und einer furnierten Sperrholzplatte als Boden.

Sie können die Maße des Tabletts nach Ihren persönlichen Wünschen beinahe beliebig variieren. Auch die Wahl des Holzes ist eine Frage der persönlichen Vorliebe, jedoch lassen sich Verbindungen in Hartholz leichter als in Weichholz schneiden. Ein kontrastierendes Holz für die Griffe betont die Zinkenverbindung. Die Bodenplatte sollte passend zum Holz entweder der Randleisten oder der Griffe gewählt werden.

Weil die Teile ziemlich klein sind, könnte die Abfallkiste Ihres Holzlieferanten reizvolle, exotische Stücke zu erschwinglichem Preis bieten.

Werkzeugliste

Schneidenstreichmaß

Verstellwinkel

Bleistift

Kleiner Anschlagwinkel

Zinkensäge

Kleines Anreißmesser

Schraubzwingen

Stechbeitel, 13 mm breit

Putzhobel

Schleifklotz

Leim und Pinsel

2 Türspanner oder
1 Rahmenspanner

Weitere Informationen

Montagewerkzeuge: Zwingen und Spanner 30

Genaues Anreißen 56

Hobeln mit der Hand 58

Genaues Sägen mit der Handsäge 60

Stemmen 64

Mittel und Verfahren der Oberflächenbehandlung 92

Zinkenverbindungen 148

Kleber für Holzarbeiten 207

SCHNITTLISTE UND MATERIAL

	Bauteil	**Anzahl**	**Endmaße**
A	lange Randleisten	2	457 x 32 x 10 mm
B	kurze Randleisten	2	305 x 32 x 10 mm
C	Griffe*	1	305 x 32 x 16 mm
D	Bodenplatte	1	457 x 305 x 5 mm
Holz (Vorschlag)			A und B: Esche C: Ulme D: eschefurniertes Sperrholz

Oberflächenbehandlung (Vorschlag)
Dänisches Öl, Polyurethanklarlack, Wachs oder schwarz- bzw. weißpigmentierter Seidenglanzlack

Andere Hölzer — Ein Hartholz, wie Eiche oder Buche

Anmerkung
*Beide Griffe werden aus demselben Holzstück geschnitten.

Oben: Eck-Zinkenverbindung. Die Oberflächenbehandlung färbt das Hirnholz dunkel, wodurch der Kontrast verstärkt wird.

Unten: Die Griffe sind nach oben leicht konisch. Sie lassen sich dadurch besser ergreifen, und es entsteht ein unaufdringlicher optischer Effekt.

Ganz unten: Der Boden ist angefast und gegen die Randleisten geringfügig zurückgesetzt.

Bauanleitung

Anreißen und Schneiden der Schwalben

1 Reißen Sie die Zinkenverbindungen an den vier Ecken an und schneiden Sie diese, wie weiter vorn beschrieben. Die Verbindungen hier sind einfacher anzufertigen als die auf den Seiten 148 bis 153, denn es ist jeweils nur eine Schwalbe anstelle von drei zu schneiden.

Um den Abfall außen zu entfernen, spannen Sie das Werkstück waagerecht im Schraubstock fest, und sägen Sie mit der Zinkensäge bis an den Riß. Halten Sie die Säge beim Anschneiden etwas geneigt.

Anreißen und Schneiden der Zinken

2 Die Zinken werden unmittelbar mit Hilfe des Gegenstücks mit der Schwalbe angerissen. Wegen des kleinen Raums macht sich das mit einem kleinen normalen Messer besser als mit dem üblichen Anreißmesser. Zeichnen Sie die schwachen Risse mit einem gut gespitzten Bleistift nach, damit sie sicherer zu erkennen sind.

3 Vor dem Schneiden der Zinken klemmen Sie das Teil auf die Bankplatte. Führen Sie zuerst einige Sägeschnitte mit fast senkrecht gehaltener Säge, ehe Sie die Säge waagerecht schwenken und am Riß nach unten schneiden. Dadurch vermeiden Sie, daß die Säge der Maserung folgt.

4 Prüfen Sie den Sitz der Verbindung, indem Sie Schwalben und Zinken ineinanderfügen. Kennzeichnen Sie die jeweils zusammengehörigen Teile mit AA, BB usw. Das ist notwendig, weil Sie jede Zinke von der zu ihr gehörenden Schwalbe aus angerissen haben.

Die Griffe

5 Zuerst reißen Sie an dem für die Griffe vorgesehenen Holzstück die Längen beider Griffe an. Dann zeichnen Sie Mittelrisse über der Länge und über der Breite und reißen schließlich die Schwalben an. Trennen Sie das Holzstück noch nicht; ein größeres Stück läßt sich leichter einspannen und bearbeiten.

6 Jetzt sägen Sie die beiden Schwalben, wie in Schritt 1 beschrieben.

7 Schließlich stemmen Sie den Verschnitt aus. Drücken Sie vorsichtig mit der Hand auf den Beitel, und halten Sie ihn senkrecht, damit saubere Fügeflächen entstehen.

8 Die Wangen der Schwalben werden mit dem Beitel plan und sauber geputzt. Sie lassen sich dadurch später leichter fügen.

9 Die leicht konischen Seitenflächen der Griffe werden im Schraubstock gehobelt.

10 Jetzt markieren Sie die Ausschnitte für die Schwalben in den Randleisten auf dieselbe Weise, wie Sie die Zinken der Eckverbindungen angerissen haben (siehe Schritt 2). Der Abfall wird wie bei den Eckzinken entfernt. Schneiden Sie bis kurz vor die angerissene Mittellinie, und putzen Sie mit dem Beitel, bis ein straffer Sitz erreicht ist.

11 Runden Sie die oberen Schmalflächen der Griffe mit dem Hobel oder mit Schleifpapier und Schleifklotz ab.

Die Bodenplatte

12 Schneiden Sie die Sperrholzplatte ringsum um 3 mm kleiner zu als den Rahmen des Tabletts, und fasen Sie die Schmalflächen mit dem Hobel unter einem Winkel von 45° an. Dann ist der Boden, wenn das Tablett auf einem Tisch liegt, nicht zu sehen.

Zusammenfügen

13 Weil das Tablett möglicherweise naß werden kann, sollte es unbedingt mit einem wasserfesten Holzleim verleimt werden.

Beleimen Sie alle Kontaktflächen für die Griffe, und drücken Sie diese ein. Lassen Sie den Leim erhärten, und beseitigen Sie Leimreste mit einem scharfen Beitel.

Nun beleimen Sie alle Fügeflächen der Verbindungen und fügen die Verbindungen zusammen. Der Rahmen wird mit Türspannern oder einem Rahmenspanner gepreßt. Nach dem Erhärten putzen Sie außen mit dem Putzhobel und innen mit dem Beitel. Schleifen Sie den Rahmen sorgfältig mit dem Schleifklotz, bevor Sie den Boden anleimen.

Legen Sie das Tablett umgekehrt auf die Bankplatte, und beleimen Sie die Kontaktflächen am Rahmen und an der Bodenplatte. Legen Sie die Bodenplatte auf den Rahmen, und beschweren Sie diese, bis der Leim ausgehärtet ist. Entfernen Sie anschließend Leimreste mit einem scharfen Beitel.

Oberflächenbehandlung

14 Die Oberflächenbehandlung dient dem Schutz des Holzes vor unvermeidlichen Spritzern und Nässe beim feuchten Abwischen. Außerdem soll sie die Zeichnung des Holzes und den Kontrast zwischen den beiden verwendeten Hölzern deutlich hervorheben. Das Mittel sollte also wasserfest sein (wie z.B. Polyurethan); es wird in zwei bis drei dünnen Schichten aufgetragen. Anschließend können Sie die Oberfläche mit Stahlwolle glätten und mit einem Wachs polieren.

8 ENTWERFEN UND SKIZZIEREN

Arbeiten aus Holz können in extrem einfacher oder erstaunlich komplizierter Weise entworfen werden. Der Entwurf wird bestimmt von Faktoren, wie dem Zweck des Stückes, der verfügbaren Zeit, dem Material und dem Budget. In diesem Kapitel wollen wir uns mit den Grundprinzipien des Entwerfens beschäftigen und dabei die Rolle des sogenannten Pflichtenhefts erläutern. Entwurfsideen werden über Skizzen und Zeichnungen vermittelt, deren Anfertigung nicht sehr schwierig zu erlernen ist, wie wir in diesem Kapitel zeigen werden. Mit einiger Übung können Sie bald brauchbare Arbeitszeichnungen für Ihre Vorhaben ausführen.

Einführung in das Entwerfen **162**

Skizzier- und Zeichentechniken **164**

Zwei Beispiele für Pflichtenhefte **166**

Einführung in das Entwerfen

Dieses Kapitel beschäftigt sich mit dem Begriff des „Entwerfens“. Wir fragen uns, was „Entwerfen“ bedeutet, und verfolgen einen Entwurf Schritt für Schritt, so daß Sie einen Überblick über den Gesamtprozeß und das erforderliche Wissen erhalten, selbst Entwürfe anfertigen zu können.

Was ist Entwerfen?

Entwerfen bedeutet im wesentlichen das Analysieren von Problemen, das Erfüllen von Anforderungen und das Vorschlagen von Lösungen. Abhängig von Art und Ausmaß des zu lösenden Problems kann Entwerfen eine extrem einfache oder eine unglaublich komplizierte Tätigkeit sein. Das Entwerfen (oder auch Konstruieren) bedient sich eines ganzen Bereichs intellektueller und praktischer Fertigkeiten, nutzt konstruktives, ästhetisches und begriffliches Vorstellungsvermögen und bezieht ökonomische, ökologische, technologische und kulturelle Betrachtungen ein. Alle Informationen, die im Entwurfsprozeß anfallen, müssen in Gestalt von Skizzen, Bearbeitungszeichnungen, graphischen Darstellungen, Modellen und Prototypen ausgetauscht werden.

Ein guter Konstrukteur berücksichtigt alle diese Einflußgrößen und erreicht ein Ergebnis, das die Bedürfnisse des Verwenders und die Bedingungen des Produzenten optimal widerspiegelt. Ein Konstrukteur muß deshalb über das, was der Kunde wünscht, bestens Bescheid wissen, und er (oder auch sie) muß seine (oder ihre) Fertigkeiten ständig weiterentwickeln.

Auf diesen wenigen Seiten kann nur ein kurzer Einblick in das weite Gebiet des Entwerfens gegeben werden. Die Grundprinzipien sind überall gültig, ob Sie nun ein Schmuckkästchen, einen Stuhl oder einen Schrank konstruieren. Verständlicherweise werden Sie für ein jedes Erzeugnis ganz spezifische Vorgaben zu berücksichtigen haben.

Gemeinsam aber sind allen Produkten die Forderungen nach struktureller Stabilität und Sicherheit.

Weitere Informationen

Beschläge (Kapitel 5)

Skizzier- und Zeichentechniken 164

Zwei Pflichtenhefte als Beispiele 166

Merkmale von Hart- und Weichhölzern 194

Entwurfsprozeß

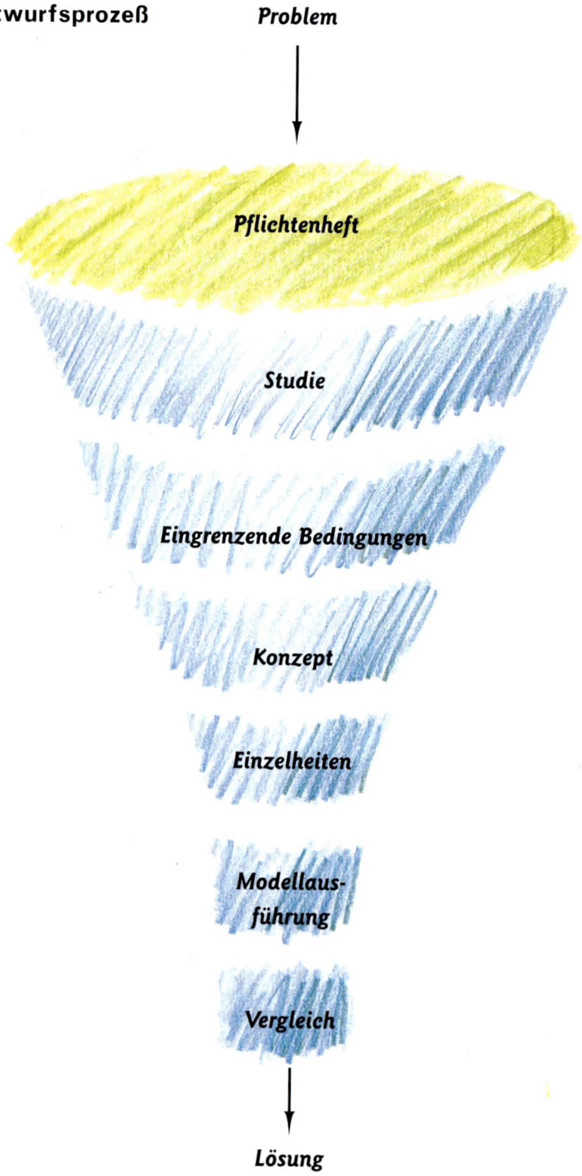

Der Entwurfsprozeß

Stellen Sie sich den Entwurfsprozeß als einen Trichter vor: Die bunte Menge aller verfügbaren Informationen und Anforderungen wird oben eingefüllt, und am engen Ende unten tritt eine Lösung zutage. Viele einzelne Elemente und Faktoren vereinen sich in Wechselwirkung, bis der Entwurf gemeistert ist.

Entwerfen bedeutet weniger das Vergegenständlichen origineller Gedanken als vielmehr das angemessene Lösen von Problemen.

1 Definition des Problems

Dieser Schritt wird ausgelöst, wenn jemand ein zu lösendes Problem an Sie heranträgt oder wenn Sie selbst auf ein Problem stoßen.

2 Studie
Dieser Schritt umfaßt das Sammeln und Ordnen von so vielen Informationen zum anstehenden Problem wie nur irgend möglich.

3 Eingrenzende Bedingungen
Als nächstes müssen Sie die eingrenzenden Bedingungen ermitteln und notieren, wie Sicherheitsanforderungen, Verfügbarkeit des Materials, Termine und Kostenaufwand.

4 Erste Konzeptionen
Bei diesem Schritt entstehen auf der Grundlage der bisher erworbenen Problemkenntnis zum ersten Mal konzeptionelle Lösungsvorschläge. Sie werden häufig in einem Pflichtenheft niedergelegt (und oft auch Pflichtenheft genannt, wenn sie nicht viel mehr als ein, zwei Blätter umfassen). Das Pflichtenheft ist eine Art Führer für den Konstruierenden, damit er sich mit seinen Lösungsvorschlägen nicht zu weit vom tatsächlich gemeinten Problem entfernt und vielleicht – wenn auch gekonnt – ein ganz anderes Problem löst. Der Entwurf für einen in die Wand eingebauten Schrank dürfte Ihnen schwerlich abgenommen werden, wenn im Pflichtenheft lediglich ein freistehendes Regal gewünscht war.

5 Entwurf im Detail und Weiterentwicklung
Sie wählen jetzt ein oder zwei der besten Konzepte aus und entwickeln sie im Detail weiter. Denken Sie daran, Ihre Ideen dabei immer wieder gegen die notierten eingrenzenden Bedingungen abzuwägen. Ist eine geeignete Lösung gefunden, werden die Arbeitszeichnungen erstellt.

6 Ausführung
In diesem Schritt wird der Entwurf in einem maßstäblichen Modell ausgeführt, oder es wird ein Prototyp im Maßstab 1:1 geschaffen. Die Qualität des Endergebnisses ist maßgeblich davon abhängig, wie gründlich die einzelnen Schritte durchdacht und mit welcher Sorgfalt Modell oder Prototyp ausgeführt worden sind.

7 Bewertung
Jetzt wird die vorgeschlagene Lösung mit dem ursprünglichen Pflichtenheft verglichen. Auf dieser Stufe kann außerdem über letzte Verbesserungen befunden werden.

Rechts: Eine Auswahl von Zeichenutensilien. Nützlich sind ferner ein Zeichenbrett, eine Skizzierunterlage und Pauspapier, verschiedene Bleistifte und Markierungsstifte, Kunststoffschablonen für das Zeichnen von Kreisen, Ellipsen und Kurven, ein einstellbarer Winkelmesser, ein Maßstabslineal, ein Zirkelsatz, ein scharfes Messer oder ein Cutter und ein Klebestift.

Einflußgrößen beim Entwerfen

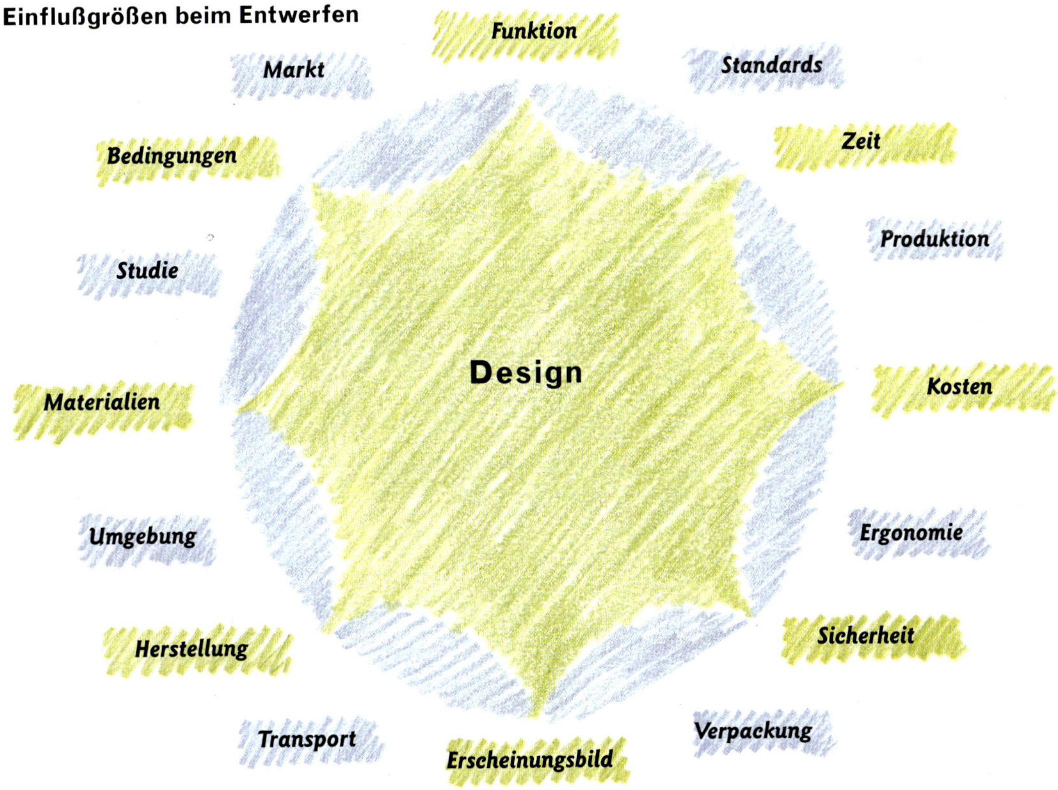

Skizzier- und Zeichentechniken

Wenn Sie die ersten drei Schritte des Entwurfsprozesses erfolgreich zurückgelegt und ein Pflichtenheft aufgestellt haben, müssen Sie jetzt Ihre Ideen Ihrem Partner vermitteln. Das geschieht meist mit Hilfe von Skizzen. Genauso wie bei den ersten Schritten beginnen Sie mit übergreifenden, die Gesamtheit darstellenden Informationen und schreiten zu Einzelheiten fort. Stellen Sie zuerst Ihre allgemeinen Vorstellungen dar, und fügen Sie den Konzeptskizzen nach und nach immer mehr Details hinzu, wie etwa Farbgebung, Maserung und Schraffur.

Freihandzeichnen

Alles, was Sie erblicken, können Sie in angemessener Weise zeichnerisch darstellen, indem Sie das Objekt in einen der folgenden geometrischen Körper einpassen: einen Würfel, eine Kugel, einen Zylinder, Kegel oder Quader (Bild 1). Wie bei jeder anderen Fertigkeit ist Übung erforderlich, jedoch wird das Freihandzeichnen mit wachsendem Können rasch zum Vergnügen.

Einige wenige Fertigkeiten müssen Sie erwerben, wenn Sie Ihr zeichnerisches Geschick verbessern wollen:
a) das Freihandzeichnen von senkrechten und waagerechten Linien, auch von parallelen Linien;
b) das Freihandzeichnen von Rechtecken, Quadraten und Parallelogrammen;
c) das Freihandzeichnen von Kreisen (innerhalb von Quadraten) und schließlich
d) das Freihandzeichnen von Ellipsen (innerhalb von Parallelogrammen und Rechtecken) (Bild 2).

Die Betonung liegt hierbei ausdrücklich auf „Freihand", denn die Versuchung ist recht groß, einfach zum Lineal zu greifen.

Weitere Informationen

Einführung in das Entwerfen **162**

Zwei Pflichtenhefte als Beispiele **166**

Aufbewahren der Skizzen

Fertigen Sie alle Ihre Skizzen in einem Skizzenbuch mit festem Einband und nicht herausnehmbaren Blättern an. Dadurch werden Sie nicht in Versuchung geführt, die schlechten Skizzen wegzuwerfen und nur die gelungenen aufzubewahren, so daß Sie Ihren Fortschritt registrieren und vor allem erkennen können, worauf Sie sich konzentrieren sollten. Auf diese Weise vermögen Sie bald mit akzeptabler Präzision zu skizzieren.

Mit den ersten hier dargestellten Übungen erlangen Sie die Fähigkeiten, um z.B. eine Farbdose oder ein Schmuckkästchen zu zeichnen (Bild 3).

BILD 1
Freihandzeichnen von Vollkörpern: Würfel, Kugel, Zylinder, Kegel und Quader.

Zeichnen als Hilfsmittel des Entwerfens

Nachdem Sie nun ein wenig Erfahrung im Skizzieren gesammelt haben, können Sie darangehen, Ihr Pflichtenheft umzusetzen. Ob Sie in dieser besonders erregenden Phase des Konzipierens und des Sichtens von Lösungsmöglichkeiten glauben, schon genügend Einfälle zu haben oder nicht, ist nicht so wichtig – Ihr Pflichtenheft ist ein Fundgrube von Informationen, die Sie jetzt verarbeiten können.

Ein Blick in das Pflichtenheft läßt Sie zunächst den passenden Maßstab für die Skizzen Ihres Produktes erkennen. Er hängt natürlich davon ab, ob Sie einen Stuhl oder ein Schmuckkästchen, einen Schrank oder einen Notenständer bauen wollen. Schauen Sie sich dann in Ihrer Umgebung nach einer potentiellen Lösung um, und

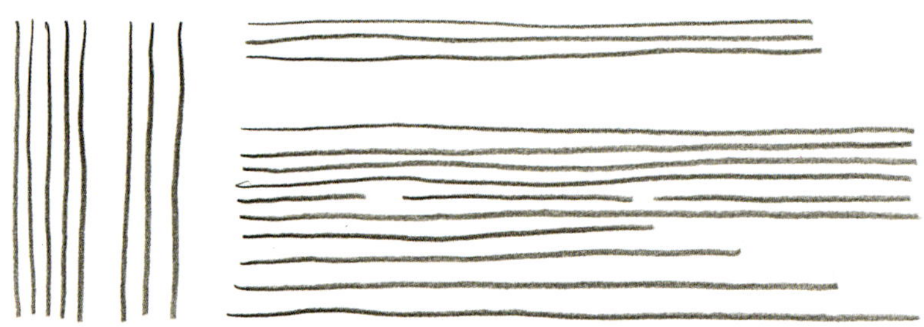

BILD 2a
Senkrechte und waagerechte Linien.

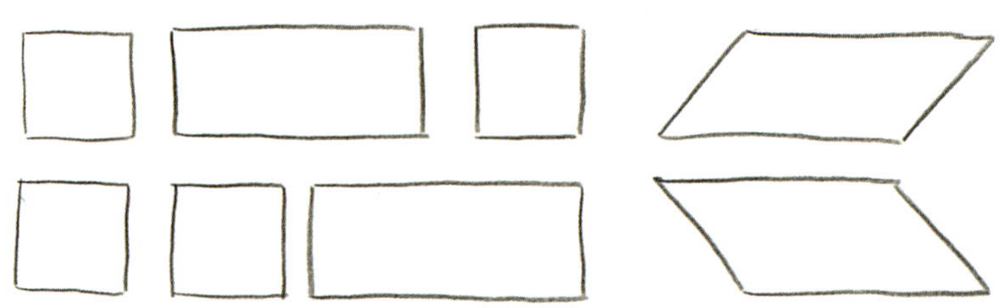

BILD 2b
Quadrate, Rechtecke und Parallelogramme.

BILD 2c
Kreise (innerhalb von Quadraten).

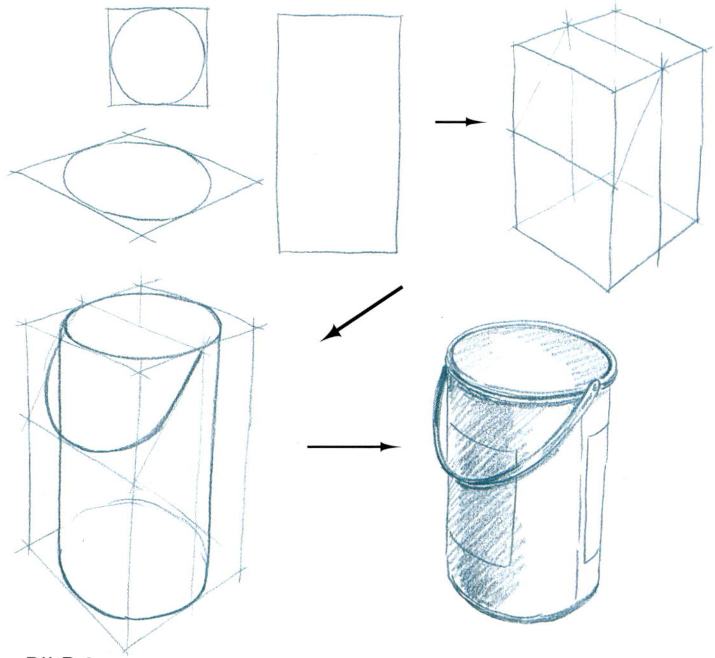

BILD 3a
Zeichnen Sie einen Kreis in einem Quadrat, dann ein Rechteck und dann ein Parallelogramm mit einer eingezeichneten Ellipse. Setzen Sie nun alles zusammen, und Sie haben eine Farbdose.

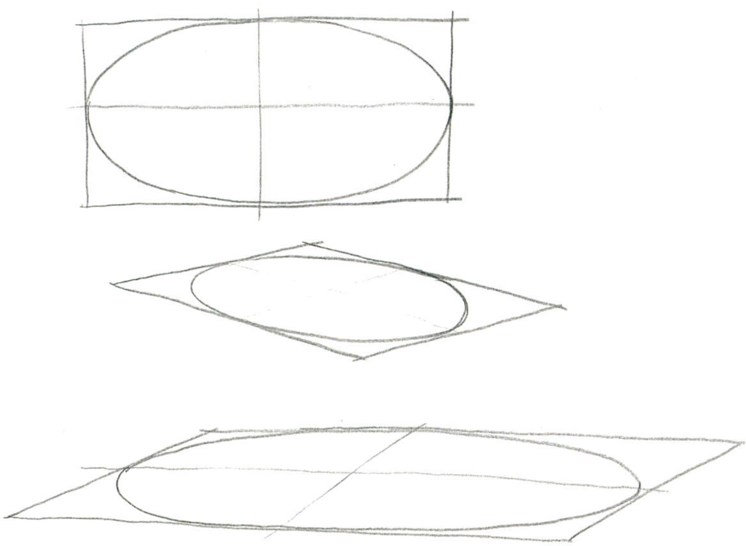

BILD 2d
Ellipsen (innerhalb von Rechtecken und Parallelogrammen).

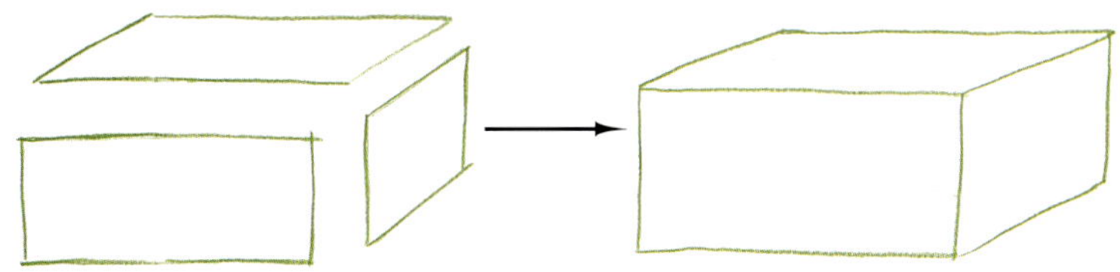

BILD 3b
Zeichnen Sie zwei Parallelogramme und ein Rechteck, dann führen Sie die Figuren zusammen. Das ist die Grundform für das Schmuckkästchen.

zwar sowohl hinsichtlich der technischen Struktur als auch der ästhetischen Wirkung. Der menschliche Körper beispielsweise ist eine reiche Quelle für technische Lösungen.

Eine andere Möglichkeit des Einstiegs in die Konzeptstufe ist die von den Konstrukteuren oft benutzte „Gestaltschöpfung“. Sie beginnt mit dem Zeichnen von Quadraten, Rechtecken, Kreisen und anderen einfachen Figuren. Indem diesen Figuren etwas hinzugefügt oder weggenommen wird, indem sie unterteilt und die Teile neu angeordnet werden, werden ständig neue Anordnungen geschaffen, deren Brauchbarkeit zu untersuchen sich lohnt.

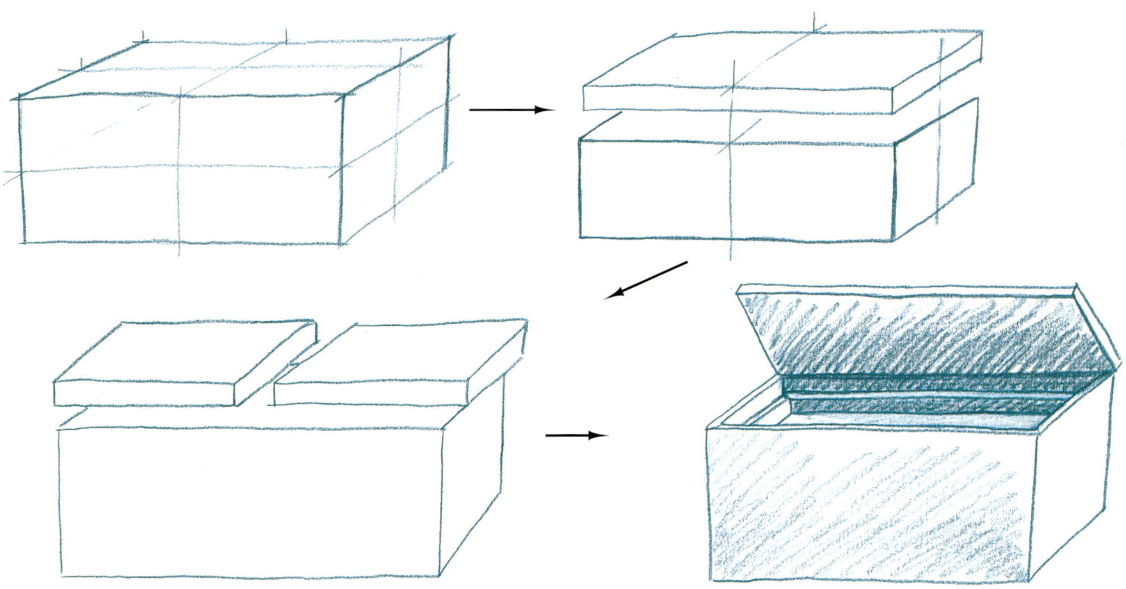

BILD 3c
Den Grundraum, den Sie auf diese Weise gezeichnet haben, können Sie rasch mit Wänden, Böden und Deckeln ausstatten, indem Sie Teile einerseits hinzufügen und andererseits wegnehmen.

Zwei Pflichtenhefte als Beispiele

Was Sie bisher über das Entwerfen und das Skizzieren gelesen haben, soll jetzt anhand von zwei Beispielpflichtenheften gefestigt werden. An den beiden Beispielen sollen Sie in einfacher Weise erkennen, wie ein Entwurfsprozeß abläuft.

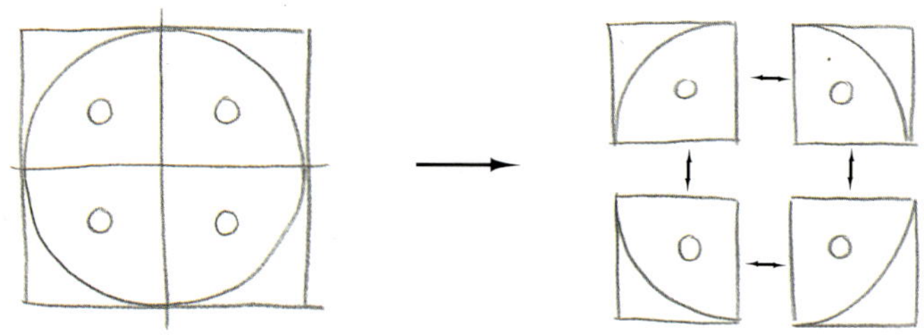

BILD 5
Als Ganzes ist das Konzept in Ordnung, die Teiltische aber stehen nicht.

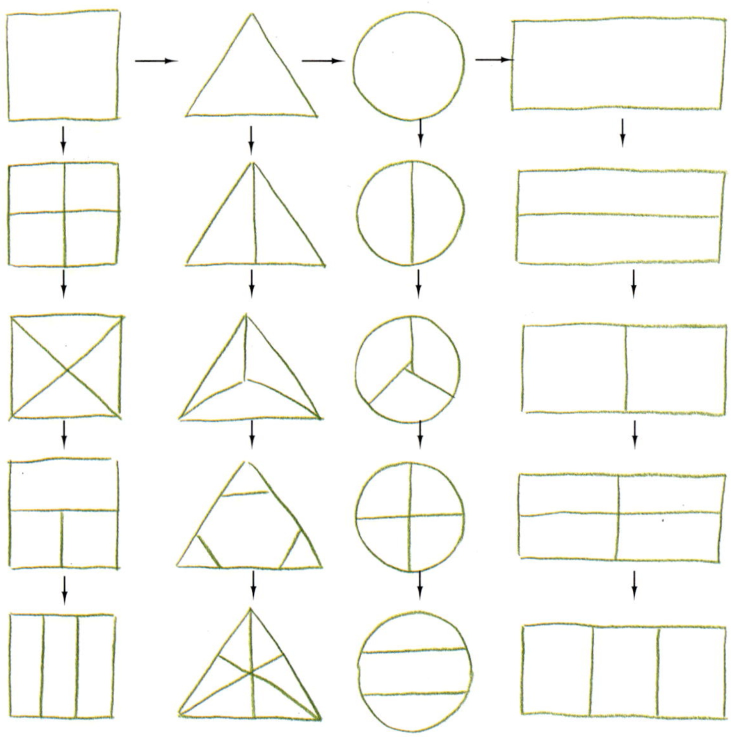

BILD 5 *Beginnen Sie mit einfachen Formen, und entwickeln Sie diese so, daß jedes Gebilde eine potentielle Tischplatte ist.*

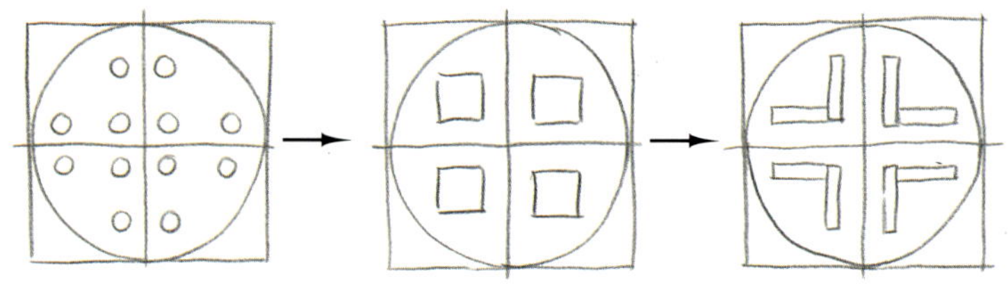

BILD 6
Alternative Lösungen sind gefragt (siehe Text).

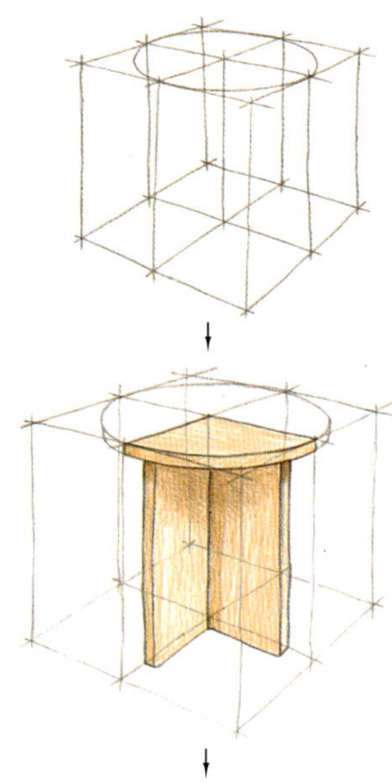

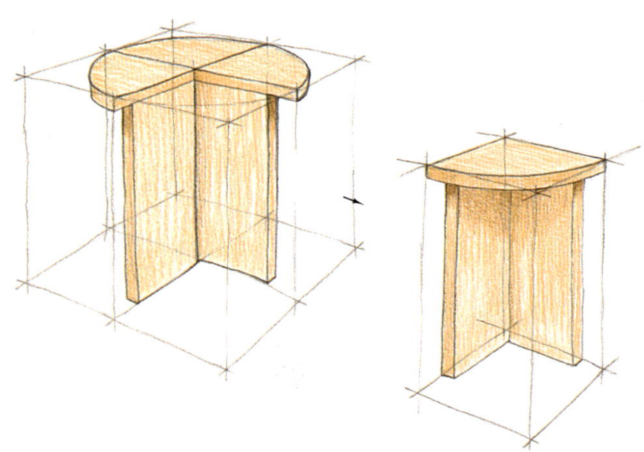

BILD 7
Ihre Lösung kann dreidimensional dargestellt werden.

PFLICHTENHEFT 1
Entwerfen eines Tisches, der als ganzes Stück oder als Satz mehrerer separater Tische fungieren kann

Beginnen Sie mit Quadraten, Dreiecken, Kreisen und Rechtecken. Untersuchen Sie dann verschiedene Möglichkeiten durch Hinzufügen, Wegnehmen und Unterteilen. Wie Bild 4 zeigt, ist jede der geschaffenen Formen eine potentielle Tischplatte (oder mehrere Tischplatten). Be-

Weitere Informationen

Beschläge (Kapitel 5)

Einführung in das Entwerfen 162

Skizzier- und Zeichentechniken 164

BILD 8 *Zuerst schauen Sie sich die aufzubewahrenden Stücke an. Es kann sein, daß sich die bestmögliche Anordnung schon jetzt ergibt.*

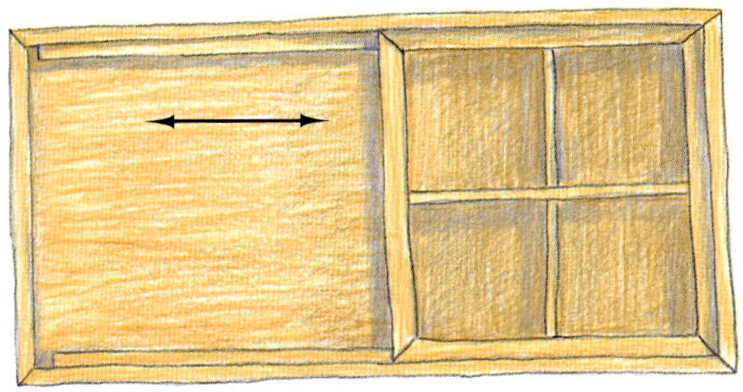

Draufsicht auf den verschiebbaren Boden

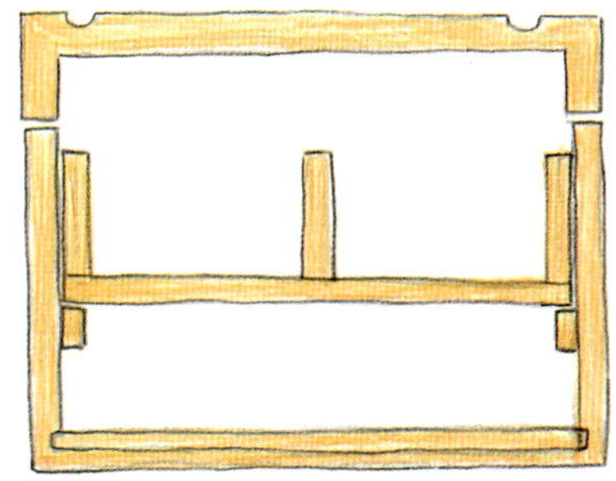

Seitenansicht mit dem Boden auf seinen Schienen

BILD 9 *Skizzieren Sie weitere Kästchen in unterschiedlichen Anordnungen.*

trachten Sie nun die Elemente als ein Ganzes und als einen Satz, und greifen Sie eine oder zwei Ideen zur Weiterarbeit heraus. Wenn Sie dem Stück Beine geben, werden Sie sofort feststellen – für den Tisch als Ganzes ist das Konzept brauchbar, die einzelnen Teile sind jedoch nicht stabil (Bild 5).

Entwickeln Sie Ihre Vorstellungen weiter, und prüfen Sie weitere Möglichkeiten, wie den Teiltischen Standfestigkeit verliehen werden kann. Skizzieren Sie Ihren Lösungsvorschlag (Bild 6).

a) Wenn jeder Teiltisch zwei weitere Beine erhält, steht er stabil, der Tisch als Ganzes hat jedoch zu viele Beine.
b) Wenn die Teiltischplatten auf ein kastenförmiges Bein gestellt werden, steht jeder Teiltisch stabil, wirkt aber ziemlich klobig.
c) Wenn unter jeder Teiltischplatte ein „L" angebracht wird, sind die Teiltische standfest. Weil die L-förmigen Beine mit der offenen Seite nach außen angeordnet sind, wirken sie weniger schwer. Sie folgen den natürlichen Trennlinien des Stücks und sind deshalb weniger störend.

Aus den Skizzen, die Sie zum Sammeln von Informationen und zur gedanklichen Untersuchung von möglich erscheinenden Lösungen angefertigt haben, konnten Sie eine erfolgversprechende Lösung ableiten, die Sie nun detaillieren und weiterentwickeln können. Weil es sich um einen runden Tisch handelt, wissen Sie, daß er in ein Quadrat eingezeichnet werden kann. Wenn für die Höhe dasselbe Maß wie für den Durchmesser gewählt wird, kann der Tisch in einem Würfel dreidimensional dargestellt werden (Bild 7).

PFLICHTENHEFT 2
Entwerfen eines Schmuckkästchens

Zuerst überlegen Sie sich, was in dem Schmuckkästchen untergebracht werden soll: Halsketten, Ohrringe, Armbänder, Ringe, Manschettenknöpfe, Broschen und dergleichen. Versuchen Sie, diese Dinge nach der Größe und nach der Form in Gruppen zusammenzufassen. Das erleichtert es Ihnen, die Maße der einzelnen Abteile des Kästchens festzulegen. Halsketten können gestreckt oder als Knäuel aufbewahrt werden; wenn sie gestreckt liegen, ist die Gefahr des Verhakens geringer. Ohrringe und Manschettenknöpfe können ebenso wie Broschen und Ringe jeweils zusammen liegen.

Legen Sie die einzelnen Schmuckstücke auf eine ebene Fläche, um festzustellen, welchen Raum sie beanspruchen und wie sie zum Herausnehmen zu ergreifen sind. Hieraus dürfte sich ganz von selbst mindestens eine Lösungsvariante ergeben, denn es ist schließlich die Form der Stücke, die die Form des Aufbewahrungsbehältnisses bestimmt (Bild 8).

Ausgehend von den Erkenntnissen, die Sie aus dem Auflegen der Stücke gewonnen haben, skizzieren Sie jetzt Behältnisse mit passenden Maßen, und prüfen Sie, ob diese in geeigneter Weise unterteilt werden können (Bild 9).

Jede Lösungsvariante sollte immer wieder mit dem Pflichtenheft verglichen werden, und vergessen Sie nicht zu prüfen, ob Sie überhaupt in der Lage sind, das Produkt mit den Ihnen zur Verfügung stehenden Mitteln herzustellen. Wenn Sie, wie wir in unserer Skizze, für die Halsketten und Armbänder ein längliches, rechteckiges Abteil vorsehen wollen, dann können Sie auf hölzernen Gleitschienen an den Seitenwänden etwa in halber Höhe ein

Fach für kleinere Schmuckstücke anordnen, das beliebig verschoben oder auch herausgenommen werden kann. Ein dünneres Holzstück, aufgebohrt mit dem passenden Forstner-Bohrer, kann leicht für kleinere Teile zurechtgemacht werden. Sein Boden wird mit Filz, Samt oder Rauhleder bespannt; das sieht sehr gut aus, die Stücke liegen auf weicher Fläche und lassen sich außerdem geräuschlos in das Kästchen zurücklegen. Sie haben jetzt die Basis für ein solides Entwurfskonzept geschaffen: ein Kästchen mit den richtigen Proportionen, die Möglichkeit, die verschiedenen Gruppen getrennt unterzubringen, und gute Zugriffsmöglichkeiten. Als letztes wichtiges Teil muß nun noch eine Abdeckung zum Schutz gegen Staub und ungewollte Einblicke konstruiert werden.

Wie könnte nun diese Abdeckung gestaltet werden? Ein einfacher Deckel, aufklappbar oder verschiebbar? Ein Rollo? Eine abhebbare Platte? Wie soll eine solche Platte gehalten werden? Wählen Sie für dieses Problem nicht die Lösung, auf die Sie zuerst kommen, sondern untersuchen Sie ein paar Varianten. Skizzieren Sie die Deckelvarianten (Bild 10). Überlegen Sie, ob sich eine Variante von selbst anbietet. Prüfen Sie jede Variante auf einfache Herstellung, Sicherheit, bequeme Benutzung. Ist ein Anschlag erforderlich? Muß der Deckel besonders, sagen wir, eingefädelt werden? Könnte er, wenn er herabfällt, beschädigt werden oder zerbrechen? Kann er weiteren Zwecken dienen? Kann z.B. ein Spiegel an der Innenfläche angebracht werden?

Sie befinden sich jetzt in der Phase, in der Sie sich für eine oder zwei meistversprechende Varianten entscheiden müssen. Außerdem müssen Sie jetzt konstruktive Einzelheiten festlegen.

Beginnen Sie, indem Sie von allen Seiten auf das Kästchen blicken; mit den Worten des Konstrukteurs: zeichnen Sie die einzelnen Ansichten. Fertigen Sie Freihandskizzen der Ansicht von vorn, von oben und von der Seite an. Arbeiten Sie die Formen im einzelnen aus. Überlegen Sie sich die Gestaltung der Kanten, und entscheiden Sie, ob Sie das Kästchen verzieren wollen oder ob Sie einfach ein Holzprodukt in seiner natürlichen Schönheit erzeugen wollen (Bild 11).

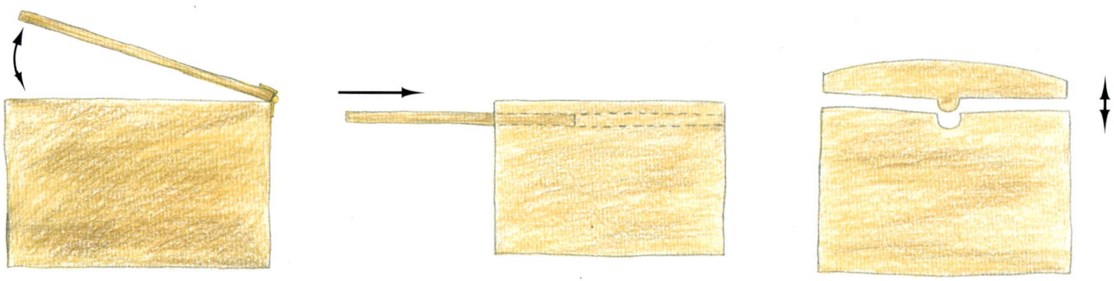

BILD 10
Wenn Sie ein Problem definieren wollen, wählen Sie möglichst allgemeine Ausdrücke. Vermeiden Sie indirekte Festlegungen durch spezielle Begriffe. Nennen Sie das Stück besser „Behältnis" als „Kästchen", wählen Sie „Abdeckung" statt „Deckel" und „Gelenkverbindung" statt „Scharnier". Abgebildet sind Vorschläge für die Abdeckung.

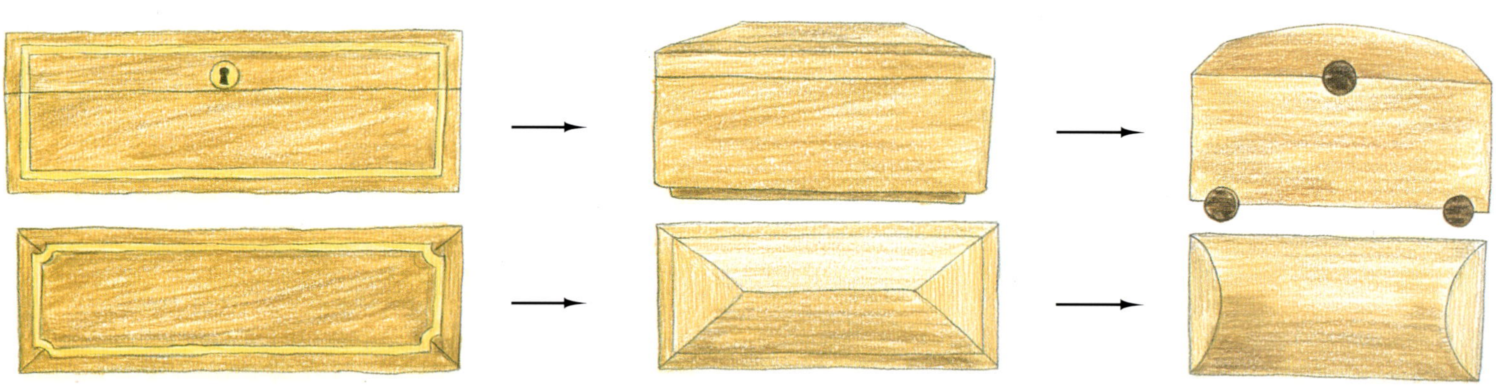

BILD 11
Skizzen des Schmuckkästchens mit detaillierter Darstellung der Form und der Kanten.

Bei Detailentwurf und Materialauswahl sollten Sie stets an die vorgesehene Funktion und die konstruktive Gestaltung denken. Juwelen beispielsweise assoziieren Kostbarkeit und edle Ausführung; wählen Sie deshalb ein edles Holz und eine wertvolle Auskleidung, die mit dem Inhalt harmonieren. Wenn Sie eine einfache und elegante Form für das ganze Stück wählen, dann führen Sie auch die Einzelheiten einfach und klar aus.

In dieser Phase müssen Sie auch bereits bedenken, ob die Oberflächenbehandlung, die Sie zum Schluß anwenden wollen, ihren Zweck erfüllt – nicht nur hinsichtlich ihres Aussehens, sondern beispielsweise auch in bezug auf ihre Verträglichkeit mit den Schmuckgegenständen. Sie können sich auch entschließen, die natürliche Maserung des Holzes durch Sandstrahlen oder Flämmen hervorzuheben, so daß das Kästchen seinen wertvollen Inhalt gleichsam verhüllt. Die Auswahlmöglichkeiten sind endlos, und jede Variante hat ihre Berechtigung, wenn auch die Funktion des Erzeugnisses immer dieselbe bleibt.

9 FURNIEREN

Die Vorteile, die Furniere bei der Anfertigung von Möbeln mit sich bringen, werden vom Möbeltischler schon seit langem geschätzt. Einige der schönsten Möbelstücke der letzten 300 Jahre haben von der Stabilitätssteigerung, vom breiten Angebot an Qualitätsfurnieren und von der geradezu unendlichen Vielfalt der dekorativen Möglichkeiten Nutzen gezogen. In der letzten Zeit haben sich die Fachleute wieder für das Furnieren begeistert, weil wertvolles Vollholz immer unerschwinglicher geworden ist. Hinzu kommt, daß dem Holzhandwerker durch Geräte, wie die transportable Vakuumpresse, die Möglichkeit erwachsen ist, das erregende dekorative Potential dieses Materialeinsatzes in seiner ganzen Breite auszunutzen.

Werkzeuge und Grundausstattung 170

Zuschneiden und Aufbringen von Furnier 172

Ablage und Wandspiegel (Bauanleitung) 175

Werkzeuge und Grundausstattung

Immer mehr Holzhandwerker nutzen die strukturellen Vorteile und die unzähligen dekorativen Möglichkeiten des Furnierens. Furniere können auf traditionelle Weise von Hand, mit der einfachen Druckkissenpresse oder der Vakuumfurnierpresse aufgebracht werden. Es werden nur wenige weitere Werkzeuge benötigt.

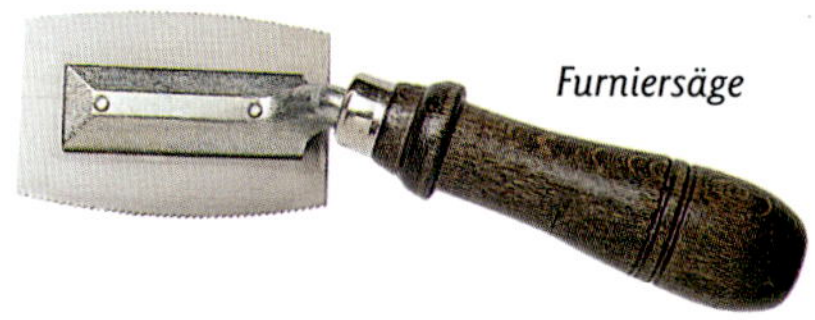

Furniersäge

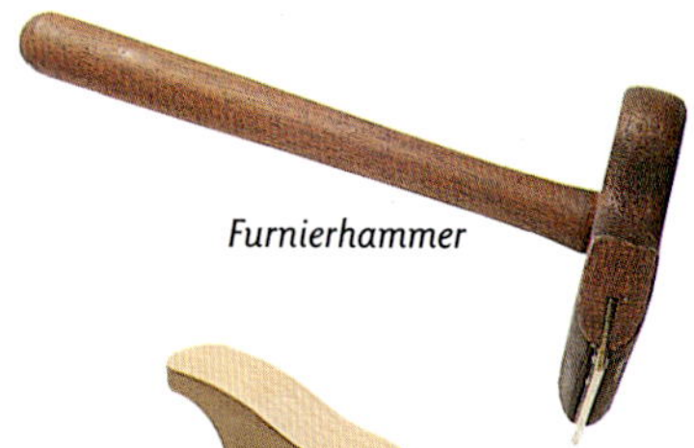

Furnierhammer

Traditioneller Leimtopf

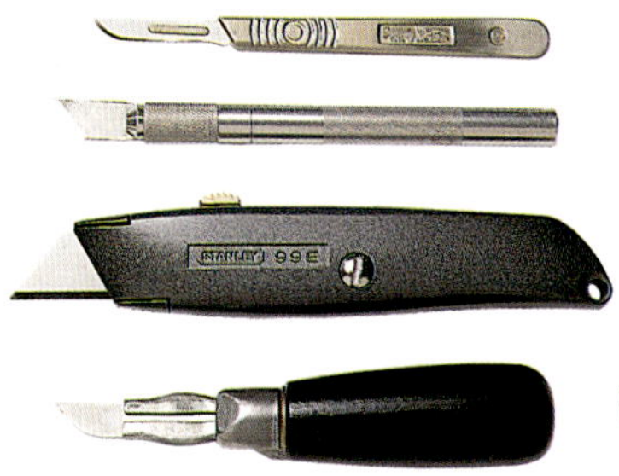

Eine Auswahl von Profi-Messern

Furnierhobel

Handgeführter Leimverteiler

Das Messer

Drei Merkmale sind es, welche die Wahl eines Messers bestimmen: Klingendicke, Klingenform und Schneidenwinkel.

Dicke. Für komplizierte Arbeiten wie die Marketerie (das ist die Anfertigung von Bildern aus kleinen Furnierstücken verschiedener Hölzer) und für das Ausbessern von Furnieren ist eine dünne Skalpellklinge vorzuziehen. Allgemein eignet sich eine dickere, steifere Klinge sowohl für das Schneiden als auch das Putzen besser.

Form. Eine gerade, spitz zulaufende Klinge schneidet quer zur Faser gut, eignet sich aber für Längsschnitte weniger, weil sie leicht dem Faserverlauf folgt und außerdem das Holz aufreißen kann. Für Schnitte in Faserrichtung ist eine gekrümmte Klinge günstiger.

Schneidenwinkel. Wenn ein Furnier für das Aufbringen fertig zugeschnitten werden soll, empfiehlt sich eine Klinge mit einseitig (auf der Abfallseite) angeschliffener Schneide. Die einseitig schräge Klinge, mit der ebenen Seite am Lineal geführt, liefert einen exakt rechtwinkligen Schnitt. Beim Hammerfurnieren, bei dem die Furnierblätter mit Überdeckung aufgeleimt und gemeinsam geschnitten werden, liefert ein beidseitig sehr flach angeschliffenes Messer die besten Ergebnisse.

Weitere Informationen

Schärfen von Werkzeugen mit Schneide 26

Verwendung der Fugenlade 69

Zuschneiden und Aufbringen von Furnier 172

Ablage und Wandspiegel (Bauanleitung) 175

Plattenwerkstoffe 204

Furniere 206

Kleber für Holzarbeiten 207

Fugenlade

Mit dieser simplen, selbstangefertigten Vorrichtung können bei ebenen Furnierblättern absolut gerade und rechtwinklige Schnitte geführt werden. Die Länge der Fugenlade kann entsprechend den Furniermaßen gewählt werden. Die Fugenlade wird aus MDF oder Sperrholz gefertigt und besteht aus einer Grundplatte, einer geraden Kantenleiste (6 mm oder 10 mm dick), gegen die ein Handhobel geführt wird, und einem Auflagebrett, mit dem das zu schneidende Furnier eben aufgedrückt wird.

Furniersäge

Die Furniersäge ist etwa 150 mm lang und hat ein gekrümmtes Blatt. Schränkung ist nicht erforderlich, weil nur sehr flache Schnitte geführt werden. Die Säge kann sowohl für das übliche, etwa 0,8 mm dicke Messerfurnier (oder Schälfurnier) als auch für etwa 3 mm dickes Sägefurnier verwendet werden, bei dem mit einem Messer nicht mehr effektiv gearbeitet werden kann.

Lineal und Federklammern

Für das Zuschneiden von Furnierstücken ist ein hochwertiges Lineal unverzichtbar. Es muß so dick sein, daß das Messer nicht über die Kante gleitet und Ihre Finger ernsthaft verletzt. Eine Lineallänge von 1 m ist für die meisten Arbeiten zweckmäßig.

Leimtopf und Leimverteiler

Zum Erwärmen und Flüssighalten von Tierleim, ohne ihn zu überhitzen, wird ein herkömmlicher Leimtopf verwendet. Er ist doppelwandig; in das Außengefäß wird Wasser, in das Innengefäß der Leim gefüllt. Der Topf kann auf einem Gas- oder Elektro-

Oben: In der Fugenlade lassen sich schwer zu schneidende Furniere gut bestoßen.

Perlleim (Tierleim) vor dem Einweichen

kocher erhitzt werden. Wenn Sie Warmleim nur selten benutzen, genügen eine alte Kasserolle und eine größere Blechdose.

Furnierklebestreifen

Um Furnierblätter zu verbinden und um zu verhindern, daß sich die Fuge öffnet, werden Furnierklebestreifen verwendet. Der beste Furnierklebestreifen ist ein dünnes Papier, das einseitig mit einem wasserlöslichen Kleber bestrichen ist. Durch Anfeuchten kann der aufgeklebte Streifen leicht wieder abgelöst werden, ohne daß Fasern ausgerissen werden.

Selbstklebendes Band sollte besser nicht verwendet werden, weil beim Ablösen das Furnier mit abgerissen werden kann und weil in den Poren des Holzes Leimreste zurückbleiben.

Furnierhammer

Mit dem Furnierhammer wird überschüssiger Leim unter dem Furnier herausgestrichen. Ein Furnierhammer kann auch selbst angefertigt werden. Die eingesetzte Streichklinge muß unbedingt aus einem Nichteisenmetall, wie z.B. Messing, gefertigt werden, um Flecke auf dem Furnier zu vermeiden. Aus demselben Grund darf für den Stiel und den Kopf kein Eichenholz verwendet werden.

Furnierhobel

Mit diesem Werkzeug wird der überstehende Furnierrand nach dem Aufpressen des Furniers bestoßen. Gute Furnierhobel schneiden in beiden Richtungen, so daß das Ausreißen von Fasern und das Splittern des Holzes vermieden werden.

Leime

Tierleim. Tierleim – in der Holztechnik auch Warm- oder Tischlerleim genannt – wird zunächst in kaltem Wasser eingeweicht und dann im Leimtopf, in einem üblichen Topf im Wasserbad oder in einem doppelwandigen Kochgefäß erhitzt. Achten Sie unbedingt darauf, daß der Leim nicht zu heiß wird; überhitzter Leim verliert seinen Wert. Am besten ist es, Leim stets frisch zuzubereiten, jedoch kann Warmleim drei- bis viermal erneut erwärmt werden.

Wenn der Leim nach der Zubereitung zu dickflüssig ist, wird er verdünnt; gießen Sie heißes Wasser in kleinen Mengen zu, bis der Leim sämig vom Pinsel abläuft.

Polyvinylacetat. PVAC-Leime brauchen beim Furnieren nur auf eine der Klebeflächen, und zwar auf die Unterlage (das Blindholz) aufgetragen werden. Es darf nur ein dünner Leimfilm entstehen, weil der Leim keine Zwischenräume zu füllen vermag. Auf große zu beleimende Flächen kann er mit einem breiten Zahnspachtel (100 bis 150 mm breit) aufgebracht und dann mit einem Farbroller verteilt werden. PVAC-Leim ist jedoch eher für kleinere Platten geeignet, weil bei größeren Flächen, insbesondere bei MDF, die Gefahr des vorzeitigen Hartwerdens dieses recht schnell aushärtenden Klebers besteht.

Mit PVAC aufgeleimte Furniere müssen mindestens 1 Stunde gepreßt werden. Außerdem sollten die Stücke einige Stunden beiseite gelegt werden, damit das Wasser vollständig verdunsten kann.

Harnstoff-Formaldehyd. Harnstoff-Formaldehyd-Kleber sind in zwei Formen erhältlich: als Einkomponentenpulver, dem Wasser zur Auslösung der Katalysatorwirkung zugegeben werden muß, und als ein flüssiges Harz mit einem pulverförmigen oder flüssigen Härter.

Harnstoff-Formaldehyd-Harze sind vorzügliche Holzleime mit beträchtlichem Porenfüllvermögen. Bei Klebefugen muß unbedingt die auf der Packung angegebene Zeit eingehalten werden.

Schmuckstreifen in einem Mahagonifurnier

Verschiedene eingelegte Streifen

Parketeriemotiv

Verschiedene Einlegestreifen

Teil eines rhombisch geviertelten Brettes mit Vogelaugenahorn

Schattierte Marketerie

Zuschneiden und Aufbringen von Furnier

Früher wurden Furnierblätter durch Sägen in einer Dicke von etwa 3 mm erzeugt. Heute werden Furniere durch Schälen oder Messern in Dicken von 0,6 bis 1 mm gefertigt, wobei nur die besten Blöcke verwendet werden. Furniere können als Einzelblatt, paarweise oder als Packen bei Holzlieferanten gekauft werden.

Oben: Die meisten Holzhändler beliefern heute auch den Kleinabnehmer mit Furnieren im Pack oder im Einzelstück, mitunter auch über Versand.

Ebnen des Furniers

Bevor ein Furnier zugeschnitten oder auf die Unterlage aufgebracht werden kann, muß es eben gepreßt werden. Die meisten Furniere liegen von Natur aus eben und bedürfen keiner Vorbehandlung. Wolken-, Maser- und andere stark gezeichnete Furniere müssen jedoch vorbehandelt werden, um Verzug zu beseitigen.

Um das Furnier zu ebnen, wird es auf beiden Seiten angefeuchtet, zwischen zwei Platten gelegt und mit einem Gewicht beschwert. Nach ein paar Stunden ist es biegsam und eben und sollte rasch geschnitten sowie aufgeleimt werden, damit es nicht austrocknet und sich erneut wirft.

Weitere Informationen

Formen, Biegen und Schichten 78

Werkzeuge und Grundausstattung 170

Ablage und Wandspiegel (Bauanleitung) 175

Plattenwerkstoffe 204

Furniere 206

Kleber für Holzarbeiten 207

Unten: Das Spektrum verfügbarer Furniere bietet nahezu endlose Möglichkeiten zur dekorativen Gestaltung von Holzarbeiten.

Das Blindholz

Furnier kann sowohl auf Vollholz als auch auf Faser- und Spanplatten aufgebracht werden, wobei allerdings jeweils ein paar Besonderheiten zu beachten sind.

Vollholz muß stabil und frei von Ästen und anderen Mängeln sein, die durch das Furnier hindurch sichtbar wären. Die Faserrichtung des Furniers sollte, damit es mit dem Holz arbeiten kann, gleich der des Blindholzes (der Unterlage) sein.

Auf Sperrholz ist das Furnier mit seiner Faser quer zur Faser der Decklage aufzuleimen, um späteres Reißen zu vermeiden. Spanplatten und mitteldichte Faserplatten eignen sich besonders gut für das Furnieren, weil sie keine ausgeprägte Faserrichtung haben.

An den Kanten von Platten werden Kantenleisten aufgeleimt, um dem Produkt das Aussehen von Vollholz zu geben. Sie werden am günstigsten vor dem Furnieren der Flächen aufgebracht. Falls sie nicht anschließend profiliert werden sollen, genügt eine Dicke von 6 mm, um einen ausreichenden Schutz gegen Kantenbeschädigungen zu erreichen. Zum Aufleimen können sie mit Zwingen oder Klebeband, alle 100 mm aufgeklebt, gehalten werden, bis der Leim ausgehärtet ist.

Ausgleichen

Eine Unterlage, die nur auf einer Seite furniert wurde, neigt zum Verwerfen und zum Aufwölben, wenn Leim und Furnier trocknen. Dem kann begegnet werden, indem die Unterlage auch auf der anderen Seite mit einem Furnier gleicher Dicke beleimt wird.

Abkleben

Wenn mit Druckplatten gearbeitet wird, müssen alle Verbindungen zuvor abgeklebt werden. Die Furnierkanten müssen exakt passen, bevor sie zusammengeleimt werden. Zum Abkleben werden etwa 100 mm lange Klebestreifen angefeuchtet und im Abstand von etwa 150 mm quer über die Verbindung geklebt; zuletzt wird über die ganze Länge der Verbindung ein Streifen geklebt.

Hammerfurnieren

1 Tragen Sie den heißen Leim auf.

2 Wärmen Sie den Leim mit einem Bügeleisen wieder auf.

3 Streichen Sie den überschüssigen Leim mit dem Furnierhammer heraus.

4 Arbeiten Sie von der Mitte aus auf die Ränder zu.

5 Die überlappende Verbindung kann jetzt geschnitten werden.

6 Schneiden Sie die Verbindung, indem Sie das Messer am Stahllineal führen.

7 Entfernen Sie den Abfall.

8 Streichen Sie Leim unter das Furnier, bevor Sie abkleben.

9 Kleben Sie die Fuge mit Klebestreifen ab.

10 Mit dem Schneidenstreichmaß schneiden Sie das Furnier vor dem Aufkleben der Randstreifen.

11 Entfernen Sie den Abfall nach Wiedererwärmen des Leims.

12 Schneiden Sie die Gehrung für den Randstreifen.

13 Fräsen Sie eine Vertiefung für das Schmuckband.

14 Die fertige Ecke.

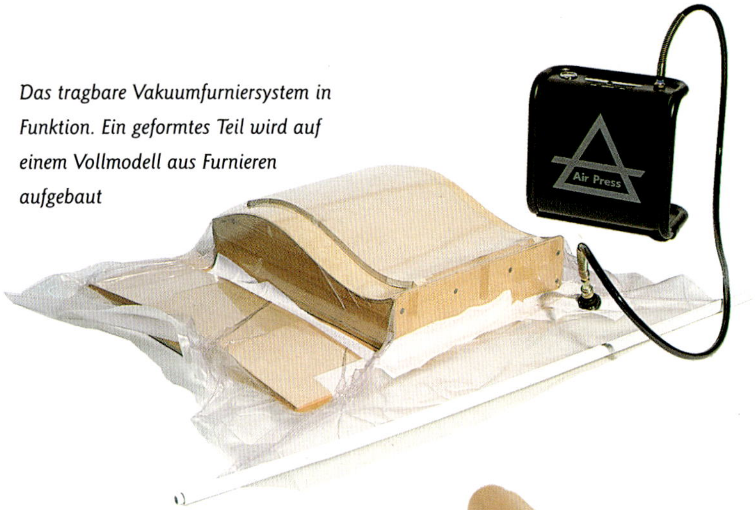

Das tragbare Vakuumfurniersystem in Funktion. Ein geformtes Teil wird auf einem Vollmodell aus Furnieren aufgebaut

Das Furnierplattenteil, geformt mit der oben abgebildeten Vakuumpresse

Mit Vakuum können auch Profilstäbe leicht furniert werden

Oben: Ein furniertes Paneel in der Druckplattenpresse.

In gleicher Weise wird auch beim Hammerfurnieren abgeklebt, nur werden hier zuerst die Furnierblätter aufgelegt und die überlappenden Enden geschnitten. Bei beiden Furnierverfahren verhindert der Klebestreifen das Öffnen der Fuge.

Verfahren zum Anpressen des Furniers

Hammerfurnieren. Das Verfahren des Hammerfurnierens ist im letzten Jahrhundert entstanden und noch immer im Gebrauch, allerdings im wesentlichen beim Restaurieren von Möbeln und als ein besonderes Hobby. Es werden nur wenige Werkzeuge benötigt, dafür aber beträchtliche Fertigkeiten. Das Verfahren ist für Messerfurniere bei relativ einfachen Strukturen geeignet.

Nach der Vorbereitung des Blindholzes und des Furniers wird auf beide Fügeflächen Tierleim aufgetragen und dann das Furnier aufgelegt. Der Leim ist inzwischen erkaltet und muß mit einem Furniereisen wieder erwärmt werden, bevor er aus der Leimfuge herausgedrückt werden kann. Das Furnier wird zunächst angefeuchtet, um ein Anhaften des Furniereisens zu verhindern. Dann wird mit dem Furnierhammer der überschüssige Leim herausgestrichen, wobei das Furnier fest an das Blindholz angedrückt wird.

Einzelne Furnierblätter werden zusammengefügt, indem sie überlappend aufgelegt und gemeinsam mit dem Messer geschnitten werden. Der Abfall wird abgehoben und die Fuge abgeklebt, bis der Leim getrocknet ist, um ein Schwinden zu vermeiden.

Druckplattenfurnieren. Bei dickeren Furnieren oder komplizierten Mustern ist das Hammerfurnieren nicht recht geeignet, weil die Furnierstücke leicht verschoben und die Muster zerstört werden können. Hier muß gepreßt werden. Wenn keine Presse zur Verfügung steht, kann auch mit Druckplatten (oder Preßblechen) erfolgreich gearbeitet werden.

Die Druckplatten sind formstabile Span- oder Faserplatten mit kräftigen Riegeln oben und unten, mit denen die Furnierblätter auf das Blindholz aufgepreßt werden. Der Preßdruck wird durch Zwingen aufgebracht. Die Riegel sollten an ihrer Unterseite leicht gekrümmt sein, damit der Preßdruck zuerst auf die Mitte wirkt. Damit wird vermieden, daß Luft zwischen Unterlage und Furnier eingeschlossen wird.

Vakuumfurnieren. Heute gibt es eine sehr praktische Alternative zu den beiden beschriebenen Verfahren, und zwar das Anpressen mittels Vakuum, das durch ein tragbares Vakuumsystem erzeugt wird (links dargestellt). Die sehr kostengünstige Einrichtung bietet auch in einer kleinen Werkstatt die Möglichkeit, sowohl ebene Platten als auch komplizierter geformte Teile zu furnieren, ohne viel kostbaren Platz in Anspruch zu nehmen.

Das System besitzt eine kleine Vakuumpumpe, mit der die Luft aus einem Plastik- oder Gummibeutel herausgesaugt wird, in der sich das Werkstück befindet. Infolge des Vakuums innen belastet die Atmosphäre das Werkstück im Beutel von außen mit einem Druck von über 80 kN/m². Dieser Druck wird außerdem ganz gleichmäßig verteilt auf der gesamten Werkstückfläche aufgebracht.

Vorbereitung für die Endbehandlung

Nach dem Aufbringen des Furniers auf das Blindholz muß der Leim vollkommen erhärten, bevor die Flächen für die Endbehandlung vorbereitet werden, weil der Leim, insbesondere Tierleim, beim Trocknen zum Schrumpfen neigt. Die Flächen werden dann mit einem sehr fein eingestellten Putzhobel oder einer Ziehklinge geglättet und zuletzt mit Schleifpapier, beginnend mit Körnung 150, geschliffen.

Ablage und Wandspiegel *(Zeichnung siehe Seite 220)*

Parketerie ist das Anfertigen von sich wiederholenden Mustern aus quadratischen, rhombischen und dreieckigen Furnierstücken. Ein Muster kann aus einer einzigen Holzart aufgebaut werden, wobei der Effekt durch Auflegen in den verschiedenen Faserrichtungen erzielt wird, oder es werden verschiedene Holzarten verwendet, um einen Schachbretteffekt zu erreichen.

Als Blindholz wird mitteldichte Faserplatte empfohlen, dazu Kantenleisten aus Vollholz, die mit dem Furnier kontrastieren. Die Ablage sitzt in einer Nut des Wandspiegels und wird ohne Leim von den keilförmigen Verdickungen gehalten. Die Stücke wurden mit einer Vakuumpresse furniert.

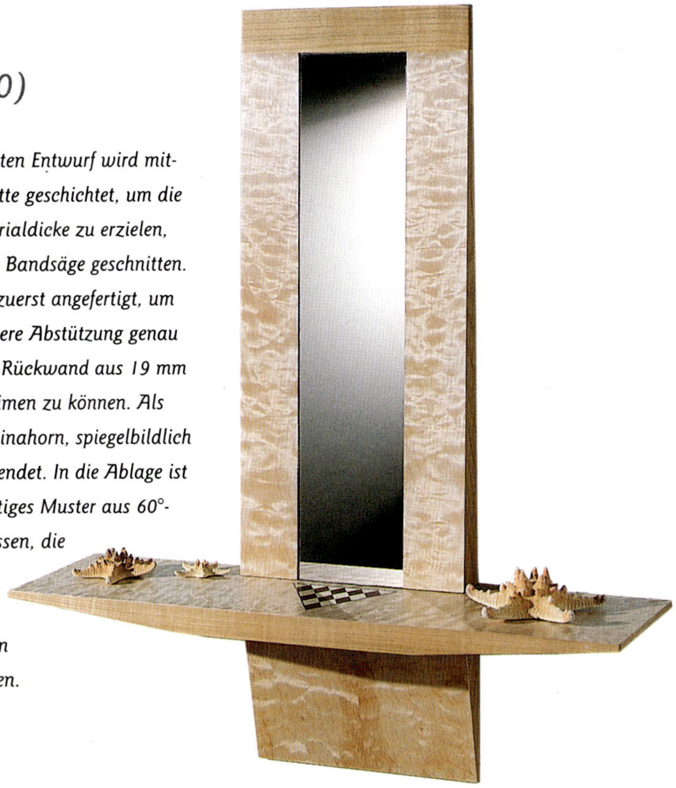

Für diesen schlichten Entwurf wird mitteldichte Faserplatte geschichtet, um die gewünschte Materialdicke zu erzielen, und dann mit der Bandsäge geschnitten. Die Ablage wird zuerst angefertigt, um die obere und untere Abstützung genau angepaßt auf die Rückwand aus 19 mm dicker MDF aufleimen zu können. Als Furnier wurde Satinahorn, spiegelbildlich ausgesucht, verwendet. In die Ablage ist ein schachbrettartiges Muster aus 60°-Rhomben eingelassen, die aus naturbelassenem und eingefärbtem Bergahorn geschnitten wurden.

Furnierstreifen

1 Zur Anfertigung des Rhombenmusters schneiden Sie zuerst Furnierstreifen unter 60° zur Faserrichtung.

2 Mit der Schneidvorrichtung, deren Anschläge genau auf die gewünschte Breite eingestellt wurden, werden zuerst Streifen parallel zum ersten 60°-Schnitt geschnitten.

3 Dann werden aus dem eingefärbten Furnier Streifen gleicher Breite geschnitten, diesmal in Faserrichtung.

Weitere Informationen

Werkzeuge und Grundausstattung	**170**
Zuschneiden und Aufbringen von Furnier	**172**
Plattenwerkstoffe	**204**
Furniere	**206**
Kleber für Holzarbeiten	**207**

Anfertigen des Rhombenmusters

4 Kleben Sie die Streifen mit schwachhaftendem Klebeband zusammen. Streichen Sie vorsichtig über das Band, um die Streifen aneinanderzuziehen.

5 Drehen Sie die Furnierstreifen um, und ziehen Sie eine Raupe von schnellaushärtendem PVAC-Leim zwischen die einzelnen Streifen. Klappen Sie die Fuge auf, damit der Leim in die Fuge eindringt. Kleben Sie nun auch diese Seite des Furniergebildes ab, und pressen Sie es mit einer ebenen Platte.

6 Wenn der Leim ausgehärtet ist, entfernen Sie das Klebeband, und schneiden erneut Streifen.

7 Legen Sie die Streifen als Rhombenmuster aus, kleben Sie ab, und beleimen Sie wie zuvor.

8 Schneiden Sie als letztes aus den zusammengefügten Streifen das gewünschte, in Bild 9 gezeigte Dreieck.

9 Die Parketeriearbeit ist jetzt vollendet. Schneiden Sie mit der Parketerie als Schablone ein Dreieck aus dem Furnier der Ablage, legen Sie die Parketerie durch Abkleben mit Klebeband fest, und pressen Sie dann.

10 DRECHSELN

Das Drehen von Holz oder Drechseln ist ziemlich beliebt, weil nur wenig Arbeitsfläche benötigt wird. Durch die drehende Bewegung des Holzes gegen das Werkzeug erhält das Stück eine Form mit kreisförmigen Querschnitten. Zu unterscheiden ist zwischen dem Querholz- oder Plandrehen – für Schalen oder runde Behältnisse – und dem Langdrehen – für runde oder abschnittsweise runde Teile, wie Stuhl- und Tischbeine, Lampenständer und Werkzeuggriffe.

Drechselwerkzeuge und Ausrüstung **178**

Plandrechseln und Langdrechseln **180**

Gedrechselte Schale (Bauanleitung) **182**

Drechselwerkzeuge und Ausrüstung

Zum Drechseln werden auf jeden Fall benötigt: eine Drechselbank, ein Bandschleifer, ein Satz Drechselwerkzeuge, eine Schutzbrille, eine Staubmaske, Holz und ein Werkraum. Was für eine Maschine und welche Werkzeuge Sie benötigen, hängt von den Arbeiten ab, mit denen Sie sich befassen wollen und wieviel Sie dafür ausgeben können. Wenn Sie noch keine rechte Vorstellung davon haben, treten Sie einem Drechselverein bei, oder besuchen Sie einen Lehrgang.

Oben: Der Spindelstock mit einer kleinen Planscheibe. Die Werkzeugauflage ist so eingestellt, daß eine kleine Schale oder ähnliche Stücke gedrechselt werden können. Das Holzstück wird auf die Planscheibe aufgeschraubt.

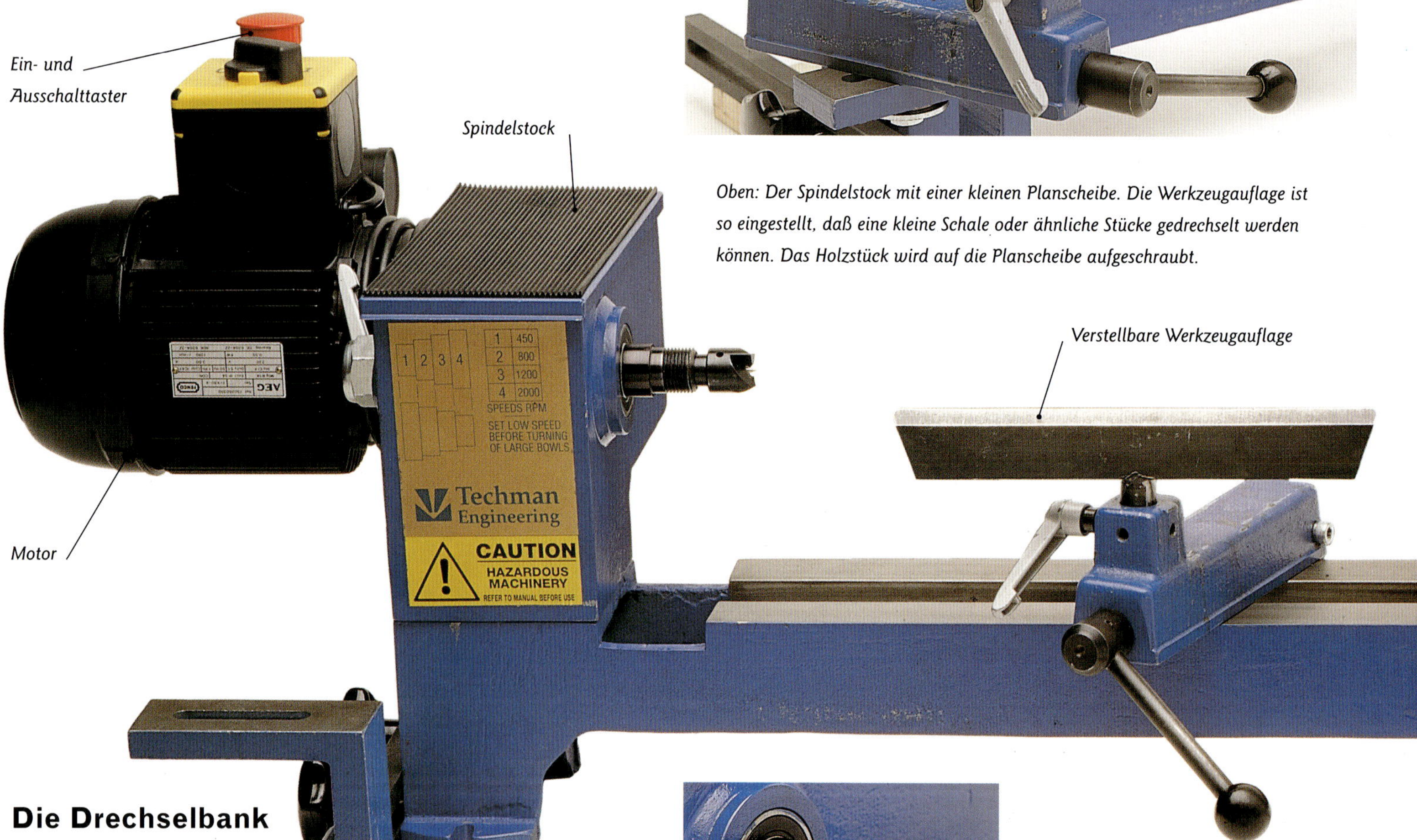

Die Drechselbank

Für normale Querholz- und Langdreharbeiten steht eine Vielfalt von Maschinen zur Verfügung. Eine Drechselbank besitzt einen Motor, der eine in einem Spindelstock gelagerte Spindel mit einstellbarer Drehzahl antreibt. Die Spindel versetzt das Werkstück in Umdrehungen, wobei es durch ein Werkzeug geformt wird. Das Werkzeug wird von Hand gehalten und ruht auf einer Auflage, die ihrerseits auf dem Bett der Maschine aufsitzt.

Zum Drechseln länglicher, spindelförmiger Stücke wird das Holz mit der Faserrichtung parallel zur Achse der Maschine zwischen zwei Spitzen eingespannt: einer Mitnehmerspitze, die in der Maschinenspindel befestigt ist, und einer ruhenden oder angetrieben mitlaufenden Spindel im Reitstock am anderen Ende der Maschine.

Oben: Die Mitnehmerspitze an der Spindelnase. Sie dient beim Langdrehen zum Antreiben des Holzstücks, deshalb die scharfkantigen Vorsprünge.

Um eine Schale zu drechseln, wird ein runder Holzblock mit der Faserrichtung quer zur Maschinenachse an einer Platte oder in einem Futter, die in der Spindel aufgenommen sind, befestigt.

Drechselwerkzeuge

Die Drechselwerkzeuge sind so ausgelegt, daß sie die Kräfte zu ertragen vermögen, die beim Anpressen an ein rotierendes Holzstück auf sie einwirken. Es gibt jeweils spezielle Werkzeuge für das Querholz- und das Langdrehen, und es ist tatsächlich am besten, Sie setzen jedes Werkzeug nur für die ihm zugedachte Aufgabe ein. Für sehr kleine Arbeiten gibt es Werkzeuge in Miniausführung. Im Bild rechts ist die Werkzeuggrundausstattung gezeigt.

Achten Sie darauf, daß die Schneiden stets scharf und hohlgeschliffen sind.

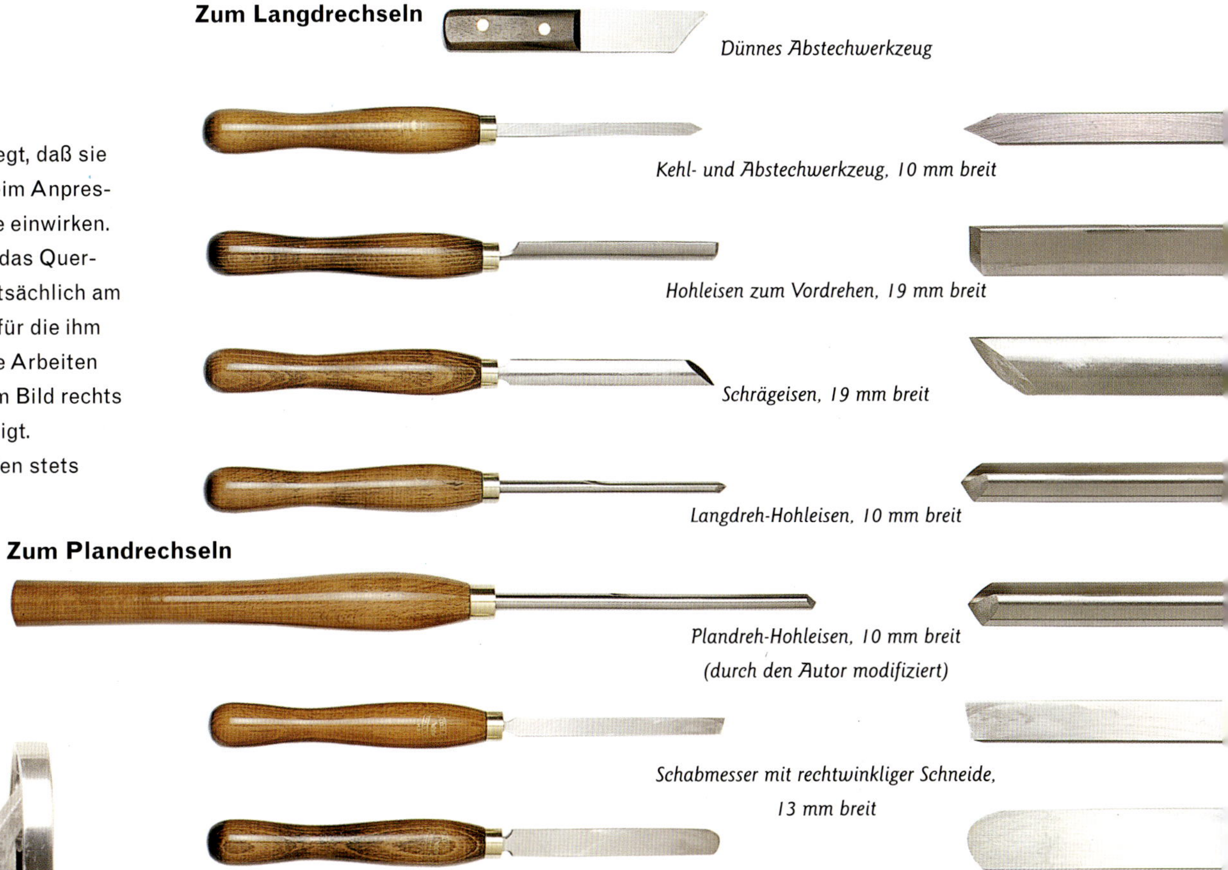

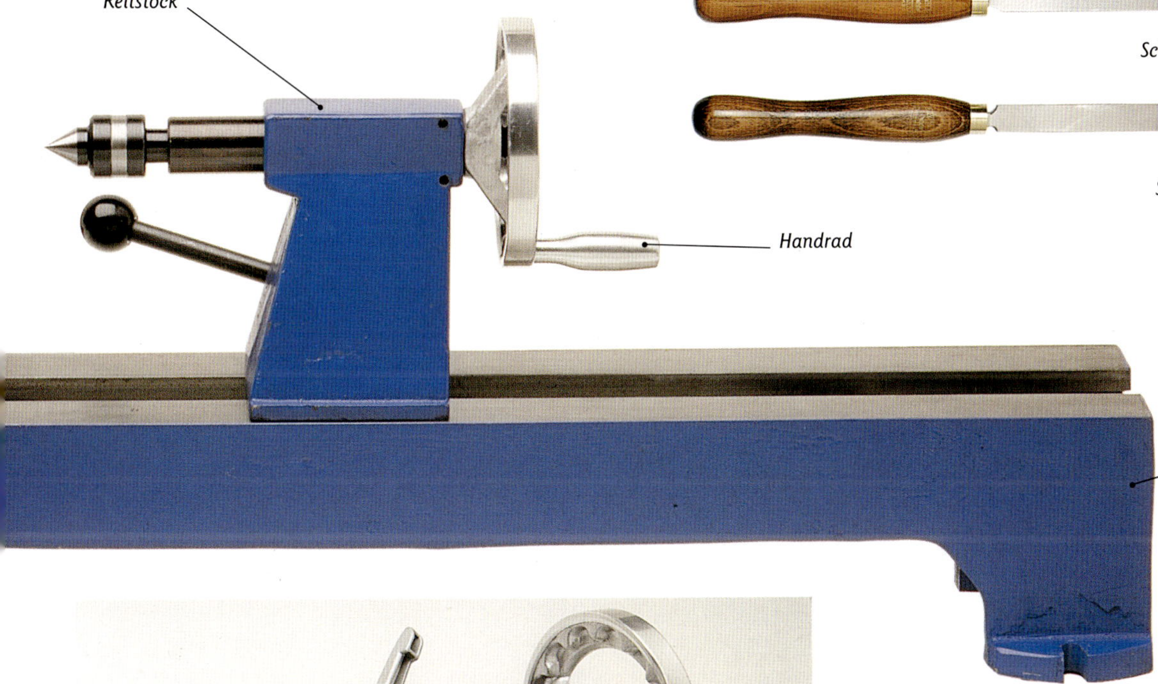

Links: Der verschiebbare Reitstock mit einer mitlaufenden Spitze. Diese Spitze hat ein Kugellager, so daß sie sich frei drehen kann. Wenn Sie auf eine nichtmitlaufende Spitze angewiesen sind, müssen Sie diese mit Stearin oder Fett schmieren.

Weitere Informationen

Einrichtung der Werkstatt 12

Arbeitssicherheit, Lärm und Staubabsaugung 16

Herrichten von Werkzeugen mit Schneide 24

Schärfen von Werkzeugen mit Schneide 26

Plandrechseln und Langdrechseln 180

Gedrechselte Schale (Bauanleitung) 182

Plandrechseln und Langdrechseln

Durch Querholz- oder Plandrechseln werden meist Stücke mit Schalenform, aber auch ebene Teile angefertigt. Wenn Sie sich mit dem Verfahren vertraut machen wollen, drechseln Sie am besten die Schale aus dem nächsten Buchabschnitt. Wegen der geringen Dicken ist Holz für das Plandrechseln leicht zu erhalten.

Plandrechseln

Zum Plandrechseln wird das Werkstück mit einer seiner Flächen an der Maschinenspindel befestigt, und zwar entweder auf einer Planscheibe oder im Futter. Auf der Planscheibe wird das Stück durch Schrauben gehalten, die von der Rückseite der Planscheibe ins Werkstück reichen. Das ist ein sicheres Verfahren, sofern das Holz gesund und die Aufspannfläche eben ist. Die Schrauben müssen mindestens 5 mm Durchmesser haben, mindestens 12 mm in das Holz hineinreichen und fest angezogen werden.

Rohteile für das Plandrechseln werden gewöhnlich aus Brettern ausgeschnitten, bei denen die Faserrichtung längs verläuft. Wie bei der Holzbearbeitung allgemein, gilt auch hier, daß das Holz quer zur Faser besser zu trennen ist. Sie können also Hohlformen leicht durch Einschneiden von außen nach innen erzeugen. Auf jeden Fall sollten Sie, bis Sie genügend Erfahrung haben, mit billigeren Holzarten drechseln; frei von Fehlern müssen die Teile aber sein. Sie können sogar nasses, nicht abgelagertes Holz nehmen, das leichter zu bearbeiten ist, müssen aber bedenken, daß das gedrechselte Stück beim Trocknen seine Form verändern und eventuell reißen kann.

Weitere Informationen

Drechselwerkzeuge und Ausrüstung 178

Gedrechselte Schale (Bauanleitung) 182

Merkmale von Hart- und Weichhölzern 194

Aufspannen des Rohlings

Beim Plandrechseln wird der Rohling mit derjenigen Fläche auf die Planscheibe gespannt, die später seine obere Fläche sein wird. Sie drechseln also zuerst den Boden und können dabei, sollten Sie über ein Spannfutter verfügen, einen Bord für das Einspannen im Futter andrehen. Vor Beginn der Drechselarbeit schauen Sie sich das Rohteil gründlich an; vielleicht wünschen Sie sich, daß eine besonders schöne Maserung sichtbar bleibt.

Achten Sie auf eine sichere Befestigung des Rohlings, und prüfen Sie die eingestellte Drehzahl der Spindel. Allgemein gilt: Je größer das Teil, desto geringer die Drehzahl. Beginnen Sie mit einer niedrigen Drehzahl, und steigern Sie diese später. Vor dem Einschalten richten Sie die Werkzeugauflage auf die richtige Höhe ein (das Werkzeug muß die Werkstückmitte im richtigen Winkel schneiden), und drehen Sie das Stück von Hand durch, um sicher zu gehen, daß es nicht an die Werkzeugauflage anstößt.

Stellen Sie sich beim Einschalten der Spindel seitlich auf, denn wenn das Stück aus der Maschine geschleudert wird, dann mit größter Wahrscheinlichkeit im rechten Winkel zur Planscheibe.

Langdrechseln

Bevor Sie Geld für teures Drechselholz ausgeben, probieren Sie mit dem billigsten Holz, das zu haben ist – das können von einem Baum abgetrennte Äste sein, die noch dazu den Vorteil haben, schon einigermaßen rund und außerdem „naß" zu sein. Kurze Abschnitte mit etwa 50 mm Durchmesser sind gut geeignet, drehen Sie diese aber zuvor von Hand durch, denn exakt kreisrund sind sie vermutlich nicht. Die Abfallkiste ist möglicherweise ebenfalls ein ergiebiger Fundort für Holzstücke, an denen man etwas ausprobieren kann. Achten Sie allerdings gewissenhaft auf verborgene Nägel, und vermeiden Sie gespaltene Stücke sowie Stücke mit Astknoten. Mit Holzschutzmitteln behandeltes Holz dürfen Sie aber keinesfalls verwenden, diese Mittel sind giftig.

Die Rohlinge werden über einen Mitnehmer in Umdrehung versetzt, der mit seinen zwei oder vier Kanten in die Stirnfläche des Teils eingreift. Diese Kanten müssen deshalb scharf gehalten werden. Das andere Ende des Teils wird von einer Spitze gestützt; das ist ein Kegel, der in einer Vertiefung in der Stirnfläche des Teils sitzt. Eine sogenannte nichtmitlaufende Spitze dreht sich nicht mit dem Holz und muß deshalb mit Stearin (Kerzenwachs) geschmiert werden, damit das Holz nicht verbrennt. Bei einer mitlaufenden Spitze ist keine Schmierung erforderlich.

Einspannen des Rohlings

Um den Rohling einspannen zu können, müssen Sie an beiden Stirnflächen die Mitten finden. Bei einem Teil mit exakt quadratischem Querschnitt können Sie dies durch Zeichnen von Diagonalen erreichen, bei einem unregelmäßigen Querschnitt nehmen Sie einen Stechzirkel. Schätzen Sie die Lage der Mitte, stechen Sie die eine Spitze dort schwach ein, und schlagen Sie mit der anderen einen Kreis. Verlagern Sie die Spitze so lange, bis Sie die Mitte gefunden haben. Dann nehmen Sie den Mitnehmer aus der Maschine und schlagen ihn mit dem Holzhammer ins Rohteil. Halten Sie das Stück in die Maschine, und schieben Sie den Reitstock heran, bis die Spitze das Teil fast erreicht hat. Jetzt spannen Sie den Reitstock fest, drücken die Spitze ins Werkstück und ziehen sie wieder ein wenig zurück, damit die Lager nicht überbeansprucht werden.

Welche Hölzer sind geeignet?

Für das Drechseln sind die meisten Holzarten prinzipiell geeignet. Einige Hölzer, wie z.B. Eibe, sind giftig, und der bei der Arbeit entstehende Staub darf auf keinen Fall eingeatmet werden. Andere Holzarten, wie Ulme und Buche, haben sich als krebserregend herausgestellt.

Weichhölzer, wie viele Nadelholzarten und Pappel, werden für Schalen kaum verwendet, weil diese beim Gebrauch allzu leicht beschädigt werden. Sie werden allerdings für Langdreharbeiten gern verwendet. Holz mit unregelmäßigem Faserverlauf oder Maserknollen ist bei erfahrenen Drechslern begehrt, sollte jedoch vom Neuling wegen des Preises und der Verarbeitungsschwierigkeiten lieber gemieden werden. Solche Stücke sind überdies schwer zu polieren und haben oft nicht die gewünschte Festigkeit.

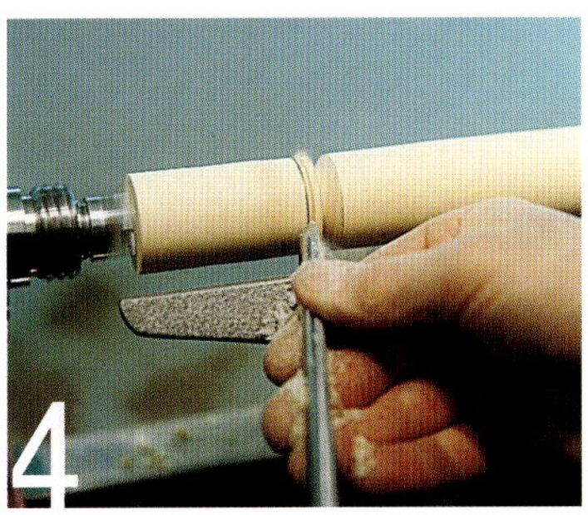

Vorbereitung zum Langdrechseln

1 Schieben Sie die Werkzeugauflage so nahe wie möglich an das Stück heran, und richten Sie diese auf die Drehachse oder ein wenig darunter aus. Die richtige Position hängt von Ihrer Körperlänge und von der Maschinenhöhe ab, aber auf jeden Fall müssen Sie vor dem Einschalten überprüfen, daß das sich drehende Stück die Auflage nicht berührt. Beim Langdrechseln wird allgemein mit höheren Drehzahlen als beim Plandrechseln gearbeitet, weil die Stückdurchmesser kleiner sind. Beginnen Sie trotzdem mit einer niedrigen Drehzahl, und steigern Sie die Drehzahl, wenn Sie sich sicher fühlen. Wenn Sie zuerst die Kanten eines quadratischen Stücks abzudrehen haben, dann müssen Sie wegen des größeren Durchmessers und der unregelmäßigen Form unbedingt mit einer niedrigen Drehzahl beginnen.

Vordrechseln

2 Vorgearbeitet wird mit einem dafür vorgesehenen Hohleisen; die Form geben Sie dem Stück mit den feineren Werkzeugen. Der schräge Beitel wird für gerade, zylindrische Flächen oder leichte Krümmungen benutzt, indem mit der Schneide unmittelbar hinter der Beitelspitze gearbeitet wird.

Verzieren von Langdrechselarbeiten

3 Wenn ein Zylinder gedrechselt ist, können mit verschiedenen Werkzeugen Formen eingearbeitet werden.

4 Schwenken Sie das Werkzeug zum Drechseln in der entgegengesetzten Richtung.

5 Wenn die Eindruckstellen der Spitzen am fertigen Stück nicht zu sehen sein sollen, müssen Sie an beiden Enden mit dem Einstecheisen einen Zapfen andrehen, der am Schluß mit einem Abstechstahl abgeschnitten werden kann.

Gedrechselte Schale (Zeichnung siehe Seite 222)

Als Anfänger drechseln Sie am besten eine Schale, die etwa 50 mm tief ist und einen Durchmesser von ungefähr 200 mm hat.

Suchen Sie sich ein Stück Hartholz – vielleicht Bergahorn – mit regelmäßigem Faserverlauf. Stücke mit verwundener Maserung eignen sich für den Anfang nicht, und zwar nicht nur wegen ihres Preises, sondern vor allem wegen der Schwierigkeiten bei der Bearbeitung und wegen der möglichen verborgenen Risse, die das Drechseln gefährlich werden lassen.

Links: Sie erkennen einen ganz leichten Überhang am inneren Schalenrand. Indem er den Eindruck von Tiefe verstärkt, bringt er etwas Geheimnisvolles ins Spiel.

Spannen des Rohlings

1 Befestigen Sie den Rohling auf der Planscheibe, wie im vorigen Abschnitt beschrieben.

Zuerst drechseln Sie den Boden mit dem Hohlbeitel schwach konkav, indem Sie mit dem Teil der Schneide zwischen Spitze und Schneidenende von außen nach innen arbeiten. Hohlbeitel werden im allgemeinen so gehalten, daß die Spannut in Schneidrichtung weist.

Anreißen des Schalenbodens

2 Zeichnen Sie auf die Grundfläche mit Bleistift einen Kreis mit dem Durchmesser der Planscheibe plus 12 mm. Das ist der Durchmesser des Schalenbodens.

Formen der Schalenaußenseite

3 Beginnen Sie mit dem Drechseln der Schalenaußenseite, wobei Sie den Beitel in entgegengesetzter Richtung halten und führen, also von innen nach außen. In dieser Phase bleibt die Werkzeugauflage parallel zur ursprünglichen Grundfläche.

4 Mit der allmählichen Ausbildung der Schalenform müssen Sie von Zeit zu Zeit die Werkzeugauflage nachstellen.

Weitere Informationen

Mittel und Verfahren der Oberflächenbehandlung 92

Drechselwerkzeuge und Ausrüstung 178

Plandrechseln und Langdrechseln 180

Merkmale von Hart- und Weichhölzern 194

5 Wenn die Werkzeugspitze um den Schalenrand wandert, muß auch das Werkzeugheft geschwenkt werden.

6 Kurz vor Erreichen der Endform drechseln Sie den Übergang von der Bodenfläche zur Seitenwand.

7 Ist die endgültige Form erreicht, schärfen Sie das Werkzeug und nehmen einen letzten dünnen Span ab, um etwaige aufgestellte Fasern zu beseitigen.

Endbearbeitung der Außenseite

8 Mit Schleifpapier wird die Außenseite endbearbeitet; die Werkzeugauflage muß so weit wie möglich zurückgezogen werden. Beginnen Sie mit grober Körnung, etwa 100. Führen Sie das Schleifpapier nach innen und wieder nach außen, und vermeiden Sie Schleifriefen. Gehen Sie immer nur dann zur nächstfeineren Körnung über, wenn alle Rauheiten beseitigt sind.

9 Reißen Sie jetzt den Planscheibendurchmesser ein zweites Mal an, damit Sie die Schale präzise aufspannen können.

Nehmen Sie Planscheibe und Schale aus der Maschine, und drehen Sie die Schrauben heraus.

10 Setzen Sie die Planscheibe auf die Bodenfläche der Schale, und schrauben Sie diese an. Merken Sie sich, wie weit die Schrauben ins Holz reichen.

11 Setzen Sie die Planscheibe mit dem Teil wieder in die Maschine, und drechseln Sie die obere Stirnfläche mit dem Beitel plan, wie zuvor die Grundfläche.

12 Messen Sie jetzt die Dicke des Rohlings. Subtrahieren Sie davon die Einschraubtiefe der Schrauben plus 6 mm (zur Sicherheit), und bohren Sie mit einem Spiralbohrer in der Schalenmitte ein Loch so tief, wie Sie später drechseln dürfen.

Formen der Schaleninnenseite

13 Stechen Sie mit der Schneidenecke des Schabeisens eine Rille ein, mit der Sie die Dicke des Schalenrandes anreißen.

14 Erzeugen Sie mit dem Hohlbeitel eine Vertiefung, indem Sie vom Rand nach innen drechseln.

15 Drechseln Sie weiter in die Tiefe, bis Sie die gewünschte Endform fast erreicht haben.

16 Wenn die Wanddicke, abgesehen von einem leichten Überhang am Rand, überall gleich ist, entfernen Sie noch vorhandene Unebenheiten mit dem gerundeten Schabeisen.

17 Schleifen Sie mit Schleifpapier, und tragen Sie – bei stillstehender Schale! – ein wenig Speiseöl auf. Nehmen Sie die Schale aus der Maschine, drehen Sie die Schrauben heraus, und füllen Sie die Schraubenlöcher mit Holzkitt.

Links: Aus den üblichen Holzarten, wie Esche hier im Bild, lassen sich schöne und nützliche Schalen drechseln. Der erfahrene Drechsler kann aber auch ein paar Mark mehr ausgeben und ein besonderes Stück beispielsweise aus Maserknollenulme erzeugen.

11 SCHNITZEN

Das Schnitzen könnte als dreidimensionales Zeichnen definiert werden. Es erfordert ein paar grundlegende Fertigkeiten, die von jedermann erlernt werden können. Soweit Sie sich die Grundregeln aneignen und diese bei der Arbeit befolgen, vermögen Sie brauchbare Resultate zu erzielen, wenn auch künstlerische Begabung dem Ergebnis dienlich ist. Je weniger kompliziert Sie Ihre ersten Arbeiten gestalten, desto überzeugender werden Ihre Erfolge sein und Sie anspornen, sich an ehrgeizigeren Stücken zu versuchen. Wir beschäftigen uns hier für den Anfang mit einer Muscheldose.

Werkzeuge, Ausstattung und Holz 186

Allgemeine Schnitztechniken 188

Muscheldose (Bauanleitung) 190

Werkzeuge, Ausstattung und Holz

Das Schnitzen ist eine sehr lohnende Holztechnik, in der sich ausgeprägte Fertigkeiten entwickeln lassen. In bemerkenswerter gestalterischer Freiheit können Sie eigene Ideen verwirklichen, ohne sich von den strukturellen Zwängen wie beim Bau eines Möbels einengen lassen zu müssen.

Handwerkzeuge

Schnitzwerkzeuge gibt es in zahlreichen Formen und Größen, so daß den Möglichkeiten der Bearbeitung des Holzes keine Grenzen gesetzt sind. Für das Ausarbeiten der Grobform werden große Schnitzeisen mit rechteckigem, halbrundem oder flachem Querschnitt benutzt, aber auch Eisen mit V-Querschnitt, insbesondere wenn ein schmaler, tiefer Einschnitt erzeugt werden soll. Mit fortschreitender Herausbildung der beabsichtigten Gestalt des Schnitzwerkes werden kleinere Werkzeuge eingesetzt.

Schnitzwerkzeuge werden von zahlreichen Händlern angeboten, die meist ein umfassendes Lieferprogramm haben. Gut ausgewogene Gestaltung, vorzüglicher Stahl und präziser Schliff sind für erfolgreiches Holzschnitzen unerläßlich. Gebrauchte Werkzeuge bekannter Markenhersteller sind ein guter Kauf – oft von einer Qualität, die heute auf dem Markt gar nicht mehr zu haben ist.

Die meisten Hersteller statten ihre Werkzeuge mit einem Heft aus Esche oder Buchsbaumholz aus, ohne oder mit Zwinge aus Stahl oder Messing. Ersatzhefte können käuflich erworben werden. Ein Heft mit Sechskant- oder Achtkantquerschnitt läßt das Werkzeug auf der Bankplatte nicht wegrollen.

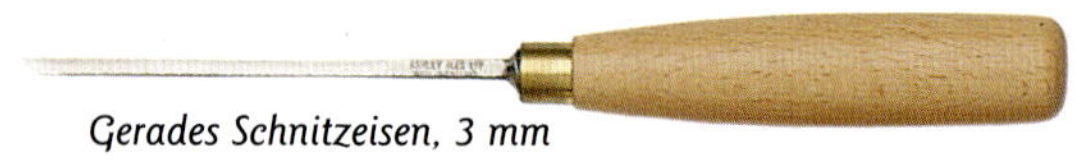

Gerades Schnitzeisen, 3 mm

Gerades Schnitzeisen, 6 mm

Gerades Schnitzeisen, 9 mm

Gerades Schnitzeisen, 19 mm

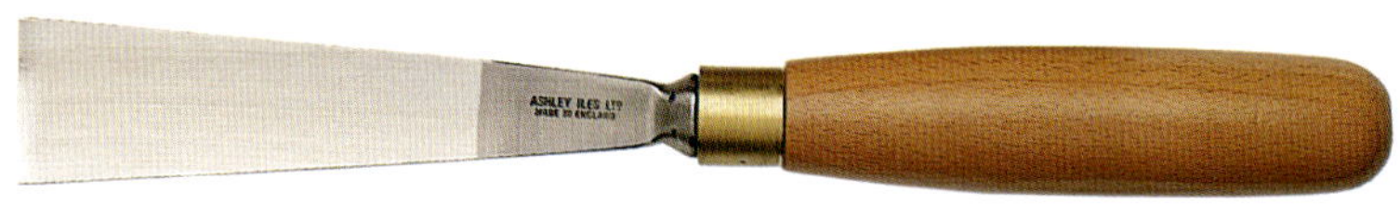

Breites Flacheisen, 37 mm

Oben und rechts: Eine kleine Auswahl aus dem breiten Sortiment von Schnitzwerkzeugen.

Holzart	Eignung für das Schnitzen	Schwierigkeiten
Linde	durchweg gut	ohne ausgeprägte Maserung
Quebec-Kiefer	weich, gestreckter Faserverlauf	spröde
Russische Kiefer	weich, dicht, gestreckter Faserverlauf	etwas spröde
Stieleiche	charakteristische Maserung	hart, offene Fasern
Europäische Walnuß	rundum gut	nur langsam zu bearbeiten
Jelutong	dichte, gleichmäßige Maserung	etwas spröde
Kirsche	gut im grünen Zustand zu bearbeiten	trocken klebrig
Apfel	gut im grünen Zustand zu bearbeiten	trocken klebrig
Birne	gut im grünen Zustand zu bearbeiten	trocken klebrig
Pflaume	gut im grünen Zustand zu bearbeiten	trocken klebrig
Amerikanischer Weißahorn	interessante Maserung	sehr langsames Bearbeiten
Bergahorn	weiß, gut zu polieren	etwas wirblig
Mahagoni	gut für Möbelschnitzereien	etwas spröde
Ebenholz	sehr gute Oberfläche	etwas spröde und sehr hart
Buchsbaumholz	Einzelheiten sehr gut auszubilden	begrenzte Abmessungen, hart

Weitere Informationen

Stechbeitel 20

Herrichten von Werkzeugen mit Schneide 24

Schärfen von Werkzeugen mit Schneide 26

Oberfräsen 40

Das Arbortech-Werkzeug 78

Merkmale von Hart- und Weichhölzern 194

90°-V-Eisen, 6 mm

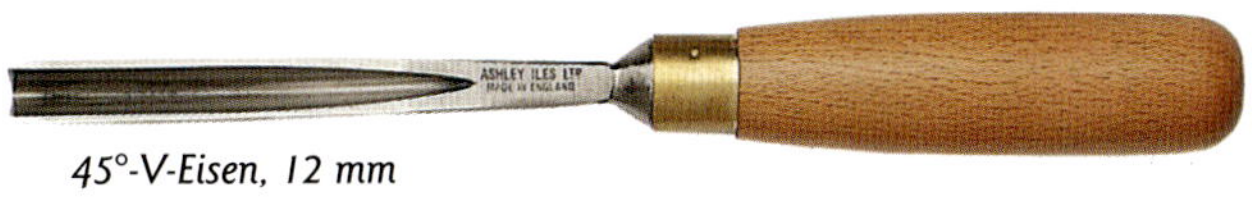

45°-V-Eisen, 12 mm

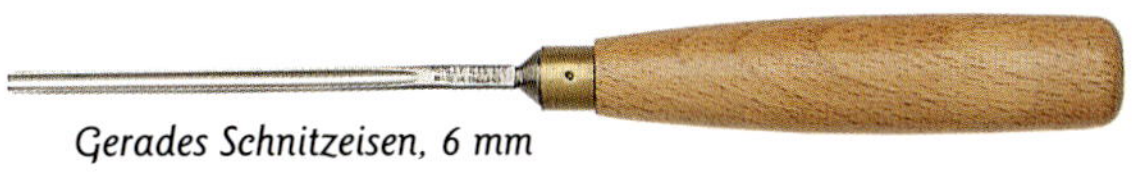

Gerades Schnitzeisen, 6 mm

Gerades Schnitzeisen, 19 mm

Gekrümmtes Schnitzeisen, 10 mm

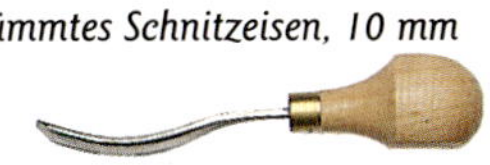

Löffeleisen, 12 mm

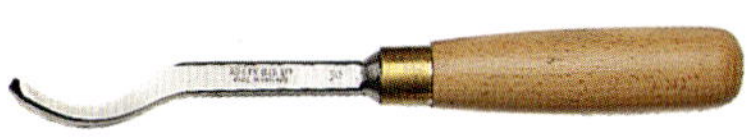

Hundepfoteneisen, 19 mm

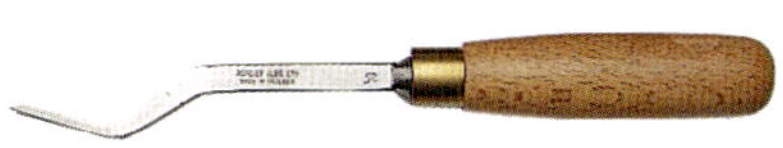

Spitzeisen, 3 mm

Raspeln und Feilen. Insbesondere für größere Schnitzereien ist ein nicht zu kleiner Satz von abtragenden Werkzeugen unentbehrlich. Mit Raspeln und groben Feilen lassen sich größere Unebenheiten rasch beseitigen. Diese Werkzeuge reißen eher als sie schneiden, und es muß deshalb mit feineren Feilen nachgearbeitet werden, bevor mit Schleifpapier geglättet werden kann.

Wenn Raspeln und Feilen für ölhaltiges und saftreiches Holz, wie Kiefer, Teak oder Pockholz, verwendet werden, setzen sie sich bald zu und müssen mit der Drahtbürste, bei hartnäckigeren Ablagerungen sogar mit dem Brenner freigemacht werden.

Das Surform-Werkzeug ist mit Löchern zwischen den Zähnen versehen, so daß es sich nicht zusetzt. Surform-Werkzeuge sind nicht teuer und stehen in einer Vielzahl von Formen und Abmessungen zur Verfügung.

Elektrowerkzeuge

Winkelschleifer. Seit der Einführung des Arbortech-Fräsers ist der Winkelschleifer für den Schnitzer unentbehrlich geworden. Der Arbortech-Fräser hat sechs versetzt angeordnete Zähne mit einem Glättmesser zwischen den Zähnen. Beim Schruppen arbeitet er ziemlich effektiv, erzeugt aber viel Lärm und Staub und neigt dazu, Fasern herauszureißen, wenn er mit der falschen Seite der Zähne schneidet. Es ist sehr wichtig, die Bedienanleitung des Herstellers gründlich zu lesen.

Elektrofräsen. Sie sind für das Schnitzen gut zu verwenden. Mit dem verfügbaren, sehr breiten Spektrum an Werkzeugen bewältigen sie die Holzfasern rascher und wirkungsvoller als jede Raspel oder Feile.

Kleine Raspeln und Feilen

Klein-Elektrowerkzeuge. Mit ihren verschiedenen Schnellstahl- und Diamantwerkzeugen erlauben es die Miniaturelektrowerkzeuge dem Schnitzer, feine Details in viel kürzerer Zeit herauszuarbeiten als mit den herkömmlichen Werkzeugen.

Haltevorrichtungen

Die beste Haltevorrichtung sind Ihre Hände; weil Sie aber beide Hände für das Schnitzen benötigen, brauchen Sie eine Haltevorrichtung für das Stück. Es gibt zahlreiche Möglichkeiten des Festhaltens, vom simplen Anleimen über das Klemmen mit Zwingen und im Schraubstock bis hin zu hydraulischen Spannern, bei denen die Haltekraft über eine ölgefüllte Kammer aufgebracht wird.

Geeignete Hölzer

Welches Holz eignet sich für das Schnitzen am besten? Das ist eine häufig gestellte Frage. Die Antwort hängt ganz von der Art des Schnitzwerkes ab.

In der Vergangenheit wurde für die Holzbildwerke in den Kirchen Eiche verwendet, für polierte Möbel Mahagoni und für vergoldete oder bemalte Schnitzereien Linde und Quebec-Kiefer. Heutzutage werden Jelutong für den Modellbau und Buchsbaum für fein konturierte Erzeugnisse verwendet. Für den Anfänger ist Linde ideal: sie ist weich, leicht zu bearbeiten und formhaltig.

Allgemeine Schnitztechniken

Das Holzschnitzen oder die Holzbildhauerei hat sich historisch aus sehr einfachen Schnitzarbeiten entwickelt. Wie bei jeder handwerklichen Betätigung kommt auch hierbei die Fertigkeit mit der Betätigung. Einige der hier vorgestellten Techniken werden für die Anfertigung der Muscheldose (im folgenden Abschnitt) benötigt.

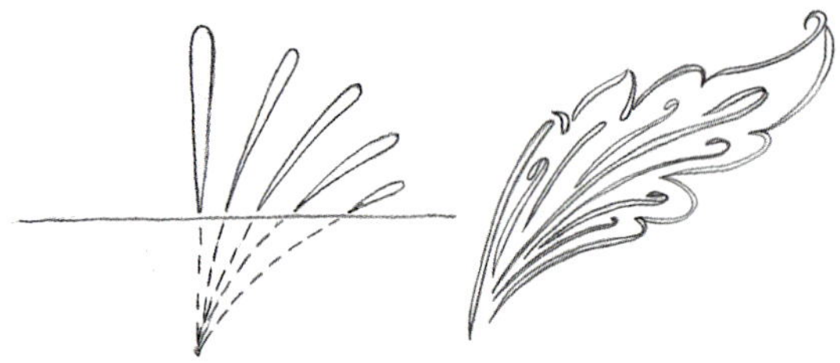

Links: Vor dem Marmorieren muß mit Bleistift genau markiert werden, wo Sie einkerben wollen.

Anreißen und Messen

Für den Schnitzer sind die Anreißwerkzeuge ebenso wichtig wie die Schnitzwerkzeuge. Das gilt besonders für das wiederholte Ausführen eines Modells und für geometrisch regelmäßige Muster.

Unten: Bein eines Speisezimmerstuhls aus der Zeit Georgs III. Leicht verjüngt; der Sitz geschmückt mit einem umlaufenden Flechtband, das typisch für Chippendale-Möbel ist.

Weitere Informationen

Oberflächenbehandlung (Kapitel 6)

Werkzeuge, Ausstattung und Holz 186

Muscheldose (Bauanleitung) 190

Genaues Anreißen des Modells ist wichtig – deshalb werden Schablonen angefertigt.

Anfertigen von Schablonen. Schablonen lassen sich aus zahlreichen Materialien anfertigen, wobei Papier und Pappe die am wenigsten dauerhaften sind. Etwas beständiger sind dickere Plastikfolien. Am dauerhaftesten ist Kupferblech, aber sehr gut zu verwenden ist auch das Blech von Zahnpastatuben (siehe Projekt Muscheldose).

Schnitztechniken

Die praktische Ausführung des Schnitzens ist nicht sonderlich kompliziert; wirklich wichtig ist die Schärfe der Werkzeuge.

Eine Schnitzerei setzt sich meist aus Abschnitten von Kreisen und Ellipsen zusammen. Kombiniert ergeben diese beiden Figuren ein „S“, das die höchsten und tiefsten Punkte des Schnitzwerkes bildet, die ab- bzw. auszurunden sind. Einige Übung ist nötig, um die wechselnde Faserrichtung zu bewältigen. Das Abheben von Scheibchen hilft, wenn gegen die Faser oder quer dazu geschnitten werden muß. Schwenken Sie dafür das Werkzeug leicht nach rechts und links, um einen sauberen Schnitt zu erreichen.

Oben: Abheben von dünnen Spänen vor dem Ausarbeiten der Einzelheiten.

Bestoßen heißt der Vorgang, wenn das Werkzeug flach auf das Stück aufgelegt vorsichtig gestoßen wird, wobei nur geringe Holzmengen abgehoben werden. Riefen bedeutet das Einarbeiten nebeneinanderliegender, flacher Vertiefungen, so daß eine feingerippte Oberfläche entsteht.

Zeichnen Sie viel. Sammeln Sie alle erlangbaren Informationen über das ausgewählte Objekt, und modellieren Sie es nach Möglichkeit in Ton oder Plastilina. Ein solches Modell läßt sich relativ schnell anfertigen und bietet Ihnen ein räumliches Muster, nach dem es sich gut arbeiten läßt.

Marmorieren. Marmorieren ist ein Endbearbeitungsverfahren, das mit einer Kombination von kleineren geraden und gebogenen Werkzeugen ausgeführt wird. Oft wird marmoriert, um Schattenbildung und Tiefe zu erreichen (wie bei unserer Muscheldose) oder um Fließen und Bewegung von Laubwerk anzudeuten. Eine charakteristische Schmuckform sind auch langgezogene Tropfen, die von einem sichtbaren oder unsichtbaren Punkt ausstrahlen.

Endbearbeiten

Zur Vorbereitung der dekorativen Endbehandlung muß meist geschliffen werden. Soll die Oberfläche glatt sein, ist Schleifen mit immer feineren Papieren von Körnung 100 bis hinab zur sehr feinen Körnung 500 zu empfehlen.

Mit Schabeisen können gröbere Fehler beseitigt werden. Ein Schabeisen können Sie sich aus einem alten Schraubendreher oder Metallsägeblatt selbst anfertigen; glühen Sie diese Werkzeuge aus, und biegen Sie diese zurecht – eine nützliche Erweiterung Ihres Werkzeugsortiments.

Prägen

Durch Prägen, eventuell nach Anfeuchten, lassen sich vielfältige Oberflächentexturen ausbilden. Auf dem Markt sind Prägestempel mit vielen Mustern erhältlich. Durch Prägen kann auch eine rauhe Oberfläche, z.B. einer Reliefschnitzerei, geglättet werden.

Oben: Ausheben radialer Vertiefungen, die zuvor mit Bleistift freihand oder nach Schablone angezeichnet worden sind.

Rechts: Mit dem Löffeleisen werden konkave Formen geschnitzt.

Versiegeln und Polieren

Tragen Sie Porenfüller und Schleifgrund auf der Oberfläche auf. Nach dem Trocknen schleifen Sie mit Papier oder Stahlwolle 0000. Tragen Sie mit einer weichen Bürste eine zweite Schicht auf. Nach deren Trocknung können mit einem Polierballen mehrere Politurschichten oder ein Wachs aufgetragen und nach dem Erhärten poliert werden. Die einfachste Behandlung ist das Auftragen einer dünnen Schicht Mineralöl, die bei einigen Hölzern allerdings auf Dauer klebrig bleiben kann.

Farbanstrich

Bei einigen weniger ansehnlichen Hölzern kann die Schnitzerei durch zurückhaltendes Auftragen einer Farbe zum Leben erweckt werden. Dünne Acrylreaktionsprimer sind dafür ideal; sie verbinden sich mit dem Holzton, lassen aber Textur und Maserung durchscheinen. Das Versiegeln der eingefärbten Fläche mit einem Acrylabsperrmittel oder leichtes Wachsen ist zu empfehlen.

Traditionelle Endbehandlungsverfahren, wie Vergolden oder Lacken, erfordern hohe Fachkenntnis; fachmännisch ausgeführt, vervollkommnen sie manches Schnitzwerk.

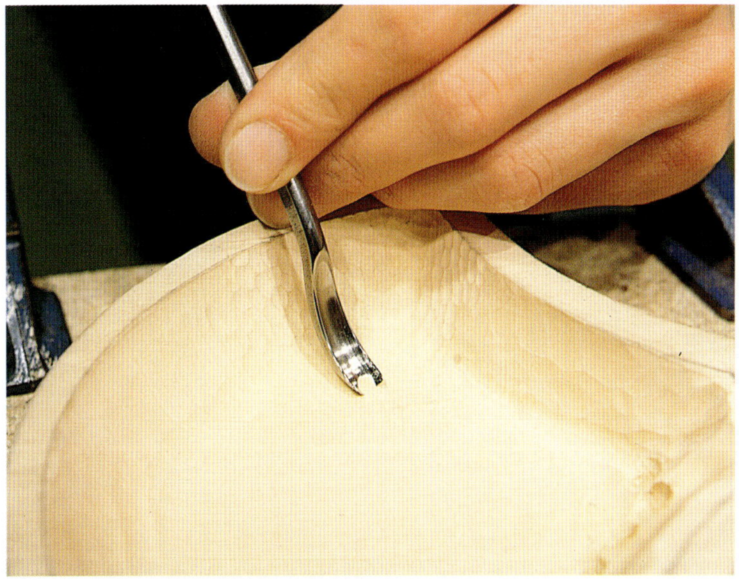

Oben: Diese Mahagoni-Kommode aus der Zeit Georgs III. ist ein schönes Beispiel für den Chippendale-Stil.

Muscheldose *(Zeichnung siehe Seite 223)*

Oben: Die Vertiefungen auf der Oberseite können freihand oder mit einer Schablone (unten) angezeichnet werden.

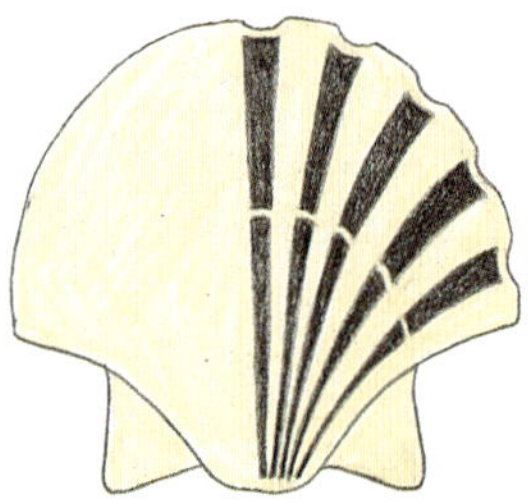

Schablone für die Vertiefungen
Kleben Sie eine Pause der Schablonenhälfte mit der Zeichnung des Musters auf ein Stück Kupferfolie. Mit einem kräftigen Messer schneiden Sie Segmente dort aus, wo die Vertiefungen liegen sollen, lassen aber schmale Stege zur Verstärkung stehen. Formen Sie die Folie über die fertige, aber noch glatte Oberseite der Muschel. Reißen Sie die Vertiefungen mit Bleistift an.

Weitere Informationen

Bohr- und Stemmaschinen	44
Einbau von Einstemmbändern	86
Mittel und Verfahren der Oberflächenbehandlung	92
Werkzeuge, Ausstattung und Holz	186
Allgemeine Schnitztechniken	188

Für dieses interessante Stück werden viele Grundtechniken des Holzschnitzens benötigt.

Internationale Normen für die Formen und Maße von Schnitzwerkzeugen gibt es nicht, und das 19 mm breite Schruppwerkzeug des einen Herstellers kann vom gleich breiten Werkzeug des anderen Herstellers in gewissem Maße abweichen. Deshalb kann dem Anfänger kaum verbindlich gesagt werden, welches Werkzeug er für einen bestimmten Arbeitsschritt nehmen sollte. Sie finden hier also nur ungefähre Hinweise, und Sie werden schon bald selbst festgestellt haben, wann Sie mit welchem Werkzeug am besten zurechtkommen.

Materialien und Werkzeugliste

Materialien

1 Stück Lindenholz (150 x 170 x 38 mm) für das Oberteil

1 Stück Lindenholz (150 x 160 x 33 mm) für das Unterteil

Abfallholz sowie MDF oder Spanplatte für Haltezwecke

Abfallholz als Unterlagen (siehe Bild 16)

Scharnier aus Vollmessing (25 x 11 x 1,5 mm)

Kupferfolie

Werkzeuge

Harter Bleistift oder Kugelschreiber

Kohlepapier

Bandsäge

Heißklebepistole

Flacheisen 30 mm

Schleifpapier

Bohrer 9,5 mm, Tiefenanschlag oder Klebeband

Löffeleisen 13, 14, 16 und 19 mm

V-Eisen 6 mm

Modellierwerkzeuge 14 und 19 mm

Hohleisen 5 und 10 mm

Kerbeisen 2 mm

Schabbeitel 15 mm

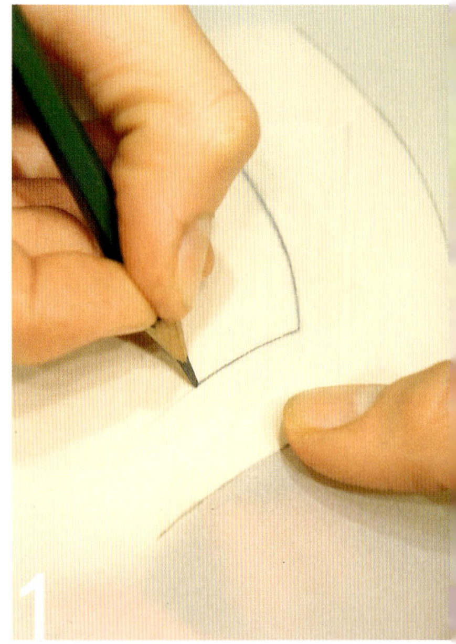

Vorbereitung

1 Übertragen Sie die Zeichnungen des Ober- und Unterteils der Dose mit Bleistift und Kohlepapier auf die beiden Holzstücke. Schneiden Sie die Konturen mit der Bandsäge möglichst genau aus.

2 Spannen Sie ein Stück Abfallholz in den Schraubstock, und tragen Sie mit der Heißklebepistole ein wenig Kleber auf. Kleben Sie dort das Unterteil auf.

4

7

Formen des Unterteils

3 Mit dem Flacheisen (30 mm) beginnen Sie an der Bleistiftlinie und runden auswärts arbeitend die Kante. Es muß eine glatte und ebene Bodenfläche entstehen.

4 Schleifen Sie die Seiten und den Boden glatt.

5 Lösen Sie das Teil vom Abfallholz, drehen Sie es, und kleben Sie es auf ein Stück Faser- oder Spanplatte, die Sie auf der Bankplatte festklemmen.

Reißen Sie den Umfang der Eintiefung an, lassen Sie dabei eine Wand von 8 mm Dicke stehen. Arbeiten Sie jetzt so viel wie möglich Holz heraus, indem Sie Löcher auf 25 mm Tiefe bohren (kleben Sie eine Markierung um den Bohrer). Am Rand dürfen Sie nicht auf volle Tiefe bohren!

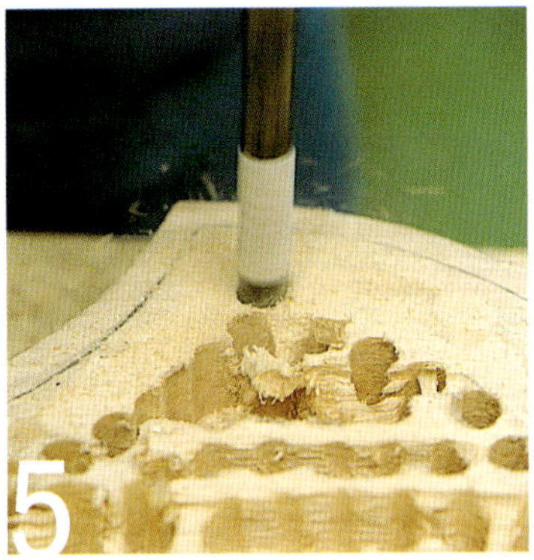
5

8

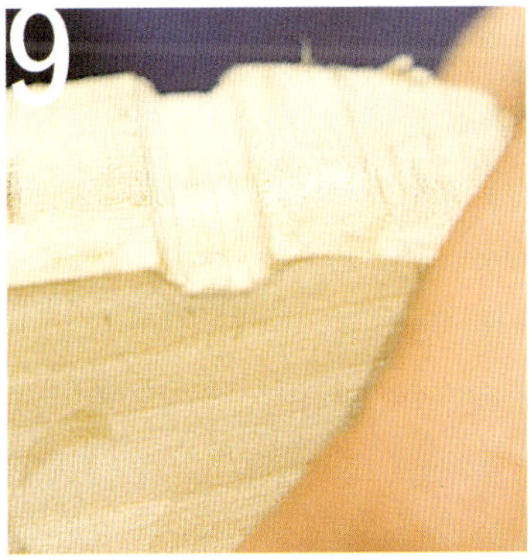
9

6 Entfernen Sie das verbliebene Holz mit den verschiedenen Löffeleisen (13, 14, 16 und 19 mm), indem Sie in Faserrichtung Späne herausheben. Beginnen Sie außen, und arbeiten Sie radial auf die Mitte zu.

6

7 Jetzt wird die Innenseite mit besonders scharfen Werkzeugen geglättet.

8 Durch gefühlvolles Abheben feiner, gleichmäßiger Späne vermeiden Sie das Aufreißen der Fasern. Verwenden Sie wieder Löffeleisen (13 und 14 mm). Wenn das Unterteil fertig ist, lösen Sie es von der Platte.

Formen des Oberteils

9 Schneiden Sie das Oberteil mit der Bandsäge aus, wobei Sie auch die Wellen am Umfang aussägen. Sie sind die Enden der radialen Vertiefungen.

10

10 Leimen Sie das Oberteil wie zuvor das Unterteil auf die Faser- oder Spanplatte, und erzeugen Sie mit dem Flacheisen (30 mm) die grobe Außenform.

15 Mit Hohleisen (10 und 5 mm) arbeiten Sie die Vertiefungen aus, beginnend am höchsten Punkt. Heben Sie zuerst nur leichte Späne ab, und gehen Sie nach und nach auf 6 mm Tiefe, immer in Richtung auf den Außenrand.

11 Beginnen Sie jetzt die seitlichen Flügel der Muschelschale, indem Sie diese mit einem V-Eisen (6 mm) auf die vorgesehene Höhe abarbeiten.

12 Schnitzen Sie diese Flügel mit den Modelliereisen (19 und 14 mm) fertig. Schauen Sie sich das Teil unter allen Blickrichtungen an, um seine Ausgewogenheit zu prüfen.

Einarbeiten der Vertiefungen

13 Wenn Sie mit der Grundform zufrieden sind, zeichnen Sie die Mitten der Vertiefungen an der Basis der Muschelschale an.

14 Beginnend an den Wellen am Muschelrand, reißen Sie die Vertiefungen mit Bleistift an.

Endbearbeitung

16 Lösen Sie das Stück von der Platte, und beseitigen Sie die Leimreste und andere Mängel. Das Oberteil wird auf zwei Unterlagen aus Abfallholz gelegt, die auf der Platte befestigt werden.

17 Arbeiten Sie auch hier die Innenform ein, wie für das Unterteil beschrieben. Die seitlichen Flügel werden an den Rändern bis zu einer Dicke von 3 mm abgearbeitet. Ihre Unterseiten können geschliffen werden.

Lassen Sie das Scharnier mit einem Schabeisen (15 mm) im Unter- und Oberteil ein. Befestigen Sie es, und bringen Sie die gewählte Oberflächenbehandlung auf.

Links: Die fertige Muscheldose eignet sich zum Aufbewahren von Schmuck und anderen Kleinigkeiten.

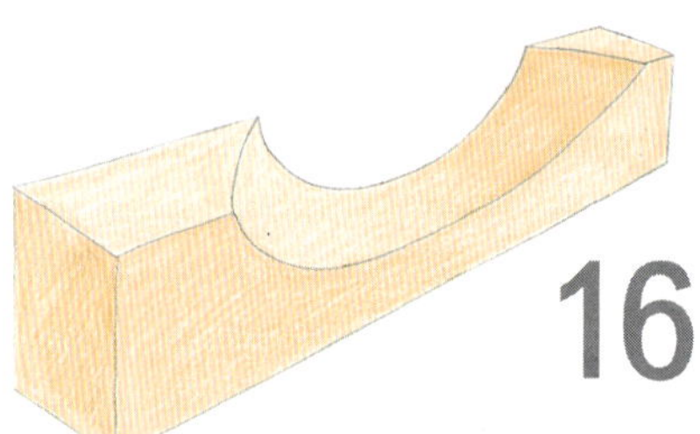

12 HÖLZER UND ANDERE MATERIALIEN

Merkmale von Hart- und Weichhölzern 194
Ablagern und Einschnitt 196
Schnittverfahren und Holzauswahl 198
Holzkauf und Vermeiden von Mängeln 200
Plattenwerkstoffe 204
Furniere 206
Kleber für Holzarbeiten 207
Umweltaspekte 208

Heutzutage stehen dem Holzhandwerker eine Vielzahl von Holzarten und Plattenwerkstoffen zur Verfügung, die jeweils spezifische Eigenschaften, Verwendungsmerkmale und Güteklassen haben. Die Wahl des Werkstoffs, mit dem Sie arbeiten werden, hängt zuerst vom Zweck des Objekts ab, das Sie zu bauen beabsichtigen. Sie müssen ferner bedenken, inwieweit Sie mit dem Werkstoff umzugehen vermögen, wie er zu trennen, zu lagern und zu bearbeiten ist, und schließlich müssen Sie die Auswirkungen gegebenenfalls vorhandener Mängel einschätzen. Sie werden bald feststellen, daß es immer wieder Freude macht, am Werkstoff Holz etwas Neues zu entdecken, und das werden Sie auch nach Jahren der Beschäftigung mit dem Holz erleben.

Merkmale von Hart- und Weichhölzern

Holz wird grundsätzlich als Hartholz oder Weichholz klassifiziert. Die Mehrzahl der Harthölzer ist hart und schwer; im Gegensatz dazu sind die meisten Weichhölzer weniger dicht und außerdem leichter als die Hartholzarten. Das einzig sichere Verfahren der Unterscheidung ist die Betrachtung eines Querschnittes unter dem Mikroskop, was allerdings auf dem Holzhof schwerlich möglich ist. Die allermeisten Hölzer sind jedoch gut beschrieben.

Die zapfentragenden Bäume werden Weichhölzer genannt; sie haben nadelförmige Blätter. Die Laubhölzer werden Harthölzer genannt, und viele von ihnen werfen im Winter ihre Blätter ab, insbesondere in den gemäßigten Klimaten. Ein Nadelbaum reift in etwa einem Viertel der Zeit, die ein Laubbaum benötigt. Die Bezeichnung Weichholz kann irreführend sein, denn einige Weichholzarten, wie Pechkiefer und Lärche, sind viel härter, dichter und zäher als manches Laubholz, wie etwa Balsa. Nicht alle Harthölzer sind im Wortsinn hart, nicht alle Weichhölzer weich.

Strenggenommen bedeutet der Terminus Weichholz, daß die Holzzellen hohl und spindelförmig sind und daß sich in den Zellseitenwänden kleine Durchbrüche befinden, durch welche die Nährstoffe auf ihrem Weg in die Blätter hindurchtreten können. Einige bekannte Weichhölzer sind Fichte, Tanne, Kiefer, Eibe und der gewaltige Mammutbaum.

Die Struktur des Hartholzes ist dadurch gekennzeichnet, daß die einzelne Zelle oder Faser sehr lang und nadelförmig ist, und weil viele solche Fasern nebeneinander liegen, ist Hartholz meist viel elastischer als Weichholz. Bekannte Hartholzarten sind Eiche, Ulme, Roßkastanie, Linde, Bergahorn, Walnuß, Birne, Apfel und viele andere.

Es gibt zwar die erwähnten Sonderfälle, wie das extrem weiche Hartholz Balsa, aber im großen und ganzen treffen die klassifizierenden Bezeichnungen schon zu.

Oben: Stammende noch mit der Rinde (Borke) vor dem Einschnitt.

Links: Weichholzwald mit gerade aufstrebenden Stämmen und nadelförmigen Blättern.

Rechts: Die Weichholzzelle oder Tracheide mit den Zellwanddurchbrüchen, durch welche die Nährstoffe hindurchtreten können.

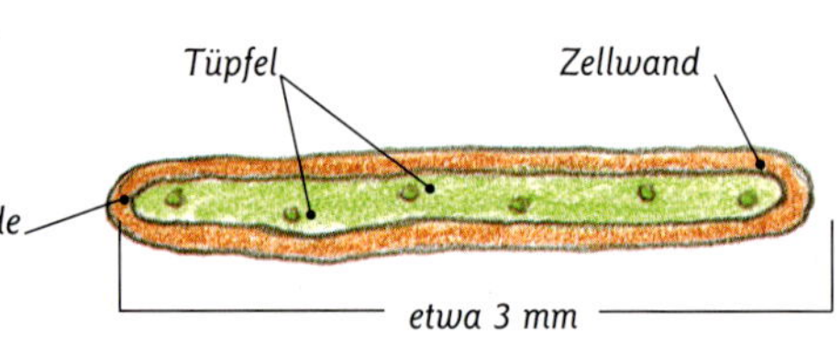

Unten: Eine Hartholzzelle oder Faser, wie sie mit vielen gleichartigen Zellen im Stamm nebeneinander liegt.

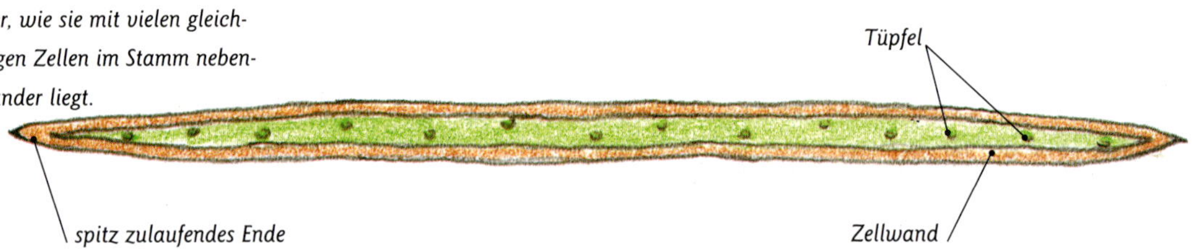

Rechts: Hartholzwald mit anmutig geschwungenen Stämmen und dem Laub, das im Herbst abgeworfen wird.

Hartholz oder Weichholz?

Wenn Sie Holz kaufen, bedenken Sie die Umgebung, in der es eingesetzt werden soll. So eignen sich beispielsweise Iroko, Bubinga, Jarrah oder Zeder ausgezeichnet für den Außenbereich. Für dekoratives Mobiliar im Innenbereich sind Walnuß, Eibe, Mahagoni, Bergahorn und Satinholz vorzüglich geeignet. Sportgeräte werden gern aus Esche und Weide gefertigt, während sich Balsa im Modellbau bewährt hat.

Einige Hölzer haben einen größeren Abfallanteil als andere: Die Europäische Walnuß, Stechpalme und Eibe bringen Abfall von 400 %, während bei Rotbuche, Mahagoni, Roßkastanie und den meisten Kiefernarten weniger als 100 % zu verzeichnen sind. Einige Hölzer riechen sehr streng, so Kampferholz aus Kenia und die Libanonzeder, die beide für Schmuckkästchen sehr beliebt sind. Manche Hölzer, wie Greenheart und Teak aus Burma, sind dafür berühmt, daß ihre Festigkeit durch Wassereinwirkung nicht im geringsten nachläßt. Teak ist zu verwenden, wenn die Gefahr des Rostens von Eisenteilen besteht. Eisenmetalle können sehr häßliche Flecke auf Eiche und Roßkastanie verursachen, die einen hohen Gerbsäuregehalt haben.

Mahagoni ist eine in breitem Umfang verwendete Art, die aus vielen Herkunftsgebieten zu uns kommt; die Zuordnung ist ziemlich schwierig. Es gibt brasilianische Arten, Arten in Kuba, Honduras, Costa Rica, Guatemala, Nikaragua und Mexiko, australische und sechs afrikanische Mahagoni-Arten. Dann gibt es noch Sapellimahagoni, das strenggenommen nicht zu den Mahagoni-Arten gehört, aber als Substitut weit verbreitet ist. Ähnlich werden auch Meranti aus Südostasien und Lauan, auf Mahagoni gebeizt, verwendet, jedoch meist für Fenster und Türen.

Die Holzlieferanten pflegen Hölzer nicht mit ihrem botanischen Namen, sondern mit einer allgemeineren Bezeichnung zu benennen, wie etwa „Eiche". Dabei gibt es viele Eichenarten, wie die Amerikanische Weiß- und Roteiche, die Europäische, Japanische und Englische Eiche (die letztere ist die Stieleiche), die alle ihre spezifischen Merkmale haben. Beispielsweise können Sie alle Eichenhölzer beizen, außer der Amerikanischen Roteiche; Bretter aus Amerikanischer Weißeiche werden häufig mit viel Splintholz an der einen Seite verkauft, was an der Art und Weise des Stammeinschnitts liegt; die Stieleiche ist im allgemeinen sehr attraktiv gemasert, während die Europäische Eiche eine gleichmäßige Maserung aufweist und weniger Verschnitt bringt.

Wenn Ihnen eine Holzart nicht vertraut ist, kaufen Sie zunächst nur eine kleine Menge, und experimentieren Sie damit.

Weitere Aspekte

Einige Hölzer beanspruchen Ihre Werkzeuge erheblich. Die Fasern des Burmesischen Teakholzes z.B. enthalten Kalk- und Sandeinlagerungen, die eine scharfe Schneide rasch abstumpfen, selbst wenn sie hartmetallbestückt ist. Mooreiche aus Irland (Eichenholz, das längere Zeit im Moor gelegen hat), Jarrah aus Australien und Pockholz aus Südamerika erfordern alle wegen ihrer hohen Dichte extrem scharfe Werkzeugschneiden.

Abgesehen von der Färbung ist die Maserung sicher der dominierende ästhetische Faktor bei der Wahl eines Holzes. Einige Arten haben große Poren und offene Maserung, wie etwa Eiche, Roßkastanie, Kongo-Palisander und Teak. Andere sind fein gemasert und kleinporig und lassen sich ausgezeichnet polieren, wie beispielsweise Bergahorn, Stechpalme, Ahorn und Tulpenbaumholz.

Einige Arten, beispielsweise Sapelli, haben eine verwundene Maserung, die einen streifigen Effekt ergibt, so daß die Fasern beim Hobeln immer irgendwo ausreißen. Die überhaupt zu erreichende Schönheit einer Holzart zeigt sich am radial geschnittenen Brett, an dem die Markstrahlen zu sehen sind – doch dazu später.

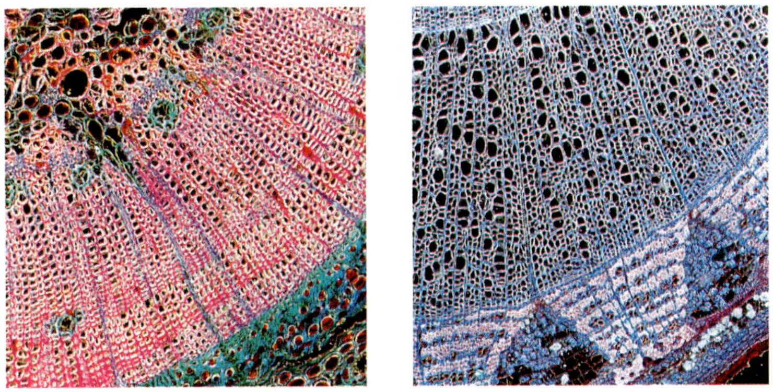

Oben: Ein Weichholz (links) und ein Hartholz (rechts) unter dem Mikroskop. Beim Weichholz sind die Tracheiden und die Jahresringe zu erkennen, die dem Wechsel zwischen dem dichten Winterwuchs und dem offenen Sommerwuchs geschuldet sind. Beim Hartholz sind die Fasern und die großen Porenquerschnitte zu sehen, durch die die Nährstoffe nach oben wandern. Einige Harthölzer haben deutlich erkennbare Jahresringe, andere wachsen das ganze Jahr gleichmäßig.

Weitere Informationen

Auswählen des Holzes 50

Welche Hölzer sind geeignet? 181

Geeignete Hölzer 187

Ablagern und Einschnitt 196

Schnittverfahren und Holzauswahl 198

Verschnitt 199

Holzkauf und Vermeiden von Mängeln 200

Ablagern und Einschnitt

Der größte Teil der Masse eines frisch gefällten Baums ist Wasser. Um einen Stamm in Nutzholz zu verwandeln, wird er im Sägewerk in Bretter verschiedener Dicke zersägt. Dafür gibt es verschiedene Verfahren, die im nächsten Abschnitt vorgestellt werden. Bei einem der Verfahren wird der Stamm beginnend an einer Längsseite Sägeschnitt um Sägeschnitt längs zerteilt.

Trocknen des Holzes

Nach dem Sägen werden die gewonnenen Bretter in derselben Reihenfolge wie im Stamm gestapelt, wobei etwa 19 mm dicke Stapelleisten zwischen die einzelnen Bretter gelegt werden. Der Bretterstapel wird im Freien gelagert. Die Zeit für das Trocknen des Holzes an der Luft hängt von der Dicke der Bretter ab; ein grober Richtwert ist 1 Jahr je 25 mm Brettdicke. Die durch den Stapel streichende Luft saugt das Wasser durch Kapillarwirkung an die Holzoberfläche, wo es verdunstet. Der Feuchtegehalt des Holzes kann so auf 25 bis 30 % reduziert werden. Unabhängig von der Länge der Trockenzeit erlaubt das Klima in vielen Ländern keine geringeren Werte.

Dieses Verfahren war bis zum Aufkommen von Zentralheizung und Klimaanlage einigermaßen ausreichend. Heute muß im Innenbereich eingesetztes Holz auch dann seine Form bewahren, wenn die Zentralheizung mit voller Leistung läuft. Um das zu erreichen, wird luftgetrocknetem Holz in einem Ofen weiter Wasser entzogen, bis seine Feuchte etwa 15 % beträgt. In den USA wird das Holz sogar auf noch geringere Feuchtewerte, etwa 11 %, getrocknet. Allerdings sind dies Durchschnittswerte; die Feuchtegehalte der Bretter aus ein und derselben Ofencharge können bei einem Durchschnitt von 15 % zwischen 12 und 19 % liegen.

Der allgemein anerkannte Richtwert für die heutigen gutgeheizten Räume liegt bei 10 bis 12 %, was bei einem Holzangebot mit 15 % Feuchte nur durch zusätzliches Lagern in der warmen Werkstatt nach dem Zuschneiden und vor dem Bearbeiten auf Fertigmaß zu erreichen ist.

Erkundigen Sie sich beim Kauf stets, ob das Holz ofengetrocknet ist, und lassen Sie das auch auf der Rechnung vermerken. Sie müssen möglicherweise, falls Ihr Produkt extrem arbeitet, beweisen, daß Sie vermeintlich ofengetrocknetes Holz erworben haben. Die meisten Holzhändler sind kulant und tauschen ein Brett mit zu hohem Feuchtegehalt gern aus.

Für den Außenbereich ist es durchaus angängig, luftgetrocknetes Holz einzusetzen. Nehmen Sie aber bitte nicht an, daß es Ihnen gelingt, solch kostengünstiges Holz in Ihrer Werkstatt weiter zu trocknen. Verwenden Sie es nicht für Möbel, es käme mit Sicherheit zu sehr nachteiliger Schwindung und zu Verzug.

Mitunter hinterläßt der Ofentrocknungsprozeß an der Holzoberfläche Spuren in Form von Rissen. Sie sind auf zu schnelles Trocknen zurückzuführen mit dem Er-

Weitere Informationen

Auswählen des Holzes 50

Schnittverfahren und Holzauswahl 198

Holzkauf und Vermeiden von Mängeln 200

Umweltaspekte 208

Ganz links und links: Die Bildfolge zeigt, wie mit der Bandsäge ein Brett von einem Stamm abgesägt wird, der sich auf einem Wagen auf das Sägeblatt zu bewegt.

Unten: Gezeigt wird der Ablauf des Stapelns von Brettern auf Stapelleisten.

gebnis, daß das Brettinnere zu naß geblieben und die Außenflächen zu trocken geworden sind. Dieser Holzfehler wird Verschalung genannt. Vermeiden Sie derartige Bretter; durch die Bearbeitung legen Sie das nasse Innere frei, und Werfen ist unvermeidlich.

Sägen und Lagern

Zwei Aspekte sind beim Kauf und Verkauf von Holz zu beachten: die Art des Einschnitts (Wie wurde der Stamm zu Brettern zersägt?) und die Bedingungen der Lagerung (Wie waren die Bretter auf dem Hof des Händlers gelagert?). Damit soll sich der folgende Abschnitt näher beschäftigen.

Links: Ein Holzstapel wird aus dem Ofen herausgefahren.

Oben: Der Feuchtegehalt des Holzes wird mit einem elektronischen Gerät gemessen.

Schnittverfahren und Holzauswahl

Die verschiedenen Einschnittverfahren liefern Bretter mit unterschiedlichen Eigenschaften in bezug auf Stabilität, Aussehen und Preis. Diese Faktoren sind es, die Ihre Holzauswahl in Abhängigkeit von den Erfordernissen Ihres Projekts bestimmen.

Oben: Dieses Stück Eiche zeigt die von den radialen Markstrahlen herrührenden Muster besonders deutlich.

Rechts: Ein sehnengeschnittener Stamm vor dem Einlegen der Stapelhölzer.

Radialschnitt oder Spiegelschnitt

Früher, als die Kosten der Arbeit noch nicht so hoch wie heute waren, hat der Holzhändler einen Stamm längs teilen und die beiden Stammhälften wiederum längs zersägen lassen. Es entstanden Stücke mit einem Viertelkreisquerschnitt und radial im Stamm verlaufenden Begrenzungsflächen. Sie zeigten das Holz von seiner besten Seite, denn auf den Sägeflächen waren die bei anderen Schnittweisen verschwindenden Markstrahlen (Spiegel) sichtbar. Am bekanntesten sind die wundervollen Markstrahlenmuster auf manchen Eichenbrettern – auf der Fläche tanzende, helle, fast silberne Tupfen. Solche Markstrahlenmuster, die den Preis eines Brettes erheblich erhöhen, sind in allen Holzarten mehr oder weniger ausgeprägt vorhanden.

Der Radialschnitt ist sehr aufwendig, weil der Block beim Einschneiden mehrere Male gedreht werden muß, und heute ist kaum ein Händler bereit, einen Stamm in dieser Weise zu Brettern schneiden zu lassen. Kaufen Sie deshalb ein Brett mit Markstrahlen unbedingt – auch wenn Sie es im Moment nicht benötigen.

Sehnenschnitt

Es gibt eine Anzahl weiterer Einschnittverfahren, die jedoch nicht im einzelnen behandelt werden sollen, um keine Verwirrung zu stiften. Erwähnt sei lediglich das Verfahren, bei dem die Bretter einseitig rechtwinklig zugeschnitten werden und die andere Seite die Waldkante (die Rinde) behält.

Am gebräuchlichsten ist heute das Verfahren des Sehnenschnitts, bei dem der

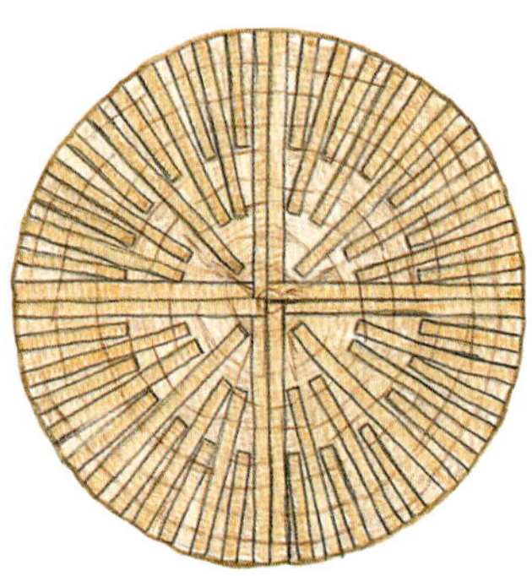

A *Nach dem alten Verfahren spiegel- oder radialgeschnitten. Alle Bretter sind radial gesägt.*

B *Moderner Radialschnitt: weniger arbeitsintensiv, aber viel Abfall. Die meisten Bretter zeigen Markstrahlen*

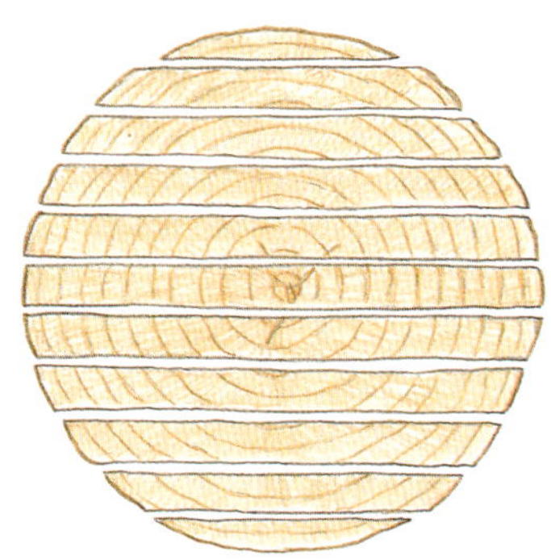

C *Einfacher Sehnenschnitt. Die Holzausbeute ist maximiert*

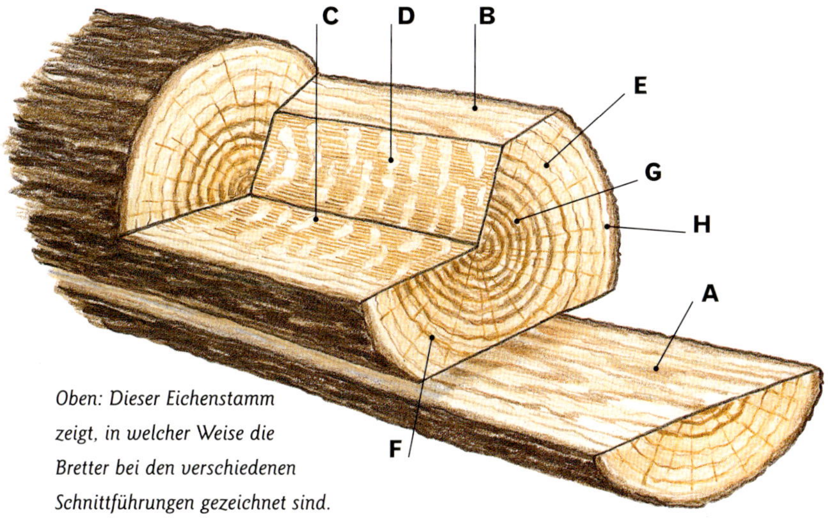

A *Tangential geschnittene Fläche*
B *Fläche teilweise mit Markstrahlen (Spiegel)*
C und **D** *Diese beiden Flächen sind radialgeschnitten und zeigen Markstrahlen (Spiegel)*
E *Von der Mitte ausgehende Markstrahlen*
F *Grenze zwischen Kern- und Splintholz*
G *Jahresringe, am Kernholz sichtbar*
H *Splintholz*

Oben: Dieser Eichenstamm zeigt, in welcher Weise die Bretter bei den verschiedenen Schnittführungen gezeichnet sind.

Stamm längs zersägt und nach jedem Schnitt um eine Brettdicke seitwärts verschoben wird, bis er vollständig zu Brettern eingeschnitten ist. Naturgemäß zeigen hierbei die Mittelbretter die Markstrahlen, erfordern aber nicht den großen Aufwand wie für den Spiegelschnitt.

Tangentialschnitt

In einigen Ländern, besonders in den USA, wird der Stamm auf maximale Holzausbeute eingeschnitten ohne Rücksicht darauf, daß die entstehenden Bretter nicht so attraktiv gezeichnet sind wie bei anderen Schnittverfahren. Das Verfahren heißt Tangentialschnitt, weil jeder Schnitt tangential zu einem Jahresring geführt wird. Das führt dazu, daß die meisten Bretter an einer Seite einen Splintholzanteil haben; Amerikanische Kirsche zeigt dies häufig.

Es ist ratsam, daß am fertigen Möbel kein Splintholz vorhanden ist, obwohl Sie von manchem Holzverkäufer anders beraten werden. Splintholz wird leicht von Schädlingen befallen, es schwindet stark, und seine unreifen Fasern nehmen Leim und Politur weniger bereitwillig an als Kernholz.

Oben: Beachten Sie den erheblichen Abfall an diesem waldkantigen Stück Walnuß.

Probleme bei der Holzwahl

Wählen Sie das Holz beim Kauf mit Sorgfalt, um spätere Probleme zu vermeiden. Je weiter das Brett vom Stammzentrum, dem Kern, entfernt geschnitten wurde, desto mehr neigt es zum Arbeiten. Holz krümmt sich immer vom Kern weg; deshalb ist es günstig, weit außen liegende Seitenbretter zu teilen. Für breite Bretter sind ausschließlich Kernholzbretter geeignet, wobei das beste Brett das Mittelbrett ist. Es ist maximal stabil, weil es sich nicht vom Kern weg werfen kann, den es ja enthält. Außerdem ist es beim Sehnenschnitt das einzige Brett, das die Markstrahlen präsentiert. Unvermeidlich ist etwas Abfall wegen der gerissenen und verzogenen Mitte dieses Brettes, was aber ein geringer Preis dafür ist, daß die Zeichnung des Holzes vollständig sichtbar ist.

Wenn das Brettende aufgrund der Sägerauheit oder einer Paraffinversiegelung die Jahresringe nicht deutlich erkennen läßt, sind Sie auf die genaue Betrachtung der Seitenflächen angewiesen, um die Lage des Brettes im Stamm zu erschließen.

Verschnitt

Ein anderer wichtiger Punkt, der beim Holzkauf bedacht werden muß, ist der Verschnitt. Rechnen Sie, wenn Sie ein waldkantiges Brett kaufen, mit durchschnittlich 100 % Abfall. Es gibt ein paar Extremfälle – leider sind es gerade die schönsten Hölzer, wie Stieleiche, Eibe und Walnuß –, bei denen Sie einen Verschnitt von mindestens 400 % einkalkulieren müssen. Es ist ratsam, immer etwas mehr Holz zu kaufen, als Sie für Ihr Vorhaben brauchen, und zwar nicht nur wegen des bei größerer Menge oft niedrigeren Stückpreises, sondern auch, um nach dem Zuschneiden Farbtöne und Zeichnungen zueinander passend aussuchen zu können. Das überschüssige Holz werden Sie mit Sicherheit später verwenden können, wobei es dann außerdem noch besonders gründlich getrocknet ist. Wenn Sie die zusätzlichen Kosten einiger überzähliger Bretter gegen den Gewinn an Ausgewogenheit am fertigen Stück abwägen, werden Sie die höheren Ausgaben kaum noch scheuen.

Weitere Informationen

Auswählen des Holzes 50
Merkmale von Hart- und Weichhölzern 194
Ablagern und Einschnitt 196
Holzkauf und Vermeiden von Mängeln 200
Umweltaspekte 208

Holzkauf und Vermeiden von Mängeln

Wenn Sie beim Holzkauf einen Mangel nicht bemerkt haben, kann es leicht geschehen, daß Sie viele Stunden umsonst arbeiten. Sie mögen beispielsweise nach stundenlanger Arbeit ein Tischbein so gut wie fertig haben, um beim Polieren festzustellen, daß sich ein haarfeiner Riß rund um das ganze Stück zieht, eine sogenannte Faserstauchung. Wenn nämlich der Baum beim Einschlag auf den Boden aufschlägt, kann durch die Erschütterung ein Riß quer durch die Fasern entstehen, der aufgrund seiner Feinheit nur sehr schwer zu entdecken ist. Wenn sie auch nicht sehr häufig auftreten, lohnt sich die Untersuchung auf Faserstauchungen dennoch, insbesondere bei Mahagoni. Viele Mängel sind offenkundiger, wie Äste und Sternrisse oder die Ringschäle am Hirnholz.

Berechnung des Rauminhalts

Schwere Mängel wie Äste und Risse sollten angezeichnet und aus der Volumenberechnung herausgenommen werden. Am einfachsten wird das Volumen berechnet, indem Länge, Breite und Dicke miteinander multipliziert werden. Wenn Sie Holz mit zwei Waldkanten kaufen und die Bretter an den beiden Enden ungleich breit sind, wird vom Holzverkäufer aus den Breitenmaßen an den Brettenden und in der Mitte ein Durchschnittswert berechnet. Die für die Berechnung herangezogenen Längen- und Dickenmaße sind für bestoßene und waldkantige Bretter gleich.

Holz mit Schwindungsrissen sollte eigentlich mit Wachsstift markiert oder aus dem Nutzholzangebot des Händlers ganz entfernt sein. Es ist Ihr Schaden, wenn Sie einen Spalt oder Riß auf einem Brett nicht bemerken. Häufig folgt ein Spalt einem Jahresring und erscheint deshalb auf der Brettrückseite an der anderen Kante, was den betroffenen Brettabschnitt völlig wertlos macht.

Weitere Informationen

Auswählen des Holzes	**50**
Merkmale von Hart- und Weichhölzern	**194**
Ablagern und Einschnitt	**196**
Probleme bei der Holzwahl	**199**

Hölzer der Welt

Weichhölzer

Von den Botanikern werden die Weichholzarten manchmal „nichtporige Hölzer“ genannt; die meisten von ihnen wachsen in der nördlichen Hemisphäre. Anders als bei den Harthölzern, bei denen das Wasser durch offene Zellen von unten nach oben durch den gesamten Stamm wandert, ist die einzelne Weichholzzelle auf Feuchte angewiesen, die durch die Zellwand eindringt. Dadurch bedingt, verhält sich Weichholz bei der Bearbeitung oft gänzlich anders als Hartholz.

Brasilianische Araukarie

Araucaria angustifolia

Erfreulich am Holz dieser Araukarie ist seine Astfreiheit; der Baum wird oft über 20 m hoch. Das Holz wird für Innenflächen benutzt, wo die rötlichen Streifen als besonderes Merkmal gelten.

Gemeine Kiefer

Pinus sylvestris

In Westeuropa für Haushaltsmöbel und Bauelemente im Innenbereich weit verbreitet. Zum Arbeiten neigend, mit breitem, ziemlich weichem Sommerwuchs und härterem, hervortretendem Winterwuchs. Die Färbung verändert sich unter UV-Licht, was nachteilig sein kann, wenn die Bestrahlung ungleichmäßig ist.

Libanonzeder

Cedrus libani

Ein übergreifender Terminus, denn es gibt drei oder vier verschiedene Zedern mit ähnlichen Eigenschaften. Die Art ist bekannt für ihren strengen Geruch, der Motten vertreibt, und wird deshalb gern für Schubläden benutzt. Das Holz ist sehr leicht und hat wenig strukturelle Festigkeit, ist aber für kleine Kästen und Behältnisse gesucht.

Douglas-Fichte, Douglas-Tanne

Pseudotsuga taxifolia

Ein Baumriese, oftmals über 85 m hoch aufstrebend. Im allgemeinen rötlich; mit dicken Querschnitten erhältlich, häufig verwendet für große Holzkonstruktionen im Freien ebenso wie im Innenbereich. Nicht nur sehr zäh, sondern auch wasserresistent.

Europäische Lärche

Larix decidua

Ein wundervolles Holz für den Außenbereich. Wächst nicht nur sehr hoch auf, sondern liefert auch wirklich breite Bretter. Oft für Zäune, Gartenschuppen und Fußböden in Außenanlagen und Gebäuden verwendet. Anders als Kiefern und Fichten verliert die Lärche im Winter ihre Nadeln.

Gemeine Eibe

Taxus baccata

Einige Bäume sind älter als 1 000 Jahre. Eibe ist überaus elastisch, daher ihr Gebrauch für lange Bögen und die edlen Windsor-Stühle. Sehr hoher Verschnitt (bis 400 %), die Äste liefern sehr schöne Furnieraugen. Die Nadeln sind für die meisten Tiere, auch für das Nutzvieh, giftig.

Riesenlebensbaum, Western Red Cedar

Thuja plicata

Ein Baumriese, in sehr breiten Brettern erhältlich und leicht zu verarbeiten. Der liebliche Geruch bleibt lange erhalten, besonders in abgeschlossenen Räumen. Sehr dauerhaft und häufig für Tischlerarbeiten im Innenbereich verwendet. Ausgesprochen geeignet für den Hausbau, weil gegen beinahe alle Witterungsbedingungen beständig.

Westliche Hemlocktanne

Tsuga heterophylla

Ein gutes Allzweckholz für den Innenbereich, z.B. für Auskleidungen, jedoch zum Arbeiten neigend, wenn wechselnden Temperaturen ausgesetzt. Wächst rasch, sehr reine und gleichmäßige Maserung.

Harthölzer

Schon frühzeitig hat der Mensch Erfahrungen darüber gesammelt, welches Holz sich für Werkzeuge, für den Bootsbau, für Möbel oder für Wagenräder eignet. Für solche Erzeugnisse sind allgemein Harthölzer besser als Weichhölzer zu verwenden. Das ist zumindest zum Teil auf die andersartige Zellstruktur der Harthölzer zurückzuführen, die eine größere Elastizität als bei den meisten Weichhölzern mit sich bringt.

Bergahorn

Acer pseudoplatanus

Obwohl nach dem Einschnitt wundervoll weiß, verfärbt sich das Holz mit der Zeit gelblich-braun. Auf radial geschnittenen Brettern sind die Markstrahlen sehr zart. Durch die Ablagerung und das Trocknen in der Werkstatt kann es zu Verwerfungen kommen; die Bretter müssen stehend gelagert werden, oder die Färbung ist für immer verloren. Ausgezeichnetes Holz, wenn ordentlich behandelt.

Zuckerahorn

Acer saccharum

Diese Art stammt aus Kanada und kann wie die meisten Ahornarten sehr vielseitig eingesetzt werden: vom Möbel bis zum Buchstabenblock in der Druckindustrie, für Werkzeughefte und Billardqueues. Altert und verfärbt sich weniger als Bergahorn; die Maserung kann sehr wellig sein.

Schwarzerle

Alnus glutinosa

Ein unübliches Holz, es wird im Möbelbau wegen seines unvorhersagbaren Verhaltens an der Luft so gut wie nicht verwendet. Im Erdreich ist es unvergänglich. Wenn Sie Erle angeboten bekommen, bedenken Sie die unberechenbare Schrumpfung, und lehnen Sie höflich ab.

Zebraholz

Brachystegia fleuryana

Ein exotisches Holz mit sehr verschieden gefärbten Streifen. Die Vielfarbigkeit wird in Marketerien gern genutzt, der anfängliche Glanz des Holzes vergeht allerdings bei starker UV-Bestrahlung.

Brasilianisches Mahagoni

Swietenia macrophylla

Obwohl dieses Mahagoni in den größten Mengen bereitgestellt wird, sollten wir uns verpflichtet fühlen, auf Mahagoniarten aus Quellen zurückzugreifen, in denen auf die Erhaltung der Umwelt Wert gelegt wird.

Teak

Tectona grandis

Ein Holz, das aus seinen Poren ein Öl abgibt, so daß es extremen Umgebungsbedingungen standzuhalten vermag. Für das Verleimen sehr schwer zu entfetten. Es ist immer wieder eine Freude, Teak zu verarbeiten, obwohl der Kalkgehalt die Werkzeuge schnell stumpf werden läßt. Exzellent für den Möbelhersteller.

Obeche, Abachi

Triplochiton scleroxylon

Ein sehr gutes Holz für Furnieruntergründe; verwendet für Schuber, Zwischenwände, Gleitschienen u.ä. Es ist blaß, strohfarben, stabil, gut in Kombination mit anderen Hölzern.

Indischer Lorbeer

Terminalia tomentosa

Dieses Holz ähnelt in gewissem Maße dem Walnußholz. Zeigt am Vollholz eine kräftige, im wesentlichen geradlinige Maserung, kann als Furnier aber sehr lebhaft gezeichnet sein. Sehr offenporig, muß gut gefüllt werden, wenn eine glatte Oberfläche erhalten werden soll.

Britische Ulme

Ulmus procera

Sehr bedauerlich, daß die Ulme so überaus anfällig für das Ulmensterben ist. Das Holz erfüllt – falls man es bekommt – alle Wünsche hinsichtlich Dauerhaftigkeit, erhältlichen Abmessungen, Schönheit und Zeichnung. Die Maserknollen dieser Art bieten ein Bild von Tausenden kleiner Elfengesichter.

Europäische Linde

Tilia vulgaris

Eines der wenigen zum Schnitzen geeigneten Hölzer, vielleicht sogar das beste. Die bedeutendsten Schnitzwerke überall in der Welt sind aus Linde gefertigt. Das Holz läßt sich ausgezeichnet bearbeiten, ist jedoch für Möbelstücke leider nicht geeignet.

Schauen Sie sich immer beide Brettseiten an. Häufig wird Ihnen die bessere Seite präsentiert, und erst beim Umdrehen des Brettes stellen Sie größere Äste und Maserwindungen fest, die das Brett für tragende Bauteile unbrauchbar machen. Trotz der Bereitschaft, solche Mängel bei der Volumenberechnung zu berücksichtigen, bedenken Sie bitte die Probleme, die Sie beim späteren Zuschneiden haben können, und kaufen Sie lieber ein anderes Brett. Wenn Sie sich Holz aussuchen, sollten Sie außerdem bedenken, daß andere vor Ihnen da waren und die guten Stücke bereits gekauft haben. Warten Sie vielleicht lieber auf eine neue Lieferung.

Auf jeden Fall ist es ratsam, mit dem Händler möglichst freundliche Beziehungen zu pflegen. Sie glauben kaum, welche Vorteile Sie aus der Einladung zur Besichtigung einer eben eingegangenen Lieferung und aus Sonderangeboten ziehen können.

Oben: Ein Bretterstapel unmittelbar nach dem Einschnitt und vor dem Auflegen auf Stapelleisten für die natürliche Trocknung. Nach dem Sehnenschnittverfahren gesägt.

Links: Große Regale mit ofengetrocknetem Holz, das für den Verkauf ausgewählt und geprüft wurde.

Rechts: Querschnitt durch einen eben gefällten Baum mit radialen Rissen, Jahresringen und Rinde.

Oben rechts: Basis einer Kiefer mit Stamm und Wurzelansätzen.

Schwund

Zuerst die angenehme Nachricht: Holz schwindet niemals in der Länge. Nun die schlechte Nachricht: Dafür schwindet es in der Breite umso stärker. Ein Brett wirft sich nicht nur in der Richtung weg vom Kern, sondern kann sich darüber hinaus über der Länge krümmen. Das kann z.B. dadurch bedingt sein, daß der Baum an einem steilen Hang gewachsen ist und sich im Stamm Zug- und Druckspannungen aufgebaut haben, die sich im eingeschnittenen Brett lösen. Jedes Brett sollte vor dem Kauf einer Sichtprüfung über die Breite und die Länge unterworfen werden.

Weitere natürliche Mängel

Probleme mit Astknoten gibt es häufig. Wenn ein Ast abstirbt, während der Baum noch wächst, bleibt im Holz ein loser, nichtverwachsener Astknoten zurück, der schwindet und schließlich ausfällt. Wenn andererseits Ast und Stamm beim Einschlag leben, zeigt sich am Brett ein eingewachsener Ast, der beim Trocknen nicht ausfällt.

Ein Brett mit einem nichtverwachsenen Astknoten, der teilweise ausfallen wird. Das Loch muß gefüllt oder aufgebohrt und mit einem Dübel verschlossen werden.

Ein Brett mit einem Schwindungsspalt, der nicht geschlossen werden kann und weggeschnitten werden muß.

Einige Baumarten werden in lebendem Zustand von Krankheiten befallen. Das führt in seltenen Fällen zu attraktivem und gesuchtem Holz wie bei Spaltbuche, meist aber ist unbrauchbares Holz die Folge.

Die größten Feinde des Holzes aber sind Pilze und Insekten. Das meiste in dieser Weise mangelhafte Holz wird zwar im Sägewerk bereits ausgesondert worden sein, suchen Sie aber dennoch nach den Fluglöchern holzfressender Insekten. Sie sind ein Zeichen dafür, daß im Holz Larven leben, die jahrelang fressen können, ehe sie das Holz verlassen.

Tunnellabyrinth unter der Rinde infolge Käferfraß.

Holzschäden durch Borkenkäfer.

Suchen Sie nach feinem Staub unter solchen Wurmlöchern, der auf aktive Holzfresser deutet. Bedenken Sie, daß ein Flugloch anzeigt, wo ein Käfer war, nicht wo er ist. Bei der Ofentrocknung werden die meisten Schädlinge abgetötet, bei der Lagerung kann aber insbesondere Splintholz erneut befallen worden sein.

Wenn Sie die Gelegenheit haben, den Lagerplatz Ihres Holzhändlers zu besuchen, werden Sie wahrscheinlich an vielen für den Verkauf bereitgelegten Stücken quer über das Holz verlaufende Marken finden. Sie stammen von den Stapelleisten, auf denen die Bretter beim Trocknen aufgelegt waren. Normalerweise hinterlassen die Stapelleisten Marken, die lediglich an der Oberfläche sichtbar sind. Mitunter aber, wenn der Händler die Leisten nicht desinfiziert hatte, übertragen die Leisten einen Pilz auf das Holz, der durch die Brettdicke hindurchwandert. Das ist unschön, weil die Schadstelle später nicht zu verdecken ist, insbesondere bei hellen Hölzern, wie z.B. Eiche, Esche oder Roßkastanie. Wenn Sie im Zweifel sind, versuchen Sie durch Abkratzen der Holzoberfläche festzustellen, wie weit der Pilz ins Holz reicht.

Durch den Menschen verursachte Mängel

Die meisten Holzhändler achten auf eine gleichmäßige Verteilung der Belastung, wenn sie fünf oder sechs eingeschnittene Stämme übereinander stapeln. Sie können aber auch an einen weniger sorgsamen Händler geraten, der Ihnen dann seine verzogenen Bretter verkaufen will. Wenn irgend möglich, lassen Sie sich den Vorratsplatz zeigen, und sehen Sie sich selbst an, wie die Bretter gestapelt sind. Einseitig belastete Bretter bauen Eigenspannungen auf, die sich am fertigen Stück als nicht zu beseitigende Werfungen lösen.

Im allgemeinen erreicht ein Brett während der natürlichen Trocknung einen Ausgleichszustand. Obwohl die meisten Holzerzeuger versuchen, die Brettenden durch Bänder o.ä. gegen Reißen zu sichern, scheint es am günstigsten, das Holz arbeiten zu lassen, wie es will. Ein Schwindungsriß ist fast nicht zu unterbinden, und es sind Fälle bekannt geworden, in denen 150 mm lange und dementsprechend starke Nägel durch Schwindungskräfte zerrissen worden sind.

Als Grundregel gilt, daß Holz umso weniger schwindet, je ausgeprägter parallel die Fasern verlaufen. Das soll nicht besagen, daß Sie ein Brett mit wilder Maserung nicht kaufen sollen, an der Sie Gefallen gefunden haben. Es bedeutet aber, daß Sie ein breites Brett mit starker Zeichnung zunächst in Stücke von etwa 150 mm Breite teilen müssen, die Sie dann wieder zu einem breiten Brett verleimen. Dann haben sich die Spannungen größtenteils gelöst.

Oben: Mangelnde Sorgfalt beim Lagern mindert die Brettqualität und den Wert des Holzes.

Links: Ein Beispiel für Verschalung (Trockenrisse infolge zu raschen Trocknens im Ofen). Das Innere ist noch naß, die Außenbereiche sind zu trocken.

Lagerung des Holzes

Bevor Sie Holz kaufen, schauen Sie sich an, wie es auf dem Lagerplatz des Händlers gestapelt ist. Kaufen Sie verzogene Bretter aus den erläuterten Gründen nicht. Prüfen Sie ein Brett auch in Längsrichtung, einmal verworfen, wird es nie wieder gerade. Die Fasern sind während des Trocknens verformt worden, und die Zellwände sind dauerhaft geschädigt.

Holzlagerung in der eigenen Werkstatt

Legen Sie lange Bretter flach auf den Boden, anstatt sie schräg an die Wand zu lehnen. Vermeiden Sie direkte Sonneneinstrahlung, weil die natürliche Färbung des Holzes durch das Sonnenlicht verblaßt, wie bei Mahagoni, oder das Holz dunkler wird, wie bei Kirsche. Verreiben Sie Kerzenwachs auf dem Hirnholz der Brettenden, um ein zu rasches Austrocknen der Enden in der warmen Werkstatt zu verhindern.

Eine treffende Regel besagt, daß Holz so lange wie möglich so lang wie möglich bleiben sollte. Dann geht es Ihnen nicht wie den meisten Holzhandwerkern, deren Werkstätten voll von Holzstücken sind, die zu kurz zur Verwendung, aber zu schade zum Wegwerfen sind. Sorgen Sie für gute Belüftung, und vermeiden Sie hohe Luftfeuchte.

Unten: Auch in Ihrer Werkstatt muß das Holz sorgsam gestapelt werden.

Plattenwerkstoffe

Heute steht dem Holzhandwerker ein breites Sortiment von Plattenwerkstoffen zur Verfügung. Jeder Plattentyp wird in zahlreichen Varianten angeboten, die hier unmöglich beschrieben werden können. Erkundigen Sie sich bei Ihrem Holzhändler.

Im folgenden werden nur die wichtigsten Plattentypen einschließlich der möglichen Mängel oder Gefahren beschrieben. Obwohl die Händler mitunter behaupten, sie hätten auf die Plattenqualität keinen Einfluß, so sind doch einige Mängel auf falsche Lagerung zurückzuführen. Wenn beispielsweise hohe Plattenstapel auf zwei Stützhölzern aufgetürmt werden, sacken alle Platten des Stapels in der Mitte durch und verformen sich dauerhaft. Wenn Sie eine Platte kaufen, schauen Sie an den Kanten der freistehenden Platte entlang; Verformungen sind dabei zuverlässig erkennbar. Versuche, eine verformte Platte zurückzubiegen, scheitern; es ist kaum möglich, die entgegengerichtete Spannung im genau richtigen Maß einzuleiten.

Weitere Informationen

Arbeitssicherheit, Lärm und Staubabsaugung 16

Furnieren (Kapitel 9)

Furniere 206

Stäbchenplatte

Der Kern dieser relativ schwer zu beschaffenden Verbundplatte besteht aus Weichholzleisten bis etwa 6 mm Breite, über die im rechten Winkel ein Schälfurnier, z.B. Gabun, geleimt ist. Das ist durchaus gut zu furnieren. Suchen Sie sich jedoch einen zuverlässigen Händler; denn oft sind die Kernleisten nicht durchgetrocknet, und nach dem endgültigen Trocknen zeigen sie sich am fertigen Stück als Muster wie eine Reihe von Telegraphenstangen.

Stabplatte; Blockplatte

Die Stabplatte ist so aufgebaut wie die Stäbchenplatte, nur sind die Kernleisten etwa 22 mm breit. Diese robustere Platte wurde für Korpusse verwendet. Heute allerdings ist sie wegen des Telegraphenstangenmusters nicht mehr so häufig in Gebrauch. Sicher gibt es gute Hersteller dafür, sie müssen aber erst gefunden werden.

Links: Einige Plattenwerkstoffe können durchsacken. Ebene Lagerung ist wichtig.

Unten: Querschnitt durch eine Spanplatte. Zu erkennen sind die feineren Späne an den Außenflächen und die gröberen im Inneren.

Spanplatte

Spanplatten werden durch Heißpressen von Holzspänen mit Kunstharz hergestellt; es gibt zahlreiche Typen. Für die Oberflächen werden feinere Späne, für das Innere gröbere Späne verwendet. Spanplatten werden auch zum Einsatz im Außenbereich produziert; für die Arbeitsplatten von Küchen gibt es Platten bis 50 mm Dicke. Die Oberflächen können mit Papier, Kunststoff oder Furnier beschichtet sein. Wenn Sie Vollholz-Kantenleisten bündig mit der Platte hobeln, so beachten Sie, daß Sie die Plattenoberfläche nicht beschädigen; Sie würden die groben Späne des Platteninneren freilegen.

Spanplatten haben nur geringe Strukturfestigkeit; sie sacken unter ihrem Eigengewicht und erst recht unter Belastung, wie etwa als Zwischenboden in einem Bücherregal, durch.

Es stehen viele Arten von Kantenleisten zur Verfügung: aus Holz, Kunststoff, Metall. Zur Befestigung ist oft lediglich eine Nut in der Plattenkante erforderlich; manche Leistenarten müssen aufgeleimt werden. Die Kanten von Spanplatten müssen immer verdeckt werden; sie sind nicht nur unansehnlich, sondern können auch leicht beschädigt werden.

Hartfaserplatte

Hartfaserplatten sind heute im wesentlichen durch mitteldichte Faserplatten (MDF) ersetzt. Um zu verhindern, daß sich Hartfaserplatten wölben, feuchten Sie beide Seiten vor dem Aufleimen auf einen Rahmen an. Das beseitigt das Problem in vielen Fällen.

Mitteldichte Faserplatte (MDF-Platte)

Diese relativ neue Faserplatte hat sich wegen ihres breiten Einsatzbereiches in der Möbelindustrie rasch durchgesetzt. Sie ist in vielen Dicken von 2 mm aufwärts auf dem Markt, und ihre Flächen können ausgezeichnet furniert, lackiert, poliert und gebeizt werden. Die Kante kann geformt und gefräst werden. Nachteilig ist lediglich, daß sie sich – wie die Spanplatte – nicht selbst trägt. Hüten Sie sich vor MDF-Platten mit hochglänzender Oberfläche. Es kann nämlich sein, daß geringe Mengen des Trennmittels aus dem Preßwerkzeug, mit dem die MDF-Platte hergestellt wurde, auf der Plattenoberfläche zurückgeblieben sind und dann mit Leim, Farbe oder Politur reagieren. Bei allen Platten, ganz besonders bei Span- und MDF-Platten, sind sehr scharfe Werkzeuge erforderlich, und der hohe Kunstharzgehalt läßt die Sägeblätter und Hobeleisen doppelt so schnell abstumpfen wie bei Holz. Beachten Sie außerdem, daß beim Bearbeiten von MDF-Platten eine wirksame Staubmaske getragen werden muß, weil der Staub giftig ist, wenn er längere Zeit eingeatmet wird.

Sperrholz

Ursprünglich der am weitesten verbreitete Plattenwerkstoff, wird Sperrholz oder auch Furnierplatte derzeit von MDF-Platten in die zweite Reihe gerückt. Sperrholzplatten werden häufig aus unzureichend getrockneten Furnieren angefertigt, was zu Verwerfungen führt. Anfänglich waren Sperrholzplatten das formbeständigste Material überhaupt; heute ist es meist sehr zeitraubend, unverzogene Platten zu finden. Mehrschichtiges Birkensperrholz haftet mitunter stark an den Werkzeugen, wahrscheinlich wegen des in der Presse benutzten Trennmittels, das sich an der Oberfläche festgesetzt hat. Die Oberflächen sollten deshalb vor der Verarbeitung gründlich geschliffen werden.

Rechts: Die Stäbchenplatte (dreischichtig) hat schmalere Kernleisten als die Block- oder Stabplatte. Mit einer weiteren Furnierschicht in Richtung der Stäbchenachsen entsteht eine höherwertige Platte.

Oben: Block- oder Stabplatte mit Weichholzkern und Furnierflächen.

Rechts: Die Oberfläche kann infolge minderwertigen Kernmaterials starke Verformungen zeigen.

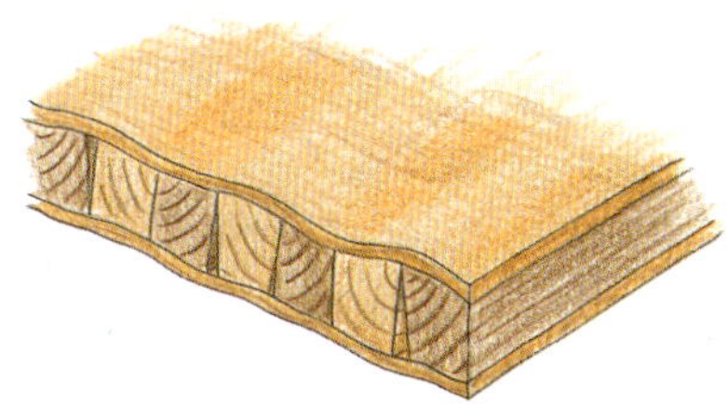

Links: Sperrholz (dreischichtig) ist für Schrankrückwände und Kästenböden sehr brauchbar.

Rechts: Sperrholz (vielschichtig) kann als Konstruktionswerkstoff in Möbeln verwendet werden, jedoch nicht für Türen, weil die Gefahr des Werfens besteht, wenn das Material nicht unterstützt wird.

Verarbeitung von Plattenwerkstoffen

Defekte der Plattenoberflächen sollten nicht mit Füllern ausgebessert werden. Sie schwinden mit der Zeit und sinken deshalb unter die Oberfläche. Nehmen Sie zur Reparatur stets ein Stück desselben Holzes, also Birke für Birkensperrholz, Gabun für Gabun und MDF für MDF.

Bedenken Sie schließlich noch, daß schwerere Kantenleisten nur halten, wenn Sie die Schmalfläche der Platte mit einer Nut versehen, mit der die Festigkeit der Verleimung wesentlich gesteigert wird.

Furniere

Furniere erlauben Ihnen, in eine Welt fantastischer Gestaltungsmöglichkeiten einzutreten. Das Spektrum ist unabsehbar breit – von exotischen Maserknollen bis zu dreidimensional wirkenden Wurzel- und Fladerfurnieren. Zahlreiche Hölzer aus aller Welt, aber auch schöne einheimische Hölzer werden zu Furnieren verarbeitet.

Oben: Ein Furnierblatt mit Mängeln infolge fehlerhaften Schnitts (links) und ein einwandfreies, ordentlich geschnittenes Blatt (rechts).

Furnierherstellung

Um Furnier gewinnen zu können, wird der Stamm üblicherweise quadratisch zugeschnitten. Er wird eine zeitlang über heißem Wasser gedämpft und dann mit der Schälmaschine in über die ganze Stammlänge reichende Furnierblätter von etwa 1 mm Dicke zerteilt. Nach jedem Messergang wird der Stamm um 1 mm vorgeschoben und erneut geschnitten. Weil die Furnierblätter in der Reihenfolge ihrer Erzeugung aufeinandergelegt werden, bleibt das ursprüngliche Maserungsbild erhalten. Nach dem Trocknen und Stapeln ist der Stamm noch immer vorhanden, wenn auch jetzt in Form einzelner Blätter.

Wenn Sie Furnier kaufen, prüfen Sie stets, ob die Reihenfolge der Blätter erhalten ist. Halten Sie ein Blatt gegen das Licht – wenn es schlecht geschnitten wurde, ist es ganz oder stellenweise durchscheinend. Prüfen Sie

Oben: Ein gut gestapelter und sortierter Packen von Furnierblättern

die Blattränder – sie dürfen nicht verfärbt sein. Der Farbton in der Blattmitte muß mit dem Farbton an den Rändern übereinstimmen. Lagern Sie Furniere stets im Dunkeln. Kleben Sie die Enden ab, um ein Aufreißen zu verhindern, und stapeln Sie die Blätter nach Möglichkeit flach übereinander gelegt an einem kühlen, trockenen Ort.

Furnierarten

Es können zwei Arten von Furnieren unterschieden werden. So gibt es zum einen Furniere aus gesundem, reinem, jedoch nicht unbedingt stark gemasertem Holz. Rund um den Stamm abgeschälte Furniere sind recht wirtschaftlich herstellbar und werden zur Herstellung von Sperrholz benutzt. Auch andere gemesserte Furnierblätter zeigen die spezifische Maserung einer Holzart in gleichmäßiger Ausprägung, jedoch keine der gesuchten, reizvollen Besonderheiten. Sie sind in erster Linie für Innenflächen von Korpussen geeignet. Oft werden sie am Stammumfang abgeschält, was breitere Blätter als beim Messern von radialgeschnittenen Blöcken ergibt.

Zum anderen gibt es exotische bzw. besonders auffällig gemaserte Furniere. Obwohl die meisten Hart- und Weichhölzer in jeder Form zu Furnieren verarbeitet werden können, sollte dieses aufwendige Verfahren gesunden, wertvollen Stämmen vorbehalten bleiben. Außergewöhnliche Furniere entstehen durch besondere Schnittführung am Stamm mit seinen Astansätzen und Auswüchsen. Es können beispielsweise strahlige Maserungen entstehen, die auf der Fläche tanzen, oder Maserungen, z.B. bei Ahorn, die wie Satin schillern. Oft tritt die Zeichnung und die ganze Schönheit einer Holzart überhaupt erst am Furnier zutage. Deshalb sollte das Furnieren in gar keinem Fall als Billiglösung der Möbelfabrikation angesehen werden.

Unten: Aus den Rück- und Vorderseiten benachbarter Furnierblätter ergeben sich reizvolle Muster.

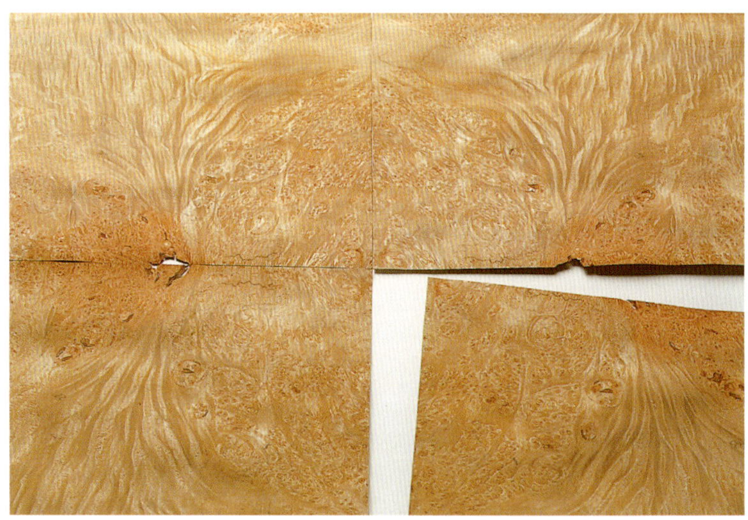

Weitere Informationen

Furnieren (Kapitel 9)

Ablagern und Einschnitt **196**

Plattenwerkstoffe **204**

Kleber für Holzarbeiten

Heute steht ein breites Spektrum hochentwickelter Leime zur Verfügung. Viele Leime erfordern eine spezielle Ausstattung, wenn beispielsweise für die Aushärtung Hochfrequenz benötigt wird. Wir beschreiben hier nur Leime, die überall leicht erhältlich sind.

PVAC

Am weitesten verbreitet ist der kaltaushärtende PVAC-Leim (Polyvinylacetat). PVAC ist ein brauchbarer Allzweck-Kleber mit zumindest bei einigen Typen ausreichender Wasserfestigkeit. Vorteilhaft ist ferner, daß er auch im ausgehärteten Zustand eine gewisse Flexibilität besitzt, so daß das Holz arbeiten kann. Allerdings kann sein hoher Feuchtegehalt zu Problemen beim Beleimen größerer Flächen führen, weil Furnier, welches Wasser aufgenommen hat, zum Verzug neigt. Beim Polieren mit Mitteln auf Zellulosebasis mischen sich die Lösungsmittel mit dem PVAC, was zu unschönem Aufquellen der Leimfuge führen kann.

Kontaktkleber

Kontaktkleber haben eine Gummibasis. Ihre Wirkung beruht darauf, daß zwischen zwei mit dem Kleber bestrichenen und berührungstrokkenen Oberflächen beim Zusammenpressen eine sofort wirksame Bindung entsteht. Im Möbelbau sind Kontaktkleber um jeden Preis zu vermeiden. Die Spannungen innerhalb des Klebers können im Laufe der Zeit ein Furnier absprengen, und an Kanten löst sich das Furnier in feuchter Umgebung ab.

Harzleime

Die dauerhaftesten und zuverlässigsten Leime sind die Kunstharzklebstoffe, auf dem Markt z.B. mit den Bezeichnungen Cascamite (ein Einkomponentenklebstoff), Aerolite 300, Aerolite 306 und Beetle Cement H. Diese Leime sind in den USA und den meisten europäischen Ländern erhältlich. Wenn Sie im Zweifel sind, suchen Sie nach dem Bestandteil Harnstoff-Formaldehyd. Kunstharzkleber sind zum Heiß- und Kaltpressen geeignet. Viele Kunstharzkleber bestehen aus zwei Komponenten: dem eigentlichen Klebstoff und dem Härter. Der Klebstoff wird auf die eine, der Härter auf die andere Fläche aufgetragen. Bei einigen pulverförmigen Sorten ist der Härter bereits integriert – es braucht nur Wasser zugesetzt werden. Die meisten Kleber haben nur eine begrenzte Lagerungszeit; kaufen Sie deshalb nur kleine, bald aufbrauchbare Mengen.

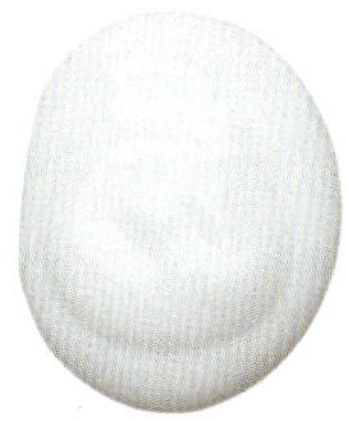

Standard-PVAC-Leim

Ein Harzleim in Pulverform, der mit Wasser vermischt werden muß

Schnelltrocknender PVAC-Leim

Tierleim, erhältlich als Perlleim, in Wasser aufzulösen (früher auch in Tafeln auf dem Markt, die über Nacht eingeweicht werden mußten)

Kontaktleim

Rechts: Eine elektrische Heißklebepistole, mit der eine ununterbrochene Leimraupe aufgetragen werden kann; sehr zweckmäßig im Modellbau und für zeitweilige Verbindungen.

Tierleim

Nicht vergessen sei der Tierleim. Hergestellt aus den Knochen und Häuten von Tieren, ist Tierleim seit Jahrhunderten in Gebrauch und wird noch immer für Restaurationsarbeiten an alten Möbeln verwendet. Ein Nachteil des tierischen Leims ist besonders in den USA offenkundig geworden: Die dort weitverbreiteten Klimaanlagen senken die Feuchte der Raumluft unter das Niveau, bei dem der Leim noch verläßlich hält. Dadurch haben viele echte alte Stücke ihr Furnier eingebüßt.

Weitere Informationen

Verbindungen (Kapitel 7)

Leime **171**

Furniere **206**

Umweltaspekte

Jedermann kann mitwirken, die Umwelt zu schützen. Auch wenn Sie vielleicht der Meinung sind, Ihr Holzkauf sei für das allgemeine Verhalten der Holzhändler in der Welt ohne Belang, so bilden doch viele ähnlich handelnde Holzhandwerker zusammengenommen eine Macht mit Überzeugungskraft. Käufer von Holz haben die Pflicht, sich verantwortungsvoll zu verhalten.

Regenwald, beseitigt durch Feuer (links) oder Holzeinschlag (oben und unten), hinterläßt weite Gebiete von Offenland, in denen die Bodenerosion bald ein tödliches Werk verrichtet (rechts).

Entwaldung

Obwohl beispielsweise die brasilianischen Ausfuhrmengen von Mahagoni in den letzten Jahren verringert worden sind, wird in den Einschlaggebieten immer noch sehr viel Schaden angerichtet. Mit jedem gefällten Baum werden durchschnittlich 26 kleine Bäume ernsthaft geschädigt, abgesehen von den Leiden, welche die einheimische Bevölkerung erdulden muß.

Mehr als die Hälfte aller Pflanzen- und Tierarten der Erde leben in den sich rasch verkleinernden Tropenwäldern, die weniger als 7 % der Landfläche der Erde bedecken.

Kommerzielle Forste bedecken inzwischen nahezu 60 % Schwedens und 70 % Finnlands; nur 5 % sind noch natürlicher Wald. Über 60 % der Regenwälder von British Columbia sind eingeschlagen worden, und der kanadische Bericht über den Schutz der Regenwälder ist mehr als traurig.

Weitere Informationen

Schnittverfahren und Holzauswahl **198**

Holzkauf und Vermeiden von Mängeln **200**

Jüngste Entwicklungen

Asien und die Pazifikstaaten sind in gleicher Weise bedroht, jedoch beginnen einige Regierungen umzudenken. Fragen Sie Ihren Holzlieferanten nach den Herkunftsgebieten seines Holzes und nach seiner Auffassung in Umweltangelegenheiten. Kürzlich hat sich die Weltbank entschlossen, die Vergabe von Krediten mit Auflagen hinsichtlich des Umgangs mit dem Wald zu koppeln. All das könnte sich auf den Schutz der Wälder positiv auswirken, unseren Nachkommen zum Nutzen.

13 ZEICHNUNGEN

Tisch mit Glasplatten 210
CD-Box 212
Hobelbank 214
Spiegelrahmen 216
Bücherregal 217
Frühstückstablett 218
Ablage und Wandspiegel 220
Gedrechselte Schale 222
Muscheldose 223

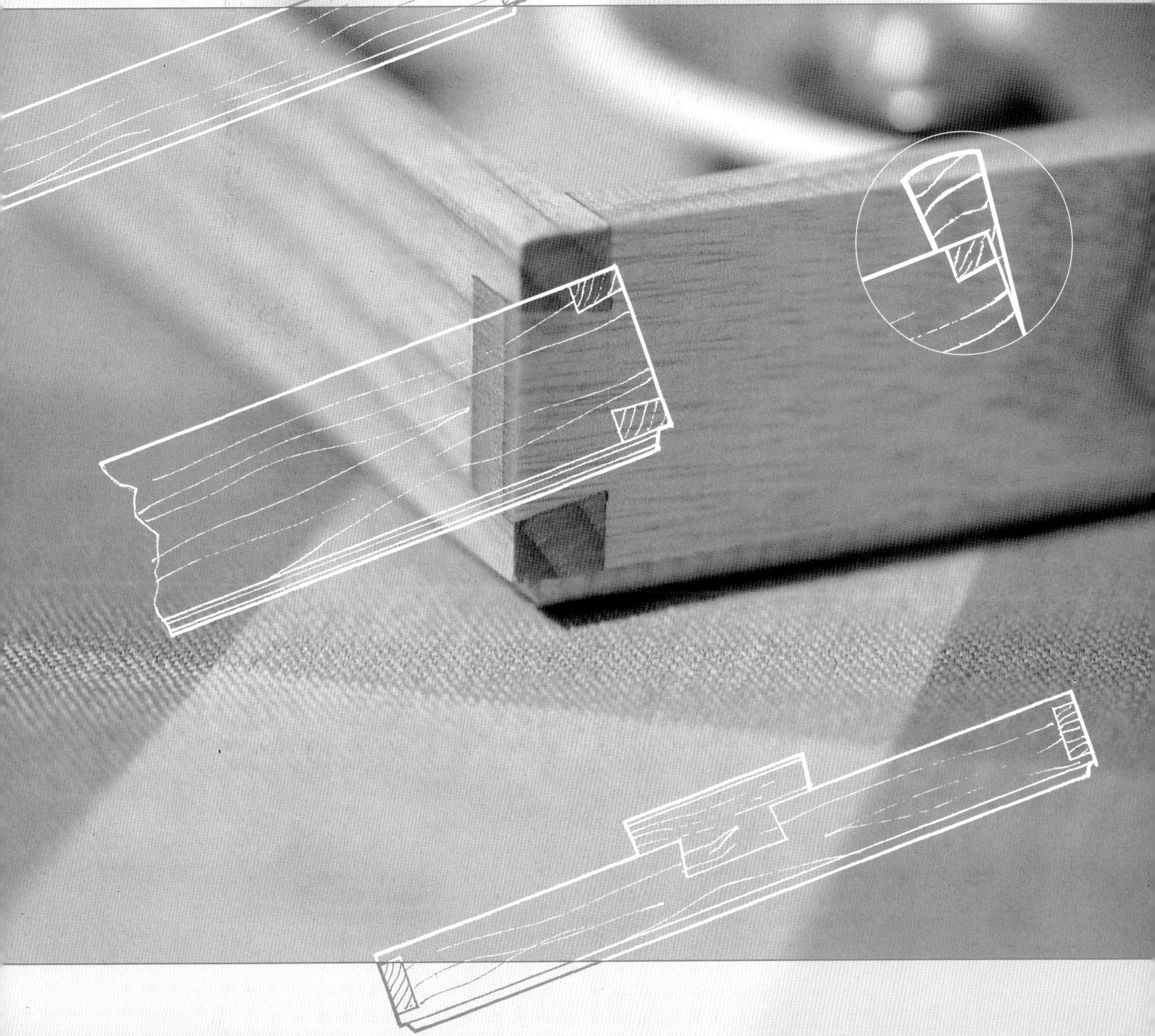

Bauanleitung 1: Tisch mit Glasplatten *(siehe Seite 102)*

Dieser Tisch ist ein hübscher Beistelltisch, der von einem absoluten Anfänger an einem Wochenende gebaut werden kann.

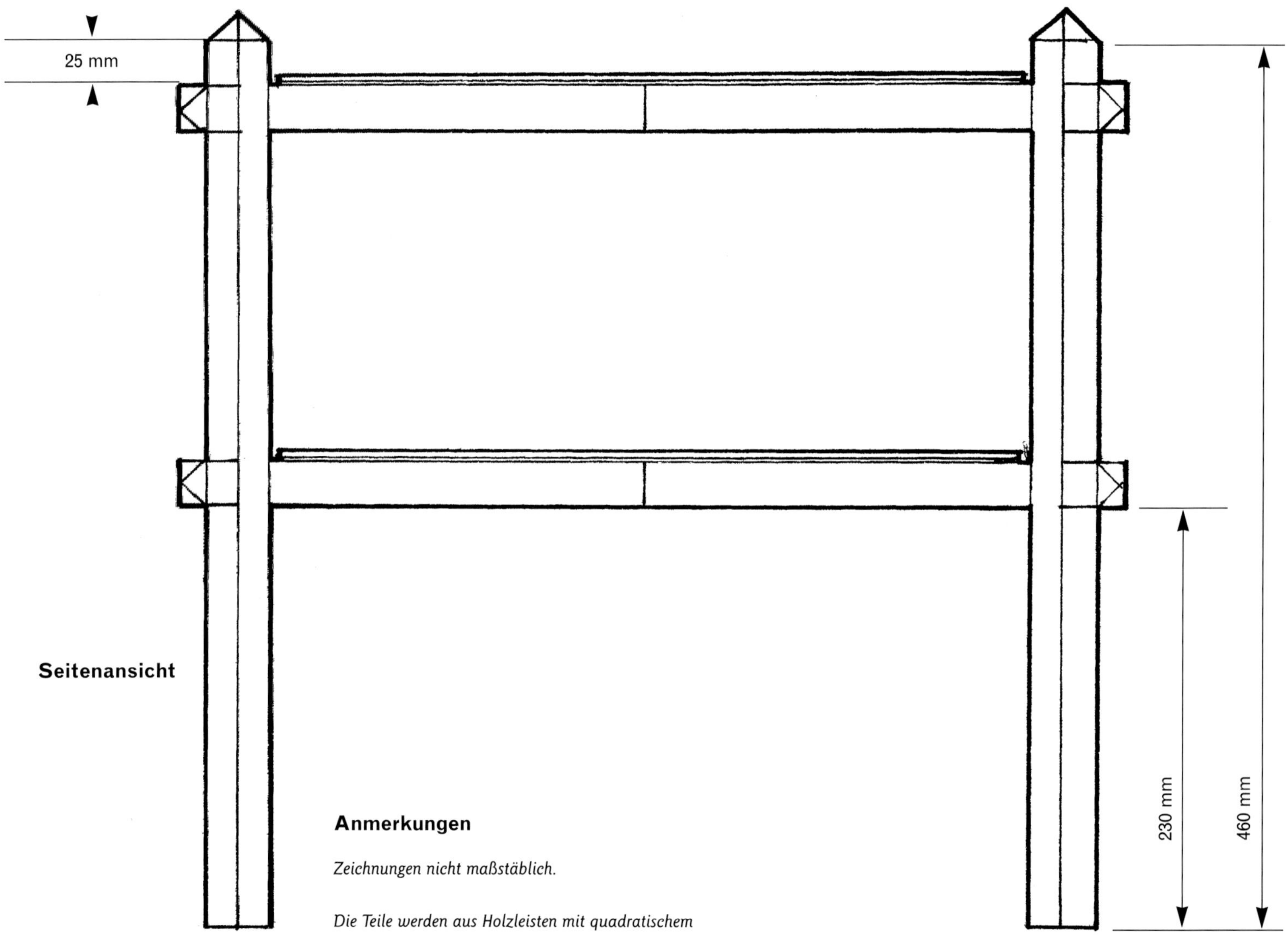

Seitenansicht

Anmerkungen

Zeichnungen nicht maßstäblich.

Die Teile werden aus Holzleisten mit quadratischem Querschnitt 25 x 25 mm gefertigt.

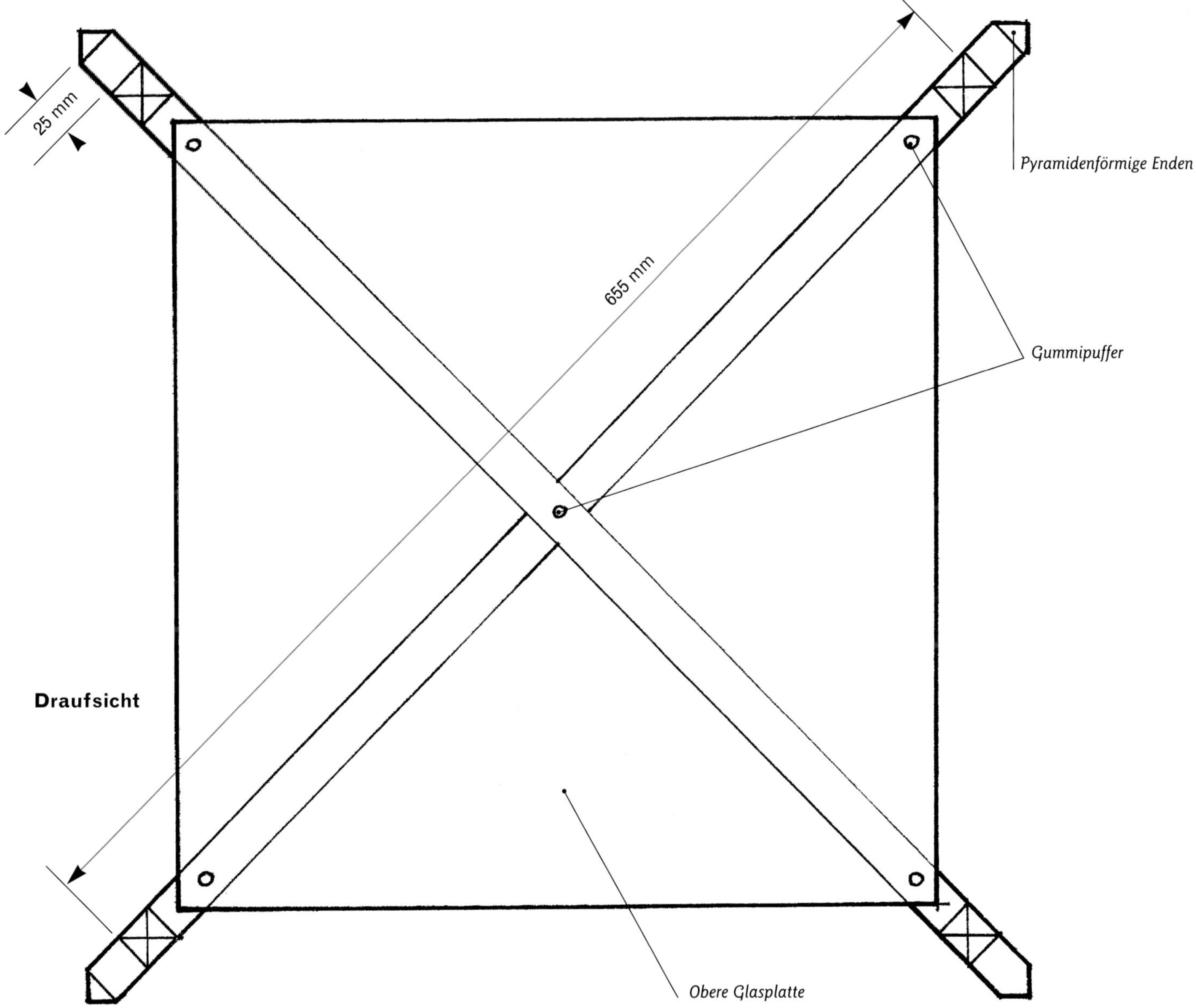

Draufsicht

13 ZEICHNUNGEN

Bauanleitung 2: CD-Box *(siehe Seite 112)*

Bei diesem Kästchen, in dem Sie CDs aufbewahren können, werden für die Verbindungen Dübel verwendet. Die CD-Box kann von einem Anfänger in zwei bis drei Tagen angefertigt werden.

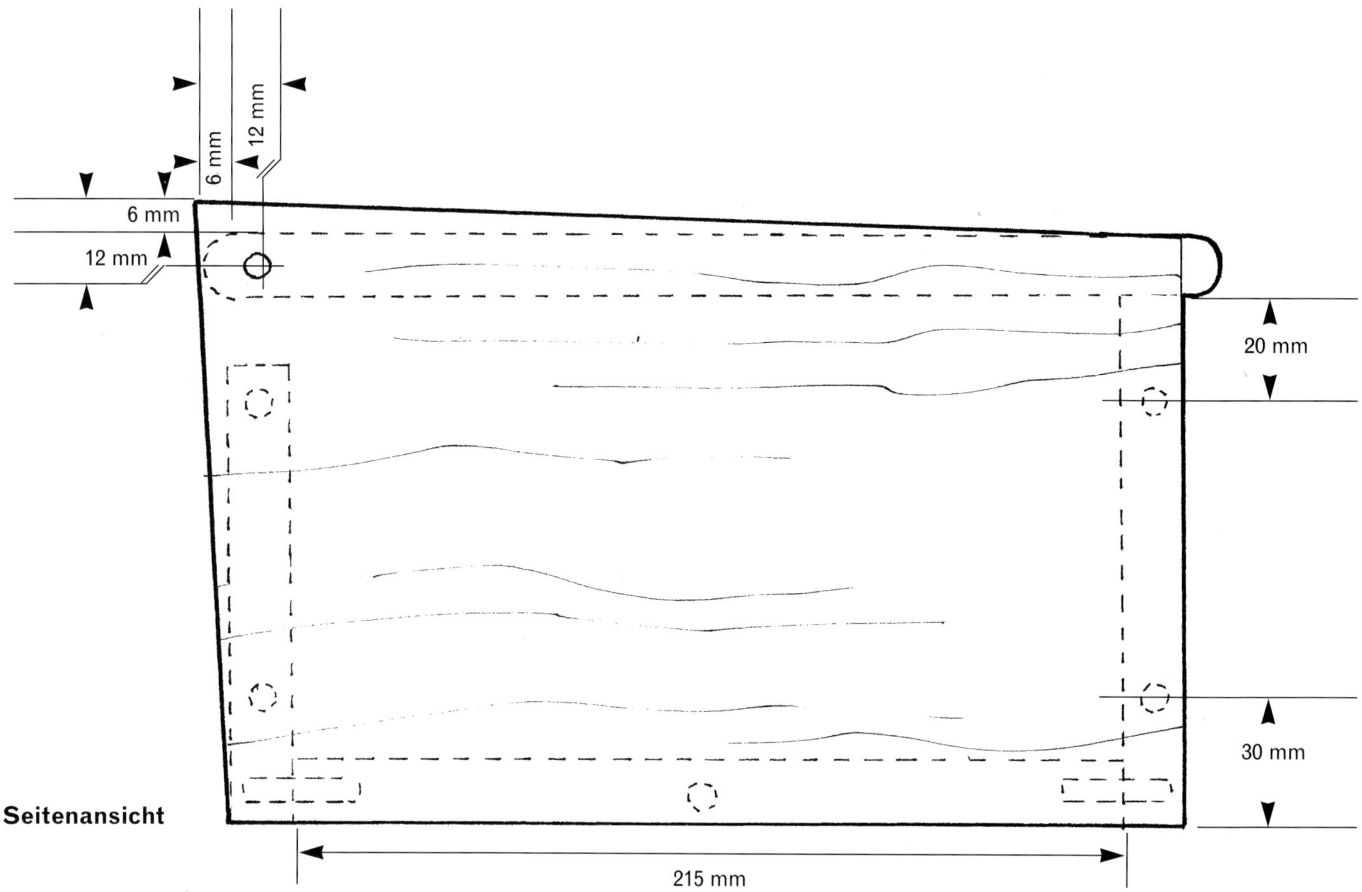

Seitenansicht

Draufsicht

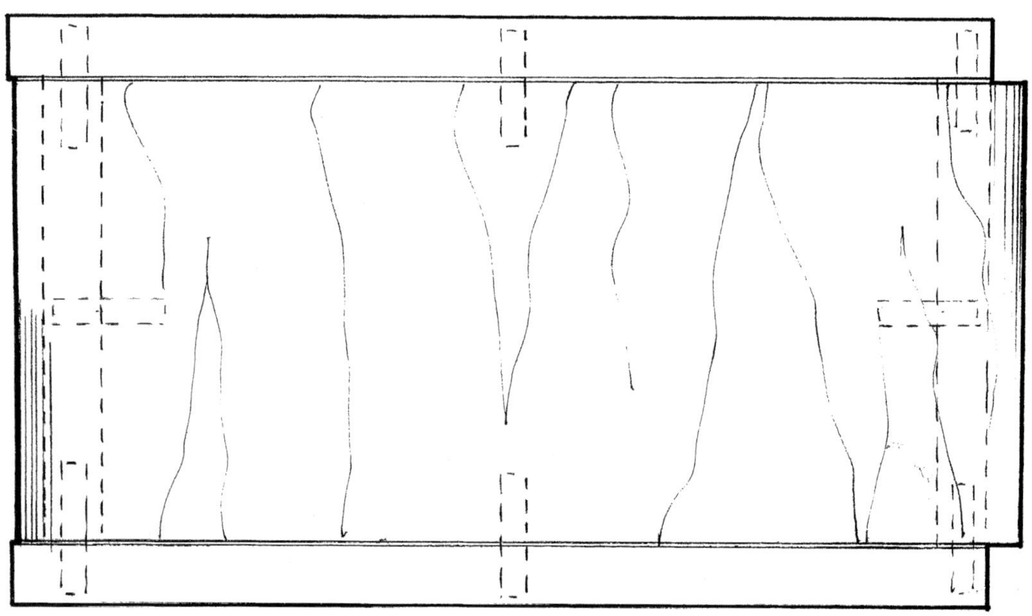

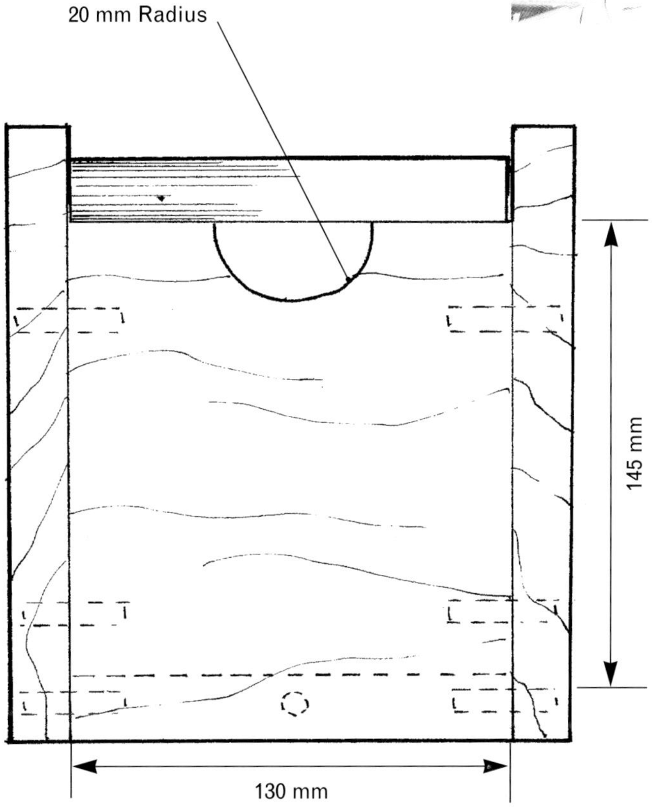

Vorderansicht

Anmerkungen

Zeichnungen nicht maßstäblich.

Alle Teile 12 mm dick.

Nehmen Sie Dübel mit 5 oder 6 mm Durchmesser.

Nicht durchgehend, sondern blind gedübelt. Bohren Sie von der Innenseite aus.

Bauanleitung 3: Hobelbank *(siehe Seite 122)*

Die in den Zeichnungen angegebenen Maße sind lediglich Vorschläge.
Die Bankhöhe sollte etwa die Hälfte der Körperlänge des Benutzers betragen.
Länge und Tiefe können Ihren individuellen Wünschen angepaßt werden.

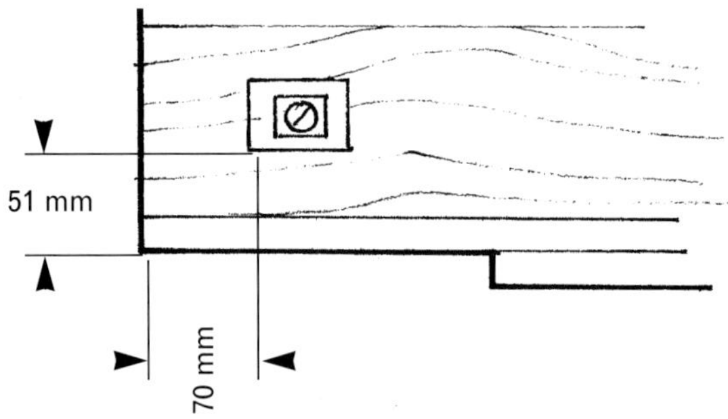

Lage des Bankanschlags

Seitenansicht

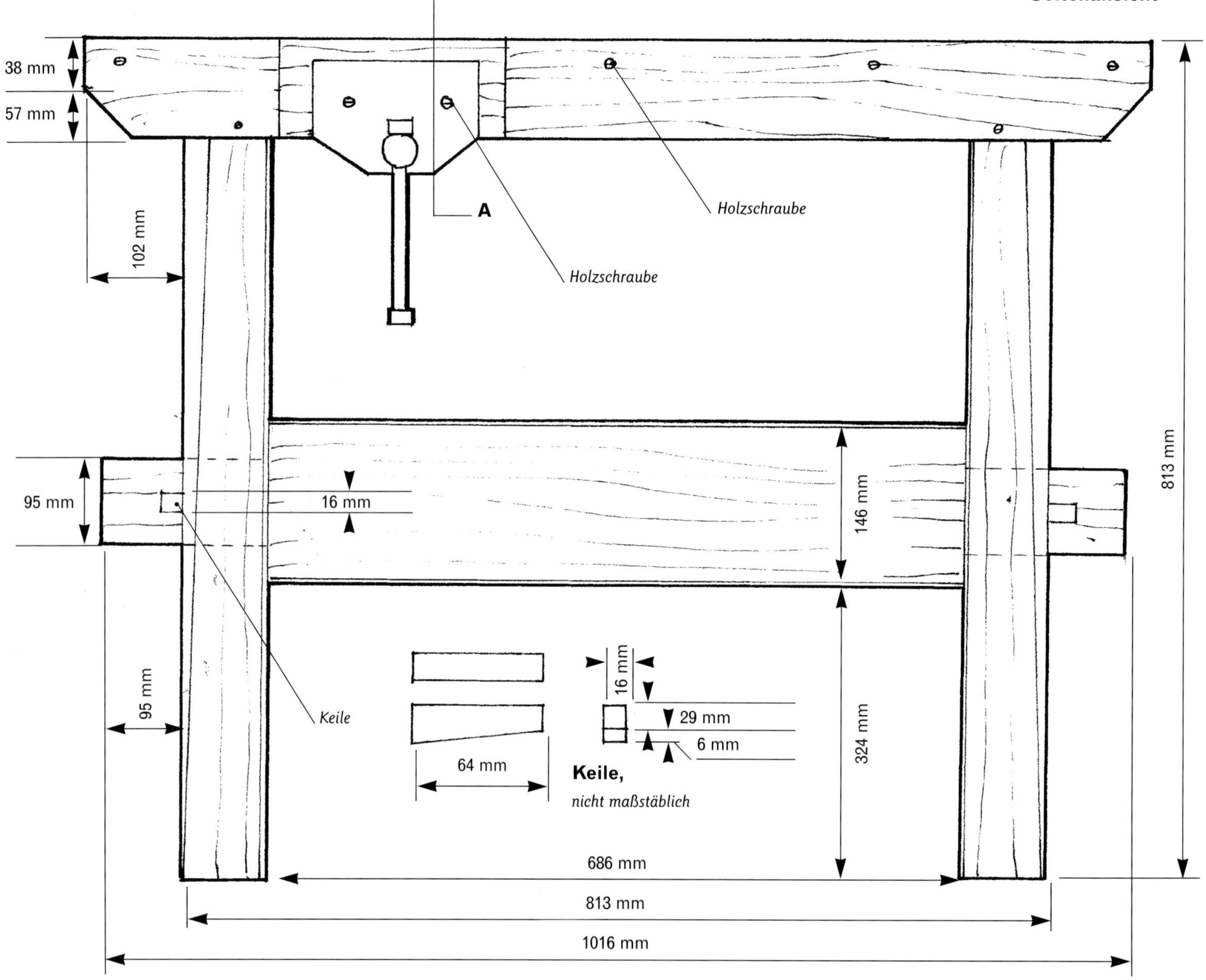

Eine gut dimensionierte Hobelbank wird bald zum Mittelpunkt Ihrer Werkstatt.

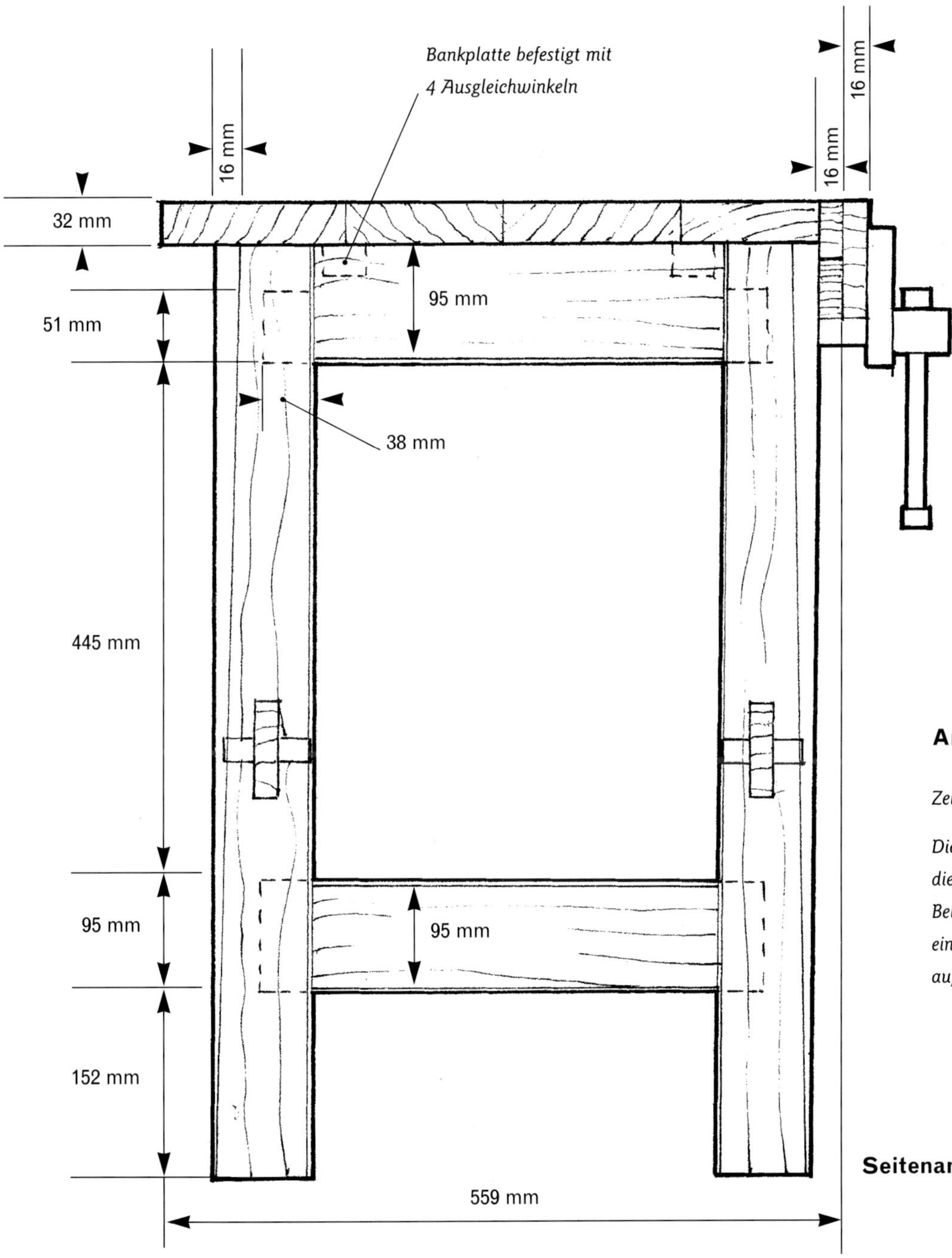

Seitenansicht

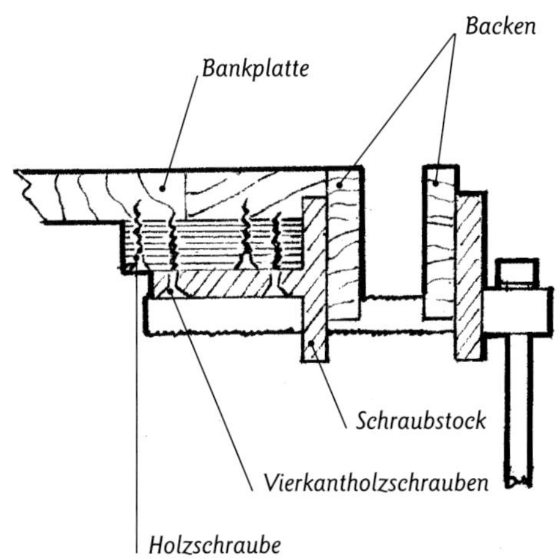

Schnitt AA: Befestigung des Schraubstocks

Anmerkungen

Zeichnungen nicht maßstäblich.

Die gestrichelten Linien zeigen die Position der Zapfen in den Beinen. Falls gewünscht, kann ein Ablagebrett auf den Zargen aufgeschraubt werden.

Bauanleitung 4: Spiegelrahmen *(siehe Seite 134)*

Die Größe des Rahmens kann Ihren Wünschen angepaßt werden. Die Proportionen sollten jedoch etwa so gewählt werden, wie hier gezeigt.

Vorderansicht

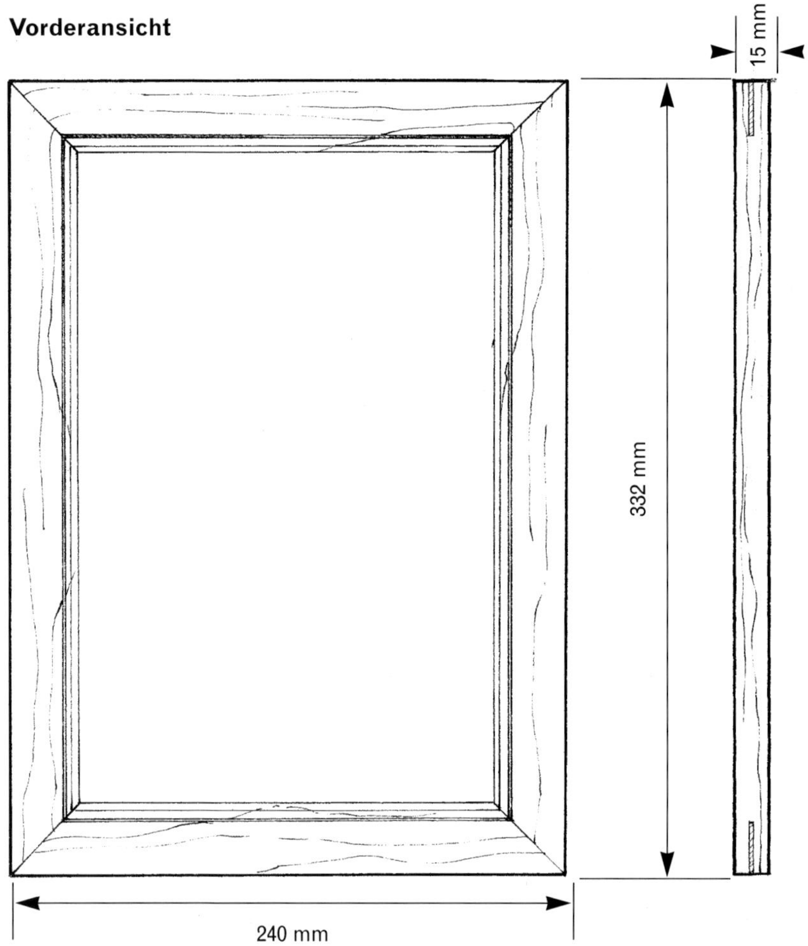

Seitenansicht

Anmerkungen

Zeichnungen nicht maßstäblich.

Der Rahmen kann auch ein Bild aufnehmen. Anstelle des Spiegelglases ist dann natürlich Bilderglas (2 mm dick) zu verwenden.

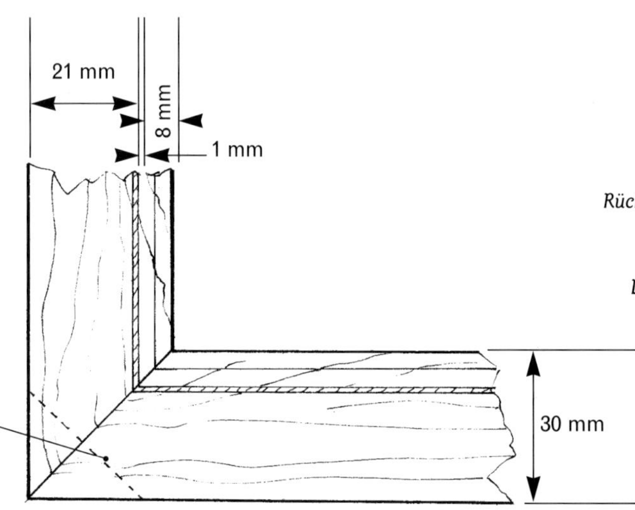

Die gestrichelten Linien zeigen ein Detail der Eckenausbildung.

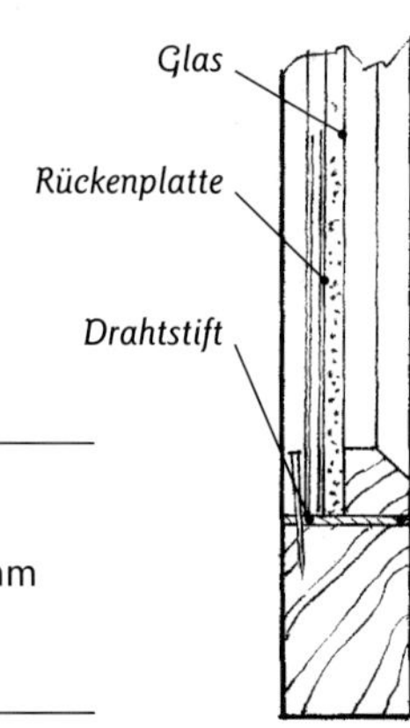

Ein Schnitt durch den Rahmen zeigt den Aufbau des Rahmens und den Einbau des Spiegelglases und der Rückenplatte

Bauanleitung 5: Bücherregal *(siehe Seite 142)*

Für dieses Bücherregal werden ein wenig mehr Ausstattung und Zeit benötigt. Ein Anfänger kann das Regal in etwa 4 bis 5 Tagen fertigstellen.

Vorderansicht

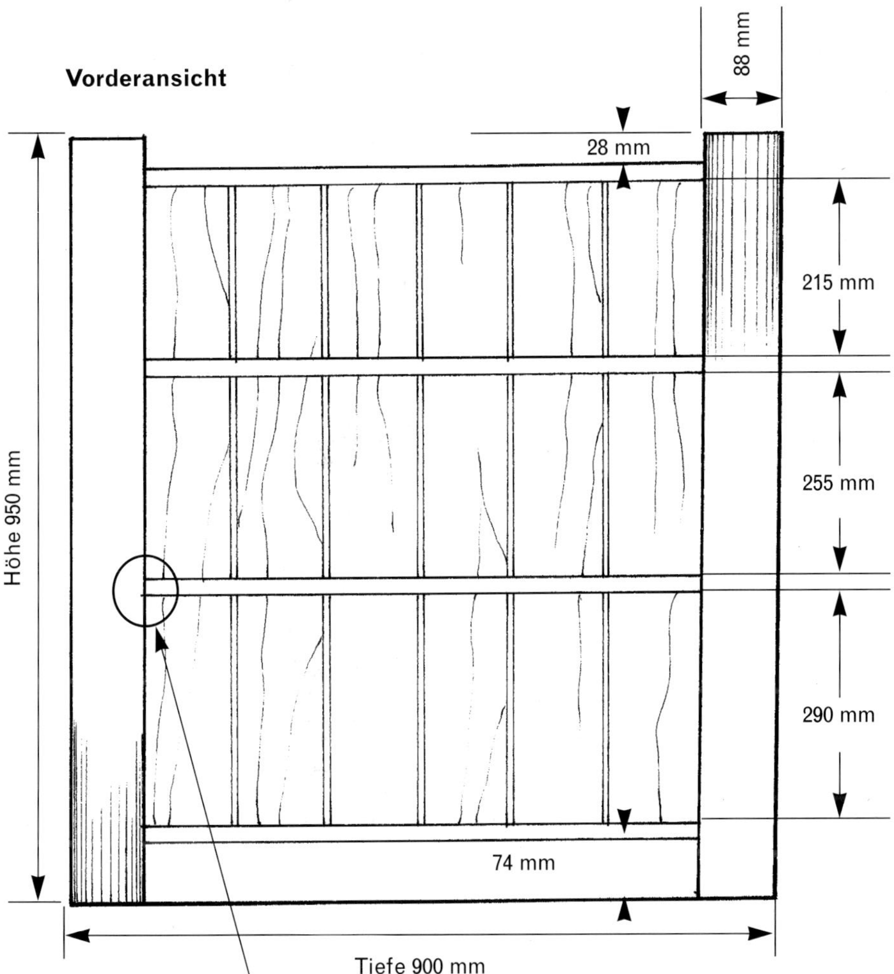

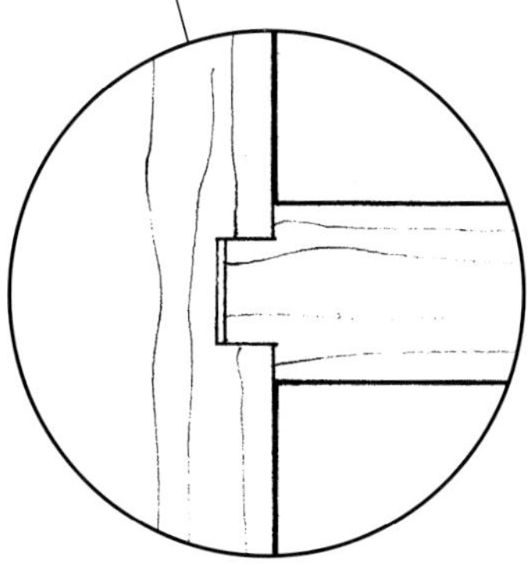

Regalboden, in die Nut der Seitenwand eingesetzt

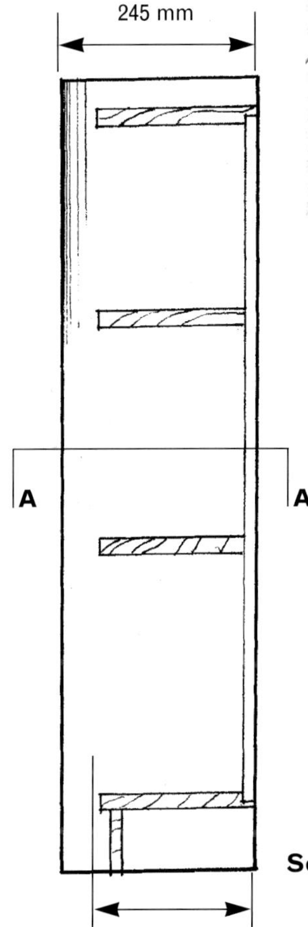

Seitenansicht

Schnitt AA durch eine Seitenwand

Anmerkungen

Zeichnungen nicht maßstäblich.

Die geschichteten Seitenwände werden aus zwei 44 mm dicken Stücken angefertigt.

Regalböden 22 mm dick.

Für die Rückwand gespundete Bretter, 95 mm breit, in die Kanten eingelassen.

Bauanleitung 6: Frühstückstablett

(siehe Seite 154)

Der Einfachheit halber sollte das Tablett gebaut werden, wie in den Zeichnungen angegeben. Unser Entwurf wurde hinsichtlich Aussehen und Stabilität sorgfältig dimensioniert.

Draufsicht

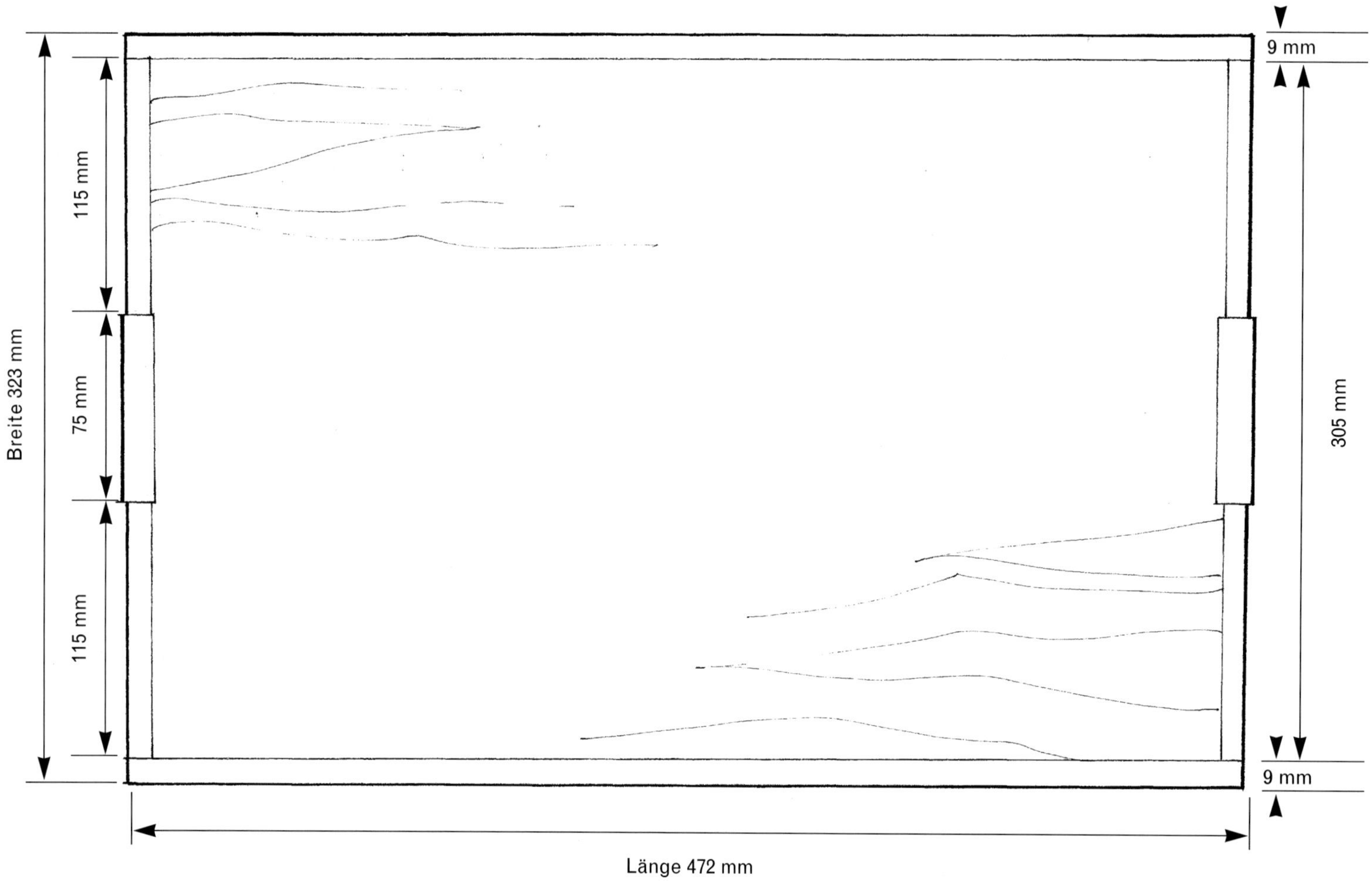

Anmerkungen

Zeichnungen nicht maßstäblich.

Für das Erscheinungsbild des Stücks sind die gewählten Holzarten sehr bedeutsam. Stimmen Sie die verschiedenen Hölzer für Rahmen, Handgriffe und Boden sorgfältig aufeinander ab.

Vorderansicht

Seitenansicht

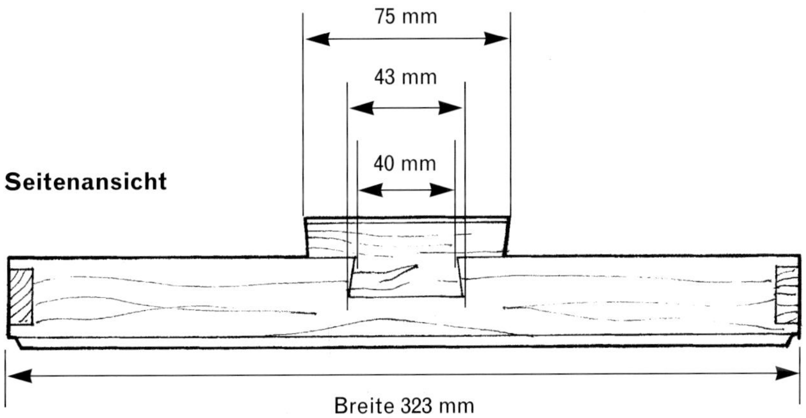

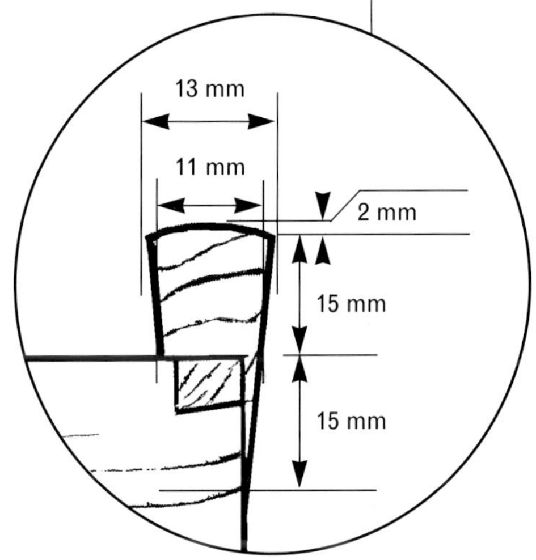

Seitenansicht eines Handgriffs

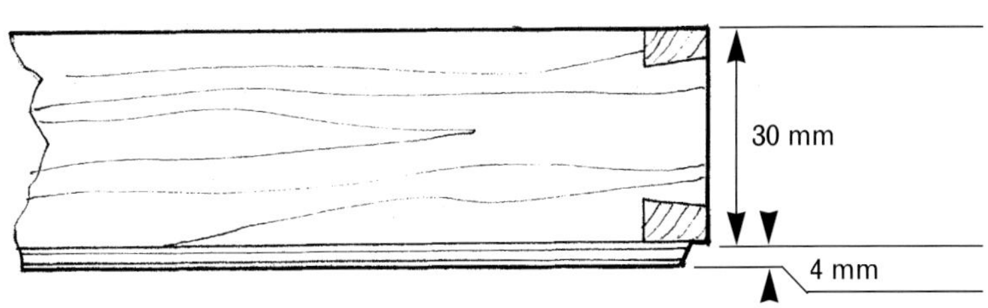

Die Schwalbenschwanzverbindung. Gut zu erkennen ist die Rücksetzung und Abschrägung des Bodens

Bauanleitung 7: Ablage und Wandspiegel *(siehe Seite 175)*

Die geschichtete Unterlage aus mitteldichter Faserplatte wird mit Kantenleisten aus Vollholz beleimt, mit Satinahorn furniert und mit einem schachbrettartigen Muster aus naturbelassenem und eingefärbtem Bergahorn verziert.

Anmerkungen

Zeichnungen nicht maßstäblich.

Die keilförmigen Abschnitte werden mit der Bandsäge geschnitten. Mit dem Hobel werden die Kantenleisten bündig bestoßen und die Faserplatten für das Aufleimen des Furniers vorbereitet.

Vorderansicht der Ablage

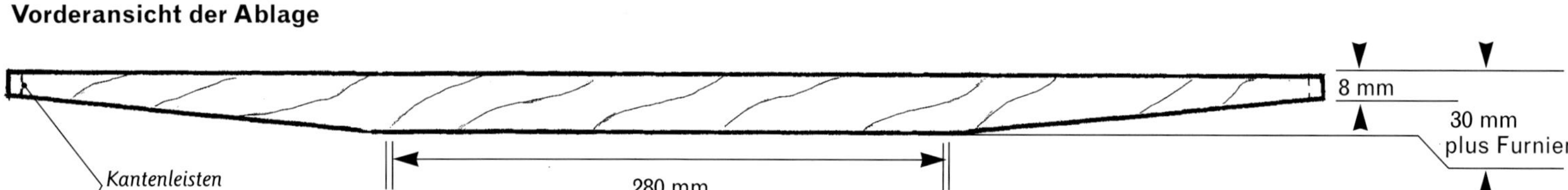

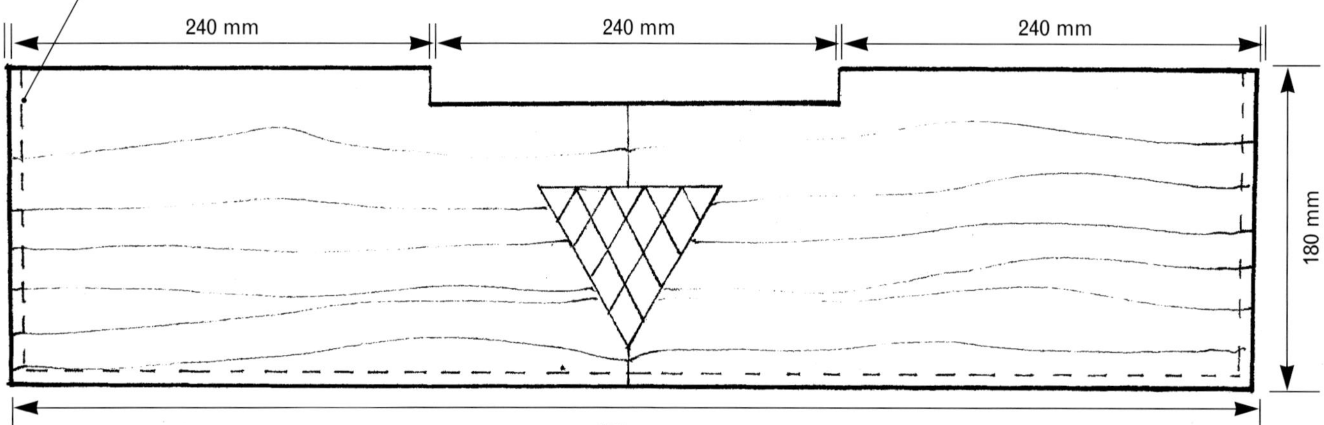

Draufsicht der Ablage

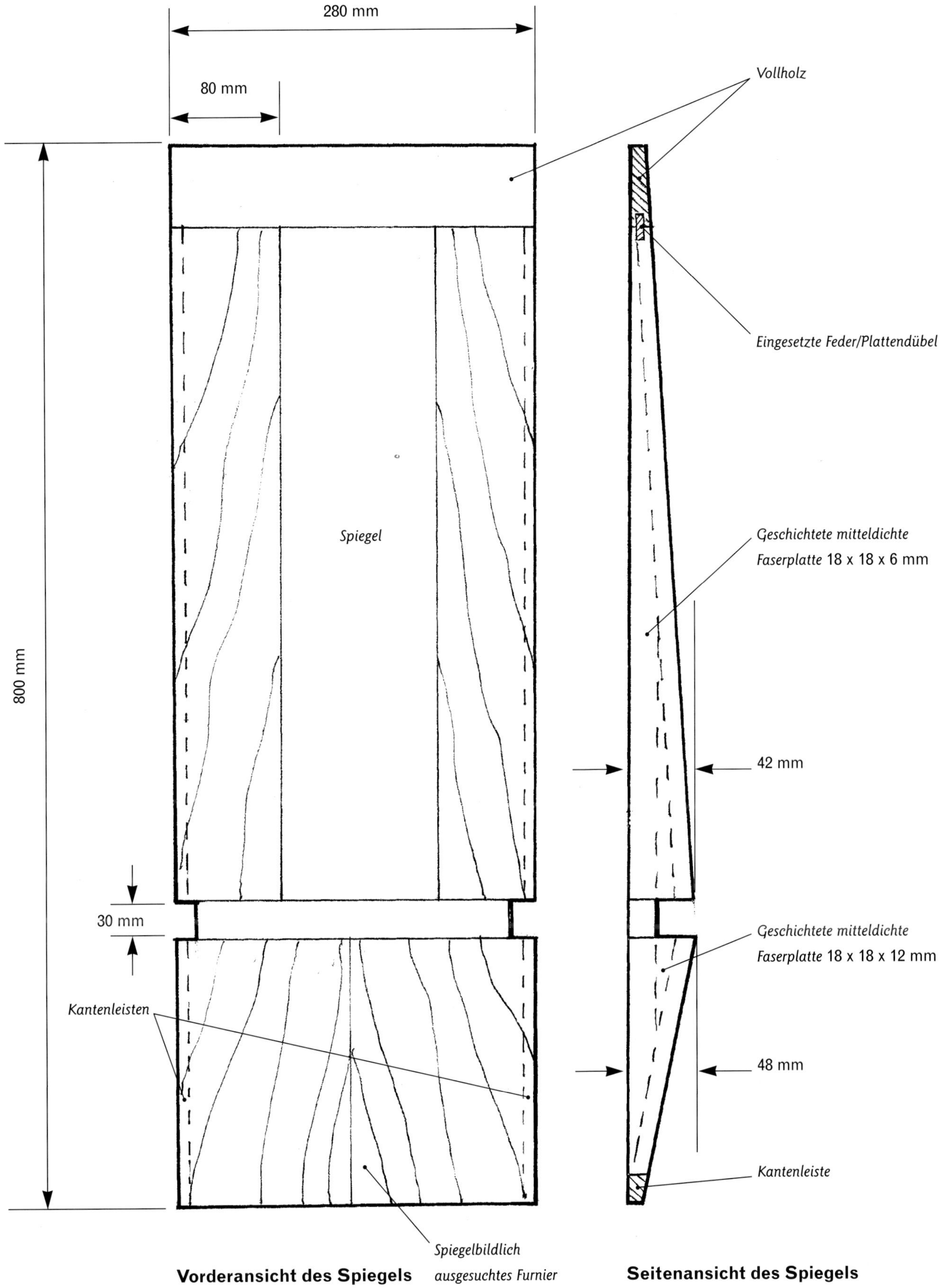

Vorderansicht des Spiegels

Seitenansicht des Spiegels

13 ZEICHNUNGEN

Bauanleitung 8: Gedrechselte Schale *(siehe Seite 182)*

Das Drechseln einer kleinen, flachen Schale vermittelt Ihnen die Grundtechniken des Verfahrens. Gleichzeitig erzeugen Sie einen brauchbaren und attraktiven Gegenstand.

Querschnitt der Schale

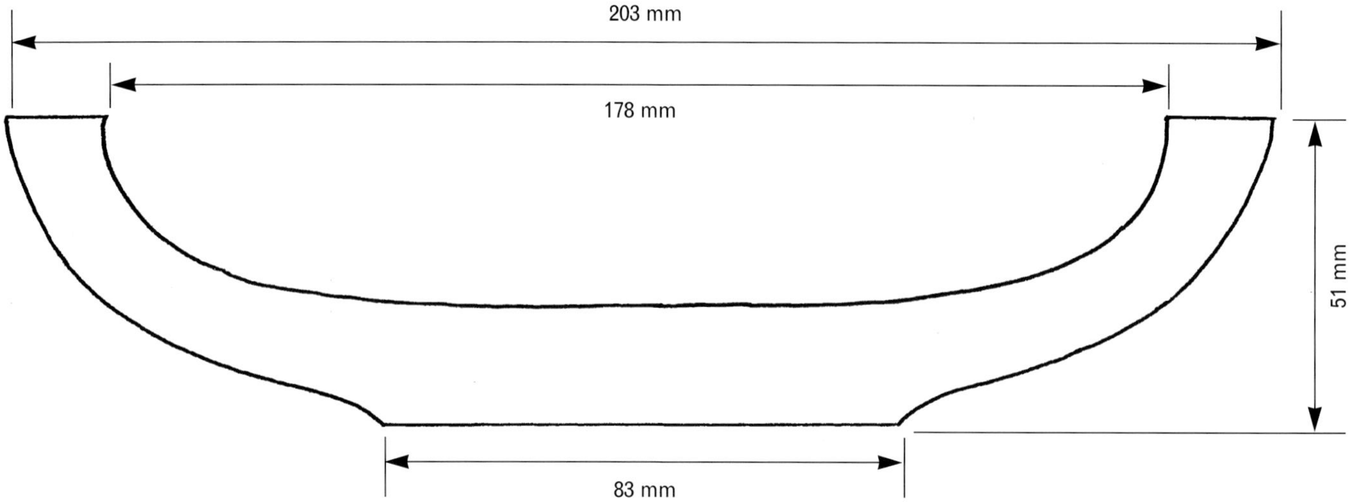

Anmerkung

Zeichnung nicht maßstäblich.

Der breite Rand gibt Ihnen die Möglichkeit zur Verzierung mit konzentrischen Kreisen, radialen Kerben oder farbigen Mustern.

Bauanleitung 9: Muscheldose *(siehe Seite 190)*

Die Muschelschale als ein Beispiel für vollendete geometrische Formen in der Natur ist seit langer Zeit ein fester Bestandteil des dekorativen Grundmaterials der Schnitzer und Bildhauer.

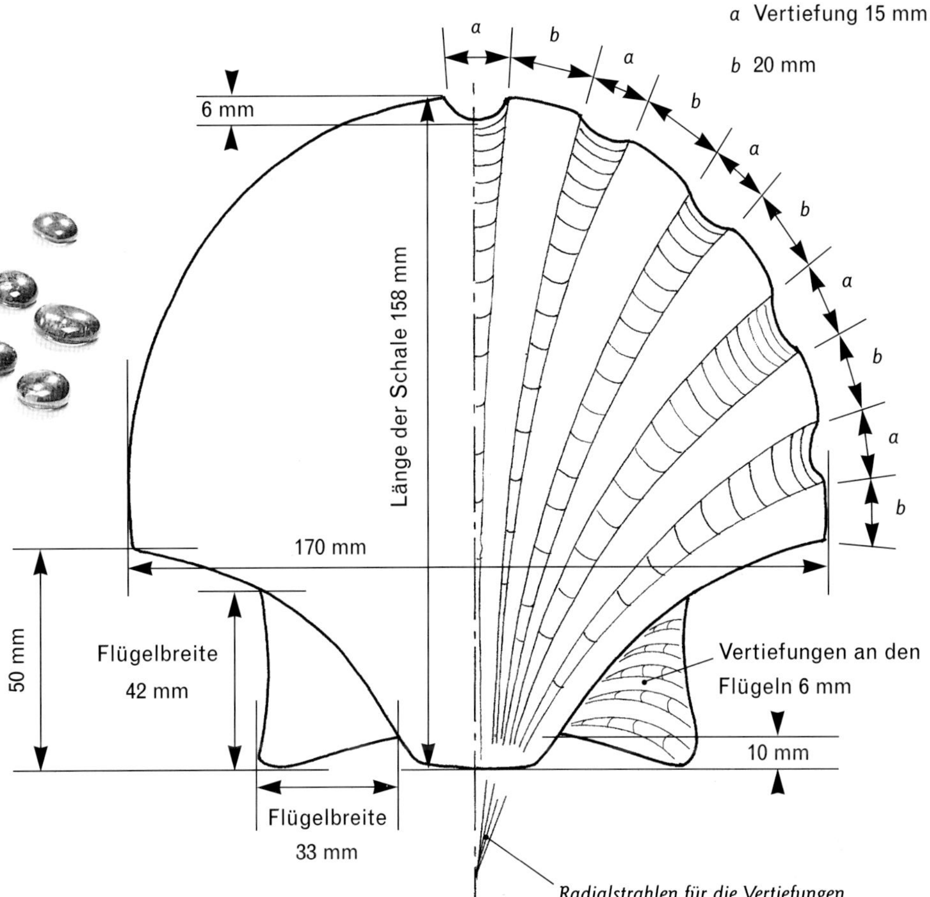

Anmerkung

Zeichnungen nicht maßstäblich.

Draufsicht des Oberteils der Dose

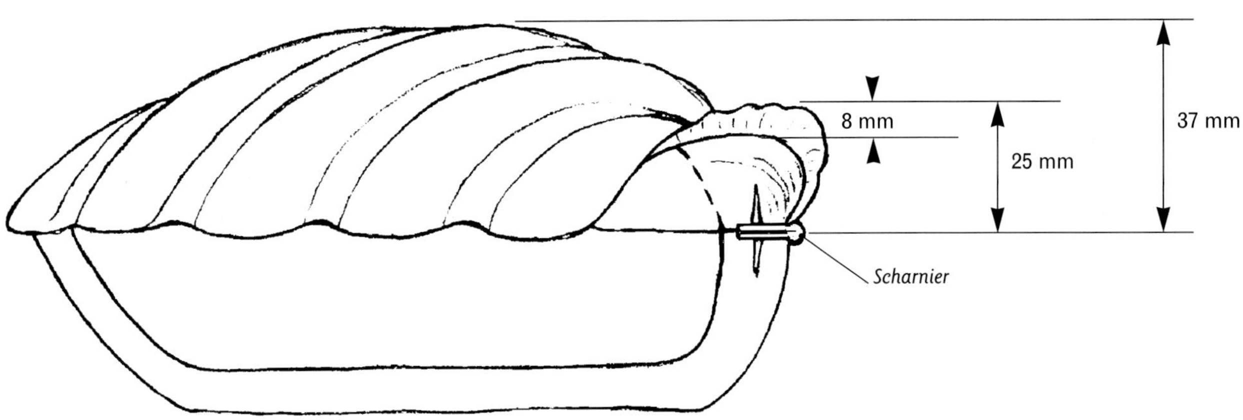

Seitenansicht der Dose mit Teilschnitt durch das Unterteil

Detail an der Rückseite des Unterteils

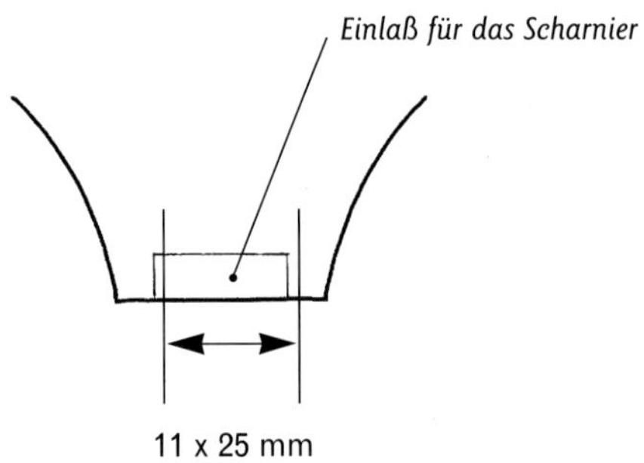

Umrißlinie des Unterteils

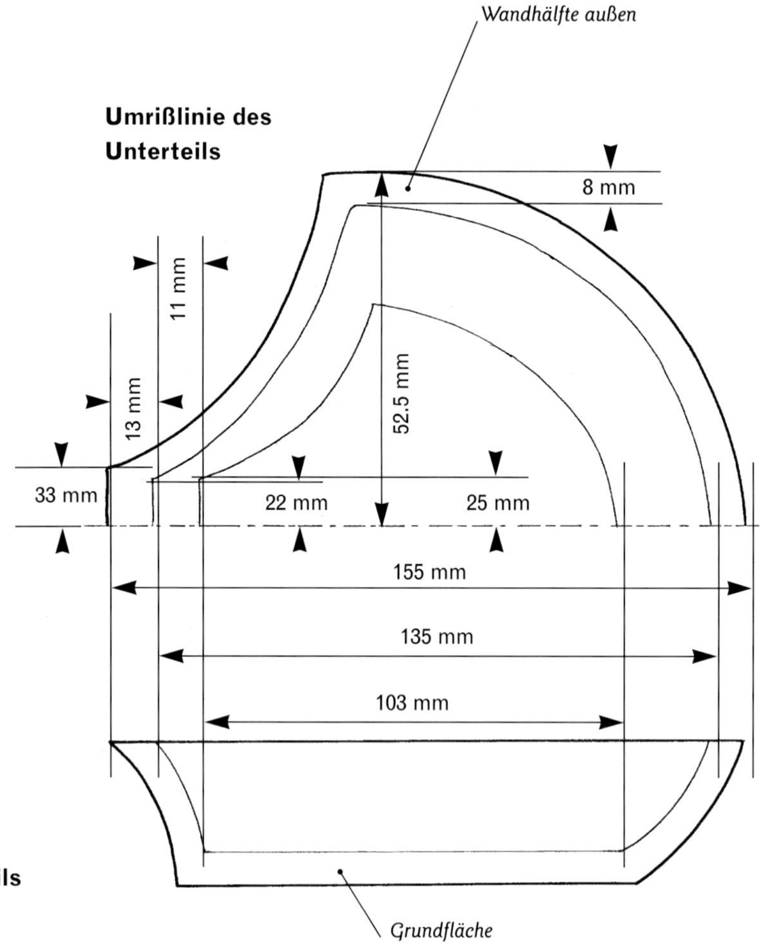

Seitenansicht des Unterteils

Oberseite des Oberteils, aufgelegt auf eine Unterlage

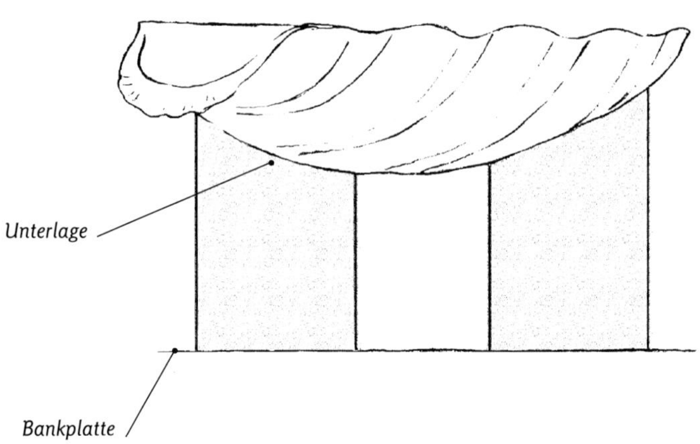

Anmerkung

Zeichnungen nicht maßstäblich.

Unterlage für das Oberteil

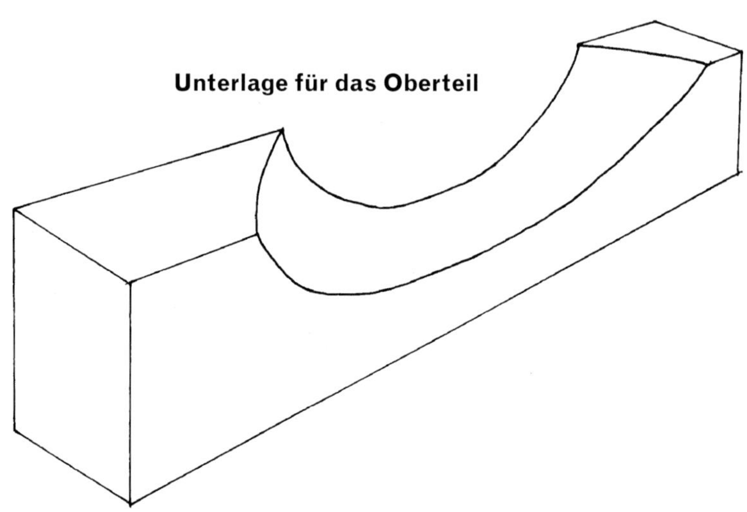

Einige Begriffe der Holzbearbeitung

Abrichtmaschine oder **Abrichte:** Erzeugt am zugeschnittenen Holz eine genaue Bezugsfläche und anschließend eine genau rechtwinklige Bezugskante.

Absperrfurnier siehe Furnier

Abstechwerkzeug: Drechselwerkzeug zum Eindrehen schmaler Nuten oder zum Entfernen eines Stückendes (Abstechen).

Abziehen: Nach dem Schleifen werden Werkzeugschneiden abgezogen, und zwar zunächst auf Öl- oder Wassersteinen und zum Schluß auf einem Streichriemen aus Leder.

Angel: spitzer Fortsatz der Klinge, z.B. eines Stechbeitels oder einer Feile, der ins Heft eingetrieben wird.

Anreißen: Zeichnen von Linien, an denen eine Bearbeitung, z.B. ein Sägeschnitt, ausgeführt werden soll. Genaues Anreißen ist die Grundlage aller ordentlichen Arbeit.

Anreißmesser: Ein Spezialmesser mit einseitig angeschliffener Schneidkante zum Zeichnen von Rissen entlang eines Winkels oder eines Lineals; das genaueste Anreißverfahren.

Anschlagbrett: Zum Halten von Holzteilen mit schwachem Querschnitt, um genau sägen zu können.

Anschlagwinkel: Zum genauen Anreißen von Rissen im rechten Winkel unentbehrlich.

Atemschutz: Filter über Mund und Nase zum Schutz gegen das Einatmen schädlichen Staubs.

Ausgleich oder **Verstärkung:** Stützendes Furnier auf der Rückseite einer Platte, mit dem Verzug verhindert und ein Ausgleich für das Furnier auf der Vorderseite geschaffen werden soll.

Außenfurnier siehe Furnier

Ballen: Kissen aus einem Gewebe, gefüllt mit Baumwollfasern. Wurde allgemein zum Auftragen von Möbelpolitur verwendet, ist aber auch bei heutigen Lacken von Nutzen, wenn Spritzen und Auftragen mit dem Pinsel nicht möglich sind.

Bandschleifmaschine oder **Bandschleifer:** Ein handgehaltenes Elektrowerkzeug, bei dem das Schleifpapier als ein endloses Band ausgebildet ist, das über zwei Walzen läuft und mittels Druckplatte angepreßt wird.

Bankhaken: Anschläge, die in Löcher der Bankplatte eingesetzt werden können.

Bezugsfläche oder **Bezugsseite:** Beim Zuschneiden (Zurichten) die erste gehobelte Fläche; sie muß exakt eben sein.

Bezugskante: Die zweite Fläche, die beim Zurichten des Holzes nach der Bezugsfläche bearbeitet wird; alle Maße werden von diesen beiden Flächen aus aufgetragen.

Biegen: Herkömmliches Verfahren zur Erzeugung gekrümmter Teile; das Holz wird in Dampf erhitzt, in eine Form eingelegt und getrocknet.

Blattverbindung; Überblattung; Blattung: Einfache Holzverbindung, bei der an den beiden Teilen der Verbindung jeweils die Hälfte des Materials des Verbindungsbereichs entfernt wird.

Bleichen: Verfahren, Holz mit chemischen Mitteln ein fahleres Aussehen zu geben.

Blindholz oder **Unterlage:** Material (Holz oder Platten), auf welches das Furnier aufgeleimt wird.

Blockplatte siehe Verbundplatte

Bogensäge: Kleine Handbügelsäge, bei der das Blatt so eingespannt werden kann, daß Sägeschnitte in beliebiger Richtung möglich sind.

Brüstung oder **Brust:** Genau anzupassende Kantenfläche einer Verbindung, z.B. bei Zapfen- und Blattverbindungen.

Bund: Zylindrische oder keglige Fläche am Wellenende der Oberfräse zur Aufnahme der Werkzeuge.

Bürsten: Bei einigen Holzarten kann durch Bürsten mit einer harten Bürste unter Zugabe von Ätznatron eine Wirkung ähnlich der des Sandstrahlens erzielt werden.

Deckfurnier siehe Furnier

Dekupiersäge: Eine Handsäge mit sehr fein gezahntem Blatt.

Dickenhobelmaschine: Bearbeitet ein zuvor abgerichtetes, d.h. mit einer Bezugsfläche versehenes Holzstück auf die vorgesehene Dicke. Das Holz wird unter dem Messerblock hindurchgeschoben.

Doppelstreichmaß siehe Streichmaß

Drechselbank oder **Drechselmaschine:** Maschine, bei der ein Motor entweder eine Planscheibe oder eine Spindel antreibt, die ein Holzstück in Umdrehung versetzt, so daß es mit einem Werkzeug bearbeitet werden kann.

Druckplatte: Platte aus Holz oder Metall, mit der Furnier an das Blindholz gepreßt wird.

Dübelverbindung: Einfache Holzverbindung, bei der an beiden Fügeteilen kleine „Bolzen" aus Holz in entsprechende Bohrungen eingeleimt werden.

Einlegeband oder **Einlegestreifen:** Ein schmückender Streifen, der in eingearbeitete Vertiefungen der Holzoberfläche eingelegt wird.

Eisen: Traditionelle Bezeichnung von schneidenden Werkzeugen, wie Stemmeisen und Hobeleisen.

Falz (Plural Falze oder Fälze): An einer Kantenfläche angeformte Stufe zum Einsetzen eines Brettes oder eines anderen flächigen Teils.

Fase: Abschrägung einer Holzkante, normalerweise unter 45°.

Faserplatte siehe Mitteldichte Faserplatte

Feder: Dünner Holzstreifen (manchmal aus Sperrholz), der in eine Nut in den Fügeflächen einer Verbindung eingelegt wird (in Faserrichtung oder quer zur Faser); verstärkt die Verbindung.

Feinsäge: Säge mit 13 bis 15 Zähnen auf 25 mm Blattlänge, für Zapfen-Schlitz- und andere gröbere Verbindungen.

Formfräsmaschine in Untertischbauweise oder **Unterfräse:** Maschine mit senkrechter Spindel, in einen waagerechten Tisch eingebaut. Die Spindel kann Werkzeuge der verschiedensten Form aufnehmen. Eine Produktionsmaschine, deren Aufgaben in der kleinen Werkstatt meist von der Oberfräse übernommen werden können.

Forstnerbohrer: Zum Bohren sehr sauberer Bohrungen mit ebenem Grund. Es können auch Löcher an Bretträndern gebohrt werden. Der schneidende Zylinder kann ungezahnt oder gezahnt sein.

Fräser: Werkzeug für die Oberfräse; in zahlreichen Formen verfügbar; mit Schneiden aus Schnellstahl oder Hartmetall.

Fuge siehe Schnittfuge

Fugenlade: Vorrichtung, mit der ein Werkstück rechtwinklig zur Bankplatte gehalten werden kann.

Furnier: Teure und seltene Hölzer werden oft zu dünnen Blättern verarbeitet, die auf geeignete Unterlagen (Blindholz) aufgeleimt werden. Deck- oder Außenfurniere sind üblicherweise etwa 1 mm dick, Absperrfurniere bis zu 3 mm.

Furnierhammer: Früher wurde zum Aufleimen von Furnieren ausschließlich erwärmter Tierleim benutzt. Mit dem Furnierhammer wird der überschüssige Leim ausgestrichen und das Furnier angedrückt.

Furnierplatte siehe Sperrholz

Futter siehe Spannfutter

Gehrungsverbindung: Verbindung im allgemeinen an rechtwinkligen Ecken mit unter 45° abgeschrägten Fügeteilen; wird normalerweise mit mechanischen Mitteln, wie Nut und Feder bzw. Rund- oder Plattendübeln, verstärkt.

Gerbstoff: Chemischer Stoff in Eichenholz, verursacht Rostbildung und Verfärbung beim Kontakt mit Eisenwerkstoffen. Sämtliche Metallteile müssen deshalb aus einem Nichteisenmetall bestehen, z.B. Messing.

Gesichtsschild: Zum Schutz der Augen bei der Arbeit mit Maschinen und Elektrowerkzeugen, wenn die Gefahr des Wegschleuderns von Holzteilchen und Spänen besteht.

Granat-Schleifpapier: Allzweckschleifpapier, wird oft für das erste Überschleifen verwendet; für alle Holzarten geeignet.

Grat: Sehr feiner Vorsprung entlang einer Werkzeugschneide nach dem Schleifen bzw. Abziehen.

Halbharte Faserplatte siehe Mitteldichte Faserplatte

Handsäge: Säge zum Sägen (dieser Vorgang wird auch Schneiden oder Trennen genannt) von Brettern oder Platten mit der Hand (Beispiele sind Fuchsschwanz, Quersäge, Brett- oder Längssäge).

Harnstoff-Formaldehyd-Leim: Ein Kunstharz in Pulverform, das durch eine chemische Reaktion abbindet.

Hartholz: Holz meist von Laubbäumen.

Hartmetall: Schneidenwerkstoff hoher Härte; für die Zähne von Sägen und Fräsern verwendet. Hat eine viel längere Standzeit (d.h. bleibt länger scharf) als Schnellstahl, kann aber wegen seiner Sprödigkeit leicht beschädigt werden.

Herrichten: Vorbereiten einer Werkzeugschneide vor dem ersten Abrichten und Gebrauch.

Hinterzange siehe Schraubstock

Hirnholzhobel: Ein leichter Hobel mit einem relativ flach eingesetzten Eisen; eignet sich besonders für Hirnholz.

Hobeleisen: Das die Schneide tragende Element des Hobels.

Hohlkehle: Am Grunde gerundete Nut; zur Verzierung, z.B. an Beinen von Möbeln.

Hohlschliff: Verminderung der Dicke einer Schneide in Richtung zur Mitte.

Holzdrehmaschine siehe Drechselbank

Holzschrauben: Es gibt zwei Haupttypen: die traditionellen Schlitzschrauben mit verschiedenen Kopfformen (Zylinderkopf, Linsenkopf, Senkkopf, Halbrundkopf), zylindrischem Schaft und einem Gewindeabschnitt und seit einiger Zeit Schrauben mit Kreuzschlitz oder einer Vertiefung in anderer Form, für die spezielle Schraubendreherklingen erforderlich sind. Allgemein haben die zweitgenannten Schrauben ein Doppelgewinde auf dem gesamten Schraubenschaft.

Kantenstreifen: Streifen aus Vollholz, der zum Schutz der Kanten von Platten aufgeklebt wird.

Karborundpulver: Schleifpulver für das Abziehen von Werkzeugen; wird auf die Läppscheibe aufgetragen; es muß mit Öl oder Wasser geschmiert werden.

Katalysator: Substanz, die eine chemische Reaktion, z.B. das Aushärten von Klebern, in Gang setzt oder beschleunigt.

Klappe: Bei den meisten Hobeln wird auf das Eisen eine Klappe aufgeschraubt, die den Spänen eine Krümmung weg vom Eisen verleiht.

Klavierband: Zum Hängen von ein- und aufgesetzten Türen; üblicherweise aus Messing.

Knecht siehe Zwinge

Kombimaschine: Maschine, mit der mehrere Arbeitsverfahren ausgeführt werden können, wie z.B. Abrichten, Dickenhobeln, Sägen (mit einem Kreissägeblatt), Bohren, Stemmen und Schleifen.

Kontaktkleber: Ein Kleber, der auf beide Oberflächen aufgetragen wird. Nach einer Wartezeit, in der sich die Klebwirkung einstellt, werden die Flächen zusammengebracht.

Körnung: Maß für die Rauheit bzw. Glätte von Schleifpapier: 50 bedeutet sehr grob, 600 bedeutet sehr fein.

Korund-Schleifpapier: Mit Aluminiumoxid-Kristallen; härter als Granatpapier und sowohl für Maschinen- als auch Handarbeit geeignet; sehr gut für die Endbearbeitung härterer Hölzer.

Kreissäge: Maschine mit einem kreisförmigen, über einen Tisch ragenden Sägeblatt, das angehoben, abgesenkt und geneigt werden kann.

Laminieren siehe Schichten

Laubsäge: Eine Handsäge mit sehr fein gezahntem Blatt.

Lösungsmittellack: Oberflächenbehandlungsmittel, das aus kunststoffbasierten Chemikalien gewonnen wird und infolge der Verdunstung der enthaltenen Lösungsmittel aushärtet, so daß auf der behandelten Oberfläche ein nicht wieder auflösbarer Kunststofffilm entsteht.

Lücke: Raum zwischen den Zähnen eines Sägeblatts; nimmt die beim Sägen entstehenden Späne auf.

Lufttrocknen: Vor dem Aufkommen von Zentralheizung und Klimaanlage wurde Holz normalerweise luftgetrocknet. Nach dem Einschneiden des Stammes werden die Bretter auf Zwischenhölzern im Freien, allerdings gegen Regen geschützt, gelagert, um auf natürliche Weise zu trocknen. Als Faustregel gilt: 1 Jahr je 25 mm Dicke.

Marketerie: Anfertigung von Bildern aus kleinen Furnierstücken verschiedener Hölzer bzw. die fertige Arbeit.

Maserknolle: Verursacht durch kleinvolumige Einwüchse im Stammholz; zeigt sich am Furnier als Maserwindungen.

Maserung: Faserverlauf. Die Holzfasern verlaufen generell in Längsrichtung des Stamms und damit auch der geschnittenen Bretter. Bei den einzelnen Holzarten ist das Bild des Faserverlaufs unterschiedlich. Holz mit sehr regelmäßiger Maserung läßt sich relativ leicht bearbeiten, Holz mit stark gewundener Maserung oft schwer.

MDF siehe Mitteldichte Faserplatte

Mitteldichte Faserplatte oder **Halbharte Faserplatte:** Eine neuzeitliche Platte; benötigt keine Kantenleisten, weil ohne Splittern bearbeitbar; läßt sich einfärben und polieren. Für die Serienproduktion gut geeignet, nicht jedoch für Arbeiten höchster Qualität. Die Hersteller bemühen sich heute, die Ausdünstung des krebserregenden Bindemittels Formaldehyd zu vermindern.

Möbelpolitur: Mittelbraunes Oberflächenbehandlungsmittel, hergestellt aus Schellack. Auf Möbelflächen bis zum Aufkommen der modernen Lacke verwendet, heute noch für Restaurierungsarbeiten.

Nageltreiber: Werkzeug, mit dem Stifte unter die Holzoberfläche versenkt werden können, so daß nur eine kleine Vertiefung ausgefüllt werden muß.

Nut: Querverlaufende Vertiefung z.B. zur Aufnahme eines Zwischenbodens in einem Regal oder einem Schrank.

Oberfräse: Vielseitiges, handgeführtes Elektrowerkzeug, das ein breites Spektrum von Werkzeugen zum unaufwendigen und genauen Fräsen von Nuten, Fälzen und Profilen aufnehmen kann.

Ofentrocknen: Seit sich die Umgebungsbedingungen in den Räumen geändert haben, muß Holz auf einen geringeren Feuchtegehalt herabgetrocknet werden; das geschieht im Ofen.

Öl: Ein natürliches Material, mit dem attraktive Oberflächen insbesondere auf Hartholz und exotischen Hölzern erzielt werden können, die jedoch nicht die Abriebbeständigkeit von Lackschichten aufweisen. Verwendet werden Leinöl, Leinöl mit Trocknern (Dänisches oder Teaköl) und Tungöl.

Parketerie: Anfertigen geometrischer Muster aus Furnierstücken bzw. die fertige Arbeit.

Planscheibe: Scheibe an der Spindelnase der Drechselmaschine zur Aufnahme des Rohlings beim Querdrechseln.

Plattendübelsäge: Elektrowerkzeug, mit dem in den beiden Flächen einer Verbindung ein elliptischer Schlitz für Plattendübel (ovale Holzplättchen) erzeugt wird.

Polyvinylacetat siehe PVAC-Leim

Preßblech siehe Druckplatte

Profilieren: Ausarbeiten von schmückenden Formen an Holzteilen, besonders Leisten.

Putzen: Abheben sehr feiner Späne mit scharfem Werkzeug.

Putzhobel: Kürzer als der Schrupphobel, mit geradegeschliffenem Eisen. Dient zur Feinstbearbeitung und muß sehr sorgfältig eingestellt werden.

PVAC-Leim (Polyvinylacetat): Emulsion auf Wasserbasis, die beim Verdunsten des Wassers abbindet.

Quartierschnitt siehe Viertelschnitt

Räuchern: Verfahren zum Färben von gerbsäurehaltigem Holz durch Einwirkenlassen von Ammoniakdämpfen.

Rauhbank: Ein besonders langer Hobel für das Fügen und Abrichten langer Werkstücke.

Reitstock: Sitzt auf dem Bett der Drechselmaschine dem Spindelstock gegenüber; beim Drechseln zwischen Spitzen (Langdrechseln) zum Einspannen des Werkstücks.

Riß: Eine mit Bleistift (bzw. anderen Schreibgeräten) gezeichnete oder mit dem Anreißmesser eingeritzte (auch hierfür sagt der Fachmann: gezeichnete) Linie.

Rückensäge: Säge, bei der das Blatt durch einen Blechstreifen an der Oberkante versteift ist.

Rundstab: Schmale Holzleiste, der eine konkave Form gegeben wurde.

Sandstrahlen: Normalerweise bei Metallerzeugnissen angewandt, bringt jedoch auch bei Holz reizvolle Effekte hervor, weil weicheres Holz abgetragen wird und härtere Fasern stehenbleiben.

Schaft: Der zylindrische Teil einer Schraube oder eines Nagels. Auch der Teil eines Bohrers oder Fräsers, der im Futter aufgenommen wird.

Schichten; Schichtholzbiegen: Verfahren, mit dem gekrümmte Holzteile ohne Dämpfen und Biegen erzeugt werden können. Furnierblätter werden in einer zuvor angefertigten Form aufeinandergeleimt; das geschichtete Stück behält nach dem Aushärten des Leims die ihm durch die Form verliehene Gestalt.

Schleifpapier: Für die Endbearbeitung nach dem Hobeln und Schaben. Oft ungenau als Sandpapier bezeichnet.

Schleifrolle: Schleifer, bei dem Schleifpapier auf eine Trommel gewickelt ist.

Schloßschild: Schutzplatte auf dem Schlüsselloch von Schranktüren.

Schmiege siehe Verstellwinkel

Schneidenstreichmaß siehe Streichmaß

Schnellarbeitsstahl oder **Schnellstahl:** Eine Stahlsorte mit stark verbesserter Warmhärte; vor allem für Werkzeuge verwendet.

Schnittfuge: Durch Sägen erzeugter Spalt.

Schränkung oder **Schrank:** Sägezähne sind bei den meisten Sägen abwechselnd nach beiden Seiten leicht abgebogen, so daß die erzeugte Sägefuge geringfügig breiter als das Sägeblatt ist.

Schraubstock, an der Hobelbank auch **Zange:** Ein guter Schraubstock an einer stabilen Hobelbank ist eines der wichtigsten Werkzeuge des Tischlers. Die Hobelbank hat einen Schraubstock an der Vorderseite (die Vorderzange) und meist einen zweiten an der rechten Seite (die Hinterzange).

Schraubzwinge siehe Zwinge

Schruppbeitel: Drechselwerkzeug zum Abheben großer Spanmengen zu Beginn der Bearbeitung.

Schrupphobel: Ein Universalhobel zur Vorbearbeitung ebener Flächen.

Schwalbenschwanz-Verbindung: Sehr stabile Holzverbindung, bei der zwei Reihen von keilförmigen Vorsprüngen ineinandergreifen.

Schwingschleifer: Handgeführtes Elektrowerkzeug, dessen untere Fläche mit Schleifpapier bespannt ist und sich oszillierend bewegt.

Sengen: Interessante Strukturierung der fertigen Holzfläche; wird mit einer Gasbrennerflamme erzeugt. Die Fläche wird anschließend mit der Drahtbürste bearbeitet, um die Kohleablagerungen zu entfernen.

Senkung: Bohrungsabschnitt mit größerem Durchmesser, zur Aufnahme eines Schraubenkopfes bündig mit der umliegenden Fläche.

Sicherheit bei Maschinenbenutzung: Handgeführte Elektrowerkzeuge und Maschinen sind bei sorgsamem Arbeiten nicht gefährlich, jedoch haben Unfälle infolge Unachtsamkeit meist sehr ernste Folgen. Arbeiten Sie mit diesen Werkzeugen und Maschinen stets verantwortungsbewußt und keinesfalls ermüdet, unter Alkoholeinfluß oder bei anderen Beeinträchtigungen.

Sicherheit gegen Lärmschäden: Beim Gebrauch der traditionellen Handwerkzeuge gibt es kaum Probleme, beim Einsatz von Maschinen sind jedoch Maßnahmen geboten, mit denen Sie Ihr Gehör schützen.

Sicherheit gegen scharfe Schneiden: Die sichersten Werkzeuge sind scharfe Werkzeuge, denn sie schneiden ohne großen Kraftaufwand und lassen sich deshalb leicht führen. Dennoch stets mit Vorsicht arbeiten.

Sicherheit gegen Staub: Staub aus der Holzbearbeitung kann gesundheitsschädlich sein, so daß bei Arbeiten mit hohem Staubanfall, z.B. Schleifen, stets ein Atemschutz oder eine Staubmaske getragen werden sollte.

Siliciumcarbid-Schleifpapier: Ein Schleifpapier mit Zinkoxidpulver, das als Trockenschmiermittel wirkt; ideal für das Abschleifen harter Lackschichten.

Simshobel: Spezialhobel für die Erzeugung von Fälzen und anderen Vertiefungen.

Spaltkeil: Auf der Kreissäge hinter dem Sägeblatt befestigt. Verhindert, daß sich die Sägefuge schließt und das Stück vom Blatt mitgerissen wird; seine Dicke ist gleich der Breite der Sägefuge.

Spannfutter: Vorrichtung zur Einspannung eines Werkzeugs, insbesondere eines Bohrers; kann von Hand oder mit einem Spezialschlüssel angezogen werden.

Spannvorrichtung: Gerät zum Festhalten (Spannen) eines Holzstücks während eines oder mehrerer Bearbeitungsgänge. Meist bei Maschinenarbeit verwendet, um die Arbeitssicherheit zu gewährleisten und die Genauigkeit bei sich wiederholenden Bearbeitungsgängen zu steigern.

Spanplatte: Oberbegriff einer Reihe von Erzeugnissen aus Holzteilchen oder Spänen. Vergleiche Mittelharte Faserplatte.

Sperrholz oder **Furnierplatte:** Eines der ältesten Holzverbundmaterialien. Hergestellt durch Verleimen einer Anzahl von sich unter 90° kreuzenden Furnieren; Schichtenanzahl stets ungerade. Abhängig vom Furnier und vom Leim entsteht eine sehr stabile Platte mit hoher Festigkeit. Es gibt wasserfeste Ausführungen.

Spiralbohrer: Bohrwerkzeug für Hand- und Elektrobohrmaschinen. Meist für die Metallbearbeitung verwendet, aber auch in der Holzbearbeitung üblich; dafür in vielerlei Weise modifiziert, z.B. mit gewindetragender Zentrierspitze.

Stäbchenplatte siehe Verbundplatte

Stabplatte siehe Verbundplatte

Stahlwolle: Als Schleifmittel zum Glätten der Holzoberfläche, mitunter wird Wachs als Schmiermittel zugegeben.

Standbohrmaschine: Auf dem Boden oder auf der Hobelbank aufgestellte Maschine, in deren Futter Bohrwerkzeuge eingespannt werden können.

Stangenscharnierband siehe Klavierband

Stechbeitel: Die Klinge ist unterseits eben; an der Oberseite sind die beiden langen Kanten angeschrägt.

Stemmeisen: Stemmwerkzeug, dessen stabile Klinge mit rechteckigem Querschnitt kräftige Schläge mit dem Holzhammer erlaubt.

Stichsäge: Handgeführtes Elektrowerkzeug mit hin- und hergehendem Blatt, mit dem gerade und gekrümmte Sägeschnitte ausgeführt werden können.

Streichmaß: Verschiedene Anreiß- oder Schneidwerkzeuge, die auf dem Werkstück feine Vertiefungen hinterlassen. Es können Risse parallel zu einer gegebenen Kantenfläche gezeichnet werden. Das Streichmaß hat eine einfache Spitze, die den Riß erzeugt; das Schneidenstreichmaß trägt ein kleines Messer, es arbeitet beim Anreißen quer zur Faser besser; das Doppelstreichmaß ist für das Anreißen von Zapfenlöchern gedacht, es trägt zwei Stifte.

Tannin siehe Gerbstoff

Tauchen: Auf- und Abbewegung beim Fräsen mit der Oberfräse.

Tellerschleifer: Handgehaltenes Elektrowerkzeug mit großer, rotierender Scheibe, auf der ein Schleifblatt befestigt ist.

Tierleim: Leim aus der Haut und den Knochen von Tieren, oft auch aus Fischen.

Tischlerplatte siehe Verbundplatte

Trockner: Ofen für die Holztrocknung, beschickt mit Heißluft und Dampf.

Türspanner: Dient wie die Zwinge zum Pressen, wenn größere Längen und Kräfte benötigt werden; der Steg ist als stabile Stange oder Schiene ausgebildet.

Überblattung siehe Blattverbindung

Unterfräse siehe Formfräsmaschine

Unterlage siehe Blindholz

Verborgenes Scharnier: Spezielles Scharnier, das bei geschlossener Tür nicht zu sehen ist; wird zwischen Türkante und Schrankseitenwand eingesetzt.

Verbundplatte: Eine Platte aus mehreren, miteinander verleimten Schichten. Verbundplatten heißen Tischlerplatten, wenn sie mit Vollholzkern und kreuzweise verleimter Decklage, dem Absperrfurnier, ausgeführt sind. Die Stab- oder Blockplatten haben Kernleisten mit 25 bis 30 mm Breite, die Stäbchenplatten haben Kernleisten bis etwa 10 mm Breite.

Verschalung: Ein Trocknungsfehler.

Verstärkung siehe Ausgleich

Verstellwinkel oder **Schmiege:** Zum Anreißen unter einem von 90° abweichenden Winkel; kann auf einen beliebigen Winkel eingestellt werden und wird beispielsweise für große Schwalbenschwänze verwendet.

Viertelschnitt: Bretter werden weitestgehend in radialer Richtung aus dem Stamm gesägt, um die bestmögliche Zeichnung zu erhalten.

Viskosität oder **Zähigkeit:** Die Fließfähigkeit einer Flüssigkeit; muß mitunter durch Verdünnung erhöht werden.

Vorderzange siehe Schraubstock

Vorrichtung siehe Spannvorrichtung

Vorstecher: Werkzeug zum Markieren des Lochmittelpunkts vor dem Bohren.

Wachs: Wird als Endbehandlungsmittel auf andere Schichten aufgetragen, kann aber auch als eigenständiges Oberflächenbehandlungsmittel dienen.

Waldkante oder **Wahnkante:** Die natürliche Kante eines Bretts, die meist noch Rinde trägt.

Wasserlack: Lack auf Wasserbasis, der keine gefährlichen Chemikalien enthält.

Weichholz: Holz meist von Nadelbäumen.

Wolkenfurnier: Furnier mit gewellter, gekräuselter, wolkiger Maserung.

Zähigkeit siehe Viskosität

Zange siehe Schraubstock

Zapfen: Vorsprung an einem der Elemente einer Verbindung, der in ein Loch des anderen Elements, das Zapfenloch, eingedrückt wird.

Zapfenloch: Ein Loch mit rechteckigem Querschnitt in einem der Elemente einer Verbindung, in das ein Vorsprung des anderen Elements, der Zapfen, eingedrückt wird.

Ziehklinge: Bei einigen Hölzern und bei Furnier zur Endbearbeitung benutzt, wenn der Hobel nicht einsetzbar ist. Die Ziehklinge ist ein Stück Stahlblech, dessen Schneidkante „angestoßen" ist, d.h. einen leichten Grat trägt, der dünne Späne vom Holz abhebt.

Zinkensäge: Feine Säge mit 16 bis 21 Zähnen auf 25 mm Blattlänge; für Schwalbenschwänze.

Zulage siehe Druckplatte

Zwinge: Metallring am Heftende des Stemmeisens zum Schutz gegen Aufsplittern.

Zwinge: Zum Festhalten und Pressen beim Zusammenbau; oft als Schraubzwinge mit einem auf dem Steg verschiebbaren Arm; große Zwingen (etwa 1 500 mm Steglänge) heißen Knecht.

Register

A

Ablage und Wandspiegel 175 f., 220 f.
Ablagern 196 f.
Abrichten:
- Bank zum Abrichten 13
- Fräser 41
- Schneidwerkzeuge 24 ff.

Abrichtführungen 27
Abrichtmaschine 38 f.
Abrichtsteine 24 ff.
Ahlen 86
Ahorn 94, 102, 175, 186, 195
Akkubohrmaschine 44, 76
Akkusäge 42
Aluminiumoxidpapier 90
Ameisensäure 94
Ammoniak 94
Anfasen 126, 136
Anreißen:
- Genauigkeit 56 f.
- Verbindungen 99, 109, 117 f., 130 f., 138 f. 149 f.
- Werkzeuge 18 f., 56 f.
- zum Hobeln 58
- zum Sägen 60 ff.
- zum Schnitzen 188

Anreißhilfen 108
Anreißmesser 18, 56
Anschlagbrett 15, 60, 118
Anschläge 84 f.
Anschlagwinkel 19
Anzeichnen siehe Anreißen
Apfel 186
Arbeitssicherheit siehe Sicherheit
Arbortech-Werkzeug 78, 187
Astknoten 200 ff.
Ätznatron 94 f.
Aufbewahrung von Werkzeugen 12 f., 15
Augenschutz 16, 52, 96, 178
Ausfalzung siehe Falz
Auslegerkreissäge 37, 70 f., 138

B

Balsa 194 f.
Band- und Tellerschleifer 46 f., 79
Bandsäge:
- Anfertigen von Verbindungen 98
- Formen 78 f.
- Längstrennen 55
- Pflege 34
- Sägeblatt 34 f.
- Sägen 51, 54, 70 f.
- Sicherheit 51
- Teile 34 f.
- Zähne 35

Bandschleifer 46 f., 79, 91
Bandspanner 30
Bank siehe Hobelbank
Bankanschlag 123, 129
Bankhaken 15, 118
Bankhobel 22 ff., 68 f.
Bauanleitungen:
- Ablage und Wandspiegel 134 ff., 220 f.
- Bücherregal 142 ff., 217
- CD-Box 112 ff., 212 f.
- Frühstückstablett 154 ff., 218 f.
- Holzliste 50
- Muscheldose 190 ff., 223 f.
- Planen 13, 50
- Schale, gedrechselte 182 ff., 222
- Schmuckkästchen 167 f.
- Spiegelrahmen 134 ff., 216
- Tisch mit Glasplatten 102 ff., 210 f.
- Wandspiegel 134 ff., 220 f.

Baumkante siehe Waldkante
Bearbeitungszentren 48, 72 ff.
Behältnis, Entwurf 167 f.
Beitel siehe Stechbeitel
Beizen 94 f.
Beleuchtung 11, 13, 61, 90
Belüftung 90, 203
Bergahorn 175, 182, 186, 194 f.
Beschläge 81 ff.
Bezugsfläche 52 ff.
Biegen 80
Bilderrahmen 29 f., 130 ff.
Blattung, Blattverbindung 98 ff.
Bleichen 94 f.
Bock 15, 60
Bogensäge 29, 63
Bohrer 44 f., 108
Bohrmaschine 44 f., 76
Brandgefahr 13, 39
Breitenverbindung 43
Brettspanner 30
Bubinga 195
Buche 124, 181, 195, 202
Bücherregal 142 ff., 217
Buchsbaum 186
Bügelsäge 29

C

CD-Box 112 ff., 212 f.

D

Dampfbiegen 80
Dänisches Öl 93, 146
Dekupiersägen 37
Deltaschleifer 46
Dickenhobelmaschinen 38 f., 52 ff.
Doutsuki-me-Säge 29
Dozuki-Säge 29
Drahtbürsten 90
Drechselmaschinen 178 ff.
Drechseln:
- Holzauswahl 181
- Langdrechseln 178, 180 f.
- Plandrechseln 178, 180 ff.
- Schale 182 ff., 222
- Sicherheit 178, 181
- Technik 180 ff.
- Werkzeuge 178 f.

Dreieckschleifer 46
Drillschraubendreher 82 f.
Dübelverbindung, blinde 112 ff.
Dübelverbindungen 108 ff., 112 ff.

E

Ebenholz 186
Eckblattverbindung 98
Ecküberblattung siehe Eckblattverbindung
Eibe 181, 195, 199
Eiche 92 ff., 186 f., 195
Einrahmen 29 f., 130 ff., 134 ff.
Einschnitt 197
Elektrobohrmaschinen 44 f., 76 f.
Elektrosägen 37, 42 f.
Elektrowerkzeuge:
- in der Werkstatt 12
- Lärmprobleme 16, 41
- Pflege 34
- Sicherheit 16, 45, 51 ff., 55
- Staubprobleme 16, 39, 41, 46

Entwaldung 208
Entwerfen 161 ff.
Esche 195
Exzenterschleifer 46

F

Falz 136
Falzhobel 23
Farbanstrich 189
Färben 94 f.
Fasen siehe Anfasen
Faserplatte, mitteldichte:
- Furnieren 172
- Sägen 28
- Staubprobleme 16, 205

Faserrichtung:
- bei der Holzauswahl 195
- beim Furnieren 172
- beim Schnitzen 188
- Hobeln in Faserrichtung 52 ff., 58 f.
- Hobeln quer zur Faser 56, 68 f.
- Schleifen 47, 90
- wilde Maserung 23, 201, 203

Faserstauchung 200 f.
Fäustel 32
Federspanner 170
Feilen 29, 186 f.
Feinsäge, kleine 28 f.
Feinsägen 28 f., 61, 120, 131
Fichte 194
Flächenwinkelverbindung 138 ff.
Formen 78 f.
Formziehklinge 142, 144
Fräsen 77
Fräser 13, 40 f.
Frühstückstablett 154 ff., 218 f.
Fuchsschwanz, kleiner 28, 61, 125
Fugenlade 59, 69, 170
Führungen 42, 54 f., 70 ff.
Füller 91, 189
Furnier:
- Abkleben 171 ff., 206
- Arten 206
- Aufleimen 172 ff.
- Blindholz 172
- dekoratives 171, 206
- Ebnen 172
- Einkaufen 206
- Lagerung 206
- Oberflächenbehandlung 174
- Plattenmaterial 204 f.
- Pressen mit Preßplatte 172, 174
- Pressen mit Vakuum 174 f.
- Putzen 171
- Unterlage 172
- Verbinden 174
- Verwendung 175 f.
- Vorbereitung 172 ff.
- Werkzeuge 170 f.

Furnierhämmer 170 f., 173
Furnierhobel 170 f.
Furniermessermaschine 131, 206
Furniersägen 170

G

Gabun 204 f.
Gehörschutz 16, 52 f., 55
Gehrungssäge 37

Gehrungsverbindungen 130 ff., 134 ff.
Gehrungswinkel 19
Geräuschentwicklung 16, 41
Gesichtsschutz 16, 52, 96, 178
Gratverbindung 138
Greenheart 195
Griffe 82 f., 186
Grundhobel 141, 145
Gummihämmer 32

H

Hafttuch 90
Hämmer 32, 170 f.
Handkreissägen 37, 42, 71
Handsägen 28 f., 60 ff.
Handwerkzeuge:
  Herrichten 24 f., 28
  zum Drechseln 179
  zum Schnitzen 186 f.
Harnstoff-Formaldehyd-Kleber 171, 207
Hartfaserplatte 204
Hartholz:
  Hobeln 24
  Merkmale 194 f.
  Sägen 28, 35
  Verwendung 154, 195
Herrichten 24 f., 28
Hirnholz 32, 65, 68 f.
Hirnholzhobel 22 f., 68
Hobel:
  Arten 22 f., 68 f.
  Herrichten 24 f.
  Hobeleisen 23 ff.
  Schärfen 26 f.
  Teile 22 ff.
  Verwendung 22 f., 58 f., 68 f.
Hobelbänke:
  Bauanleitung 122 ff., 214 f.
  Pflege 14, 129
  Verwendung 13 f.
  zusammenklappbare 15
Hobeln:
  Anreißen 58
  in Faserrichtung 52 ff., 58 f.
  mit Fugenlade 59, 69, 170
  mit Genauigkeit 54
  Plattenmaterial 204 f.
  quer zur Faser 59, 68 f.
  Schmalflächen 54, 59
Hohlbeitel:
  Arten 21
  Verwendung 191 f.
  zum Drechseln 179
  zum Schnitzen 186 f.
Holz siehe Nutzholz
Holzbeize siehe Beize
Holzdrehen siehe Drechseln
Holzliste 50
Holzschnitzen siehe Schnitzen
Hundepfoteneisen 187

I

Iroko 195

J

Jarrah 195
Jelutong 186 f.

K

Kalkwachs 94
Kampferholz 195
Kantenleisten 172, 204 f.
Kastanie siehe Roßkastanie
Kehlbeitel 179
Kiefer 92 f., 95, 124, 186 f., 195
Kirsche 186, 199, 203
Klauenhammer 32
Klavierband 85 ff.
Kleber siehe Leim
Klebstoff siehe Leim
Klinken 84 f.
Klüpfel 32
Knecht siehe Zwingen (Spannwerkzeuge)
Knochenleim siehe Tierleim
Knöpfe 82 f.
Knoten 200 ff.
Kombimaschine 48
Kombiwinkel 19
Kongo-Palisander 195
Kontaktkleber 207
Kreissägen 36 f., 42
Kreuzblattverbindung 98, 102 ff.
Kreuzhammer 32
Kreuzüberblattung siehe Kreuzblattverbindung
Kunstharzleim 171, 207
Kurvenschneiden 72, 78 f., 83, 114, 144

L

Lacke 92, 94
Lagerung:
  Furniere 206
  Nutzholz 10, 197, 202 f.
  Platten 204
Langdrechseln 178, 180 f.
Längssäge 28
Längssägen siehe Längstrennen
Längsschneiden siehe Längstrennen
Längstrennen 28, 34, 36, 54 f., 62 f.
Lärche 194
Lärm 16, 41
Lauan 195
Laubsäge 29
Leim:
  Arten 115, 147, 171, 207
  Heißklebepistole 207
  Leimtopf 170 f.
Leimen 115, 132 f., 147, 170 f.
Leimzwinge 30 f.
Leinöl 93
Linde 186 f., 194
Lineale:
  Arten 19
  Verwendung 56 f.
Lochfeile 187
Löffeleisen 187, 189
Lufttrocknen 50, 196, 202 f.

M

Mahagoni 186 f., 195, 200, 203, 208
Mammutbaum 194
Maschinen siehe Elektrowerkzeuge
Maschinen:
  Aufstellung 12
  Lärm 16, 41
  Pflege 34
  Sicherheit 16, 45, 51 ff., 55
  Staubprobleme 16
Maschinentisch 12, 37 f., 42
Maserknollenfurnier 172, 182, 184, 206
MDF siehe Faserplatte, mitteldichte
Meranti 195
Messer:
  Anreißmesser 18, 56
  für Furniere 170
Messerwellenschutz 54 f.
Meßschieber 19, 53, 57
Meßwerkzeuge 18 f.
Möbelpolitur 92
Modell 188
Montagewerkzeuge 30 ff.
Mulden 52, 172, 201
Multisägen 43
Muscheldose 190 ff., 223 f.

N

Nadelholz 194
Nußbaum siehe Walnuß
Nuten, Schneiden von 72
Nutzholz:
  Abfall 51, 195, 199
  Ablagern 196 f.
  Astknoten 200 ff.
  Auswählen 50 f., 181, 187, 195, 199 ff.
  Einfärben 94 f.
  Einschnitt 197
  Faserstauchung 200 f.
  Fehler 38, 52, 195 ff., 199 ff.
  Feuchtegehalt 196
  für das Drechseln 180 f.
  für das Schnitzen 187
  Hartholz 194 f.
  Holzliste 52, 201
  Lagerung 10, 197, 202 f.
  Lufttrocknen 50, 196, 202 f.
  Maserknollenholz 172, 182, 184, 206
  Maserung 195
  Mulden 52, 201
  Oberflächenbehandlung 89 ff., 106, 129, 146, 168
  Ofentrocknen 50, 196 f., 202 f.
  Pflege 10 f., 197, 203
  Risse 200 f., 203
  Sägetechniken 50 f., 197 ff.
  Schäden 202
  Schwinden 196, 199 ff.
  Textur 95, 168, 189
  Trocknen 50, 196 f., 202 f.
  Trocknen, künstliches 50, 196 f., 202 f.
  Trocknen, natürliches 50, 196, 202 f.
  Umweltprobleme 208
  Verschnitt 51, 195, 199
  Vorbereitung 38 f., 51 ff., 90 f.
  Wassergehalt 196
  Weichholz 194 f.
  Werfen 10 f., 199
Nylonhammer 32

O

Oberflächenbehandlung:
  Einfärben 94 f.
  Furniere 174
  Marmorieren 188
  Maserung 92, 94 f.
  Materialien 90 ff.
  Verfahren 90, 92 ff.
  Vorbehandeln 106, 146
  Vorbereitung 90 f.
  Schnitzen 188 f.
  Sicherheit 96
  Textur 95, 168, 189

Oberfräse:
als Bearbeitungszentrum 72 ff.
Fräser 13, 41, 73
für Griffe 82 f.
für Verbindungen 105, 116, 138, 141, 145, 148
Lärmprobleme 41
Schablonen 72, 75, 83
Staubprobleme 16, 41
Teile 40 f.
Tisch 75
Verwendung 40 f., 71 ff., 105
zum Schnitzen 187
Ofentrocknen 50, 196 f., 202 f.
Öle 92 f., 146, 189
Ölsteine 24 ff.

P

Parketerie 175 f.
Pechkiefer 194
Perlleim siehe Tierleim
Pflaume 186
Pflege siehe Werkzeugpflege
Pilzschäden 202
Plandrehen siehe Querholzdrehen
Planen:
Projekte 13, 50
Werkstatt 10, 12 f.
Plattendübel siehe Dübelverbindungen
Plattendübelsäge 43, 108, 111, 127
Plattenmaterial:
Arten 204 f.
Furnier 172, 204 f.
Hobeln 204 f.
Lagerung 204
Leimen 205
Sägen 28, 42, 60, 205
Staubentstehung 15, 41, 205
Trennen siehe Sägen
Werfen 204 f.
Plattenspanner 30
Polieren 93, 189
Polysägen 43
Polyvinylacetat-Leim siehe PVAC-Leim
Prägen 189
Profilleisten:
Furnieren 174
Schleifen 91
Schneiden 74
Putzen 64 ff., 188
Putzhobel 22 f.
PVAC-Leim 147, 152, 171, 207

Q

Querholzdrehen 178, 180 ff.
Quersäge 28
Quersägen siehe Quertrennen
Querschneiden siehe Quertrennen
Quertrennen 28, 34, 36 f., 70 f.

R

Rahmen siehe Einrahmen
Rahmen:
Bilderrahmen 29 f., 130 ff.
Gehrungsverbindungen 130 ff.
Spiegel 134 ff., 175 f.
Rahmenspanner 136
Raspeln 186 f.
Ratschenschraubendreher 32
Räuchern 94 f.
Rauhbank 22 f.
Rollenschleifer 47, 78 f.
Roßkastanie 194 f.
Rückensägen 28, 61 f.
Runddübel siehe Dübelverbindungen
Rundhobel 72, 78
Ryoba-Sägen 29

S

Sägeböcke 15
Sägefuge 28 f., 35, 61
Sägen, japanische 29
Sägen (Werkzeug):
Arten 28 f., 34 ff., 42 f., 170
Aufbewahrung 13
Elektrosägen 34 ff.
Herrichten 28
Sägefuge 28 f., 35, 61
Schärfen 29
Tischsägen 36 f., 54 f., 70
tragbare 37, 42 f.
Verwendung 54 f., 60 ff., 70 f., 78 f.
Wahl 61
Zähne 28, 38
Sägen:
mit Führung 42, 54 f., 70 f., 78 f.
mit Genauigkeit 36 f., 43, 54, 60 ff., 70 f.
Plattenmaterial 28, 205
Technik 54 f., 60 ff., 70 f., 78 f.
Sägendoktoren 29, 35, 41
Sandpapier siehe Schleifpapier
Sandstrahlen 95
Sapelli 195
Satinholz 195
Schabhobel 72, 78
Schablonen 188, 190
Schale, gedrechselte 182 ff., 222
Schärfen:
Abrichtführung 27
Bank 13
Fräser 41
Schneidwerkzeuge 24 ff.
Scharniere:
Arten 85
Einbau 86 ff.
Scheiben-Bandschleifstation 46 f., 79
Schellack siehe Lack
Scheuern 95
Schichten 80, 207
Schiebelehre 19, 53, 57
Schleifer 13, 26 f., 78, 187
Schleifer siehe auch Schleifmaschinen
Schleifklotz 90 f.
Schleifmaschinen:
Arten 46 f.
für die Endbearbeitung 90 f., 146
Staubprobleme 46
siehe auch Schleifer
Schleifmittel 24 f., 90 f.
Schleifrolle 47
Schlichthobel 22
Schlosserwinkel 19, 70
Schmiege siehe Verstellwinkel
Schmuckkästchen 167 f.
Schnäpper 84 f.
Schneiden:
Fälze 72
Kurven 72, 78 f., 83, 114, 144
Nuten 72
Profile 74
Zapfen 120, 125
siehe auch Sägen
Schneidenstreichmaß 18, 57, 149
Schneidwerkzeuge siehe Stechbeitel; Stemmeisen; Hobel
Schnitzen:
Holzauswahl 187
Oberflächenbehandlung 188 f.
Prägen 189
Techniken 188 ff.
Textur 189
Werkzeuge 186 f.
Schränkzange 29
Schrauben 84, 86
Schraubendreher:
Akkuschraubendreher 44
Arten 32
Einsätze 32
Schraubendrehereinsatz 32
Schraubstöcke:
Arten 14 f.
Einbau 127 ff.
Verwendung 14 f., 60, 62, 66
Schreinerhammer 32
Schrupphobel 22 f.
Schublehre 19, 53, 57
Schutzkleidung 16, 52 f., 55, 96, 178, 205
Schwinden 196, 199 ff.
Schwingschleifer 46, 91
Schwund siehe Schwinden
Sengen 95
Sicherheit:
bei der Endbearbeitung 96
bei Elektrowerkzeugen 16, 45, 51 ff., 55
Brandgefahr 13
in der Werkstatt 11, 16
Siliciumcarbidpapier 90
Simshobel 22 f.
Skizzieren siehe Zeichnungen
Spaltkeil 36, 54 f.
Spanplatte 28, 42, 172, 204
Sperrholz 124, 172, 205
Spiegelrahmen 134 ff., 216
Spiralbohrer 76
Splintholz 51, 195, 199
Stäbchenplatte 204 f.
Stabplatte 204 f.
Stahlwolle 90
Standbohrmaschine 44 f., 108, 116
Stangenscharnierband 85 ff.
Stapelleisten 196, 202
Staub:
Absaugung 16, 41
Elektrowerkzeuge 16, 39, 41, 46
Lagerung 13
Plattenbearbeitung 16, 41, 205
Stechbeitel, gekröpfte 21, 66 f.
Stechbeitel, japanische 20 f., 24
Stechbeitel:
Abziehen 24 f.
Arten 20 f., 64 ff.
Aufbewahrung 13
Auswahl 20 f.
Bestoßen 64 ff.
Drechseln 179
Herrichten 24 f.
Schärfen 26 f.
Schnitzen 187
Verwendung 64 ff., 100 f., 105, 119, 139 f.
Stechpalme 195, 199

Stemmaschinen 12, 44 f., 76 f. 116
Stemmeisen 20 f., 67
Stemmen:
Zapfenloch 74, 118 f., 124 f.
Stichsägen 43, 51, 78 f.
Stifthammer 32
Stoßhobel siehe Schrupphobel
Streichmaße:
Arten 18 f.
Teile 18
Verwendung 57
Stumpfstoß 108, 126 f.
Surform-Werkzeuge 187

T

T-Blattverbindung 98
Teak 195
Teaköl 92
Textur 95, 168, 189
Tierleim 170 f., 207
Tisch mit Glasplatten 102 ff., 210 f.
Tische:
Entwurf 166 f.
mit Glasplatten 102 ff., 210 f.
Tischlerhammer 32
Tischsägen 36 f., 54 f., 70
Trennen siehe Sägen
Trocknen 50, 196 f., 202 f.
Trocknen, künstliches siehe Ofentrocknen
Trocknen, natürliches siehe Lufttrocknen
T-Überblattung siehe T-Blattverbindung
Tulpenholz 195
Tungöl 93
Türen:
Beschläge 84 f.
Scharniere 85 f.
Türklinken 84 f.
Türspanner 30 f.

U

Überblattung siehe Blattverbindung
Überblattung, einfache siehe T-Blattverbindung
Ulme 94, 181

V

Vakuumpressen 174 f.
Verbindungen:
Anreißen 99, 109, 117 f., 130 f., 138 f. 149 f.
bei Furnieren 174
Schneiden 41
Zusammenbau 30 ff., 106, 152
Zusammenpressen 30 f., 132 f., 136, 159
siehe auch unter den einzelnen Arten
Verschalung 197
Versicherung 13
Verstellwinkel 19, 130 f., 149
Vlies 90
Vorrichtungen:
zum Dübeln 108, 110 f.
zum Zinken 148
Vorstecher 86

W

Wachse 92 ff., 106, 189
Wahnkante siehe Waldkante
Waldkante, Bretter mit 51, 198 ff.
Walnuß 51, 102, 186, 194 f., 199
Wandspiegel 175 f., 220 f.
Wassersteine 24 ff.
Wassersteine, japanische 24 ff.
Wasserstoffsuperoxid 94
Weichholz:
für das Drechseln 181
in Platten 204 f.
Merkmale 194 f.
Sägen 28
Verwendung 102, 142, 195
Weide 195
Werfen 10 f., 199, 205
Werkbank siehe Hobelbank
Werkstatt:
Beheizung 10
Beleuchtung 11, 13, 61, 90
Belüftung 90, 96, 203
Brandgefahr 13, 39
Elektroenergie 11
Größe 10 f.
Lage 10 f.
Lagerung des Holzes 12 f., 15, 203
Planung 10, 12 f.
Sicherheit 11, 16, 53, 96
Staubprobleme 13
Werkzeuge:
Anreißwerkzeuge 18 f., 56 f.
Aufbewahrung 12 f., 15
Elektrowerkzeuge 12, 16, 33 ff.
für das Drechseln 178 f.
für das Schnitzen 186 f.
Handwerkzeuge 17 ff.
Herrichten 24 f., 28
Meßwerkzeuge 18 f.
Montagewerkzeuge 30 ff.
Schärfen 26 f., 29
Werkzeugpflege:
Beitel 24, 26 f.
Fräser 41
Hobel 24 f., 27
Hobelbank 14
Messer 18
Sägen 28 f., 34
Zwingen 31
Winkel:
Arten 19
Verwendung 56 f., 130 f.
Winkelmesser 19, 36, 42, 70, 91
Winkelschleifer 187
Wurmlöcher 199, 202

Z

Zähne (des Sägeblatts) 28, 35
Zapfen, Schneiden 74, 118 f., 120, 124 .
Zapfen-Schlitz-Verbindung, durchgehende 116, 122 ff.
Zapfenstreichmaß 18, 117 f.
Zapfenverbindungen 116 ff., 122 ff.
Zeder 195
Zeichnen siehe Anreißen und Zeichnungen
Zeichnungen 164 ff., 167 f., 188
Ziehklinge:
Formziehklinge 142, 144
für das Drechseln 179
für das Schnitzen 189
Zinkensäge 28 f., 61
Zinkenverbindung 148 ff., 154 ff.
Zungenschleifer 46
Zuschnittliste 50
Zwinge (Ring am Werkzeugheft) 186
Zwingen (Spannwerkzeug):
Aufbewahrung 13
Arten 30 f.
Pflege 31
Verwendung 30 ff.
siehe auch Schraubstock; Türspanner

Dank

Die Verleger möchten sich bei folgenden Personen und Unternehmen für ihre Unterstützung bedanken, die sie diesem Buchprojekt zuteil werden ließen, indem sie Ausstattungsobjekte und Materialien zur Verfügung stellten:

Alan Holtham, Cheshire
Axminster Power Tool Centre, Axminster, Devon
Crown Hand Tools Ltd, Sheffield, Yorkshire
Elu Power Tools Ltd, Slough, Berkshire
Foxell & James Ltd, London
J Crispins & Son, London
JSM Joinery, London
Morgans of Stroud, Stroud, Kent
Parry Tyzack, London
Peter Child, Essex
Racal Health & Safety Ltd, Greenford, Middlesex
Wilson Bros., Northfleet, Kent

Die Verleger und Fotografen möchten sich bei allen Autoren für ihre Unterstützung und Beratung bedanken. Besonderer Dank gilt Mark Ripley für seine Anregungen und für seine klare Demonstration der Bearbeitungstechniken. Gedankt sei auch für die Unterstützung bei den fotografischen Aufnahmen: Gordon Stone, Paul Mitchard, Graham Mills, Gurk, Darren Francis, John Ingram, John Taylor und Mick O'Donnell.

Die Verleger danken Nick Chandler für die Hilfe beim Entwurf des Bücherregals, der CD-Box und des Tisches mit Glasplatten.

Alle Fotografien sind von Colin Bowling und Paul Forrester für Hamlyn angefertigt worden, außer den folgenden:

Kapitel 11 SCHNITZEN
Christie's Images S. 188 links, S. 189 unten

Kapitel 12 HÖLZER UND MATERIALIEN
Environmental Images /Herbert Giradet S. 208 links, 208 unten rechts, /Peter Solness S. 208 oben rechts
Holt Studios International /Nigel Cattlin S. 202 unten rechts, /Dick Roberts S. 202 unten links
Oxford Scientific Films /Harold Taylor S. 195 links, S. 195 rechts
Still Pictures /Mark Edwards S. 208 Mitte rechts, /Dylan Garcia S. 201 oben rechts, /Frank Vidal S. 194 Mitte, /Martin Wright S. 194 unten

Ausklappbare Übersicht, Gestaltungsideen
Fred Baier, Pewsey, Wiltshire, S. 5 unten rechts
Garry Knox Bennett, Alameda, Ca, USA, S. 4 unten links
David Upfill-Brown; Thwara, ACT, Australien, S. 2 oben rechts
Wendell Castle Inc New York, USA (Minneapolis Institute of Arts), S. 4 oben links
Christie's Images S. 3 (Künstler: Apelli und Varesio), S. 6 oben links (VD Groekan), S. 7 rechts, S. 1 unten rechts, S. 1 Mitte rechts
John Coleman, London, S. 5 Mitte rechts unten
Andrew Crawford, London, S. 7 oben links
E. T. Archive S. 6 unten links
Ian Heseltine, SF Furniture, Badminton, S. 7 Nebenbild rechts
John Makepeace Furniture Studio, Dorset /Mike Murless, S. 5 oben rechts
Tony McMullen, Adleymoor, Shropshire, Vorderseite
PP Mobler ApS, Allerod, Dänemark, S. 4/5 Mitte
Declan O'Donoghue, SF Furniture, Badminton S. 2 unten rechts, S. 7 unten links
Thomas Stender, Chicago, IL, USA, S. 1 oben rechts, S. 2 oben links, S. 6 rechts
Trannon, David Colwell, Salisbury, Wiltshire, S. 5 Mitte rechts oben
Andrew Varah, Rugby, S. 2 Mitte rechts
Wales & Wales, Chiddingly, Sussex, S. 4 Mitte links
Rupert Williamson, Milton Keynes /Edward Barber S. 6 Mitte oben
Toby Muir-Wilson, Forest, Tasmanien, S. 1 unten links

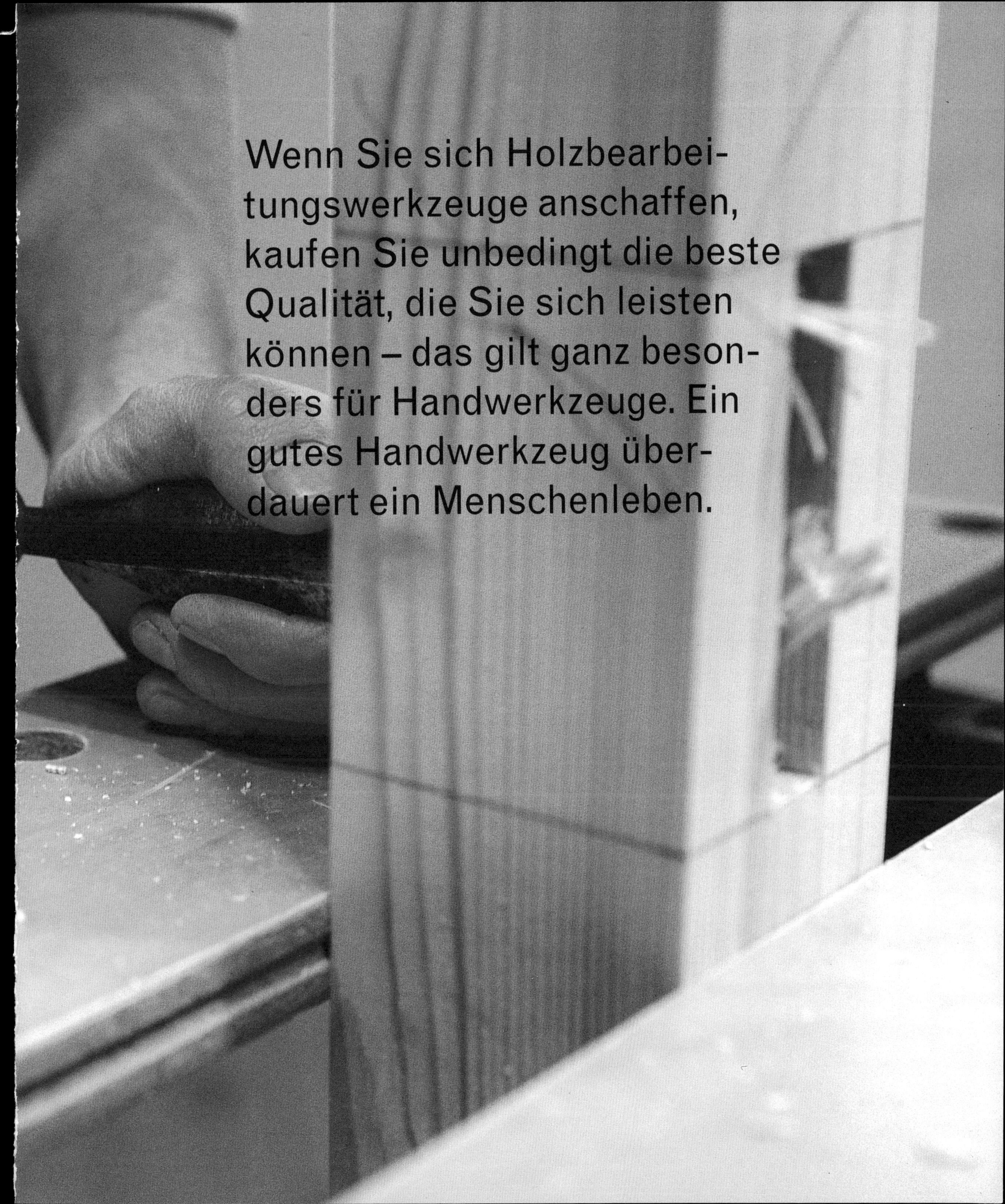

Wenn Sie sich Holzbearbeitungswerkzeuge anschaffen, kaufen Sie unbedingt die beste Qualität, die Sie sich leisten können – das gilt ganz besonders für Handwerkzeuge. Ein gutes Handwerkzeug überdauert ein Menschenleben.

Wenn Sie den lebendigen Werkstoff Holz kennenlernen wollen, müssen Sie mit ihm arbeiten. Holz hat eine faszinierende Raffinesse und außerdem eine grenzenlose Vielfalt von Mustern und Farben.